CHURCHILL, O JOVEM TITÃ

Coleção Globo Livros
História

A Revolução de 1989, Queda do Império Soviético, Victor Sebestyen
A História Perdida de Eva Braun, Angela Lambert
O Expresso Berlim-Bagdá, Sean McMeekin
Napoleão, André Maurois
Diário de Berlim Ocupada 1945-1948, Ruth Andreas-Friedrich
O Conde Ciano, Sombra de Mussolini, Ray Moseley
Churchill e Três Americanos em Londres, Lynne Olson
Declínio e Queda do Império Otomano, Alan Palmer
Napoleão, a Fuga de Elba, Norman Mackenzie
Churchill, o Jovem Titã, Michael Shelden

MICHAEL SHELDEN

CHURCHILL,
O JOVEM TITÃ

Tradução
Gleuber Vieira

GLOBOLIVROS

Copyright © 2013 by Michael Shelden
Copyright © da tradução 2013 by Editora Globo

Todos os direitos reservados. Nenhuma parte desta edição pode ser utilizada ou reproduzida
— por qualquer meio ou forma, seja mecânico ou eletrônico, fotocópia, gravação etc. — nem
apropriada ou estocada em sistema de banco de dados sem a expressa autorização da editora.

Texto fixado conforme as regras do novo Acordo Ortográfico
da Língua Portuguesa (Decreto Legislativo nº 54, de 1995)

Título original: *Young Titan*

Editor responsável: Carla Fortino
Assistente editorial: Sarah Czapski Simoni
Tradução: Gleuber Vieira
Revisão: Márcia Moura
Capa: Rafael Nobre / Babilonia Cultura Editorial
Foto da capa: © Library of Congress, Prints and Photographs Division
4ª capa: © Globe Photos / ZUMA PRESS / Glow Images

1ª edição, 2013

Dados Internacionais de Catalogação na Publicação (CIP)
(Câmara Brasileira do Livro, SP, Brasil)

Shelden, Michael
Churchill, o jovem titã / Michael Shelden ;
tradução Gleuber Vieira. -- São Paulo : Globo,
2013.

Título original: Young titan.
ISBN 978-85-250-5362-6

1. Churchill, Winston, 1874-1965
2. Grã-Bretanha - Política e governo - 1901-1936
3. Ministros de Estado - Grã-Bretanha - Biografia
4. Primeiros ministros - Grã-Bretanha - Biografia
I. Título.

13-01211   CDD-941.084092

Índices para catálogo sistemático:
1. Primeiros-ministros : Grã-Bretanha :
Política e governo : História 941.084092

Direitos de edição em língua portuguesa
adquiridos por Editora Globo S.A
Av. Jaguaré, 1485 – 05346-902 – São Paulo, SP
www.globolivros.com.br

A minhas filhas Sarah e Vanessa

A força de caráter é cumulativa.

RALPH WALDO EMERSON

Sumário

Prólogo	*1*
Introdução	*5*
1. Um novo mundo	*15*
2. Questão de família	*27*
3. Talhado para a oposição	*39*
4. O sorriso do duque	*50*
5. Sonhos imperiais	*61*
6. O grande racha	*73*
7. Partidas	*87*
8. O solteiro e a herdeira	*97*
9. Filho afortunado	*108*
10. Vencedores e perdedores	*119*
11. A mundo a seus pés	*129*
12. Vidas privadas	*140*
13. A donzela politizada	*150*
14. Um lugar ao sol	*160*
15. Planos bem elaborados	*171*
16. O castelo	*181*
17. Edwardiano eminente	*192*
18. Tom e fúria	*206*

19. Vida e morte	219
20. Corajoso	233
21. Tormenta à vista	245
22. A armada	259
23. O velho e o mar	271
24. Asas	285
25. Contagem regressiva	295
26. Última instância	306
Epílogo	323
Agradecimentos	325
Notas	327
Bibliografia	353
Índice	365

Prólogo

O Primeiro-Ministro

PERTO DA MEIA-NOITE DE UM SÁBADO DE MAIO de 1941, uma imensa onda de aviões surgiu sobre Londres, suas silhuetas projetadas no céu enluarado. À medida que roncavam sobre a ponte Westminster, ruas inteiras eram tomadas pelo fogo, incêndios surgiam na Abadia de Westminster e estilhaços de bombas castigavam a torre do Big Ben. Logo as labaredas tomavam conta do plenário da Câmara dos Comuns. Seu teto veio abaixo, as galerias desabaram, e uma chuva de ferros retorcidos e escombros soterrou as fileiras de bancos de couro verde onde tantos debates acirrados tinham sido travados ao longo de décadas. Apenas as paredes chamuscadas ficaram em pé.

Na tarde seguinte, enquanto áreas de Londres ainda fumegavam e o cheiro de fumaça estava em toda parte, Winston Churchill foi ao Parlamento para examinar os danos. Vivia-se a segunda primavera da guerra de Adolf Hitler contra a Inglaterra, e Churchill justamente completava seu primeiro ano como primeiro-ministro. Para surpresa de todos, o relógio da torre – embora escurecido e marcado pelos impactos – resistiu ao ataque, e o Big Ben continuou batendo as horas. Como o ataque acontecera tarde da noite, apenas umas poucas pessoas estavam no prédio, e o número de mortos não passou de três, dois deles policiais. Na Londres toda, a quantidade de baixas foi assustadora, mais de três mil mortos e feridos. Foi a noite mais terrível da "blitz."

Metendo-se em meio aos escombros, Churchill parou ao lado de umas vigas carbonizadas e lançou um olhar solene para a destruição. Com o teto destruído, o plenário arrasado era iluminado por um suave raio de sol que atravessava o ar espesso de poeira. Não havia relíquias a salvar, e nada de novo que aprender nos métodos adotados pelo inimigo. De certa forma, era simplesmente a mais recente de uma longa lista de venerandas construções a sofrerem a fúria da guerra moderna. Entretanto, claro que nesse caso havia algo mais a lamentar – um impacto direto no próprio coração da vida política inglesa. Em um instante, os bombardeiros de Hitler tinham devastado a casa de uma das mais importantes assembleias democráticas do mundo. Como Churchill mencionou mais tarde, "Nossa velha Câmara dos Comuns foi feita em pedaços."[1]

A perda foi pessoal. O primeiro-ministro passara boa parte de sua vida nesse plenário, desde quando, quarenta anos antes, pela primeira vez nele pisou como novo membro da casa e era um jovem de cabelos ruivos e bem penteados, olhos azuis penetrantes e um rosto sardento de rapaz. "Aqui," declarou, "aprendi meu ofício." Naquele local, seu pai – Lord Randolph Churchill – foi aliado de Disraeli e adversário de Gladstone. Na galeria das "ladies," sua mãe de origem americana – a indomável Jennie – assistira com orgulho o filho fazer seu primeiro discurso. Lá, Churchill debatera com amigos e inimigos desde os primeiros dias do século, quando duelou com o poderoso monumento da casa, Joseph Chamberlain, até tempos mais recentes, quando se contrapôs ao filho mais novo de Joe, Neville, que tão erradamente julgou Hitler na década de 1930.[2]

Foi lá que desfrutou momentos de triunfo e amargou derrotas, fez discursos brilhantes e, vez por outra, um maçante. Foi lá que conquistou a admiração de muitos e enfureceu não poucos. Em memorável ocasião no começo da carreira, um oponente levantou-se durante debate renhido, agarrou o volumoso livro de normas da casa e o atirou sobre Churchill, atingindo-o no rosto, que sangrou. Durante a crise da Abdicação, em 1936, quando tentou apresentar palavras de apoio a Edward VIII, os gritos do protesto tomaram conta da Câmara e o silenciaram, fazendo com que alguns predissessem que sua carreira política estava no fim.

Apenas três dias antes de os aviões de Hitler despejarem suas bombas sobre a Câmara, seu velho amigo e rival do passado – David Lloyd George – levantara-se durante o debate para pintar um cenário negro da guerra, reclamando de reveses "desencorajadores." Naquele que foi seu último discurso no plenário velho, Churchill respondeu ao pessimismo de Lloyd George com apaixonada declaração de fé no esforço de guerra. "Tenho certeza de que não há razão para temer a tempestade," afirmou na quarta-feira, 7 de maio. "Deixem que urre, deixem que ruja. Vamos superá-la."

Ninguém podia suspeitar que a tempestade logo rugiria sobre o próprio local onde se encontravam e o destruiria.

Prólogo

Agora, enquanto observava os danos sofridos naquela abrasadora noite de sábado, as lágrimas começaram a correr por suas faces, e logo em seguida a pingar. "Ele não tentou sustá-las," notou um repórter próximo, "nem enxugá-las."

Imóvel à luz do sol – uma das mãos no sobretudo, os pés firmemente plantados sobre um monte de escombros – pareceu por um segundo uma estátua que por milagre sobrevivera ao bombardeio.

Breve instante depois, porém, recompôs-se e declarou decisivamente: "A Câmara será reconstruída – exatamente como era."

Em seguida, caminhou com cuidado de volta para o carro que o esperava. Uma multidão se formara no lado de fora, onde os destroços do bombardeio se espalhavam em todas as direções, "com pedaços de papel queimado esvoaçando nas sarjetas." Ao fundo podia-se ouvir o que um observador mais tarde chamou de "um dos mais horríveis sons" da guerra – "o estalar de vidros caindo." Não obstante, Churchill não demonstrou qualquer sinal de indecisão ou desânimo. Acenou confiante e foi saudado por extraordinária ovação.[3]

A história gosta dos vencedores, e a imagem do Churchill vitorioso e mais velho há muito ofusca a história do homem mais jovem que alcançou notoriedade e logo descobriu que tinha ido longe demais, deixando o cargo com a reputação em cacos. Ainda assim, sob muitos aspectos, esse período inicial é o mais interessante de sua carreira e a chave de seu caráter. Foi um tempo estimulante, cheio de episódios dramáticos, intrigas políticas, coragem pessoal e graves erros de cálculo.

Churchill achava que a oportunidade de grandeza chegaria logo no início da vida, e para alguém tão irrequieto e ambicioso como ele, a espera foi difícil de suportar. Quando se tornou primeiro-ministro aos sessenta e cinco anos, já estava mais do que pronto para o cargo e em condições de apresentar ao mundo muito do que se espera de seus heróis, com exceção do deslumbramento e o fascínio da juventude.

Certamente, o grande homem chorando junto às ruínas de seu passado parlamentar era um líder aperfeiçoado pelo tempo de vida a preparar-se para seu papel. Mas houve um período nos seus vinte e trinta anos – no distante passado edwardiano – em que o sucesso lhe acenara na cena mundial e quando sua personalidade marcante o fazia ainda mais audacioso e vigoroso. As aventuras e provações dos primeiros anos foram fundamentais para a formação do homem que triunfou na Segunda Guerra Mundial. A carreira do jovem Churchill começou com sonhos de sucesso que alimentaram espetacular ascensão política, mas terminou em equívocos dramáticos que o levaram à queda igualmente espetacular. Aos quarenta anos, em geral, era visto como alguém cujos dias de sucesso tinham ficado para trás.

Como confessou na velhice, Churchill se sentira tão mal compreendido naqueles dias de mocidade que, para ele, aos olhos de muitos se tornara "uma extravagância – sempre isso – mas muito detestado e repelido." Resgatar as promessas de sua juventude passou a ser, a partir de então, o grande desafio de sua vida.[4]

Introdução

O Jovem Titã

———◆———

WINSTON CHURCHILL NÃO TROPEÇOU NO PODER POR ACASO. De forma consciente e metódica, preparou-se desde muito moço para tornar-se o herói que, acreditava, a era dos "grandes acontecimentos" exigia. Moldou sua carreira como uma grande experiência destinada a provar que podia impor sua vontade nas oportunidades surgidas e perseverou nessa abordagem a despeito de seguidos reveses, muitas vezes caindo no ridículo perante quem não compartilhava da avaliação favorável que fazia de si mesmo. Muitos de seus contemporâneos concordam que a história é "a biografia de grandes homens," como afirmou o presciente victoriano Thomas Carlyle, mas incluir ou não Churchill entre os grandes sempre foi objeto de acirrados debates e – para alguns – continua sendo.

Ele tinha poucas dúvidas sobre o que o destino lhe reservava, e lutou para se afirmar como o mais dinâmico e criativo político do Império Britânico.

No âmago de sua história está um espírito irresistível cujo firme caráter foi moldado em parte por um temperamento romântico que aflorou em sua juventude e nunca desapareceu de todo. Foi gerado por uma poderosa concepção de vontade pessoal que Churchill adotou desde a mocidade. "Acredito em personalidade," declarou em um de seus primeiros discursos políticos, endossando confiantemente a noção de que os rasgos de heroísmo dos grandes líderes – e não movimentos amplos ou sistemas impessoais – faziam a história. "Vivemos tempos de grandes acontecimentos e homens insignificantes," afirmou, "e, se não queremos nos tornar escravos de nosso próprio sistema (...) isso só será possível por meio de esforços ousados de originalidade, de repetição de experiências e de avaliação desapaixonada dos frutos de um pensamento persistente e inflexível."

Pormenores de plataformas e manifestos partidários nunca foram tão importantes para ele quanto a questão mais ampla de prover uma liderança nacional, desafio também relevante. Quase desde o início, os críticos o viam como um egotista faminto e o chamavam "o brigão em pessoa" e "um agitador de primeira classe." Churchill se autoavaliava como pessoa criativa, de propósitos elevados e que agia decisivamente." "Homens insignificantes," alegou, "deixam os eventos seguir seu curso. Gosto de ver as coisas acontecerem e, se não acontecem, gosto de fazer acontecerem."[1]

Como observou um adversário político, seu ouvido era "bem sintonizado com o toque de clarim da história." Ele o escutou na conhecida e heroica história de seu antepassado John Churchill, primeiro duque de Marlborough – vencedor da batalha de Blenheim em 1704 – que ele considerava uma "personalidade olímpica," destacando que "nunca travou uma batalha que não vencesse, ou cercou fortaleza que não tomasse." A inspiração também provinha dos ideais ambiciosos do aliado de seu pai no passado, Benjamin Disraeli. Elogiava uma das mais admiradas virtudes de Disraeli como líder, que julgava também possuir: "Ele amava apaixonadamente seu país."[2]

Como o jovem Disraeli, sua natureza passional foi estimulada pela obra do poeta romântico que oferecia o modelo ideal para sua vida de herói, Lord Byron. Na idade madura, frequentemente Churchill surpreendia admiradores subitamente declamando de memória longos trechos de poesias de Byron. Podia fazê-lo a qualquer momento, como constatou surpresa sua filha Sarah durante viagem realizada em 1945: "Meu pai, relaxado e fortalecido, recitou por uma hora inteira versos do *Childe Harold*, de Byron, e em seguida dormiu uns trinta minutos." Quando Franklin Roosevelt sugeriu, em 1941, que as potências aliadas deviam se chamar "Nações Unidas," Churchill concordou prontamente e com a mesma rapidez citou verso conhecido de Byron sobre a batalha de Waterloo: "Aqui, onde a espada as nações unidas desembainharam, Onde nossos compatriotas combateram nesse dia!"

Churchill não estava se exibindo. Desde a juventude via em Byron o exemplo estimulante de homem de ação e também de ideias. Estava tão profundamente familiarizado com a obra do poeta que as ideias penetraram em sua mente e sempre estavam à mão para amparar a referência a algum fato ou acontecimento. Uma de suas declarações de maior repercussão – o grande apelo pelo sacrifício em tempo de guerra, em 1940 – "Só posso prometer sangue, trabalho, suor e lágrimas" – encontra paralelo na severa admoestação de Byron à falta de sacrifício em conflito anterior, quando a nobreza inglesa dona de terras mandou "seus irmãos para a batalha" e enriqueceu com os milhões que lucrou com a guerra. "Segura em seus celeiros," é o que *A idade de bronze*, de Byron, fala de quem engordou à custa do "sangue, suor e lágrimas derramados por milhões."

Para o jovem Churchill, a carreira do poeta Byron, um aventureiro impulsivo, livre pensador provocante e admirável visionário, era, em parte, uma inspiração, mas, por outro lado, uma advertência contra os riscos de viver com tal intensidade. Os dois tinham muito em comum, começando com as origens aristocráticas e as respectivas experiências – separadas por muitas décadas – como alunos de Harrow. Ambos eram fascinados pela história da ascensão e queda de Napoleão e tinham bustos bem cuidados do grande líder francês sobre suas mesas de trabalho. Churchill se encantava particularmente com a meditação poética de Byron sobre a ilimitada ambição de Napoleão ("uma febre interior," como a chamou o poeta). Entre as duas guerras mundiais, Churchill foi membro da Byron Society, e uma de suas mais preciosas posses era uma edição da obra de Byron em dezessete volumes, que comprou em 1906. Em seu único romance, *Savrola* – publicado quando tinha vinte e cinco anos – Churchill criou um estado imaginário que servia de cena para as estrepolias de seu jovem protagonista, um corajoso e romântico defensor da liberdade cuja maneira de pensar é descrita como "impetuosa, nobre e ousada."[3]

Como Byron, Churchill foi um cronista de sua própria história. Em uma série de livros escritos em ritmo acelerado no começo da década de 1920, relatou com brilhantismo suas primeiras aventuras como soldado e correspondente de guerra. "Quando tinha 25 anos," disse já idoso, "escrevi, creio, tantos livros quanto Moisés." Graças a essa torrente de prosa em cinco livros e muitos artigos em jornais, quase todo o povo inglês tomou conhecimento das corajosas façanhas do jovem Churchill em três continentes, entre 1895 e 1900. Viveu as aventuras de um personagem de livro de história, combatendo com os Lanceiros de Bengala na fronteira da Índia; perseguindo rebeldes ao lado do exército espanhol em Cuba; subindo o Nilo para fazer parte daquela que acabou sendo a última grande carga de cavalaria do exército inglês no século XIX; e, a mais dramática de todas, sobrevivendo como prisioneiro dos boers na África do Sul, quando conseguiu fugir atravessando centenas de milhas em território inimigo. Como destacada revista da época salientou: "Ele protagonizou um romance e o escreveu."[4]

Ao Churchill moço faltava a aparência vigorosa e atraente de um herói do tipo Byron – seu rosto pálido e redondo não se comparava às feições sérias e bem definidas do poeta – mas desempenhava seu papel com entusiasmo. Gostava de assumir riscos, adorava gestos dramáticos, refletia, mas não por muito tempo, sobre seus próprios erros, e sua língua era quase sempre afiada. Achava que correr riscos era a única forma de viver. Sua vida recebeu a forte influência do pai, cuja personalidade impetuosa, carreira instável e morte prematura aos quarenta e cinco anos inspiraram pelo menos um proeminente admirador a comparar Lord Randolph a Lord Byron.

"Os dois se pareciam," escreveu o editor da *Saturday Review* a respeito de Randolph e do poeta, logo após a morte do estadista. "Mr Matthew Arnold afirmou que Lord Byron foi o mais importante representante da poesia inglesa desde Shakespeare, e seria justo, penso, dizer que Lord Randolph Churchill foi o mais importante personagem da política inglesa desde Cronwell." Tal louvor, por mais exagerado que seja, muito impressionou Winston, que posteriormente declarou que o elogio da *Saturday Review* era o "melhor artigo" sobre seu pai que jamais vira.[5]

O jovem Churchill se entregou de corpo e alma ao romantismo político de Byron. Muitos de seus contemporâneos da época edwardiana entenderam perfeitamente esse efeito. Os admiradores o viam como um reformador decidido a melhorar as condições de vida dos cidadãos comuns, e suas palavras e atitudes faziam lembrar um passado sombrio em que os pobres e fracos tinham defensores corajosos. Como assinalou o editor de um jornal, o estilo audacioso do jovem Churchill trazia à mente "o tropel de cascos ao luar, o choque de espadas na curva da estrada. É um ar de romance invadindo o ambiente prosaico da política." Um amigo declarou a seu respeito, "Seu mundo foi construído e moldado segundo linhas heroicas. Ele falava essa linguagem."[6]

Acreditando que era um herói, Churchill tirou bom proveito do truque de fazer com que os outros também acreditassem. A poesia de Byron – plena de energia, paixão e idealismo político – serviu de estímulo para a imaginação do jovem Churchill, oferecendo-lhe uma forma de ver o mundo e de compreender de que forma esse mundo o via.

O romantismo de Churchill não se limitava aos assuntos de estado. Muitas vezes, os biógrafos não levam na devida conta a ideia de que ele

Introdução

pensava muito em se apaixonar, e o mostram como um jovem desajeitado diante de mulheres e cujas ocasionais tentativas de namoro não demonstravam entusiasmo, parecendo simplesmente "se deixar levar."

A realidade é muito diferente. Longe de ser tímido e inexperiente, ainda era adolescente quando se tornou ardoroso defensor das belas mulheres do teatro musical de Londres e correu risco de um escândalo no Empire Theatre quando desencadeou um tumulto ao se levantar em meio a uma assistência inflamada e elogiar entusiasticamente os encantos das mulheres presentes, que estavam sendo atacadas por integrantes da campanha contra maus costumes. "Onde os ingleses de Londres sempre são bem acolhidos?" perguntou Winston Churchill, então com dezenove anos, aos perturbadores, antes de ser posto para fora. "Quem está sempre pronta para recebê-los com um sorriso e acompanhá-los em um drinque? – as damas do Empire Promenade."

Desfrutando a tranquilidade da meia-idade, Churchill recordava essa intervenção como seu primeiro discurso público, comentando ironicamente, "nessas redondezas de certa forma promíscuas (...) fiz meu discurso inaugural."[7]

Quando estava na casa dos vinte anos e no começo da dos trinta, tentou namorar três das mulheres mais bonitas de seu tempo e causou impressão tão favorável que, embora recusando seu pedido de casamento, todas continuaram até a velhice suas amigas dedicadas. As três lembravam dele como um rapaz imaturo e instável, mas uma pessoa elegante que jogava polo, gostava de frequentar galerias e museus, ia ao teatro assistir peças no West End, lia vorazmente e perseguia apaixonadamente as mulheres.

A elegante e bela jovem Consuelo Vanderbilt – sua prima pelo casamento – descreveu a personalidade de Churchill naqueles dias como "dinâmica e cheia de vida," acrescentando que ele tinha "a intenção de aproveitar ao máximo a vida, fosse no esporte, no amor, em aventuras ou na política."[8]

Era tão "dinâmica" que quando finalmente resolveu casar, passou uma semana longe da noiva em viagem de 1.700km de ida e volta a um castelo na Escócia, onde outra mulher que também gostava dele esperava uma explicação para sua decisão. A história dessa viagem de forte carga emocional – apenas três semanas antes do casamento em Londres – será o tema de outro capítulo, onde será contada pela primeira vez.

Ainda solteiro, se esforçava para bancar o almofadinha, usando bengala e uma cartola lustrosa, colarinho engomado de pontas dobradas e fraque com uma corrente brilhante de relógio aparecendo. Seu gosto por boas roupas se estendia à escolha das peças de baixo, feitas de caro tecido de seda. "É importante para meu bem-estar," disse ao justificar o que gastava anualmente com roupas de baixo. Era uma extravagância típica de Churchill, além do prazer que tinha por outros luxos, como champanhe e charutos de primeira qualidade. "Nunca houve um dia em minha vida," refletiu, "em que não pedisse uma garrafa de champanhe para mim e outra para oferecer a um amigo."[9]

Já no começo de sua carreira, as palavras bem escolhidas e a aguda perspicácia chamavam atenção. Em 1900 – quando estava na iminência de vencer sua primeira eleição para o parlamento – definiu um candidato político como alguém a quem "pedem para se levantar, quer se sentar e se espera que minta." O jovem também podia ser divertidamente irônico quando se referia à natureza competitiva de sua esplendorosa Era Edwardiana, comentando que a mulheres cobertas de joias de seu círculo social aspiravam a ser a nova Helena de Troia. Quando um amigo sugeriu que o rosto de determinada dama serviria para batizar pelo menos duzentos navios, Churchill replicou: "De jeito nenhum. No máximo, uma barcaça ou uma pequena canhoneira."[10]

———

Aos cinquenta anos, Churchill fez o relato da própria vida até o começo de sua carreira política. *Minha Mocidade* termina quando a Era Edwardiana está começando e o faz abruptamente, deixando o leitor a especular como aquele notável jovem – em 1901 ainda solteiro e não testado na política – abriu caminho até o primeiro escalão de um sistema dominado pelos mais velhos e muito mais experientes. Nas páginas seguintes, continuarei a história a partir do ponto em que Churchill a deixou, assinalando seu percurso desde um político iniciante até a posição de um dos mais destacados membros do Gabinete inglês, jornada que o levou desde seus vinte e seis anos até os quarenta. Nos capítulos finais da narração, quando o novo século assistia ao primeiro ataque alemão, todos os olhos convergiam sobre ele, que ocupava o cargo de Primeiro Lord do Almirantado e aprestava a esquadra inglesa para o combate. Naqueles dias cruciais, ele ainda era a face da juventude no parlamento, e muitos esperavam que emergisse da guerra como o próximo primeiro-ministro.

Todavia, em menos de um ano tudo saiu errado. Um a um seus planos fracassaram ou estagnaram por falta de apoio. Amigos se voltaram

Introdução

contra ele, e os inimigos se regozijaram com seu insucesso. O jovem político descobriu com atraso que acreditara demais em pessoas que o abandonaram e em ideias que não deram certo.

Responsabilizado pelo fracasso da campanha de Gallipoli no Mediterrâneo Oriental, foi atacado pela imprensa inglesa e acusado de ser "um perigo para a nação," logo perdendo seu cargo no governo. A imprensa alemã fez críticas desairosas propondo que lhe fosse concedido o título "Conde de Gallipoli" e zombou dizendo que ele era o moderno Lúcifer de Londres: "Despencou das nuvens – a estrela mais brilhante de algumas temporadas londrinas." No fim de 1915, Churchill deixou de lado os prazeres do poder e foi para a França combater nas trincheiras, envergando humildemente o uniforme de major. O que aprendeu com os reveses foi vital para o sucesso posterior, mas foi um retrocesso devastador do qual se ressentiria por muitos anos.[11]

Entre sua ascensão e queda, construiu uma marinha moderna, conduziu reformas sociais radicais e lutou contra os que achavam que não era suficientemente radical, sobreviveu a várias ameaças à sua vida, fez inimigos poderosos e alguns bons amigos, se apaixonou (várias vezes), tornou-se marido e pai, perturbou ou agradou a dois monarcas ingleses, avaliou o poder da máquina militar alemã quando acompanhou suas manobras ao lado do Kaiser Wilhelm, arriscou a vida no ar treinando para piloto, autorizou a execução de assassinos notórios e enfrentou mortais barragens de artilharia no Front Ocidental.

Orgulhoso e exuberante, se regozijava por sua habilidade na condução da arte da política e repetidas vezes demonstrou capacidade para superar rivais mais velhos e experientes. Seu insuperável talento como legislador e administrador surpreendeu tanto admiradores quanto críticos e o ensinou a forma de vencer obstáculos políticos e burocráticos a fim de atingir rapidamente seus objetivos. Abraçando o novo espírito reformista da Era Edwardiana, aprendeu a questionar as cômodas premissas de sua própria formação aristocrata e a explorar novas abordagens para velhos problemas. Decepções profissionais e pessoais o ensinaram a cultivar a virtude da paciência e a evitar os perigos do excesso de confiança. Por intermédio de suas amizades, descobriu o tesouro da lealdade e aprendeu a se precaver contra as traições.

Perto dos quarenta anos já possuía boa compreensão de até onde suas qualidades podiam levá-lo e até onde seria possível decair. Enquanto as ideias políticas mudavam com o tempo, permanecia constante sua

obediência à antiga e audaciosa declaração: "Acredito em personalidade."
O objetivo desta biografia é perscrutar o âmago dessa personalidade.

Durante sua vida, de 30 de novembro de 1874 – quando Disraeli era
o primeiro-ministro – até 24 de janeiro de 1965 – quando a música dos
Beatles era o principal produto de exportação da Inglaterra – Winston
Churchill desempenhou vários papéis na cena mundial. Se morresse aos
quarenta anos – quando a sorte estava em baixa e ele deixara a juventude
para trás – ainda assim sua história seria uma das melhores do mundo,
por um lado, um atraente drama sobre ambição e, por outro, uma sombria
tragédia. Felizmente, houve um segundo ato.

PARTE I

1901–1905

1

Um Novo Mundo

———◆———

EM UMA NOITE GELADA DE INVERNO na virada do século, um moço de vinte e seis anos, sentado num abafado vagão de trem, escrevia para uma bela mulher. A vista pela janela mostrava um prado escuro, coberto de neve que desaparecia no horizonte sob um amplo céu sem estrelas. A mais de 6.500 km de casa, sentia-se cansado e solitário. A última parada fora em St. Paul, Minnesota, adiante estava a fronteira do Canadá.

"No trem para Winnipeg," anotou Winston Churchill com tinta preta em sua agenda, acrescentando a data no topo da página, "20 Jan 1901," e, sem uma saudação introdutória, começou simplesmente "Pamela." Escrevia para o grande amor de sua jovem vida, uma deslumbrante mulher lá da Inglaterra cujo encanto e aparência atraente lhe valeram o elogio de "a mais bela estrela no firmamento social londrino." Como já lhe dissera em momento anterior de suas relações, ela exercia sobre ele um "estranho fascínio." Infelizmente para ele, outros homens sentiam a mesma coisa.

Havia pelo menos dois anos que Winston lhe enviava longas cartas apaixonadas. "Meu amor é forte e profundo," declarou em uma delas. "Nada o fará mudar jamais." Tinham se conhecido na Índia, quando ambos tinham vinte e dois anos. Ele era oficial de cavalaria e ela, filha de um funcionário do governo colonial. Fizeram juntos um passeio de elefante, jantaram na casa dela e nas festas conversavam polidamente. Cerca de ano e meio depois, quando ambos estavam de volta à Inglaterra, Winston resolveu conquistar seu coração. Todavia, encontrou a bela, com seus olhos acinzentados e sedutores e os cabelos escuros e sedosos cercada por outros pretendentes. Ela era o centro das atenções em todos os bailes e conseguia dividir seu tempo com diferentes admiradores com tanto sucesso que, mais tarde, uma de suas amigas da sociedade a ela se referiu alegremente como "a mais perfeita equilibrista de pratos" de sua época.

Sem se amedrontar com a concorrência, Churchill tentou impressioná-la com o poder das palavras. Certa manhã, chegou à porta da casa de Pamela um pesado pacote com seu romance *Savrola*, manuscrito, e uma carta explicando que a história era um "espelho" do pensamento do autor. Se ela lhe desse a honra de olhar a obra, escreveu, "estou certo de que a obra ganhará beleza por reflexo." Quando essa tática e outras semelhantes fracassaram na tentativa de conquistá-la, elevou a aposta. "Case comigo," escreveu alguns meses mais tarde, "e eu conquistarei o mundo e o colocarei a seus pés."[1]

Ele podia estar falando sério quando fez essa promessa extravagante, mas Pamela Plowden não a viu dessa forma. Assim, ao menos por então, ele voltou a perseguir suas paixões pela vida militar e por escrever, aguardando outra oportunidade para sensibilizá-la. Separado dela por milhares de quilômetros quando esteve na África do Sul durante a Guerra dos Bôeres – a Inglaterra lutou contra os colonos holandeses radicalmente independentes pela posse de ouro, diamantes e domínio – Churchill conservou vivo seu amor, de vez em quando olhando para três diferentes retratos de Pamela guardados em uma carteira especial. Quando esteve prisioneiro dos bôeres, no fim de 1899, escreveu-lhe de Pretoria voluntariosa e elegante nota: "Em meio a novos e emocionantes episódios, penso frequentemente em você." Seu esforço não produziu o resultado esperado, mas a sensibilizou. Quando a mãe de Winston disse a Pamela que ele escapara da prisão e estava em segurança, ela reagiu com um telegrama de duas palavras: "Thank God."

Regressando para casa como herói, animou-se uma vez mais a tentar a sorte com ela, acreditando que conhecia bem seu coração. "Ninguém a entende como eu," disse Winston à própria mãe. Em um dia bonito de outubro de 1900, ele a pediu em casamento. Escolheu um local apropriado e inspirador. A Condessa de Warwick, amiga de Winston, convidou Pamela para passar o fim de semana em meio à grandiosidade medieval de seu lar no castelo de Warwick. No cenário de arrojadas torres e muralhas, o esperançoso pretendente convidou Pamela para passear de barco pelo rio Avon, que corre majestosamente ao lado do castelo. Tudo correu muito bem até estarem descendo o rio e ele a pedir em casamento. Ela recusou o pedido e despedaçou seu coração.[2]

Ele ainda estava sob o impacto das palavras de Pamela – e convencido de que ela era "a única mulher com quem poderia viver feliz para sempre" – quando partiu em dezembro para fazer um ciclo de conferências apressadamente acertado pelo Canadá e os Estados Unidos sobre

Um novo mundo

suas aventuras na África do Sul,. Agora, três meses após a proposta de casamento, escrevia mais uma carta a Pamela sob a luz fraca do vagão de trem. Enquanto o comboio atravessava velozmente o interior de Minnesota em direção à fronteira do Canadá, sua dolorosa experiência no romântico castelo parecia-lhe um pesadelo. Talvez pensasse que mais uma carta remetida de uma região remota do globo pudesse sensibilizá-la e amaciar sua resistência.

———

Nos poucos anos desde que conhecera Pamela na Índia, Winston se transformara em celebridade internacional, um "moço-maravilha" que sabia combater e escrever, cujo futuro se antecipava brilhante. Os jornais de Winnipeg trombeteavam sua visita como um acontecimento importante e esperava-se um comparecimento recorde a sua conferência. Um cartaz em grandes letras pretas anunciando sua próxima palestra no Teatro Winnipeg assim começava: "Winston Spencer Churchill. A Guerra Como Eu a Vi." O preço das entradas começou em cinquenta cents e subiu até atingir um dólar e meio.

Além de *Savrola*, outros títulos em exibição nas vitrines de lojas de Winnipeg eram *London to Ladysmith Via Pretoria* – a história de sua fuga para a liberdade na África do Sul – e *The River War*, relato em dois volumes da campanha inglesa no Sudão, onde ele lutara com tanta bravura. Sobre este último livro, publicado em 1899, o correspondente de guerra americano Richard Harding Davis escreveu: "Trata-se de um trabalho que seria de esperar de um general que, depois de anos de serviço no Egito, embainhasse a espada para escrever a história de sua vida militar. Escrito por um segundo-tenente que esteve no Nilo apenas o tempo suficiente para ganhar o bronzeado do deserto, foi uma revelação."

Winston prometera o mundo a Pamela e era o tipo de homem que acreditava poder fazer isso, mesmo tendo ela recusado sua proposta de casamento. Agora, não importa onde estivesse, a lembrança de Pamela continuava a persegui-lo e ainda acreditava que ela tinha lugar no futuro brilhante que previa para si mesmo. "Existe algo entre nós," escreveu no trem para Pamela, "algo que, mesmo que não fique mais forte, durará para sempre."[3]

Dinheiro era um dos maiores problemas em seu caso. A sociedade esperava que uma mulher tão bonita quanto Pamela casasse com um homem de grande fortuna. "Ela deve ser esposa de um homem rico," declarou o elegante coronel John Brabazon, comandante do regimento de cavalaria de Churchill, quando ouviu dizerem que Pamela e Churchill se casariam. Malgrado ser neto de um duque, Churchill herdara soma relativamente pequena de dinheiro. Lord Randolph deixara muitas dívidas, e a mãe de Winston, que gostava de reuniões sociais e de se divertir, era uma gastadora incorrigível.(Como disse uma amiga de Jennie: "Para ela, a vida só começa a partir de quarenta pares de sapatos.")

A fortuna de Marlborough – que cresceu muito com alguns milhões de dólares quando Consuelo Vanderbilt entrou para a família pelo casamento, estava nas mãos de "Sunny," primo de Winston, também conhecido como Richard John Spencer-Churchill, 9º Duque de Marlborough. Por alguns anos – até Consuelo dar à luz o primeiro de seus dois filhos em 1897 – Winston era o seguinte na linha sucessória para receber o título e toda a riqueza que o acompanhava, inclusive o Blenheim Palace, onde nascera. Contudo, ele não demonstrava muito interesse em se tornar meramente duque, quando tantos caminhos se abriam para ele rumo à glória. Mesmo sua avó – uma relíquia victoriana que usava toucas de renda e um aparelho em forma de trompa no ouvido para escutar – achava que ele não daria um bom nobre. Era muito ambicioso e impetuoso. "Seu primeiro dever," a velha e nobre duquesa informara solenemente a Consuelo quando casou com Sunny, "é ter um filho e deve ser homem, porque seria intolerável ver aquele pequeno e convencido Winston se tornar duque."[4]

Para muita gente, Sunny parecia um sujeito irritadiço e arrogante, mas Winston, três anos mais moço, era um de seus poucos amigos leais e sempre procurava ver o que ele tinha de melhor. "Sunny e eu éramos como irmãos," afirmou Churchill tempos depois, a respeito do relacionamento entre ambos no passado. O jovem duque se orgulhava do primo e ficava feliz por permitir que entrasse e saísse de Blenheim como lhe conviesse. Em 1900, chegou a permitir que ocupasse seu antigo apartamento de solteiro na elegante Mayfair, no número 105 de Mount Street. Churchill se mudou para lá exatamente um mês antes de propor casamento a Pamela.[5]

Nesse momento surgiu uma nova atividade para Winston, mas que não melhorava suas perspectivas financeiras. Na verdade, não pagava um penny sequer. No começo de outubro, o jovem herói da Guerra dos Bôeres iniciou com sucesso sua carreira política ao conquistar um assento na Câmara dos Comuns como membro conservador pelo subúrbio de Oldham, Manchester. A vitória de Churchill foi um indício do grande

Um novo mundo

triunfo de seu partido na eleição geral de outubro de 1900, e ele foi imediatamente festejado como estrela política em ascensão que serviria para animar a Câmara quando voltasse a se reunir em fevereiro. Em tais circunstâncias, propor casamento a Pamela parecia uma boa ideia. Todavia, sem nenhuma indicação de que os membros do parlamento um dia seriam pagos por seu trabalho, não tinha muito para oferecer à pretendida noiva em termos de segurança.

A amiga íntima de Pamela e grande benfeitora na sociedade – Lady Granby, mais tarde Duquesa de Rutland e uma segunda mãe de Pamela, cuja mãe morrera da mordida de uma cobra venenosa na Índia vários anos antes – não hesitou em aconselhá-la a esperar proposta de pretendente mais próspero. Churchill sabia que estava em desvantagem. Antes de ir para a África do Sul, escreveu a Pamela a propósito da relação entre os dois, afirmando: "Duas condições são necessárias para o casamento, dinheiro e consentimento de ambas as partes. Faltam um certamente e outro provavelmente." Não conseguindo obter seu consentimento, pelo menos fez um galante esforço para provar que podia ganhar uma pequena fortuna se fosse necessário. Pensou em um plano ambicioso tão logo regressou da África do Sul.

Apresentando-se como conferencista, acertou uma temporada de um mês após a eleição geral fazendo palestras sobre a Guerra dos Bôeres em mais de duas dúzias de cidades inglesas. Anunciou que isso podia lhe render 2.000 libras, naqueles dias o equivalente ao salário anual de editor comum de um jornal londrino. Ocorre que o comparecimento foi tão grande em novembro que ganhou o dobro daquele valor, insignificante diante do que esperava auferir durante o ciclo de palestras na América, que começou em dezembro e chegava ao fim quando embarcou no trem que o levava para a gélida Winnipeg.[6]

Usando um casaco estilo jaquetão com gola de pele e um chapéu-coco, Churchill chegou a Winnipeg na hora do almoço de uma segunda-feira, 21 de janeiro de 1901. Foi recebido por um pequeno comitê que incluía um emproado magnata do setor de cereais, vice-governador da província. A temperatura estava em torno dos dez graus Fahrenheit (−12°C), um vento frio e impiedoso espalhava a neve pelas ruas, e o ambiente da cidade era de pessimismo. O mau tempo não era a causa das fisionomias tristes dos habitantes. Estavam acostumados ao frio.

O que lançava uma sombra sobre aquele distante posto avançado do império – "a dois mil quilômetros de qualquer cidade inglesa importante" – como Churchill a descreveu, eram as notícias mais recentes. A grande manchete no jornal da manhã anunciava a iminência de um acontecimento que intranquilizava tantos canadenses leais: "A Rainha Victoria no Leito de Morte. Suas Derradeiras Horas."

A notícia sobre o declínio recente da saúde da monarca de oitenta e um anos se espalhara amplamente nos últimos dias e agora, quando a morte parecia próxima, muitos de seus súditos no Império procuravam se acostumar à ideia de que a velha ordem se aproximava rapidamente do fim. "Parecia que estava a ponto de acontecer alguma reversão monstruosa do curso da natureza," comentou posteriormente um historiador. "A grande maioria de seus súditos não conheciam dias em que não estivessem sob seu reinado." Sua morte era vista como um evento extraordinário, mesmo para aqueles que estavam ao lado de sua cabeceira acompanhando o sofrimento próprio de uma doença terminal. Suas últimas horas, disse o Duque de Argyll, foram "como o afundamento de um grande navio de três conveses."[7]

Antes de iniciar sua viagem para o Canadá, Churchill tomara conhecimento de que a Rainha estava gravemente enferma e mencionara esse fato na carta a Pamela. Embora pouco soubesse sobre o drama que se desenrolava na Inglaterra, já tentava imaginar o que se podia esperar em um mundo pós-victoriano.

Em curto prazo, o preocupava o fato de o Parlamento ser dissolvido e ter de concorrer novamente em uma eleição nas próximas semanas. Isso significaria o cancelamento do que restava de seu "tour" e a perda dos pagamentos pelas palestras restantes. Quando escreveu para Pamela, tentou abordar essa triste perspectiva em tom despreocupado: "Veja como (a morte da Rainha) complica e ameaça meus planos, perturbando não somente nações, mas também Winston."[8]

Naquele momento, contudo, o drama imperial foi um bom negócio para o caixa do Winnipeg Theatre. Em cidade de apenas 50 mil habitantes, foram vendidas mais de 1.000 entradas para a palestra de Churchill à noite, a ponto de serem postos assentos adicionais no fundo da plateia e no espaço da orquestra. Para os canadenses que viviam tão longe do restrito mundo da realeza, de aristocratas e de membros do parlamento ingleses, o filho de Lord Randolph representava o elo mais chegado com a classe governante do Império. Valia a pena gastar um dólar arduamente conquistado para ouvir a célebre personalidade que viajara quinhentas

Um novo mundo

milhas durante a noite para lhes falar no momento em que grandes mudanças pairavam no ar.

A grande expectativa por sua visita deixou Churchill satisfeito, pois as conferências que fizera no outro lado da fronteira não tinham corrido muito bem. Em vez de aumentar o que ganhara na Inglaterra, a jornada pela América sofrera tantos reveses que estava fazendo menos do que a metade do que conseguira na Inglaterra. Em algumas cidades o comparecimento fora fraco, e a acolhida, desfavorável. Em Washington, D.C., sua participação na receita do caixa equivaleu a somente 50 libras. Em Baltimore, 35 libras. Em Hartford, decepcionantes 10 libras.

Muitos americanos descendentes de alemães e holandeses identificados com os bôeres independentes não viam com bons olhos um inglês que alcançara fama combatendo pelo poder colonial. Quanto aos americanos de origem irlandesa, muitos alimentando velhos ressentimentos contra os ingleses, Churchill disse que "demonstraram flagrante hostilidade (...) em Chicago enfrentei uma oposição feroz." Em mais de uma ocasião a assistência aplaudiu quando um "slide" apresentado por Churchill em sua palestra mostrou um fazendeiro bôer de temível aparência armado para a luta. A reação de Churchill foi admitir a bravura dos velhos colonizadores holandeses na luta, ressaltando também que não pudera admirar os combatentes bôeres a uma distância segura. "Vocês estão certos quando o aplaudem," disse, "(mas) não tiveram que lutar contra eles."[9]

(Churchill desde cedo mostrou que podia enfrentar situações como essa. Durante a campanha eleitoral em outubro, alguém zombara de sua juventude gritando: "Sua mãe sabe que você está na rua?" – e Churchill respondeu: "Sim senhor, e mais que isso, quando saírem os resultados, minha mãe saberá que venci.")[10]

O ciclo de conferências de Churchill era administrado por um empresário extravagante conhecido como major James Pond, também herói de guerra (recebeu a Medalha de Honra na Guerra Civil). O velho major tinha o hábito de fazer promessas exageradas a seus conferencistas de maior projeção, anunciando casas cheias e pagamentos substanciais, e depois apresentava desculpas enroladas quando os resultados mostravam o contrário. Seu cliente mais famoso, Mark Twain, certa vez comentou com outro conferencista: "Se você conseguir metade do que Pond promete, fique contente e agradeça a Deus – é isso que acontece." Churchill aprendeu a verdade pela via mais árdua, descobrindo tarde demais que não estava sendo promovido adequadamente, e que o major ficava com percentual indevido da venda de entradas. Surgiu uma discussão entre os dois, e o jovem conferencista ameaçou abandonar o "tour" ainda pela metade. Por seu lado, o "ordinário empresário yankee," como Churchill o chamou, reclamava que seu cliente se aproveitava dele para esbanjar durante as viagens e lhe empurrar as contas.

"Sabe o que fazia aquele moço?"– perguntou o major indignado a um amigo. "Bebia um 'pint' de champanhe todas as manhãs no café e eu tinha de pagar."[11]

A briga aumentou quando chegaram ao Canadá. Achando que agora tinha sobre o empresário yankee a vantagem de estar "em casa," deixou claro que não voltaria para completar as palestras nos Estados Unidos se não tivesse maior participação nos lucros. O major surpreendeu seu cliente rebelde aparecendo na conferência em Ottawa, em 27 de dezembro e confrontando-o nos bastidores.

Homem alto, de ombros largos e longa barba grisalha, parecia um patriarca bíblico encurralando um pecador acuado ao apontar o dedo para Churchill (com pouco menos de 1,72 de altura) e exigindo que a viagem prosseguisse sem interrupções. A reação do jovem foi se manter firme em sua posição, declarando que estava cancelando a palestra, já com lotação esgotada, na noite seguinte, na cidade de Brantford, em Ontario.

"Pond, não irei," disse. "Nada lucro com isso. Veja esse grande acontecimento (a palestra em Ottawa) e fico com apenas 300 dólares."

"Recusa-se a ir a Brantford?" – perguntou o major Pond.

"Recuso-me... não vou para lá nem para qualquer outro lugar nas atuais condições."

O velho major não estava habituado com tal insubordinação. Conquistara a Medalha de Honra em brutal combate corpo a corpo com um bando de atacantes confederados chefiados por William Quantrill, um inimigo implacável, e não estava disposto a ceder ao jovem Churchill sem lutar.

Passou suas alegações para a imprensa e logo os jornais nos dois lados da fronteira mostravam Pond como vítima de um aristocrata inglês ingrato que só pensava em dinheiro e não honrava seus compromissos. "Winston Churchill é um homem totalmente impopular nesta cidade," escreveu um repórter canadense depois que as entradas foram ressarcidas para uma assistência decepcionada, cuja noite fora arruinada.[12]

"Suas declarações para a imprensa causaram dano considerável," disse Churchill, zangado, a Pond, que logo constatou que a onda de má publicidade ameaçava sair de controle e prejudicar sua própria reputação no circuito de conferências. No choque entre o velho e o novo herói de guerra, o velho finalmente baixou a cabeça e cedeu à exigência de Churchill por percentual mais justo dos lucros.

"A paz foi selada (...) nos meus termos," informou Churchill orgulhosamente em carta para a mãe, "e me dispus a continuar o tour."

Rangendo os dentes, preparou-se para retomar a cansativa programação que o levaria a Michigan, Illinois, Missouri e Minnesota antes de retornar ao Canadá para a apresentação em Winnipeg. Afinal, não podia abrir mão dos pagamentos pelas palestras restantes. O que não podia era avaliar exatamente o dano causado pela falsa imagem que dele fizera Pond, especialmente lamentável porque havia uma pessoa no Canadá em quem desejava desesperadamente causar boa impressão.

No exato momento em que se empenhava nessa querela pública, estava hospedado na residência oficial do governador-geral em Ottawa e, entre outros convidados, estava Pamela Plowden, em visita a sua amiga Lady Minto, esposa do governador-geral. Havia semanas que Churchill já sabia que ele e Pamela estariam no mesmo lugar no Canadá e no mesmo momento, e que, se tudo corresse bem durante o tour, teria nova chance para mostrar a ela que seu sucesso não era fugaz e o problema de ganhar dinheiro ele poderia resolver com facilidade. Ao contrário, ao chegar para a estada com Lord e Lady Minto na elegante Rideau Hall, o ciclo estava claudicando e ele fora colhido por uma inesperada tempestade de críticas consequente de sua disputa com Pond.

Durante o curto tempo em que estiveram juntos, Pamela foi polida, mas distante. "Muito bonita e aparentemente muito feliz," foi o comentário de Churchill sobre a mulher que recusara sua proposta de casamento apenas dois meses antes. "Não tivemos conversas dolorosas," foi o melhor que pôde dizer à mãe, quando lhe escreveu contando o encontro com Pamela. Esperava desfrutar um momento de triunfo e queria que Pamela o visse merecendo o aplauso das plateias canadenses, vivendo bem e com o fluxo firme de dólares ganhos com as palestras que fazia. Todavia, graças a Pond, o sucesso foi abafado. Churchill deixou Ottawa sob uma nuvem, e logo em seguida Pamela retornou à sua ocupada vida social em Londres. O velho major – que morreria menos de três anos depois – nunca soube o quanto estragou a viagem do jovem inglês.[13]

A longa viagem em que Churchill cruzou a América do Norte até Winnipeg também teve sua dose de decepções, inclusive uma controvérsia desencadeada por acusações de que ele fora grosseiro com hóspedes do hotel em que estava em St. Paul. Sem ouvir seu lado da história, um jornal local o chamou de "malcriado de primeira categoria" e insinuou que sofria de "petulância juvenil." Para muitos americanos, Churchill era confiante demais em si mesmo e muito orgulhoso do Império Britânico para se fazer simpático e rapidamente lhe atribuíram defeitos. Mesmo o generoso Theodore Roosevelt viveu um momento de "antipatia" por Churchill quando se encontraram na primeira semana da viagem e mais tarde o criticou por revelar "excessiva sede de uma forma barata de admiração despertada pela notoriedade." Foi uma acusação estranha partindo de um homem tão apegado à presidência que fez declaração que se tornou famosa: "Cheguei ao *Bully Pulpit!*" (como ele se referia à Casa Branca). Quando, já idosa, lhe perguntaram por que seu pai não gostava de Churchill, Alice Roosevelt Longworth disse: "Por que eram muito parecidos."[14]

Embora o tamanho e a localização de Winnipeg não fossem animadores, a cidade se revelou a melhor etapa do tour de Churchill porque finalmente lhe deu oportunidade para se dirigir a uma plateia grande e totalmente simpática. Quando chegou em meio à escuridão e à nevasca para fazer sua palestra no Winnipeg Theatre, ficou animado ao notar cerca de quinhentas pessoas esperando no lado de fora por entradas para assistirem a apresentação em pé. Poucas notaram sua chegada, pois estava quase irreconhecível dentro de um pesado casaco de pele que comprara naquela tarde na Hudson's Bay Store, na Main Street.

Nos bastidores, deu uma olhada pela cortina para ter uma noção da plateia. Como estimou posteriormente o administrador, foi a maior assistência na história do teatro, englobando desde líderes públicos confortavelmente sentados nos camarotes até lavradores se espremendo junto às paredes. A nata da sociedade sentada mais perto do palco compunha uma cena impressionante. Churchill brincou com os homens dentro do traje a rigor e "as senhoras metade fora."[15]

"Multidões faziam seu sangue correr mais acelerado," escreveu Churchill sobre seu herói em *Savrola* e certamente em suas próprias veias o sangue se agitou quando a luzes se apagaram, a cortina subiu e ele entrou no palco. Após "uma generosa onda de aplausos," começou a contar a extraordinária história de como foi de navio para a África do Sul como correspondente de guerra, atacado por combatentes bôeres bem armados quando acompanhava tropas inglesas em um trem blindado, aprisionado depois de renhido combate e como fugira sozinho após apenas três semanas no cativeiro. Absorvida pela narrativa dramática, a

Um novo mundo

plateia permaneceu em absoluto silêncio enquanto Churchill descrevia seus esforços para encontrar uma forma de recuperar a liberdade e como se orientou pelas estrelas para escapar enquanto os bôeres o procuravam em vão. Valendo-se de segurança temporária entre trabalhadores civis que apoiavam secretamente os ingleses, permaneceu escondido por alguns dias numa mina de carvão.

"Meus únicos companheiros," contou para a assistência silenciosa, "era um bando de ratos brancos de olhos rosa. Entretanto, todos os dias recebia exemplares de jornais dos bôeres com relatos de minha própria captura com um disfarce diferente a cada dia. Os bôeres tinham a fama de ser uma gente ignorante e mal-educada, mas fazendo justiça à sua inteligente intuição e fértil imaginação, posso afirmar, como jornalista, que seus jornais nada ficavam a dever aos produzidos no mundo civilizado."

Espirituoso em alguns momentos, melodramático em outros, manteve a plateia em suspenso enquanto descrevia como foi posto clandestinamente num trem a caminho da colônia portuguesa de Moçambique no leste da África, onde se apresentou como homem livre – embora exausto e desgrenhado – no consulado inglês. Ainda hoje lembrava com alegria sua proeza, obviamente satisfeito consigo mesmo por ter contrariado as probabilidades. "As estrelas em seu curso," disse a propósito de sua fuga na escuridão, "lutaram por mim." Quando a palestra chegou ao fim e os aplausos e gritos terminaram, alguém na plateia podia especular o que as estrelas reservavam para ele em seguida. Aos vinte e seis anos já fizera o bastante para preencher várias vidas.

Não há dúvida de que esperava a ocorrência de eventos importantes. Tinha notícia sobre o estado de saúde da Rainha e avaliava que muitas mudanças estavam a caminho. Leu para a assistência os últimos boletins que recebera sobre sua condição e, quando a palestra terminou naquela noite, muitos esperavam acordar na manhã seguinte e saber que Victoria falecera. Ansioso por novas notícias, Churchill foi com o vice-governador para a casa do governo, onde passaria a noite. Foi um convidado interessante, cantando as maravilhas de Winnipeg. Era "uma grande cidade," afirmou, vital para o futuro do Império Britânico. "O oeste do Canadá é a padaria da Inglaterra," declarou, "e quando eu voltar, direi aos eleitores de meu distrito que falei para quem assegura o pão que eles comem." Estas palavras, lembrou satisfeito mais tarde, fizeram com que as pessoas que o ouviam gemessem de orgulho.[16]

À uma hora da tarde seguinte, chegou de Ottawa, por telégrafo, a notícia da morte da rainha em sua casa na Ilha de Wight. "Nossa Rainha Morreu," assim começava uma das manchetes. Os sinos já repicavam quando Churchill foi para a estação, de onde partiria logo depois das duas horas em trem da Great Western Railway de volta para os Estados Unidos. Alguns comerciantes tinham posto retratos da Rainha com uma faixa preta nas vitrines de suas lojas. Em um pilar na praça da prefeitura um busto de pedra da monarca estava envolvido em pano preto.

Churchill ficou comovido com a reação imediata à notícia. "Esta cidade tão longe, no meio da neve," assinalou depois, "foi a primeira a baixar a cabeça e hastear as bandeiras a meio-pau."

Recebera notícia de que o parlamento não seria dissolvido e que poderia completar os dez dias restantes de sua viagem. Marcara passagem em navio que partiria de Nova York no começo de fevereiro. Dois meses de trabalho lhe tinham proporcionado 1.600 libras, menos do que as 5.000 que esperava ao começar. Mesmo assim, quando a esta soma das palestras adicionou os pagamentos pelo que escrevera nos dois últimos anos, tinha todos os motivos para se sentir feliz com o que acumulara. "Estou muito orgulhoso," escreveu à mãe, "porque, da minha idade, não existe uma pessoa em um milhão que tenha ganho 10.000 libras sem qualquer capital inicial em menos de dois anos."[17]

Esse foi o dinheiro que o sustentou durante alguns anos seguintes, quando se empenhou em se tornar figura de destaque na Câmara dos Comuns. Agora parecia possuir tudo de que precisava para progredir na nova era, a do sucessor de Victoria, o rei Edward VII. Possuía talento, ambição, coragem, ligações, uma pequena fortuna e uma ou duas estrelas da sorte. Apenas Pamela – ou talvez alguém bem como ela – faltava nesse cenário.

Em Nova York, um repórter lhe pediu para esclarecer um pormenor da história de sua fuga na África do Sul: "Fala-se que uma moça holandesa se apaixonou por você e o ajudou a fugir. Você disse que foi a mão da Providência. Qual é a verdade?"

Churchill respondeu prontamente. "Às vezes são a mesma coisa," disse rindo afavelmente a propósito da intrigante conexão entre o amor e as estrelas.[18]

2

Questão de Família

———◆———

DEPOIS DE CINCO ANOS EM BUSCA DE AVENTURA em várias regiões do globo – deixando para trás 60 mil milhas viajadas – Churchill voltou para casa exausto na noite de 10 de fevereiro de 1901. Seus aconchegantes aposentos estavam à sua espera no imponente prédio de terracota em Mayfair cujo arrendatário era seu primo Sunny, onde encontrou um monte de jornais e correspondência precisando ser separados e lidos. Merecia algumas semanas de folga para botar seus negócios em dia e se reacostumar com a vida em Londres, "o grande coração chuvoso do mundo moderno," como H.G. Wells chamava a cidade. Também havia o recente prazer de dormir sempre na mesma cama. Como comentou posteriormente, "por mais de cinco meses falara por uma hora ou mais quase todas as noites exceto aos domingos e muitas vezes duas vezes por dia, viajara sem cessar, normalmente à noite, raramente dormindo duas vezes na mesma cama. E tudo isso depois de um ano marchando ou combatendo, raramente dispondo de um teto ou uma cama."[1]

Entretanto, programara seu retorno, de modo a ser pequena a chance de desfrutar mais do que um breve descanso. Quando o rei Edward, parecendo um urso em sua grande capa de arminho, abriu a sessão do Parlamento quatro dias mais tarde, Winston lá estava com a solenidade e dignidade devidas, vestindo luto pela Rainha falecida. Depois de fazer o juramento como novo membro naquela tarde, esperou menos de uma semana para fazer seu discurso inaugural. No caso de recém-chegados menos importantes, passavam-se meses e anos até que pudessem se atrever a discursar na Câmara, mas Churchill não podia esperar tanto tempo para capitalizar o torvelinho de publicidade que o precedera e mostrar que merecia ser alvo das atenções. Afinal, havia pouco tempo falara para plateias muito maiores, de modo que não se sentia intimidado pelo brilho das luzes do parlamento.

Mas essa assistência não era como a outra. A Câmara dos Comuns era a casa dos melhores oradores do país, debatedores sofisticados que conheciam todos os truques retóricos e havia anos aperfeiçoavam suas habilidades uns contra os outros. Alguns dos mais destacados fizeram seus discursos inaugurais quando Churchill ainda era apenas um pirralho desajeitado. O líder da Câmara dos Comuns – o esguio e imperturbável Arthur Balfour – vencera sua primeira eleição justamente quando Winston nascera e havia muito tempo já estabelecera sua reputação como refinado debatedor cujo raciocínio ágil rapidamente neutralizava a argumentação do oponente. Na bancada da oposição, o chefe reconhecido por todos era Herbert Asquith, advogado educado em Oxford, de quarenta e nove anos, cujo estilo ríspido e metódico levara seus colegas liberais a chamá-lo "o martelo."[2]

Depois de ter demonstrado muito bem, durante o ciclo de palestras, que era capaz de contar uma boa história, Churchill agora queria mostrar que também sabia como rebater um argumento. Esperara anos por esse momento e passara os dias que antecederam o evento cuidando para que nada saísse errado, aperfeiçoando e memorizando seus comentários. Em seu quarto ensaiou diante de um espelho, imaginando que estava se dirigindo à Câmara. Isso se tornou método usual de sua preparação, para desagrado dos vizinhos. "Todos os dias," lembrou um amigo, "se podia ouvir o barulho que fazia em seu quarto ensaiando gestos e posturas, acompanhados por batidas ressonantes nos móveis."

Tudo tinha de estar perfeito, desde o modo como puxava a lapela do fraque até a maneira como socava o ar com o punho cerrado. Como segurança final, resolveu fazer uma lista de seus argumentos principais e deixá-la à mão enquanto falava, embora confiasse plenamente no poder de sua memória. "Se leio a coluna de uma publicação quatro vezes," gabava-se com um redator parlamentar, "gravo tão perfeitamente que posso repeti-la sem qualquer omissão ou erro."[3]

Poucos anos antes, juntara algumas de suas opiniões sobre oratória em um manuscrito denominado "O Andaime da Retórica," no qual chegava à conclusão de que todos os grandes discursos tinham palavras cujo ritmo era capaz de pôr ideias complexas em imagens memoráveis. Era fã, em especial, da crítica imparcial de William Jennings Bryan ao padrão-ouro, em 1896: "Não se deve baixar a coroa de espinhos até a testa do trabalhador; não se deve crucificar a humanidade em uma cruz de ouro." Desde o começo da idade adulta até a velhice, olhos e ouvidos de Churchill estavam sintonizados para descobrir analogias que pudessem se transformar, como disse em seu ensaio, em "lemas de partidos e credos de nacionalidades."

Questão de família

Embora orgulhoso de sua fama de jovem aventureiro, Churchill também desejava ser respeitado como homem erudito. Lamentava não ter recebido educação universitária e sempre fora seu próprio mestre, aproveitando bem sua leitura independente. Nas batalhas políticas, queria se destacar fazendo do conhecimento sua espada, penetrando em cada espaço com mais fatos e melhor compreensão dos assuntos do que seus oponentes. Enquanto outros políticos se satisfaziam colhendo informações em jornais e publicações do partido, ele devorava estantes inteiras. Como assinalou de forma pitoresca um observador que acompanhou sua carreira desde o começo, Churchill começou "vivendo com os *Blue Books* (listas de pessoas de destaque no governo e na sociedade) e dormindo com enciclopédias." "Sua capacidade de trabalho era prodigiosa," escreveu um amigo da família, "quase igual à sua paixão por ele. Não sei se em algum momento dorme ou descansa."[4]

No dia 18 de fevereiro, Asquith e Balfour estavam em seus lugares habituais na Câmara quando os membros do parlamento começaram a voltar do jantar para a sessão noturna. As luzes a gás por trás dos painéis de vidro bem no alto iluminavam o estreito plenário de debates, dominado em um lado pela cadeira com pálio do presidente da casa e a longa mesa com os livros e as grandes caixas de carvalho com guarnições de metal. Os debates podiam se prolongar até meia-noite – ou até mais tarde, dependendo da ocasião – e algumas pessoas que visitavam a Câmara a achavam mais bonita à noite, com "as luzes brilhando e o recinto pleno de calor, nervosismo e entusiasmo." Quando circulou a notícia de que o filho de Lord Randolph ia falar, as duas fileiras de assentos nos dois lados do salão rapidamente foram ocupadas, assim como as galerias onde ficavam jornalistas e convidados.

Ao entrar no recinto, Churchill sentiu que todos o olhavam atentamente, olhares curiosos que o acompanharam enquanto caminhava na direção de seu assento segurando uma única página com anotações escritas à mão. Um repórter registrou que o novo membro "era visto como um novo ator é visto no palco durante os ensaios e de quem se espera um grande desempenho." Vários membros notaram a preferência de Churchill por um assento na ponta, na segunda fileira atrás do banco do governo, onde se acostumara a ver seu pai. O filho se alegrava por poder despertar a inevitável comparação com Lord Randolph, cujo busto em mármore adornava um espaço a curta distância da entrada do salão reservado para os membros do parlamento.[5]

Em seu discurso inaugural, prudentemente Churchill preferiu não correr riscos, evitando parecer estar se esforçando para demonstrar eloquência. Como o tinham aconselhado amigos e familiares, seria melhor se ater a um único tema que conhecesse bem e se mostrar modesto nos gestos e no tom, de modo espontâneo. A Guerra dos Bôeres continuava em curso, de modo que abordou a questão de se chegar a um rápido desfecho e a uma paz justa. Para começar, deveriam ser suprimidos os focos restantes de resistência. Insistiu em um esforço renovado capaz de derrotar os linhas-duras com uma força mais poderosa e cortando seus suprimentos. Era uma estratégia razoável, e ele encontrou um meio de fazê-la parecer a única solução lógica, descrevendo seus resultados em termos tais que qualquer pessoa em um país insular pudesse entender.

"Os bôeres," disse se aproximando do fim de sua fala, "forçados pela disponibilidade cada vez menor de recursos, enfrentarão dificuldades cada vez maiores e ficarão expostos não somente ao choque das ondas, mas também à força da maré enchente."

Deixou claro, contudo, que não estava interessado em humilhar ou arrasar o inimigo. Qualquer plano para tornar sua resistência "penosa e perigosa," declarou, devia também "facilitar uma rendição (para eles) honrosa." Estava disposto a admitir que o outro lado tinha seu próprio sentimento de dever a levar em conta. "Se eu fosse bôer," afirmou, "gostaria de estar combatendo na campanha." Essa declaração gerou alguns reparos entre seus colegas "tories," mas foi uma visão equilibrada que conquistou o respeito de críticos da guerra nas duas bancadas opostas.

Encerrando seu discurso, Churchill deixou de lado a política para homenagear a memória do pai e mais tarde suas palavras foram muito elogiadas como comovente manifestação de devoção filial. Não se referiu a Lord Randolph pelo nome, mas a menção obteve o resultado esperado porque revelou a consciência de compartilhar a herança dos Churchills. "Não posso sentar," disse fazendo uma pausa para lançar um olhar para o recinto lotado depois de falar por quase três quartos de hora, "sem dizer o quanto sou grato pela generosidade e paciência com que a Câmara me ouviu e que, bem sei, foram extensivas a mim não em atenção à minha pessoa, mas a uma esplêndida lembrança que muitos ilustres membros desta casa ainda preservam."[6]

Questão de família

No todo, foi uma estreia promissora e por muitos considerada um sucesso. O *Daily Telegraph* disse que Churchill "satisfez as mais otimistas expectativas," e o *Daily Express* publicou que "conseguiu fascinar uma Câmara lotada." Depois que engrenou no discurso, esteve bem, mas vacilou um pouco no início, cruzando os braços para conter o nervosismo. Alguns observadores ficaram impressionados com sua aparência, notando que sua compleição esguia e saudável permitia que fosse comparado a "um moço de dezoito anos." Outros ficaram desapontados ao perceber que revelara poucos traços da figura heroica cujas aventuras tinham acompanhado pela imprensa. "Há na Câmara dos Comuns dezenas de homens mais parecidos com o ideal de combatente e aventureiro intrépido," questionou um repórter. "Talvez seu alfaiate não lhe tenha feito justiça, mas, na forma como se apresentou esta noite na Câmara dos Comuns, certamente pouco revelou da inteligência apurada que se espera da personalidade segura e marcial que todos esperavam encontrar. Para ser franco, pareceu acadêmico e hesitante."

O fato de o jovem ter dificuldade para pronunciar a letra "s" atrapalhou, embora se esforçasse para contornar o problema. Enfrentaria essa dificuldade anos a fio, procurando ajuda de especialistas e ensaiando interminavelmente frases e expressões de difícil pronúncia de "s" como "The Spanish ships I cannot see, for they are not in sight."[7]

Era fácil subestimar Winston Churchill. Todavia, qualquer um que o conhecesse bem sabia que havia muito mais em sua pessoa do que os olhos podiam ver. Os que nele viam poucos traços de herói não enxergavam, por exemplo, que sob o supostamente mal talhado fraque havia uma cicatriz de onde um médico num poeirento hospital de campanha retirara um pedaço de carne após a Batalha de Omdurman. Um oficial colega seu sofreu o que mais tarde foi mencionado como um "terrível corte por golpe de espada no braço direito" que exigia enxerto de carne e Churchill se apresentou voluntariamente para ceder um pedaço da própria carne. A retirada foi feita com uma lâmina de barbear e sem anestesia, causando terrível dor. Raramente Winston mencionou esse episódio, mas nesse dia não foi nada "acadêmico e hesitante" ao agir com tal desprendimento. Em comparação, discursar para a Câmara não passava de um piquenique, e mais tarde ele descreveu essa experiência como, ao mesmo tempo, exaustiva e inspiradora – "terrível, emocionante, mas ainda assim, deliciosa."[8]

Vários expectadores que prestaram particular atenção ao discurso de Winston estavam postados em uma fileira apertada de assentos, atrás de uma separação metálica bem acima da galeria reservada para senhoras visitantes. Acompanhada por Consuelo Marlborough e outras senhoras do clã Churchill, a mãe de Winston compareceu à Câmara para manifestar seu apoio. Porém, de acordo com as normas, seu grupo ficou espremido quase fora das vistas, por trás da grade que isolava a galeria das visitantes. Era uma área escura, tomada por mulheres ilustres envoltas em seda, cetim e com chapéus emplumados. Algumas ocupavam uma "seção especial e privilegiada (...) cujo acesso dependia de autorização do presidente da Câmara." Entretanto, para os membros lá no plenário, essas senhoras tomadas de expectativa feminina não passavam, como disse um romancista contemporâneo, de "formas indefinidas, invisíveis, parecendo uma massa indistinta."

Jennie Churchill conhecia bem o lugar, pois lá estivera diversas vezes para ouvir Randolph em seu apogeu. Aprendera a viver em meio à indignidade e inconveniência da galeria, mas não deixava de manifestar sua desaprovação. "Escondida das vistas masculinas à moda oriental," escreveu em 1908, "cinquenta e às vezes mais mulheres ficam espremidas em uma jaula pequena e escura à qual os ilustres legisladores ingleses as relegaram. Acham que as senhoras na primeira fileira, espremidas, os joelhos de encontro à grade, os pescoços esticados e os ouvidos dolorosamente em alerta se quiserem ouvir alguma coisa, desfrutam um grande privilégio. As da segunda fileira, por delicadeza das que estão na primeira, podem dar uma olhadela nos deuses lá embaixo. As demais precisam confiar na imaginação ou se retirar para uma pequena sala contígua onde podem conversar baixinho e tomar chá."[9]

Em 1885, quando lhe perguntaram se a galeria poderia ter iluminação própria, Herbert Gladstone – filho do primeiro-ministro – foi contra. De acordo com os registros oficiais dos debates no parlamento, ele descartou qualquer possibilidade de "as senhoras irem à Câmara para ver e ouvir o que lá acontecia e achou que a questão da iluminação se aplicava a essa ideia." Os arquivos não falam do que as mulheres pensaram sobre essa observação.[10]

Para alguns membros do parlamento solteiros, o afastamento e a escuridão da galeria das senhoras se tornara parte do ritual da Casa. Funcionários no corredor que separava a sala de chá da "jaula" às vezes se ocupavam com a troca de mensagens entre os membros no plenário e as mulheres por trás da grade que eles queriam impressionar. Com certo

Questão de família

toque de imaginação, uma autoridade edwardiana da Casa descreveu um jovem membro recebendo uma dessas mensagens após um vigoroso discurso: "Ao ler, ele ergue o olhar com um sorriso de satisfação para a galeria das senhoras, onde um par de olhos brilhantes reluz através da grade."

Esperava-se que as senhoras não ficassem conversando na galeria. Havia nada menos de quatro avisos recomendando silêncio. Mas as conversinhas cochichadas sempre foram fonte de interesse para Jennie. Ela achava que proviam excelente informação para as mudanças no destino dos políticos lá embaixo, e escutava com atenção enquanto as anfitriãs marcavam seus próximos jantares, e as belas mulheres comentavam suas conquistas seguintes. Tinha um bom ouvido e, para distração de suas amigas, imitava as conversas com impressionante precisão:

> "Aquele é Mr......?" – exclama uma loura bonita para sua vizinha. "Empreste-me seus óculos. É, é ele. Será que jantaria comigo esta noite?" ("Shh!" vem de alguém da família de um homem que está falando.) "Somos treze – isso é tão desagradável. Acho que devo mandar uma nota pelo funcionário para ele." (Shhh!) "Pode ser que ele responda logo – seria tão bom." (Shh! Shh!) "Quem é essa mulher antipática que está me mandando calar a boca?"[11]

Foi em parte para assegurar que a assistência feminina se comportasse respeitosa e atentamente que Jennie chegou cedo à galeria, acompanhada por um grande número de familiares ilustres para ouvir o discurso de Winston. Além de Consuelo, Duquesa de Marlborough (como sempre, exuberante com suas joias Vanderbilt), ela levou quatro tias de Winston com todo seu refinamento aristocrático. Na juventude, essas irmãs de Lord Randolph – Cornelia, Rosamund, Fanny e Georgiana – foram belas mulheres muito admiradas e todas se casaram bem. A mais chegada a Winston era Cornelia, Lady Wimborne, rica e influente anfitriã política cujos convites para jantares em sua mansão em Londres com vistas para o Green Park eram muito cobiçadas. No devido tempo, Jennie e suas parentas com boas ligações se revelariam tão eficientes em promover por trás das cortinas a carreira de Winston que um político rival reclamou amargamente: "Não há nada de especial em Winston, mas ele tem por trás algumas das mulheres mais inteligentes da Inglaterra. Esse é o real segredo de seu sucesso."[12]

Desde a morte de Lord Randolph, Jennie usara intensamente sua influência em prol de Winston. Com seu encanto e íntimo conhecimento da sociedade, facilitou suas aventuras além-mar e suas ambições políticas na Inglaterra, dizendo uma palavra conveniente e na hora certa a um editor de jornal, a um general ou a um estadista. "Ela não deixava nenhum fio desligado, nenhum pedregulho no caminho e nenhuma costeleta de carne a ser cozida," disse Churchill brincando quando chegou à meia-idade. Quando, em 1898, ele quis de qualquer modo arranjar um lugar no exército de Kitchener no Sudão, foi a Jennie que recorreu em busca de ajuda, e ela fez lobby em seu favor do Príncipe de Gales para baixo. "Seu tato, encanto e habilidade," escreveu a ela, "podem superar qualquer obstáculo."[13]

Embora o tato normalmente não fosse seu ponto forte, sobravam-lhe habilidade e encanto. Filha de um homem de negócios e especulador em Wall Street que perdia fortunas com a mesma rapidez com que as acumulava, cresceu em Nova York e Paris, e aos vinte anos se casou com Randolph, decepcionando sua família, que ansiava por um noivo mais rico. Quase desde o começo, o casamento foi tumultuado pelo choque de vontades entre um marido orgulhoso e errático por um lado e uma jovem esposa irascível e impetuosa. Todavia, por onde passava, ela chamava atenção e fazia admiradores. Desde o começo, um de seus mais ardentes fãs, Lord Rossmore, já idoso, saudosamente comentou a seu respeito: "Muitas das beldades da sociedade vão e vêm, mas acho que muito poucas, se tantas, a igualaram."

Uma das netas da Rainha Victoria descreveu Jennie em sua mocidade como uma "beleza flamejante (...) Seus olhos eram grandes e escuros, a boca irrequieta com curvas deliciosas, quase travessas, cabelos quase negros e lustrosos." Margot Asquith lembrava de ter ficado impressionada na primeira vez que encontrou Lady Randolph: "Sua fronte era como a de uma pantera, com grandes olhos que penetravam em você. Chamava tanto a atenção que a acompanhei com o olhar até que alguém me dissesse quem era." Homens e mulheres ficavam enfeitiçados por sua aparência exótica. Um admirador disse que era "tropicalmente graciosa," e ela acentuava esse efeito usando braceletes brilhantes e um diamante em forma de estrela no cabelo, que reluzia cada vez que ela girava a cabeça.[14]

Ela tinha uma serpente delicadamente tatuada num pulso. Tratava-se de um trabalho de Tom Riley, o melhor tatuador de seu tempo, e vez ou outra provocava olhares de assustada incredulidade. Porém, não era

Questão de família

vista com facilidade. Como disse o *New York Times* sobre Jennie, em 30 de setembro de 1906, "uma tatuagem sofisticada no pulso esquerdo que fica escondida por um bracelete que ela sempre usa quando está num vestido de noite, de modo que pouca gente chega a notar."[15]

Ela gostava de chocar as pessoas e sabia quando alguém se aproximava para vê-la fazer ou dizer coisas não convencionais. Como americana, sentia-se autorizada a tomar certas liberdades em relação aos costumes do Velho Mundo e a falar o que pensava quando o mais apropriado era conter a língua. Preconceitos ingleses contra sua educação no estrangeiro no princípio a incomodaram, mas ela aprendeu a não levá-los em conta e até a usá-los em seu proveito. No início da vida de casada, lembrava: "Na Inglaterra, como no Continente, a mulher americana era vista como uma criatura estranha e incomum, com hábitos e modos que ficavam, de certa forma, entre os de um pele-vermelha e os de uma garota do teatro musicado. Dela se podia esperar qualquer coisa bizarra. Se ela falasse, se vestisse e se comportasse como qualquer mulher de boa educação invariavelmente causaria muito espanto e, geralmente, quando a cumprimentavam faziam a diplomática observação "nunca imaginei que você fosse americana."

Jennie não se deixava intimidar com facilidade. Certa vez, quando tentou melhorar seu relacionamento com George Bernard Shaw o convidando para almoçar, ele respondeu de forma destemperada, mencionando vagamente sua má vontade, como vegetariano, em comer com o que era, segundo disse noutro lugar, "gente carnívora." Seu telegrama começava asperamente: "Claro que não!" E, em seguida, reclamava: "O que fiz para provocar tal ataque a meu conhecido hábito?" Jennie rapidamente o colocou em seu devido lugar respondendo: "Nada sei sobre seus hábitos. Espero que não sejam tão ruins quanto seus modos."[16]

Jennie não gostava do abstêmio Shaw mais do que de seu notoriamente comodista rival no mundo teatral, Oscar Wilde. Ela tinha a fala favorita de uma de suas peças e certa vez discutiu com alguns homens de sua amizade quando a referiu e não conseguiu convencê-los de que a fonte era Wilde. Apostou com eles que estava certa e de imediato enviaram para o autor teatral uma nota pedindo que confirmasse a fala em questão. Ele respondeu, "Como os homens são tolos! Deviam dar ouvidos a mulheres brilhantes e admirar as que são bonitas, e, no caso presente, a mulher é tão brilhante quanto é bonita, e eles deviam ter o bom senso de admitir que ela é verbalmente inspirada." Isso mesmo, escreveu ele, ela o citara corretamente ao dizer a seus amigos: "A única diferença entre o santo e o pecador é que todo santo tem um passado e todo pecador tem um futuro!"[17]

Embora nos primeiros anos de sua vida em sociedade estivesse muito ocupada para ser mãe atenciosa para Winston e seu segundo filho Jack (um Churchill despretensioso, mas cumpridor), ela tinha uma personalidade afável e extrovertida, e os filhos não podiam deixar de admirá-la. Como meninos, ficavam frustrados com suas atitudes impulsivas, nunca sabendo quando e onde ela apareceria. Perdia aniversários, deixava cartas por responder, entrando e saindo de suas vidas tão rapidamente que às vezes parecia mais uma visão passageira do que uma pessoa real. Winston melindrava-se com sua displicência, mas tentava se consolar com a ideia de que ela era "uma princesa de conto de fadas" – fugidia e etérea.

Os meninos não a interessavam, mas, quando cresceu, Winston nela encontrou uma ardorosa aliada em quem podia confiar. Passou a apreciar sua paixão pela vida em sociedade – à medida que descobria sua imensa utilidade para ele – e a admirar sua disposição para desafiar as convenções. Gostava de sua ousadia, lealdade, de seu sorriso travesso e da risada fácil. Atribuía o perfil independente de sua personalidade a seu pai voluntarioso, cujas aventuras no mundo implacável das finanças em Wall Street sempre o fascinara. Anos depois, examinando uma fotografia de seu avô em Nova York, Churchill comentou: "Muito ameaçador. Sou o único tratável que geraram."[18]

———

Aos quarenta e sete anos, quando o filho fez seu discurso inaugural, Jennie era invejada pelas amigas mais próximas não apenas por conservar em grande dose sua aparência do tempo de moça, mas também porque, cinco anos após a morte de Lord Randolph, ela casara com um dos mais simpáticos solteiros da Inglaterra, uns vinte anos mais moço. Esportista inveterado e conhecido em toda a cidade por sua afabilidade, George Cornwallis não era muito brilhante, mas Jennie não resistira a sua figura atlética, ao bigode tipo militar, a seu queixo firme e seus olhos luminosos. Parecia mais maduro do que a idade revelava – era apenas dois anos mais velho do que Winston e, quando se apaixonou pela viúva Jennie no fim da década de 1890, achou que "ela parecia não ter mais de trinta e que seu charme e vivacidade se ajustavam à aparência jovial."

Ele vinha de boa família, mas não tinha fortuna que pudesse afirmar

Questão de família

que lhe pertencia, e seus pais empalideceram quando ele jogou fora a chance de um matrimônio lucrativo para casar com uma viúva bonita e de posses limitadas, com quase o dobro de sua idade. Criaram tal confusão que, de acordo com uma reportagem da imprensa, quase estourou uma "guerra social" entre Lady Randolph e a mãe de George. A maioria das amigas e dos familiares de Jennie compareceu fielmente ao casamento em julho de 1900, mas os bancos reservados para os parentes do noivo ficaram vazios. Normalmente, um casamento dessa natureza causaria um escândalo tão grande que Jennie cairia no ostracismo perante boa parte da sociedade. Até o Príncipe de Gales a advertiu sobre seu casamento com o jovem George. Entretanto, o fato de o príncipe e muitas outras pessoas aceitarem sua decisão, comparecerem à cerimônia e enviarem presentes caros dá a medida de sua extraordinária posição nos círculos da alta sociedade.

Ela sabia que estava assumindo um grande risco, e que seu segundo casamento poderia acabar sendo curto, mas estava decidida a ter seu romance enquanto isso era possível. Como o simpático George disse mais tarde a seu respeito: "Se alguma coisa bonita a atraía, ela sentia obrigação de tê-la. Nunca passou por sua cabeça parar e pensar para saber o preço a pagar." Ao que parece, ele não percebeu que também era uma das coisas belas que ela desejou, e nenhum dos dois jamais chegou a pensar muito em como funcionaria seu casamento. "Claro que o encanto não vai durar para sempre," disse Jennie para uma amiga, "mas por que não colher o que se pode e não fazer a você mesma infeliz ou a alguém no futuro?"[19]

Os jornais americanos publicaram que a cerimônia na catedral de St. Paul foi digna, mas "deprimente." No altar, George "parecia um tanto nervoso," enquanto "Lady Randolph tinha os nervos perfeitamente dominados e parecia satisfeita consigo mesma." Realmente, Jennie "parecia ser a única pessoa alegre." Sunny conduziu a noiva, e Winston esforçou-se ao máximo para demonstrar seu apoio cumprimentando a noiva na sacristia com um "tremendo abraço." Não estava muito entusiasmado com o casamento, mas não queria decepcioná-la e antes já declarara que não tentaria influenciar sua decisão. Bastava, escreveu para ela, "você saber se está feliz."[20]

Como temiam Winston e outros, Jennie se arrependeria de sua decisão. Porém, nos primeiros dois anos da união ela estava feliz, aceitando orgulhosamente sua nova identidade como simplesmente "Mrs George Cornwallis-West," em vez de Lady Randolph Churchill. Em curto prazo, o único custo de sua decisão pesou sobre Winston. O sensacional casamento realizado em julho precedeu em apenas três meses sua proposta de casamento a Pamela Plowden. Havia muitas razões para Pamela dizer não, mas certamente o casamento de Jennie levantaria na mente de qualquer moça dúvidas sobre a conveniência de se tornar a nora de pessoa tão audaciosa e controvertida. Concordando em ser esposa de Winston, estaria aceitando muitos encargos – não meramente os consequentes de sua ambiciosa carreira e exigente personalidade, mas também a de passar a integrar uma família que incluía mulheres tão imponentes como Jennie e Consuelo, além das outras damas do clã Churchill que sentaram na sombria galeria em fevereiro e assistiram a seu jovem parente brilhar pela primeira vez na Câmara dos Comuns.

Assim, Winston não se surpreendeu quando se encontrou com Pamela em Londres, algumas semanas mais tarde, e descobriu que ela não mudara de opinião quanto ao assunto entre ambos. Ela ficava feliz em tê-lo como amigo, mas nada além disso. Havia apenas uma coisa que mudara desde que ele a vira pela última vez. Ela estava, conforme escreveu desconsolado para a mãe, "mais adorável que nunca."[21]

3

Talhado Para a Oposição

Poucos anos antes de se eleger para o parlamento, Churchill foi convidado para almoçar com um velho estadista victoriano cuja carreira se aproximava do fim. Uma "figura digna de Falstaff," apelidado Jumbo, Sir William Vernon Harcourt adorava ficar olhando por cima dos óculos de aro dourado e "cochichar segredos do parlamento" para impressionar jovens que buscavam suas graças. Cada pedaço de seu corpo gigantesco – pouco mais de 1,90 de altura – balançava à medida que ria de suas próprias piadas, em sua maioria as mesmas durante anos. O jovem Churchill estava seriamente preocupado e queria saber o que o futuro lhe reservava. "Quais os próximos grandes acontecimentos?" – perguntou ao velho senhor.

"Meu caro Winston," respondeu Sir William, " as experiências de uma longa vida me convenceram de que nada jamais acontece."

Só em parte era uma brincadeira. Tendo desfrutado uma vida longa e próspera em um século dominado pelo poder econômico e militar inglês, Sir William vivia no crepúsculo de sua vida em um mundo confortável não muito diferente daquele em que vivia Sir Leicester Dedlock em *Bleak House*, de Dickens – "um mundo envolto em muito algodão absorvente de choques e fina lã, que não pode ouvir o ímpeto da corrida dos mundos que o envolvem e tampouco vê-los orbitando em torno do sol." Mais do que a maioria dos moços de sua geração, Churchill tinha os olhos voltados para esses mundos mais amplos que despencavam na direção do outro mais bem ordenado em que ele fora criado e já se preparava para as colisões inevitáveis.

Nos anos 1920, quando lembrou da observação de Harcourt, Churchill comentou: "Desde aquele momento, a mim parece que nada jamais cessou de acontecer (...) O rio manso com seus redemoinhos e pequenas ondulações em que então navegávamos parece inacreditavelmente distante da cachoeira em que fomos arremessados e das corredeiras em cuja turbulência hoje lutamos."[1]

Para o impaciente Winston de 1901, o futuro era sombrio porque ainda havia victorianos demais governando o país. A cúpula de seu partido estava cheia de gente de barba grisalha, começando com uma figura digna do Olimpo, o primeiro-ministro Lord Salisbury, cuja família da lendária casa dos Cecils of Hatfield, fizera parte da classe reinante desde os tempos elizabethanos.

Um estadista inteligente em seus melhores anos, Salisbury ficara tão enfadonho e decrépito que cada vez mais se desligava das tarefas diárias do governo. Respirava com dificuldade, sendo forçado a dormir sentado em uma cadeira. (Depois de sua morte em 1903, falou-se que caíra da cadeira e "teve o sangue contaminado por uma ferida em uma perna.") Por anos a fio, o único exercício que fizera fora pedalar lentamente em um grande triciclo pré-histórico em uma pista asfaltada em torno de sua propriedade, com um empregado atrás para empurrá-lo nas subidas.

"Ele adorava esse exercício," comentou alguém que visitava Hatfield referindo-se ao primeiro-ministro, mas "sempre havia o perigo de ser emboscado por algumas das inúmeras crianças que se aproveitavam dele para suas brincadeiras." (Recentemente duas delas tinham sido apanhadas por suas mães junto a um muro perto da pista esperando a passagem de Salisbury com "grandes jarros cheios de água.")[2]

A perda progressiva da visão e da memória marcaram os últimos anos do primeiro-ministro. Tinha o costume de cochilar na Câmara dos Lordes, sua ampla barba cobrindo o peito. Uma sátira em *Punch* insinuou que o único acontecimento público capaz de mantê-lo acordado era "uma competição de bandas." Durante uma longa solenidade oficial, ele estava observando sonolentamente o recinto com seus olhos escuros e meio cerrados quando reparou que um homem próximo sorria para ele. Voltou-se para ele e murmurou: "Quem é você, jovem amigo?" E veio a resposta: "Seu filho mais velho."

O ambicioso antigo secretário particular de Salisbury, Lord Curzon, não entendia a razão de o velho estadista não se aposentar, e o criticava privadamente ao se referir a ele como "aquele peso morto bizarro, poderoso, inescrutável, brilhante e criador de caso que está no topo." Certa noite, no início de sua carreira parlamentar, Churchill jantou com Salisbury na companhia de outros políticos moços e mais tarde lembrou que, a caminho de casa, um deles comentou em voz alta como ele devia se sentir assoberbado em cargo tão elevado, "quase a ponto de morrer."[3]

Talhado para a oposição

Todos achavam que Salisbury devia deixar o cargo, que deveria ser ocupado por Arthur Balfour, seu sobrinho obediente e arrogante. (Em visita a Nova York, quando lhe disseram que um grande arranha-céu novo era a prova de fogo, Balfour, com ar de desdém, disse: "Que pena!") Para garantir que o clã Cecil conservasse sua influência em assuntos de governo após sua morte, o primeiro-ministro colocara muitos parentes na administração – inclusive um genro como Primeiro Lord do Almirantado – motivo para a imprensa política começar a chamar o governo de "Hotel Cecil Ltda." Balfour era um dos três sobrinhos em posição importante, fazendo com que um crítico comentasse acidamente: "A mulher espartana entregou todos os filhos a seu país. O Marquês de Salisbury, para não ser superado em patriotismo, entregou também os sobrinhos."[4]

———

Mesmo antes de conquistar sua cadeira no parlamento, Churchill teve dificuldade em obter a boa vontade de Salisbury. Enviava-lhe notas respeitosas e a ele dedicou *The River War*, louvando o líder que, "com sua sábia orientação, mantém por tanto tempo o Partido Conservador no poder e a quem a nação deve sua prosperidade." Mais importante, em seu primeiro ano na Câmara dos Comuns, não perdeu tempo e estabeleceu sólida amizade com o filho mais velho do primeiro-ministro, Lord Hugh Cecil. Diante do poder da família no partido, era compreensível Winston tentar estabelecer forte ligação com Hugh antes da próxima reorganização do "Hotel Cecil," pondo-se, de certa forma, na posição de membro honorário da família.

Infelizmente, demorou a perceber que Linky – apelido de Hugh – não estava disposto a seguir as pegadas do pai. Estava muito absorvido consigo mesmo para se tornar aliado de alguém, e passava a maior parte de seu tempo estudando assuntos acadêmicos não muito claros no conforto palaciano de Hartfield House, onde a ampla biblioteca da família, com sua preciosa coleção de livros e manuscritos antigos, servia como perfeito retiro de pós-graduação, depois de completar seus estudos formais em Oxford. Embora compartilhasse o amor de Churchill pelo drama e fascinação da história, faltava-lhe ambição e não estava interessado nas benesses que seu pai gostava de distribuir pela família. Anglicano devoto, já pensara em entrar para o clero, mas preferiu um assento na Câmara dos Comuns, e a oportunidade de vez ou outra fazer seus sermões sobre algum assunto que estimulasse sua mente excêntrica.

Inicialmente, era precavido com Churchill; considerava-o muito impulsivo e "um tanto sentimental, viciado em sentimentos do tipo que se põem numa frase, mas que não tem profundidade." Gostava de fatos concretos e não de voos fantasiosos. Certa vez, quando sua atenção estava voltada para um bonito entardecer, contemplou e em seguida se afastou comentando friamente: "É, de extremo bom gosto."

Não obstante, foi em parte o gosto de Churchill pelo romantismo que o fez pensar que valia a pena uma aliança com o filho de Salisbury. O pedante Linky – que um contemporâneo descreveu como "uma cara jovem, mas enrugada como a de um velho, em cima de um corpo magro e frágil" – foi transformado pela imaginação superativa de Winston em um companheiro mais entusiasmado, vivendo nas nuvens da glória da aristocracia. Churchill o via como um fidalgo ressuscitado – "um verdadeiro tory, um ente saído do século XVII," como frisou mais tarde, que seria um aliado na batalha pelo rejuvenescimento do Partido Conservador. Outras pessoas, menos otimistas, achavam que Hugh parecia mais um "asceta do século XIV." Seus próprios irmãos o apelidaram Linky porque frequentemente brincavam dizendo que ele parecia o elo perdido da teoria evolucionista.[5]

Aos poucos, o entusiasmo e a adulação de Churchill conquistaram o jovem Cecil. Ao lado de um punhado de membros do parlamento – inclusive Ian Malcolm, simpática figura da sociedade que logo ficaria noivo da filha de Lillie Langtry, e alguns aristocratas como Lord Percy e o *Hon.* [filho sem título de um nobre] Arthur Stanley – formou um círculo de tories independentes dispostos a adotar novos enfoques e ideias. Winston estava ansioso para lançar a confusão, propalando orgulhosamente que o novo grupo fazia questão de ser conhecido como os *"hooligans"* (desordeiros). Confidenciou aos colegas desse círculo que desejava "desenvolver aquele atributo político de valor inestimável, o gosto pela travessura." Em parte, buscou essa inspiração no "Quarto Partido" do princípio da década 1880, pequeno grupo de "livre atiradores" ao qual Arthur Balfour por algum tempo se aliou em um acesso de arroubo juvenil.

Fazer travessuras não era bem o que pensavam seus amigos. Pareciam mais interessados em manter discussões intermináveis durante longos jantares que varavam a noite. A impressão geral entre os demais parlamentares era de que os *hooligans* "na verdade eram um clube de jantar, e nos salões se comentava que a principal função de Mr Malcolm era pagar os jantares." Normalmente o grupo se reunia nas noites das terças-feiras em um dos restaurantes da Câmara, mas também iam até Blenheim e outras cidadelas da aristocracia para reuniões de fim de semana. Consuelo lembrou um desses jantares dos hooligans em que todos "ficaram até meia-noite, embalados pela eloquência de Winston." (Ao contrário de Churchill, Hugh Cecil era um bom e paciente ouvinte. "Será que o estou aborrecendo, Lord Hugh?"– perguntou um amigo tagarela em determinada ocasião. "Ainda não," respondeu polidamente.)[6]

Por certo tempo, a figura estatuesca da Duquesa de Sutherland – apenas alguns anos mais velha do que Winston – foi a musa escolhida pelo grupo. Ela os convidava para visitar seu castelo na Escócia e para pródigas festas em sua mansão de Londres, Stafford House. No salão de baile, "a luz de mil velas brilhando nos candelabros," ela estava sempre no centro das atenções e parecia flutuar suavemente sobre o piso lustroso enquanto se movia entre os convidados. Um deles comentou que ela parecia "esguia e longilínea como um junco, os cabelos louros arrumados com simplicidade, a pele translúcida como o núcleo de uma concha no oceano." Todavia, alguns de seus fascinados convidados se perguntavam o que ela via em Winston. Após uma festa em Stafford House, uma fofoca de sociedade reclamou que Churchill "pisou na cauda de três duquesas" e derramou champanhe no colo de Lady Helen Stewart, uma herdeira loura e corpulenta a quem ele dedicou sua atenção a noite inteira." (Lady Helen – ou "Birdie," como era chamada em família – era prima de Churchill em segundo grau e sua amiga desde a infância.)[7]

Parece que devoção inocente era o que a duquesa esperava de seus admiradores, e em Churchill ela encontrou alguém disposto a esse papel. Desde o princípio sua personalidade incomum a intrigou. Por mais que gostasse de festas, ela desejava ser conhecida por realizações sociais e ser bem vista. Via a si mesma como uma reformadora social e nos últimos anos se empenhara ajudando famílias da classe trabalhadora a conseguir melhores habitações, assistência médica e emprego. Um de seus projetos preferidos era reviver a indústria doméstica de tecelagem que produzira o tweed Harris. Para desapontamento seu, a duquesa – cujo primeiro nome era Millicent – foi ridicularizada pela imprensa popular como "Meddlesome Millie" (Millie Intrometida). Ela desprezou as críticas e prosseguiu com sua boa obra, incentivada em grande parte por seus valentes defensores na mídia de massa. Um dos maiores incentivadores foi Winston Churchill, que escreveu uma carta para *The Times* elogiando o ativismo da duquesa e censurando a crítica anônima que "zomba de duquesas versáteis em suas aptidões."

Ela gostava de desafiar as opiniões dos membros mais reacionários da classe alta à qual pertencia e estava curiosa por saber o que os *hooligans* poderiam fazer para dar uma balançada no partido tory. "Na medida em que uma pobre duquesa podia ser agitadora," disse ela vários anos depois, "eu me esforcei para ser uma." Seu marido, muito mais velho e com quem se casara quando tinha apenas dezessete anos, não compartilhava de sua curiosidade sobre o grupo de Churchill. Achava que eles não estavam a fim de boa coisa e, em acesso de raiva, disse à esposa para cancelar os convites para uma festa que enviara para Hugh e Winston. O velho duque logo atenuou sua resistência, mas Millicent gostava de recordar o incidente anos depois, porque se divertiu muito com as respostas diferentes que recebeu dos dois jovens amigos. Disse ela a um confidente:

> Ainda tenho em meu poder as cartas que me escreveram em resposta. Guardei-as porque são típicas de dois temperamentos tão diferentes. Hugh Cecil escreveu: "Minha querida Millie, compreendo e lamento. Faça-me um grande favor e diga-me, qual o dia da semana que vem em que estará livre para almoçarmos juntos?" Quanto a Winston, a quem faltava totalmente a proverbial delicadeza dos Cecils, escreveu uma carta zangada que me fez rir, declarando asperamente que não colocaria mais os pés em minha casa enquanto o Duque vivesse.[8]

Para demonstrar sua independência política, os *hooligans* se encontraram várias vezes com o antigo primeiro-ministro liberal Lord Rosebery, em algumas delas passando fins de semana em suas casas em Surrey e no Buckinghamshire. Churchill transformou essas visitas de fim de semana em verdadeiras aventuras dirigindo o carro recentemente adquirido até seu destino. Era tão inexperiente atrás do volante, e o veículo era tão barulhento que nenhum dos outros *hooligans* lhe fazia companhia. "Temo ter perturbado seus cavalos com meu carro a motor," escreveu elel a Lord Rosebery após uma dessas visitas. "No momento estou aprendendo a dirigir, de modo que se trata de um período um tanto perigoso."

Rosebery tomava vinho e jantava com o grupo e ficou contente ao saber que o filho mais novo do velho Salisbury – rival de longa data e seu sucessor como primeiro-ministro em 1895 – vinha procurá-lo em busca de conhecimento político. Hugh Cecil, entretanto, sentia-se constrangido ante a satisfação e a isenção com que seus colegas *hooligans* desfrutavam a hospitalidade do estadista liberal. Churchill disse que seu amigo sofria "com a incompatibilidade entre seus elevados princípios morais e as questões sociais." Realmente, o sensível Hugh sentia-se compelido a

Talhado para a oposição

se desculpar pelos *hooligans*. "Meus colegas se comportam muito mal e lamento muito ter de reconhecer," escreveu ao anfitrião."[9]

Churchill, porém, achava essas visitas revigorantes, não somente porque seu pai fora grande amigo de Lord Rosebery. Gostava de ouvir histórias sobre a carreira do pai e era recebido como filho orgulhoso e disposto a honrar a memória de Lord Randolph. Numa festa em que estavam presentes muitos convidados além dos *hooligans*, Rosebery várias vezes interrompeu a conversa para apontar afetuosamente para Winston e dizer para todos: "Rogo que não cheguemos a nenhuma conclusão enquanto não ouvirmos o 'menino.'" Poucos homens que se referiram a Winston dessa forma escaparam de sua ira, mas Rosebery podia fazê-lo tratando-se de sua pessoa e também porque admirava tão visivelmente a precoce inteligência de Winston. Ele e seu círculo concordavam que o filho de Randolph tinha "uma cabeça velha sobre ombros moços."

Na presença de Rosebery, Winston sentia-se em nítido contato não apenas com o passado de seu pai, mas igualmente com o poderoso fluxo de forças históricas que remontavam aos tempos antigos. "O passado sempre estava a seu lado," escreveu posteriormente sobre o antigo primeiro--ministro, e completou, "e era o conselheiro em que ele mais confiava. Parecia ser alimentado pelo conhecimento e pela história e acrescentava aos acontecimentos atuais um toque de majestade do passado. Sua voz era melodiosa e profunda e, muitas vezes, ao ouvi-lo, sentia-se o contato íntimo com os séculos passados, e se podia perceber a continuidade da história de nossa ilha ao longo do tempo."[10]

Winston ficava deslumbrado com as casas elegantes de Rosebery e seus pertences de valor inestimável. Uma grande pintura atraía sua atenção em especial. "Ontem saí com uma sensação estranha depois de ver o retrato de Napoleão," escreveu a Rosebery. "Parece impregnado de sua personalidade e senti como se eu estivesse observando furtivamente o próprio aposento em que ele trabalhava e saí bem a tempo de evitar ser visto."

Em consequência de a imagem que fazia de Napoleão ter sido formada sobretudo por suas leituras, Churchill ficou atônito ao subitamente encontrar uma retrato que parecia real de seu herói a encará-lo da tela *The Emperor Napoleon in His Study at the Tuileries*, de Jacques-Louis David. Pintado apenas três anos antes de Waterloo e com seis pés de altura, o retrato foi adquirido na década de 1880 por Rosebery, cujo casamento com uma herdeira Rothschild lhe proporcionara meios para comprar qualquer tesouro que lhe interessasse. Em sua época, ficou conhecido por ensaiar seus discursos em frente a essa pintura e a outra – ainda maior e igualmente impressionante – de George Washington, pintada por Gilbert Stuart (o assim chamado retrato Lansdowne). "Ele os usava como o *chorus*," lembrava um membro da família. A expressão maravilhada de Winston diante do efeito mágico do retrato de Napoleão levou Rosebery a, contrariando seus hábitos, a admitir candidamente. "Às vezes acho," disse sobre a vívida imagem, "que ele está saindo da tela."[11]

Churchill devia pensar que as visitas às casas de Rosebery e a Blenheim serviriam de inspiração para os *hooligans*. Porém, seus amigos viam essas expedições como distração e não tencionavam cultivar um senso de destino. Não compartilhavam sua paixão especial por grandes homens e monumentos. Também lhes faltava o desejo premente de montar um firme ataque à complacência superior dos líderes tories.

Apesar disso tudo, Lord Salisbury não estava preocupado com o grupo. Nunca pensou que os *hooligans* viessem a ter grande importância, talvez porque conhecesse muito bem seu filho. De acordo com Ian Malcolm, o próprio primeiro-ministro descobriu forma inteligente de diminuir sua importância. Em tom de brincadeira disse que deviam ser renomeados "hughligans, em alusão a seu filho mais novo." O nome "pegou" e levou muito tories a encarar o grupo como mero motivo de riso.[12]

Churchill tentou manter boas relações com o evasivo Hugh por muito tempo depois de seguirem caminhos distintos. Porém, durante um ano ou pouco mais, enquanto o grupo se manteve ativo, Winston muitas vezes se viu frustrado pela tendência de seus amigos a perderem tempo com assuntos de menor importância. Diletante em política, Hugh ficava mais feliz quando tratava de questões complexas que envolviam temas agradáveis e que apenas ele parecia entender. Com o ar grave com que os outros levantavam sérias questões de guerra e paz, ele se opunha à tão discutida proposta de se permitir que os viúvos casassem com a cunhada. Trinta anos mais tarde, Churchill ainda balançava a cabeça espantado com a "veemente resistência" de Hugh ao projeto de lei intitulado "Casamento com a Irmã de Esposa Falecida." (O assunto fora debatido por tantos anos que Gilbert e Sullivan encontraram tempo para criar um verso zombeteiro: "He shall prick that annual blister: Marriage with desceased wife's sister.")[13]

Na primavera de 1901, enquanto o solteirão Hugh se ocupava advertindo a Câmara dos Comuns que permitir que um homem casasse com a irmã de sua mulher que falecera transformaria uma instituição

Talhado para a oposição

sagrada num "haras de garanhões," Winston se preparava para lançar o assalto a um dos mais importantes itens da plataforma de seu partido. "Nasci para ser oposição" é a famosa declaração de Lord Byron e agora Churchill estava pronto para viver seu próprio drama à moda de Byron. Queria mostrar a Salisbury e aos demais integrantes do Hotel Cecil que ele não era um ocupante como qualquer outro nos assentos de trás no plenário que eles podiam considerar escravo das ideias do partido.[14]

O assunto então em pauta era o plano do governo para reformar o exército, cuja reputação fora abalada por inúmeros fracassos na Guerra dos Bôeres. Todos sabiam que era indispensável fazer uma reorganização a fim de afastar oficiais incompetentes e eliminar práticas antiquadas. Como H.G. Wells assinalou mais tarde: "Nosso Império quase foi derrotado por um bando de granjeiros em meio ao escarnecedor contentamento de todo o mundo, e foi isso que sentimos intensamente por vários anos. Começamos a nos questionar." Quando se chegou a um acordo de paz em maio de 1902, o que começara como "uma guerrinha da hora do chá" contra um "estado insignificante e ordinário" já custara a vida de 22 mil soldados ingleses.

Erros de avaliação militares e políticos em todos os níveis fizeram com que a guerra se prolongasse demais. Os problemas minaram a confiança de Churchill no exército e o predispuseram a reclamar em âmbito privado que o exército fora "inglório em suas ações, além de brutal e terrível nos desfechos." Comandantes que tinham conquistado fama décadas antes nas "pequenas guerras" da rainha Victoria tinham se revelado mal preparados para lidar com novas armas e táticas não convencionais empregadas pelos bôeres. O general Sir Redvers Buller cometeu tantos erros no período inicial da guerra que acabou como exemplo de incompetência nos altos escalões, ridicularizado como "Sir Reverse Buller." Durante áspera discussão parlamentar sobre o número de cavalos e mulas enviados para as tropas na África do Sul, o parlamentar irlandês Tim Healy expressou a desilusão de muita gente quando se levantou e perguntou a um ministro do governo: "Vossa Excelência poderá declarar quantos burros foram enviados para a África do Sul?"[15]

Churchill achava que o plano do governo para reformar o exército não passava de onerosa expansão disfarçada como reorganização, e na primeira noite das discussões na Câmara passou uma hora a desmascará--lo. Foi um dos melhores pronunciamentos de sua carreira: enérgico, objetivo e presciente. Pareceu um veterano da casa e não alguém ainda no primeiro ano como parlamentar. O plano envolvia a criação de uma força expedicionária para fazer frente a ameaças potenciais partidas de um inimigo europeu. Churchill considerou a força proposta muito pequena para ser eficiente. Todavia, o governo parecia julgar que as tropas seriam capazes de desfechar ataques seletivos contra um inimigo e em poucos dias retornar triunfantes.

"Uma guerra europeia sempre será uma luta cruel, dolorosa," alertou, "que, se quisermos comer o fruto amargo da vitória, exigirá, talvez por muitos anos, toda a força de trabalho da nação, a suspensão total da indústria de tempo de paz e a utilização de toda a energia vital da comunidade."

Em função de sua experiência de combate, compreendia bem melhor do que seus colegas os terríveis efeitos do combate moderno. A luta na África do Sul, declarou perante a Câmara, permitira apenas uma "rápida visão" da carnificina que aguardava os exércitos no futuro. Uma guerra verdadeira engoliria em instantes a proposta força expedicionária. Seria mais inteligente gastar o dinheiro com a marinha, sugeriu, insistindo que o poder naval era a forma mais segura de defender as Ilhas Britânicas e o Império.

Descreveu o quadro de uma nova e terrível realidade, deixando claro que os dias em que os reis podiam passar anos brincando com seus exércitos como se fossem peças de xadrez era coisa do passado. "Agora, quando grandes populações são jogadas umas contra as outras (...) quando os recursos da ciência e da civilização repelem tudo que poderia mitigar sua fúria, uma guerra na Europa só pode terminar em ruína dos vencidos e a exaustão e o fatal abalo econômico ligeiramente menor dos vencedores (...) As guerras entre povos serão mais terríveis do que as guerras entre reis."

Foram palavras fortes e, embora muitos parlamentares da Câmara preferissem desprezá-las como mera retórica, outros a levaram a sério. Mesmo o sonolento estadista Sir William Harcourt demonstrou satisfação e admiração pela segura descrição de guerra total feita pelo jovem parlamentar. Não tinha noção perfeita de todas as suas implicações, mas uma coisa compreendeu claramente: nos anos vindouros Churchill seria uma voz poderosa na Câmara. No dia seguinte rapidamente enviou uma nota cumprimentando-o "pelo sucesso de seu brilhante pronunciamento que assegurou, com inabalável solidez, seu futuro na Câmara dos Comuns."[16]

Arthur Balfour não se deixou impressionar. Como líder da Câmara, sua missão era conseguir aprovação do plano tal como previsto, a despeito de cada crítica de Churchill ter levantado dúvidas sobre a validade

Talhado para a oposição

da projetada reforma. Uma maioria confortável apoiou Balfour nessa questão, mas não evitou que ele ficasse aborrecido com seu insubmisso colega. Disse a um amigo que "a incrível presunção de Churchill o fazia delirar," e que essa manifestação de oposição não passava de malabarismo, "porque carecia de convicção e lógica, não passando de mera autopromoção." Ouviu boa parte do discurso com "um olhar de indignação" para o jovem criador de caso. O fato, porém, é que Churchill marcou presença. Não seria mais ignorado.

"Surgiu uma nova personalidade para dar vida nova a uma Câmara moribunda," anunciou a revista semanal *Black & White* alguns dias depois. Veterano observador político o chamou "prodígio do partido" e prometeu que jamais esqueceria a visão "aquele rapaz fazendo uma preleção para os mais velhos." Realmente Churchill tinha coisas importantes a dizer e não temia falar, porém, mais objetivamente, queria realizar algo de maior relevância. "O homem de partido que se omite se transforma em escravo silencioso," logo concluiria, "atravessando as portas de votação do "sim" e do "não" para registrar seu voto e se perguntando o que veio fazer em Westminster. A mocidade ambiciosa oscila para a crítica e para a própria hostilidade ou procura noutro lugar por onde possa escoar sua energia."[17]

A questão que agora se apresentava para a liderança tory era o que fazer com ele. Deviam atribuir-lhe alguma posição de menor importância para mantê-lo quieto por algum tempo? Ou ter paciência e aos poucos tentar isolá-lo até que percebesse o equívoco de suas atitudes? Balfour decidiu que, por enquanto, o melhor era nada fazer.

Todavia, esperar que Churchill ficasse sem fazer nada não era boa ideia. Deixado por sua própria conta, não restringiria suas críticas aos assuntos militares do governo. De fato, logo tomou a questão de eficiência e economia como seu alvo principal. Contudo, obviamente tinha planos mais amplos, como assinalou *Punch* em caricatura que listava como seus interesses "a Câmara dos Comuns e sua reforma; o exército inglês e sua reforma; a marinha inglesa e sua reforma; o Universo e sua reforma."[18]

4

O Sorriso do Duque

Alvo de crescente curiosidade geral, Churchill começou a receber tantas cartas e convites que ficou assoberbado e reclamou com a mãe que "estava a ponto de morrer de tanta pressão," com pelo menos cem cartas a responder. Entretanto, ele não podia resistir à tentação, e em 1901 seu diário ficou cheio de registros de eventos sociais aos quais tinha que comparecer. Várias noites por semana havia jantares em residências ou clubes, e o tempo que sobrava em cada mês estava tomado por banquetes, almoços, discursos, quermesses e outras festividades.[1]

Em uma tarde de maio, num almoço patrocinado por um editor de jornal, Churchill sentou-se entre o criador de Sherlock Holmes e a vice--rainha da Índia. Com Arthur Conan Doyle, que servira brevemente na Guerra dos Bôeres, havia muito o que conversar e os dois desfrutaram a companhia mútua, mas Churchill estava igualmente feliz por poder tentar a sorte com a encantadora Mary, Lady Curzon, que passava férias na Inglaterra enquanto o marido – a quem era extremamente dedicada – permanecia na Índia cumprindo seus deveres de vice-rei.

Mulher bonita com jovial senso de humor, Mary gostava de importunar e ser importunada. Winston tinha uma fascinação especial por Mary por causa da própria mãe. Como Jennie, ela era uma americana que casara, ainda na mocidade, com um aristocrata. Tinha apenas vinte e oito anos quando se tornou a mais jovem vice-rainha na história do Império. Suas cartas para Lord Curzon durante o período de férias na Inglaterra incluem referências jocosas a Winston, cuja egolatria a divertia e irritava ao mesmo tempo.

Tentando explicar os *hooligans* para o marido, ela se divertiu escrevendo que o "objetivo" do grupo era "ensinar Churchill a não falar demais." Porém, como era sua característica, tudo que Churchill fez foi conversar, falando sobre "seu grande discurso" sobre a reforma do exército, que proferira na noite anterior. Estava transbordante de

O sorriso do duque

confiança e, conforme Mary escreveu para Curzon, tanto que "parece considerar (o discurso) um sucesso maior do que o de qualquer outra pessoa!"

Não obstante, Winston possuía qualidades que ela admirava, o bastante para que ficasse imaginando que tipo de esposa ele estaria procurando. No fim de seu período de férias, ela andou investigando a questão e colheu algumas pistas. Ela adorava romance, fofoca, histórias escandalosas e contava tudo para Curzon, que estava ansioso por saber os pormenores da vida social e as notícias mais recentes sobre a política na Inglaterra. A primeira coisa que descobriu foi que finalmente Winston desistira de uma vez por todas de conquistar o amor de Pamela. Em junho, depois de estar uma noite com Jennie e Winston, escreveu para o marido contando que uma nova mulher entrara na vida do jovem Churchill: "Agora, um pouco de fofocas. Ettie tomou conta de Winston e agora ela é a da vez – Pamela Plowden descartada."[2]

Como alívio temporário após o infeliz fim de romance, uns quantos homens do círculo edwardiano julgaram que a generosa atenção de Mrs Ettie Grenfeld era o remédio apropriado. Nas palavras de um jovem amigo, ela era "a mais carinhosa companhia para um coração magoado." Abençoada com um par de olhos azul-escuros, Ettie não tinha dificuldade para cativar o coração de um homem quando baixava sedutoramente o olhar e em seguida o levantasse no instante exato de murmurar algum comentário carregado de emoção.

O fato de ter um casamento feliz e ser dedicada mãe de vários filhos não inibia seu desejo de ter muitos homens em sua vida, embora, ao que parece, evitasse prudentemente ter um caso muito falado com qualquer deles. Em mal disfarçada sátira social, o escritor e artista Max Beerbohm definiu Ettie como colecionadora de excelentes espécimes masculinos. Como uma rainha, sugeriu Max, ela "se colocava nas alturas e acenava para que os espécimes que desejava subissem." Seu condescendente marido, Willie Grenfell (mais tarde Lord Desborough) pouco se interessava pelas relações da esposa com outros homens. Contentava-se em se distrair com perseguições inofensivas. Quando se cansava de conversar nas festas de Ettie, costumava movimentar os braços ritmicamente para cima e para baixo, como se estivesse conduzindo alegremente seu barco no Tâmisa, uma de suas atividades favoritas.

Quando começou a ajudar Winston a cicatrizar a ferida no coração, Ettie estava com pouco mais de trinta anos, mas sua figura miúda a fazia parecer com uns vinte ("a cintura mais fina que já vi," disse uma de suas rivais da sociedade). Era bastante experiente em estabelecer sólidas relações apenas na base de palavras amáveis, abraços afetuosos e beijos fugazes. (Nos 1890, era o farol guia dos Souls, grupo muito unido de estetas da classe alta que cultivavam a amizade com a devoção de artistas.) "Você foge de mim como um de seus encantadores sorrisos," escreveu um jovem admirador perturbado pelos flertes de Ettie. Outros agradeciam seu recato e se satisfaziam em se sentir acalentados por seus sorrisos, sem nada mais exigir. Um deles, "Estou muito, *muito* apaixonado por você, (mas) amo minha mulher em primeiro lugar e você em segundo, e meu amor por ambas é grande demais para que me comprometa seriamente com você."[3]

O que ela ofereceu a Winston provavelmente foi pouco mais do que um ouvido amável e um ombro macio onde ele podia repousar a cabeça e derramar suas aflições. Ela parecia vê-lo como um garotão ingênuo que precisava ser consolado por alguém que sabia mais que ele sobre amor. Isso deve ter ficado claro para ela desde quando o romance de Winston com Pamela não terminou bem. O abalo emocional foi tão forte que, mesmo muitos meses após, tanto Winston quanto Pamela ainda trocavam olhares de mágoa. Ele não conseguia esconder um ressentimento latente pela rejeição que sofrera e ela estava magoada por ele ter reclamado dela com Ettie e outras.

Sobreviveram dois reveladores incidentes de tensos encontros entre os dois. O primeiro foi em um baile, quando Winston se aproximou de Pamela e quis saber "se ela não tinha grandeza, porque ouvira que andava dizendo que ele a maltratara." Ela repeliu a acusação, mas confidenciou a outras pessoas que as palavras de Winston a tinham magoado profundamente. O segundo incidente ocorreu em uma grande festa oferecida pela tia Cornelia, de Winston. Chegando atrasado, ele entrou em um aposento e viu Pamela ao pé da lareira com outra mulher. Estava com um vestido de cetim branco e seus diamantes reluziam na claridade do fogo. Aproximou-se dela, mas ao que parece se deixou dominar por sua beleza e não conseguiu sequer balbuciar uma palavra, e nem mesmo cumprimentou a outra mulher. Ofereceu a mão para Pamela, mas ela a recusou e se negou a falar com ele. Foi um momento humilhante, que ficou ainda pior quando o tio de Winston se aproximou para conduzi-la para o jantar e ela passou por Winston como se ele não existisse.[4]

No começo de 1902, foi anunciado que Pamela casaria com um conde,

O sorriso do duque

Lord Lytton, que morava na grande mansão gótica Knebworth House. "Desta vez ela conseguiu fazer uma aliança," disse o *Daily Chronicle*, "que valeu a pena esperar." A opinião geral entre os biógrafos de Churchill é que Winston e Pamela simplesmente se afastaram, principalmente porque ele permitiu que sua "esposa dos sonhos" lhe escapasse por falta de interesse. Infelizmente, a verdade é que ele desde o começo se equivocara ao julgar a personalidade de Pamela, atribuindo-lhe qualidades que ela nunca possuiu. Não era a criatura etérea que ele idealizara, mas apenas uma mulher de ambições comuns que sempre considerou difícil subordinar seus interesses a um homem. O que realmente minou seu relacionamento não foi a suposta "inércia," ou a falta de dinheiro ou de um título, mas a inconstância de Pamela. Ela decepcionou vários outros pretendentes até finalmente aceitar a proposta de casamento de Lord Lytton, mas mesmo depois de casada continuou a se encontrar com outros homens.

Leonie, irmã de Jennie, recordava que Winston ficou arrasado quando soube que Pamela o enganara. "Parecendo doente e perturbado," certa manhã se aproximou de Leonie em busca de consolo e lhe disse: "Fiquei andando a noite inteira em meu quarto, até amanhecer, sem conseguir dormir." Cego diante de sua beleza, Winston pode ter especulado o quanto Pamela tinha compartilhado seus carinhos com outros, mas durante seu relacionamento surgiram indícios dessa possibilidade. Seu irmão Jack, sempre assertivo, chamara a atenção para o fato de ela não ser confiável, chamando-a de "terrível fraude," que "era para três outros homens o mesmo que era para Winston." Falava-se até que ela tivera um breve caso com ninguém menos que o estadista do Partido Liberal Herbert Henry Asquith, vinte e dois anos mais velho. Já idoso, quando lhe perguntaram sua opinião sobre Pamela Plowden, Asquith confidenciou a um círculo íntimo que ela era uma mulher impressionante, "o maior sucesso em erotismo daquele tempo."[5]

Sempre houve muitos homens na vida de Pamela, circunstância que durou muitos anos. Na verdade, um de seus casos mais ardentes aconteceu quando ela já tinha trinta e tantos anos e se apaixonou pelo simpático Julian Grengell, um dos filhos de Ettie. Em consequência da sedução que exerceu sobre um homem mais jovem, ficou conhecida na família Grenfell como a "condessa má."[6]

Quando foi anunciado o noivado de Pamela com Lytton, Churchill não deixou transparecer amargura ou ceticismo. Ao contrário, enviou para o casal amável mensagem desejando-lhes felicidades e prometendo continuar sendo um amigo sincero. Não obstante, o fim de sua longa afeição por Pamela fora uma experiência desalentadora que não esqueceria tão cedo. As atenções de Ettie ajudaram a afastar seu pensamento dos problemas e, além disso, ela era o tipo de pessoa capaz de restaurar nele parte da fé no futuro encantado que ele imaginara para si. Depois do tempestuoso afastamento de Pamela, ele aceitou o estilo de amizade calorosa de Ettie, que não encerrava o ônus de uma conversa sobre casamento ou um risco sério de provocar escândalo.

Ela compartilhava da visão romântica de Winston de que a vida era empreitada heroica, plena de nobres sentimentos. Gostava de ler poesia e, anos depois, apreciava terminar suas cartas com um verso favorito de Tennyson, em que Ulysses define o objetivo dos "corações heroicos": "To strive, to seek, to find and not to yield." (Lutar, buscar, achar e não ceder). Numa mesa de seu quarto mantinha a cópia de um discurso de seu amigo americano Oliver Wendell Holmes professando uma fé que Churchill tranquilamente assinaria embaixo. "Em nossa juventude," disse Holmes em seu discurso para uma reunião de veteranos da Guerra Civil, "nossos corações foram tomados de fogo. Nos foi dado aprender desde cedo que a vida é algo profundo e apaixonante (...) Se um homem aceita do Destino a pá e baixa os olhos e se põe a cavar, ou da Ambição acolhe o picão e a corda e se dispõe a escalar o gelo, só pode alcançar sucesso pondo em seu trabalho um coração poderoso."[7]

Pronunciadas à maneira cativante de Ettie, tais palavras tiveram efeito mágico em Winston, e ao longo dos anos seguintes ele a procurou repetidamente em busca de seu incentivo e inspiração. Como assinalou um amigo se referindo a Ettie: "Para a feiticeira Sidônia que ela é, o encanto que exerce sobre Winston é um grande ramo em sua coroa de louros." Os amigos de Winston logo perceberam que ele e Ettie eram tão íntimos que estavam constantemente trocando confidências. Logo ela passou a apresentar seu novo amigo ao público em geral. Em 20 de julho de 1901, uma revista semanal publicou uma grande fotografia de "Mr Winston Churchill, membro do parlamento" no Hyde Park, em uma carruagem, satisfeito ao lado de Ettie e seu marido Willie.

Hugh Cecil se preocupava com a possibilidade de Churchill compartilhar segredos com tanta liberdade, principalmente porque entre os amigos de Ettie estavam políticos de ambos os lados da Câmara. "Deixe-me repetir mais uma vez que é bom manter grande reserva em suas conversas," recomendou Hugh a Winston, temendo que os segredos

dos *hooligans* vazassem. "Chego a tremer pensando no que você pode ter dito a Mrs Grenfell!"[8]

Para Churchill o ar de encantamento que cercava Ettie tinha muito a ver com a forma como ela vivia e recebia em Taplow Court, a mansão de tijolinhos vermelhos à margem do Tâmisa, com altos paredões e uma torre de canto que tinha uma escada em espiral e de onde se desfrutava "uma vista de lavar a alma."

Nos fins de semana de verão, a casa ficava cheia de convidados aos quais eram oferecidos desjejuns e jantares opulentos, passeios pelo rio, longas caminhadas pelos bosques, jogos de tênis, conversas à mesa do chá no gramado e jogos de adivinhar palavras no fim da noite. "Ninguém recebia com mais encanto," comentou Consuelo Marlborough a propósito de Ettie. "Havia o Tâmisa, adorável no verão (...) caminhadas à sombra nos bosques e sempre um cavalheiro simpático como acompanhante." Foi ao longo dessas caminhadas que Winston e Ettie forjaram sua amizade, discutindo política e a vida enquanto caminhavam juntos, lançando rápidos olhares românticos para o castelo de Windsor que aparecia a poucas milhas de distância.

Às vezes, as festas desaguavam em desordem e em certa ocasião Churchill foi jogado sem qualquer cerimônia no rio ao chegar de Londres de fraque e cartola. Aceitou bem a brincadeira e geralmente tinha espírito esportivo, embora tivesse a tendência de monopolizar as conversas depois do jantar. "Winston conduz a conversa no tapete diante da lareira," comentou a alegre Ettie após uma noite em Taplow, "discursando para si mesmo diante do espelho – uma assistência acolhedora e entusiasmada." Quando a conversa se voltou para apelidos, perguntaram a Winston se ele nunca tivera um e ele replicou: "Não, a não ser 'Churchill, a fera.'"

Os biógrafos de Churchill raramente mencionam Ettie, mas ela continuou sendo sua amiga e defensora pelo resto de seus dias e, no fim da vida, teve a alegria de constatar que a fé nele depositada se justificara. Em 1947, depois da vitória na Segunda Guerra Mundial, ela estava perto dos oitenta anos, e seu encanto do tempo em que era figura da sociedade havia muito tempo desaparecera. Mas ela não esquecera a intimidade que outrora compartilhara com Churchill. Ao seu "querido Winston," enviou algumas palavras de estima, dizendo: "Penso sempre em você, nos velhos tempos e em tudo que você significou para mim."[9]

Para Churchill uma das coisas importantes em Taplow Court era o fato de ter pertencido originalmente a um general que servira com o Duque de Marlborough na batalha de Blenheim. Veterano de uma campanha de dez anos de combates na Europa nos primeiros anos do século XVIII, o Conde de Orkney era um destemido comandante de infantaria descrito como o "valente Orkney" na biografia de Marlborough escrita por Churchill em 1930. Após deixar o exército, o conde comprou propriedade em Taplow e uma vizinha, em Cliveden, e repartiu seu tempo entre as duas durante os vinte e cinco anos restantes de sua vida. Para a maioria dos convidados de Ettie, os bosques e o rio eram simplesmente locais de diversão, mas, adotando a frase que Churchill aplicava a Rosebery, o Passado sempre estava ao lado de Winston, e cada visita a Taplow era enriquecida pela associação com seu ilustre antepassado.

Claro que essa herança era mais apreciada a uns 60 km de distância, no palácio de Blenheim, onde Churchill se distraía estudando a história da família e colhia inspiração para suas inúmeras lembranças da história de Marlborough. Contudo, o significado de Blenheim não era apenas histórico. Como demonstrou a família no verão de 1901, os triunfos do passado ainda tinham utilidade no presente.

Estava planejada para agosto uma grande reunião política na propriedade. Seu objetivo principal era fortalecer a unidade partidária, mas ninguém se beneficiou mais do evento do que a estrela que lá nascera, Winston Spencer Churchill. Foi o tipo de imensa celebração que só umas poucas famílias tinham condições de promover. Serviu também como lembrança para o partido de que, por mais jovem e problemático que parecesse Winston, sua família ainda era uma força que precisava ser reconhecida e ele tinha todas as razões para esperar o mesmo tratamento dispensado a qualquer membro do Hotel Cecil.

Projetado por um dramaturgo que se tornou arquiteto, Sir John Vanbrugh, Blenheim sempre pareceu ter uma qualidade teatral. É uma fortaleza barroca com um grande pátio de entrada em que os visitantes que chegam não podem deixar de se impressionar com altas colunatas que ladeiam um pórtico coríntio assomando bem à frente, com a estátua de Minerva no topo. Símbolos entalhados recordam os triunfos militares de Marlborough, decoram a fachada e incluem peças de armadura, espadas, tambores e estandartes de batalha. Representando as vitórias do Duque sobre inimigos da Inglaterra, dois cativos amarrados estão sentados em total isolamento atrás de Minerva. Tudo procura despertar a reverência pelo herói vencedor, cujo palácio se destinou a ser um grande tributo da nação – seu último troféu.

Glorificado por esse monumento, o grande duque foi sepultado sem se preocupar em narrar seus feitos para a posteridade. "Preservou

O sorriso do duque

completo silêncio sobre suas realizações," assinalou Churchill sobre seu antepassado. "Sua resposta veio a ser esta grande casa."[10]

Não havia o perigo de Winston permanecer calado sobre seus próprios feitos, mas aquela casa ainda teria muito a contar a seu favor, como um testamento do espírito combatente e da ambição ilimitada de sua estirpe. Para os críticos em Londres era fácil zombar de suas intenções e ridicularizar a impudência de sua juventude. Em Blenheim, em meio à grandeza do local, era muito mais difícil escarnecer dele. Sente-se em cada pedra o toque romântico daquele empreendimento épico, e a solidez da estrutura cria um ar de continuidade de sucessos da família Churchill.

Agora, a grande questão envolvendo a casa e seu mais recente representante era saber se heróis do passado tinham a mesma importância no século XX. Ao alvorecer de uma era de constante progresso através de comércio, tecnologia e reforma social, para que se precisaria de outro Marlborough derrotando seus inimigos, como disse Churchill, com "lâminas da ilha"? Heróis ainda tinham seu papel em ações militares limitadas como na Guerra dos Bôeres, mas para que serviria outro golias vencedor como Marlborough? Tudo indicava que o Continente não corria o risco de um novo tirano político. O próximo campo de batalha parecia estar dentro de casa, no crescente descontentamento em questões de justiça econômica e direitos humanos fundamentais. Embora não deixassem de causar impacto, agora os valores consagrados em Blenheim corriam o perigo de se tornarem meras e singulares lembranças de um período irrelevante. Em boa parte de sua vida Churchill teria a incômoda tarefa de tentar se equilibrar entre o velho mundo com a fumaça e os estrondos da guerra e o novo mundo com sua esperança em valores mais pacíficos."[11]

Na manhã de um sábado de agosto em que aconteceu a reunião, os empregados estavam ocupados distribuindo longas filas de cadeiras no grande pátio interno de Blenheim para atender ao esperado comparecimento de 120 membros do parlamento e 3 mil de seus eleitores vindos de todas as partes do país. Na base do pórtico foi construído um palanque sobre os degraus e uma grande caixa de ressonância foi instalada bem no meio para permitir que a voz dos oradores chegasse às últimas fileiras. Para assegurar o almoço de tanta gente, um pequeno exército de empregados trabalhara desde a madrugada sob um grande toldo no gramado, onde logo os convidados estariam se banqueteando com galinha assada, presunto Yorkshire e, como sobremesa, torta de queijo e folheados franceses. Mais de mil garrafas de champanhe estavam prontas para consumo.

O primo de Winston estava pagando a maior parte da hospitalidade. Sunny parecia acreditar que a reunião fortaleceria sua influência entre os tories e os aliados unionistas, liberais independentes que se opunham à "Irish Home Rule" [autonomia irlandesa]. Poucos, porém, tinham em alta conta sua habilidade política. Parece provável que Jennie, que desempenharia importante papel nas festividades previstas, usara seus encantos para fazer Sunny pensar que a reunião satisfazia seus interesses, quando, na verdade, servia aos de Churchill. As tarefas de Sunny naquele dia eram apenas ser um bom anfitrião e fazer um breve discurso de boas-vindas aos convidados. O evento principal estava reservado aos pronunciamentos de Arthur Balfour e do poderoso ministro das Colônias Joseph Chamberlain ("Ministro do Império," como alguns o chamavam).

Todavia, um terceiro orador costumava ser convidado para apresentar breves comentários conclusivos. Na organização usual de eventos como esse, o terceiro orador era geralmente um membro da cúpula do governo. Entretanto, sem causar surpresa, a terceira vaga foi para Churchill. Os demais membros do parlamento, inclusive seus colegas *hooligans* Hugh Cecil e Ian Malcolm, tiveram de se conformar em sentar e aplaudir, mas todos foram tratados com tanta cordialidade que não havia muitos motivos para reclamação. O jantar lhes foi servido no salão principal em vez da tenda. Um concerto musical foi apresentado na grande biblioteca e seguiu-se visita às dependências da propriedade. Movimentando-se o tempo todo entre eles estavam três mulheres encantadoras fazendo o melhor que podiam para manter os políticos contentes: Jennie, Consuelo Marlborough e Millicent Sutherland.

Jennie conhecia bem a história da casa e gostava ser guia do tour. Anos antes, por simples divertimento, ela e suas amigas às vezes se vestiam com velhas capas e chapéus e se juntavam, como guias voluntárias, a um dos grupos de turistas que circulavam pela casa em determinados dias do mês. Gostavam de ficar ouvindo o que conversavam os grupos para descobrir o que os estranhos realmente pensavam do lugar. Um dia ela quase se traiu ao explodir em risos quando ouviu a reação de uma turista americana diante de um dos retratos da família. "Meu Deus," exclamou a turista, "que olhos empapuçados têm esses Churchills![12]

Quando o pátio interno começou a encher logo depois das duas da tarde, o sol brilhava intensamente e todos concordavam que o tempo era ideal. Bem alimentados e "usando traje bem fresco e próprio para o campo," o pessoal do partido conversava francamente e cantava canções patrióticas enquanto esperava que seus líderes aparecessem no palanque. Tão logo o gramado foi aberto ao público, a multidão subiu para mais de sete mil pessoas. Para manter a ordem, alguns policiais montados patrulhavam o local. Um crítico pretensioso mais tarde reclamou que havia muita gente de baixo nível que não devia ter sido admitida e comentou acidamente: "Acho que havia até vários taverneiros."[13]

Um grande alarido saudou a entrada de Chamberlain, acompanhado por sua esposa americana, e de Balfour, que se sentou no centro do palanque com Millicent de um lado e Jennie do outro. O costumeiro grupo de fotógrafos estava nas proximidades, mas havia um elemento relativamente novo no grupo, um "homem do cinema," girando furiosamente a manivela de sua filmadora para capturar toda a ação a fim de exibi-la nas novas salas de cinema que estavam abrindo em toda Londres e outras cidades grandes. Como se quisessem favorecer o trabalho da câmera, algumas nuvens preguiçosas passaram e foram refletidas pelas altas janelas do palácio.

Impondo a seus adversários duas contundentes derrotas nas eleições gerais de 1895 e 1900, a aliança entre os conservadores de Balfour e os unionistas de Chamberlain parecia invencível, e os líderes estavam felizes ao fortalecer essa posição naquele belo dia de verão. Descreveram seus oponentes liberais como "little Englanders," críticos mesquinhos do conflito na África do Sul incapazes de reconhecer o futuro brilhante da Inglaterra como potência imperial. Balfour declarou que o povo não mais confiava nos "irremediavelmente divididos" liberais, e Chamberlain se gabou – sob grandes aplausos – de que a aliança tory-unionistas era o único "partido verdadeiramente nacional."

Quando chegou sua vez de falar, era a oportunidade para Churchill simplesmente reafirmar todas aquelas declarações de unidade e apresentar os agradecimentos a seus líderes por fazerem seus pronunciamentos perante a reunião. Começou bem, agradecendo à multidão por comparecer ao evento e explicando com espontaneidade que fora escolhido para falar "em parte porque era parente do Duque e vira pela primeira vez a luz do dia em Blenheim." A partir daí, resolveu tomar uma linha perigosa. Pouco se referiu a Balfour, mas não poupou elogios a Chamberlain.

Nos velhos e maus dias de domínio liberal, afirmou, o Ministério das Colônias era um órgão inócuo, cujos ministros eram quase sempre "perdedores de eleições" lá colocados para fazer nada, à espera. Joe

Chamberlain, declarou, tinha revolucionado o Ministério e queria que todos soubessem de seu prazer em estar no mesmo palanque com um homem cuja administração no Ministério das Colônias (...) talvez fosse vista no futuro como a mais notável na história da Inglaterra nos últimos cinquenta anos.[14]

Como Churchill bem sabia, a imagem de unidade mostrada na reunião era superficial e escondia a intensa rivalidade entre Balfour e Chamberlain, ambos querendo comandar a aliança. Churchill decidiu explorar o momento de tensão. Pondo de lado preocupações com as lições colhidas na Guerra dos Bôeres e adulando despudoradamente Chamberlain – acusado por muitos de gerenciar erradamente o conflito desde o começo – Churchill estava jogando um líder contra o outro. Já que Balfour não se dispunha a prestigiá-lo, talvez Chamberlain pudesse fazê-lo. Melhor ainda, ambos poderiam resolver que atenderia a seus interesses lhe atribuir posição de destaque, e logo.

Esse tipo de manobra podia facilmente ser um tiro pela culatra, mas Churchill estava tão ansioso para ir em frente e fazer o inesperado que aparentemente subestimou os riscos. Era o tipo de atitude que atendera aos interesses de seu famoso antepassado nos campos de batalha da Europa.

Realmente, enquanto sentada no palanque ouvia todos os discursos, Consuelo deixou seu olhar passear por cima das cabeças da multidão até se fixar na alta coluna em uma encosta gramada a certa distância, onde estava a majestosa estátua de vinte e cinco pés do grande guerreiro. "Quase consegui detectar," escreveu posteriormente, "um sorriso de satisfação no rosto do Duque." Achava que o velho nobre teria ficado satisfeito com o sucesso da reunião promovida por Sunny. Todavia, se o espírito do primeiro Duque de Marlborough estava rindo para alguém em especial naquele dia, esse alguém seria o jovem incendiário por quem era tão vivamente admirado e que agora fazia suas próprias e impulsivas manobras no grande jogo da política.[15]

5

Sonhos Imperiais

JOSEPH CHAMBERLAIN NÃO PRECISAVA DE LIGAÇÕES familiares ou de renda auferida por herança para sustentar sua carreira política. Contava com uma cidade inteira para apoiá-lo. Em Birmingham, sempre fez a coisa certa. Construiu uma história de sucesso victoriano, um homem que venceu na vida por esforço próprio, acumulou considerável fortuna como industrial produzindo em massa parafusos comuns e tão baratos que dominou o mercado. Tornou-se um dos maiores empregadores de Birmingham e depois entrou na política, foi um prefeito reformista que transformou a cidade, e mais tarde seu constante defensor no parlamento. Acabou com os cortiços, melhorou o fornecimento de água e construiu prédios públicos impressionantes. Por mais de trinta anos dominou a vida política da cidade. Era seu rei municipal sem coroa. Para o cidadão comum era sempre o "velho e bom Joe."

Na eleição de 1900 fez campanha para Churchill, valendo-se de sua popularidade nas áreas industriais para reforçar a possibilidade de conquistar votos entre os trabalhadores de Oldham. Chegaram juntos a um prédio público em uma carruagem e foram surpreendidos na entrada por uma grande multidão que se opunha à Guerra dos Bôeres. Subitamente cercados por manifestantes zangados que "vaiavam em altos brados," os dois tiveram dificuldade para entrar, mas Churchill ficou impressionado pela calma com que Chamberlain – já na casa dos sessenta anos – abriu caminho pela multidão. Quando foram recebidos no palanque por vibrante aclamação de seus simpatizantes, Chamberlain ficou visivelmente satisfeito. Voltando-se para Churchill, afirmou orgulhoso, sem qualquer constrangimento: "A primeira vez que vim aqui foi para vender parafusos."

Após a vitória na eleição, Chamberlain convidou seu novo colega para passar alguns dias em Highbury, sua mansão em Birmingham. Embora gostasse de se apresentar como amigo sincero do trabalhador comum, ao longo dos anos Joe desenvolvera prazeres caros e fez questão de mostrá-los quando recebeu o filho de Blenheim. "No jantar, me recebeu com uma surpresa, uma garrafa de Porto 1834," recordava Winston. Muito mais impressionantes que seu Porto de sessenta e seis anos eram suas doze estufas cheias de orquídeas e onze outras com flores menos exóticas. Um grupo de vinte e cinco empregados cuidava das plantas, de modo que Chamberlain sempre tinha orquídeas frescas para adornar a lapela, uma afetação que se tornou uma de suas marcas registradas, assim como o monóculo sempre presente, que um jornalista certa vez descreveu como "uma lente redonda em moldura de ouro, fina como o anel de noivado de uma avó."[1]

Nos debates parlamentares aproveitava o monóculo para causar impacto, o usando como se fosse um microscópio para fixar friamente o olhar em um oponente ou o removendo para limpar a lente com o lenço enquanto fazia uma pausa dramática e mantinha a Câmara em suspenso. "Quando era interrompido," lembrou um parlamentar, "botava o monóculo no olho, inclinava-se deliberadamente para a frente com o dedo apontando na direção do adversário, resmungava uma resposta mordaz e se empertigava de novo." Mesmo sentado no banco de couro verde, intimidava quando lançava o olhar como se estivesse avaliando os oponentes através de seu monóculo de ouro, enquanto passava os dedos pela lapela com a orquídea radiante e grande como um punho. Estava sempre impecavelmente vestido e – ao contrário de muitos homens de sua geração – estava sempre muito bem barbeado.

Contudo, orquídeas, monóculos e vinhos caros não eram suficientes para fazer Lord Salisbury e Arthur Balfour esquecerem que Joe ainda era um dono de fábrica que vinha da classe média e devia aos parafusos toda a sua carreira. Era bom tê-lo como aliado político e competente ministro do Gabinete, mas os Cecils e seu círculo nunca o aceitaram como igual na sociedade. Na forma mais condescendente de que era capaz, Balfour escreveu a um amigo: "Joe, por mais que goste dele, de modo algum pode se misturar conosco, não fazemos uma combinação química. Por que? Não sei dizer, mas é o que penso." Outros aristocratas eram menos discretos ao manifestar suas reservas. "Os defeitos de Chamberlain são consequência de sua origem," declarou o influente cortesão Lord Esher. "Inteligente como é, nunca aprendeu o autodomínio que todo mundo aprende em uma boa escola pública ou em uma universidade. Quero dizer, todo mundo com sua imensa competência."[2]

Churchill não compartilhava desse ceticismo esnobe. Admirava o dinamismo "ardente e rebelde" de Joe e sabia que, embora Balfour fosse o líder na Câmara, "Chamberlain é quem definia as condições do tempo, era o homem que as massas conheciam." O problema – como disse um comentarista político – era que, com Chamberlain, "o barômetro (...) sempre acusava tempestade." Como Churchill, ele era impulsivo e dominado por grande ambição. Começara sua carreira parlamentar na esquerda radical do Partido Liberal e em determinado momento foi considerado politicamente tão extremista que a rainha Victoria pressionou Gladstone para exercer controle maior sobre seu "turbulento colega." Agora, aliado aos conservadores, novamente causava preocupação por se temer que mais uma vez mudasse de curso. Por enquanto, Churchill pensava em ficar do lado de Joe caso uma mudança na cúpula lhe oferecesse oportunidade de progredir.

Era com ele tão amistoso quanto era com Lord Rosebery, tratando-o como se fosse um pai e conversando com ele até tarde da noite, uma delas durando até as duas da madrugada. Muitos anos mais tarde, recordando esse período, confessou, "devo realmente ter conversado muito mais do que com meu próprio pai." Chamberlain gostava de lhe dar conselhos e incentivo, e Winston poderia ter se interessado mais por ele como pai, desde que ele quisesse fazer sua parte. Mas o fato é que Chamberlain já tinha dois filhos crescidos que o mantinham ocupado. O mais velho, Austen, era um grande admirador do pai e parecia decidido a ser sua cópia-carbono, usando monóculo e orquídea na lapela para imitar Joe e seguir carreira política.[3]

Naqueles dias, nem Austen, nem tampouco seu irmão mais novo Neville se destacavam. Um dia, em 1902, quando Winston e Austen eram hóspedes de Millicent Sutherland em sua casa na Escócia, começaram a conversar sobre suas ambições políticas. "O que você pretende ser?" – perguntou Winston abruptamente. Com muita cautela, Austen respondeu que "sempre considerara que o Almirantado tinha os cargos mais atraentes e o de Primeiro Lord era um dos mais honrosos que um inglês podia ocupar." Winston manifestou franco desdém. Para ele só havia um objetivo na política – o topo – e tudo mais, não importa o quanto fosse atraente, seria apenas um degrau. Austen nunca esqueceu essa reação. "Winston," lembrava, "debochou, achando que era uma ambição ridícula."

Quanto a Neville, lutava para provar que podia repetir o sucesso do pai nos negócios. Não estava progredindo muito. Mandado pelo pai na década de 90 para administrar uma plantação de sisal nas Bahamas, trabalhou arduamente para torná-la lucrativa, mas experimentou um insucesso atrás de outro e, após vários anos de fracassos, foi obrigado a admitir a derrota. As perdas foram espetaculares, dando ao pai um prejuízo de 50 mil libras. Joe fez o que pôde para absorver o prejuízo, mas a perda onerou a família durante anos. A herança de Neville foi substancialmente reduzida para honrar compromissos com outros membros da família. Receberia apenas 3.000 libras da fortuna do pai.[4]

O sucesso inicial de Chamberlain como industrial se deveu em grande parte ao brutal corte de custos e o foco na linha de produção, mas, agora, essa firme e competitiva disposição estava em grande parte escondida por trás de um exterior cuidadosamente construído de homem público bem-educado. De vez em quando Churchill via nele o velho algoz "Rei do Comércio de Parafusos," e sempre ficava intranquilo vendo "o quanto eram perigosos os ódios" que atormentavam o íntimo de "meu agradável, cortês e ativo companheiro." Um desagradável incidente ocorrido no fim de 1901 fez lembrar nitidamente o quanto estavam arraigados esses ódios e o quanto eram profundas as raízes de Joe em Birmingham.[5]

A propósito da Guerra dos Bôeres, um de seus críticos mais ferrenhos era um parlamentar liberal de Gales que tinha um farto bigode e um olhar penetrante e insolente: David Lloyd George. Fizera uma série de ataques pessoais a Chamberlain, afirmando que a venda de armas e outros artigos bélicos tinham beneficiado Joe e seus amigos. Apontando diretamente para o coração do adversário, o descreveu como um almofadinha indiferente que "ficava passeando entre suas orquídeas" enquanto a "seis mil milhas de distância" os soldados eram massacrados em sua defesa. "Poucos se interessam em 'enfrentar' Joe," escreveu um repórter político em 1901. "Só um homem faz isso, e o faz persistentemente. Trata-se de Mr Lloyd George, um pequeno galês, entusiasmado e de olhar vivo, que gosta de atormentar Mr Chamberlain.[6]

A oratória veemente de Lloyd George o ajudou a se tornar figura de projeção nacional. Em contrapartida, também quase causou sua morte violenta em uma fria noite de dezembro em Birmingham, quando discursou em uma reunião dos liberais na prefeitura e uma multidão estimada em dezenas de milhares de pessoas cercou o prédio.

Enquanto Lloyd George falava no interior do prédio, a multidão se lançou sobre as portas com um ariete e a quebrou. O bonito prédio neoclássico se transformou em um campo de batalha em que os adversários se enfrentaram. Pedras e garrafas voaram, janelas foram quebradas, cacos de vidro chovendo sobre todos. Quando uma turba enfurecida de manifestantes surgiu diante do palco gritando "traidor," o pequeno exército de policiais que o protegia recuou levando Loyd George para outra dependência do prédio e passou a repelir a turba.

Temendo que a multidão assumisse o controle da situação, o chefe de polícia – o eficiente Charles Rafter, uma lenda na região – disfarçou Lloyd George de policial e conseguiu tirá-lo do prédio por uma saída nos fundos. O político escapou ileso, mas não antes de dezenas de arruaceiros e policiais serem feridos. Um rapaz foi morto. "Muitas cabeças quebradas," publicou *The Times*. Para sua surpresa, a Associação Liberal local recebeu ordem para ressarcir os danos causados ao prédio da prefeitura.[7]

Quando a notícia chegou, Churchill, que estava em Londres, balançou a cabeça como se não acreditasse e imediatamente se pôs a escrever para um proeminente tory que conhecia em Birmingham, a fim de dizer o que pensava. "Fiquei triste ao ler o que os jornais de hoje contam sobre as desordens," escreveu. "Espero que o Partido Conservador nada tenha a ver com isso." Esse acontecimento, afirmou, o fazia lembrar de uma "história muito mais antiga." Referia-se a um incidente em 1884, quando alguns partidários de Chamberlain fizeram uma arruaça em uma das reuniões de Lord Randolph em Birmingham. Joe afirmou, alto e bom som, que nada tinha a ver com a questão, embora ele e Randolph naquela época andassem se estranhando e seguidamente trocassem insultos violentos. Agora Winston se preocupava com a possiblidade de mais uma vez Chamberlain estar fazendo mais uma de suas conhecidas jogadas, mas com uma característica sórdida e atipicamente radical.[8]

Chamberlain não colaborou para melhorar as coisas ao afirmar que, embora "lamentasse os prejuízos, não podia condenar os cidadãos de Birmingham por protestarem contra a presença de Lloyd George." Perguntado por um parlamentar por que a multidão permitira que Lloyd George fugisse, Chamberlain descartou a pergunta e disse simplesmente, "O que é problema de todos não é de um só." Mas o fato é que a cidade marcara posição. Criticar Joe podia ser fatal. "Em uma 'boa briga partidária,'" disse Chamberlain algumas semanas depois, "quando sou atacado, trato de revidar."[9]

Foi um acontecimento preocupante e Churchill ficou perturbado com a possibilidade de os agentes de Chamberlain terem planejado todo o incidente. O *Times* insinuou uma sinistra conexão ao publicar um telegrama enviado para Joe por um de seus defensores, um político de projeção local de nome Joseph Pentland, vice-presidente da junta escolar. Foi expedido logo após a tensa fuga do político liberal. "Não permitimos que Lloyd George, o traidor, dissesse uma só palavra," declarou Pentland arrogantemente. Duzentos e tantos mil cidadãos deram um voto unânime de confiança no governo, exaltando os invulgares e destemidos serviços prestados ao Rei e ao país.[10]

Quanto mais pensava no tumulto, mais Churchill ficava aborrecido. Naquela época, não conhecia bem Lloyd George, mas não tinha boa opinião a seu respeito e em âmbito privado o considerava "um sujeitinho vulgar e falastrão." Mas ficou furioso só em pensar como o jogo político podia facilmente se transformar em violência popular. Embora gostasse de compará-lo a uma guerra, política em democracias devia ser exercida com palavras e ideias, e não com armas. ("Parem de matar e comecem a argumentar," foi o conselho dado aos líderes do Sinn Fein em 1920.) Achava que, para se conseguirem as coisas, deviam ser feitas escolhas difíceis e o processo muitas vezes não era atraente. Ficava feliz trocando insultos com seus oponentes, conspirando e planejando para auferir vantagens políticas e mudando o alvo de sua fidelidade. Entretanto, havia limites, e Chamberlain extrapolara. Foi outro momento sombrio na formação de Winston, mais um relance de olhos nas trevas edwardianas.

Os métodos utilizados contra Lloyd George foram não apenas "infames," disse a seu contato tory em Birmingham, mas também autodestrutivo. "Tremo só em pensar no prejuízo para a causa do Império na África do Sul se Mr Lloyd George fosse maltratado ou massacrado pela turba."[11]

Após o incidente de Birmingham, Churchill se preocupou em manter distância de Chamberlain. Em reunião dos conservadores no começo de janeiro de 1902, não desculpou Joe e seus seguidores. Sim, admitiu, Lloyd George fizera comentários inflamados, mas não havia necessidade de nenhum dos lados exagerar na reação. Tinha que haver um modo, declarou, "de resolver plenamente as questões políticas sem quebrar janelas."

O episódio abriu seus olhos para um crescente descontentamento entre os membros do partido, aqueles que nos últimos meses tinham passado de visível satisfação para amargo ressentimento contra seus críticos liberais. Os erros e as perdas no esforço de guerra tinham revelado inúmeras fraquezas do governo e todas as críticas severas partidas de Lloyd George e de outros tinham minado a confiança em seus próprios poderes. Churchill podia sentir o clima azedando de cima a baixo no partido. Poucas semanas após o tumulto, disse a Lord Rosebery, "O Partido Tory está com um estado de espírito beligerante e ávido de sangue."[12]

Subitamente, as perspectivas políticas de Churchill pareciam desfavoráveis. Criara muitos problemas para Balfour e agora reconhecia que na facção de Chamberlain enfrentaria mais dificuldades do que desejava. Seu pequeno grupo de *hooligans* parecia mais isolado que nunca. Não tinham encontrado um tema importante que pudessem adotar como bandeira, e seu espírito independente cada vez mais se chocava com um partido que se considerava imbatível. Frustrado, Churchill estava intranquilo por ter se deixado encurralar num canto. Em março, quando já estava em pleno segundo ano como parlamentar, brincava dizendo, meio indiferente, que era "um político com a moléstia da juventude e já ferozmente independente."[13]

Logo no mês seguinte, Chamberlain censurou Churchill e os *hooligans* por insistirem em suas inúteis – e para ele juvenis – demonstrações de independência. Isso aconteceu na noite de uma quinta-feira, quase no fim de abril, quando os *hooligans* tinham acabado de votar contra o governo em questão envolvendo o editor de um jornal na África do Sul recentemente libertado da prisão. Albert Cartwright fora condenado por calúnia ao afirmar que Lord Kitchener dera ordem para que seus soldados fuzilassem prisioneiros. Agora Cartwright queria voltar para a Inglaterra a fim de contar sua versão da história, mas as autoridades inglesas na África do Sul estavam impedindo seu retorno. Não tinham o direito, trovejou Churchill durante o debate, "de assim proceder com um homem que já cumprira tudo que a lei podia dele exigir. Se nada existe a ser cumprido, não há razão. Que motivo tem o governo para temer Mr Cartwright?"[14]

A questão foi resolvida em favor do governo, mas as paixões ainda fervilhavam quando os hooligans *deixaram* o plenário mais ou menos às oito horas e foram jantar com o próprio Chamberlain.

"Houve uma bela escaramuça de vocês na Câmara esta tarde," disse Chamberlain quando chegou. "Espero que tenham gostado."

Churchill lembrava que as primeiras palavras de Joe foram, "estou jantando em péssima companhia."

Como era seu hábito quando estava zangado, Chamberlain falou suavemente. O efeito podia ser enervante. "Suave e sibilante," comentou um jornalista sobre a voz de Joe, "quanto mais crucial o assunto (...) mais sedosa a voz."[15]

"De que vale apoiar seu próprio governo só quando ele está certo?" – perguntou Chamberlain. "É justamente quando está nesse tipo de dificuldades que vocês têm que vir em nosso socorro."

Os jovens tentaram explicar seus atos, mas não era o caso de Cartwright que interessava a Joe. Queria saber se os *hooligans* continuariam criando dificuldades para o governo. Havia outra maneira de mantê-los fiéis ao governo?

"Por acaso essa quadrilha de vocês tem princípios?" – perguntou. "E se tem, quais são?"

A brusca pergunta deixou os *hooligans* confusos. O Conde Percy, entre eles o de mais alta posição da aristocracia, finalmente respondeu ao chefão de Birmingham. Tentando se mostrar esperto, sacou três termos para descrever a obsessão de Hugh Cecil por questões morais e espirituais, o desejo de Winston de acabar com o desperdício no governo e seu próprio interesse pelo Oriente Médio. Os princípios dos *hooligans*, disse para Chamberlain eram "Pureza, Parcimônia e Golfo Pérsico."

"Compreendo," replicou Joe lançando um olhar crítico através do monóculo . "Pensei que eram, Impulsividade, Individualidades e Imprensa."

Depois de botar os *hooligans* em seu devido lugar, Joe relaxou, desfrutou o jantar e voltou ao velho jeito amável de tratar. Demorou-se, e conversou à vontade enquanto fumava um charuto e bebia seu drinque favorito de fim de noite, "uma mistura de cerveja escura e champanhe."

Quando findou a noite, já estava suficientemente "alto" para dizer ao grupo algumas palavras sábias a serem ponderadas nos meses seguintes. "Vocês, jovens cavalheiros, me trataram como se eu fosse um rei e, em troca, vou lhes passar um segredo sem preço."

Com voz bem mansa, confidenciou a palavra mágica: "tarifas!"

Como lembrou o jovem *hooligan* Ian Malcolm, Chamberlain prosseguiu, explicando: "Por que vocês, meus jovens, não defendem uma causa pela qual realmente valha a pena lutar, como a proteção de nossos mercados contra a concorrência mundial e uma aliança econômica mais sólida com as colônias?" O grupo ouviu educadamente, mas não se comprometeu. Quando chegou a hora de se retirarem, todos saíram animados.[16]

O "segredo" que o manhoso Joe compartilhara realmente proporcionara

Sonhos imperiais

a Churchill e seus amigos uma causa pela qual "valia a pena lutar." Porém, não na forma que Joe tinha em mente. O grupo o usaria contra ele e seria sua ruína. Montava-se o cenário para a maior batalha de sua carreira, e Winston logo emergiria como um de seus mais implacáveis adversários.

—

Chamberlain achava que as tarifas eram o filão de ouro para o Império Britânico. Tencionava aproveitar esse potencial para transformá-lo em um mercado unificado e forte, protegido da concorrência estrangeira por um paredão de tarifas elevadas. Essa união econômica logo se tornaria política e, em seguida se transformaria na grande base de uma sólida e indivisível "Federação do Império," como a chamava, algo como Estados Unidos Britânicos, governada por um parlamento imperial representando Inglaterra, Escócia, Gales, Irlanda, Canadá, Austrália e outros estados importantes. "Os filhos da Inglaterra em todo o mundo," declarou em reunião da Câmara de Comércio em Liverpool, "se alinharão ombro a ombro para defender seus interesses mútuos e direitos comuns."[17]

Seu sonho era se tornar o George Washington de sua federação, o pai de um império que duraria séculos e que começaria com Joe à testa de seu parlamento imperial. Todavia, não era fácil tarefa unir o vasto império atrás de uma política específica. Os eleitores pensam prioritariamente no que desejam para a região do globo em que vivem, e muitos moradores das partes representadas na Câmara dos Comuns não queriam o que Joe propunha. Ao protecionismo, preferiam o livre--comércio e importar alimentos baratos. A política econômica da última metade do século se orientara por esses princípios, mas Chamberlain estava disposto a contrariá-los. Iludido com a popularidade em Birmingham e seu poder na Câmara, não previu o quanto seria grande a oposição a seus planos.

Nem mesmo uma ameaça de morte seria capaz de fazê-lo reavaliar seu ambicioso projeto. Menos de três meses depois de confidenciar seu "segredo" aos *hooligans*, estava a bordo de um cabriolé em Whitehall quando o cavalo tropeçou e ele foi lançado violentamente de encontro ao painel de vidro à sua frente, cortando a testa. O corte foi profundo, expondo o osso. Perdeu muito sangue até os médicos do Charing Cross Hospital poderem suturar o corte. Isso aconteceu na segunda-feira, 7 de julho de 1902, véspera de seu 66º aniversário. O choque foi tão forte para seu organismo que os médicos o mantiveram na cama por duas semanas, inicialmente no hospital e depois em sua casa em Londres.

O repouso forçado lhe proporcionou muito tempo para pensar no futuro, mas quando retornou em agosto a suas intensas atividades, o entusiasmo pelos sonhos imperiais não diminuíra. Era mera questão de escolher momento e local oportunos para anunciar seu grande projeto para o público.

Entretanto, enquanto Chamberlain se recuperava do acidente e seus adeptos esperavam ansiosamente novas notícias sobre sua saúde, Lord Salisbury decidiu que era hora de fazer grandes mudanças. Nas últimas semanas, a saúde de Salisbury se agravara e circulavam rumores de que renunciaria ao cargo. Até o rei Edward estava preocupado, achando que seu primeiro-ministro não viveria por muito tempo. Recentemente dera um retrato seu próprio a Salisbury, que fitara o retrato com um olhar confuso antes de pensar que se tratava de outra pessoa e botá-lo de lado. "Pobre Buller," comentou com o Rei, cujo rosto redondo e grande lembrava ligeiramente o do incompetente general "Reverse" Buller.[18]

Uma semana depois do acidente de Chamberlain, Salisbury renunciou, e Balfour passou a ser o primeiro-ministro. Joe foi consultado e concordou com a mudança, mas observou de antemão que continuaria satisfeito no Ministério das Colônias. Mesmo assim, ao que parece, as mudanças foram feitas às pressas, como se os diversos membros do Hotel Cecil temessem que Joe mudasse de opinião quando julgasse conveniente. Ainda não tinham percebido que ele já estava pensando muito além do cargo de primeiro-ministro, no futuro em que seria o grande estadista da Europa.

Para preservar a projeção da família de Joe no Hotel Cecil, Balfour deu a Austen Chamberlain um cargo de menor importância para lhe adoçar a boca – diretor geral dos correios. Outras mudanças incluíram um novo ministro das Finanças e um cargo ministerial para um dos *hooligans*, o Conde Percy, mas nada para Churchill, que teve de ficar de fora e ver como Balfour podia facilmente seduzir e afastar um membro de seu pequeno grupo. No fim do verão, o novo primeiro-ministro já controlava solidamente o poder, e Churchill estava na posição em que nada tinha a perder e todos os motivos para continuar atacando pela retaguarda.

———

Um desses ataques começou por ocasião de uma viagem ao Egito. Churchill resolvera voltar ao Nilo, que poucos anos antes descrevera com tanta fidelidade em *The River War*. Dessa vez, o destino era a represa de Assuan, a mais recente maravilha do Império, que acabara

Sonhos imperiais

de ser completada com altíssimo custo, depois de quatro anos de construção. Tinha um quilômetro e meio de extensão, mas, por mais impressionante que fosse, não interessava tanto a Churchill quanto sua companhia na viagem.

Viajava com ilustre grupo chefiado por Sir Ernest Cassel, destacado financista nascido na Alemanha que conseguira o empréstimo de 2,5 milhões de libras para a construção da barragem. Cassel o convidara para acompanhá-lo na inauguração da represa em 10 de dezembro. Partiram da Inglaterra em 18 de novembro e ficaram seis semanas fora. Entre os integrantes da comitiva estava Sir Michael Hicks Beach, que no verão renunciara a seu cargo no Gabinete, onde por vários anos fora ministro das Finanças. Sua renúncia ocorrera na esteira de desentendimentos com Chamberlain nas primeiras discussões sobre a questão das tarifas, embora isso não tivesse vindo a público naquela ocasião. Para Churchill, porém, o importante agora era a oportunidade de passar várias semanas com dois dos maiores especialistas em finanças do reino. De fato, Cassel era o mais íntimo assessor financeiro do rei Edward.

Churchill empregou toda a viagem como um preparativo para se chocar com as propostas que Chamberlain apresentaria no ano seguinte: orçamentos, tarifas e crescimento econômico. Foi capaz de absorver não somente grande quantidade de informações, mas também de fazer as perguntas certas e chegar rapidamente ao núcleo do problema. Poucos moços usariam tão espontaneamente seus dias de viagem de folga para realizar tal estudo durante um cruzeiro pelo Mediterrâneo e pelo Nilo, mas, para Winston, foi pura alegria.

Preparava-se para uma demorada luta com um oponente formidável, com duas vezes a idade dele e adorado por muita gente. O desafio era irresistível. E a linha de ataque lhe parecia clara. Não fazia sentido, escreveu ele em novembro, "encerrar o Império Britânico com um muro em volta (...) Por que negarmos a nós mesmos a boa e variada mercadoria que o comércio do mundo oferece?"

Do Cairo, logo após completar vinte e oito anos, Churchill transmitiu à mãe a boa notícia de que Sir Michael Hicks Beach fora imensamente útil. "Aproveitei muito as conversas que tive com ele," escreveu. "É um bom e leal amigo. Concordamos em quase todos os aspectos políticos (...) posso antever muitas possibilidades de cooperação."[19]

Para se sentir seguro, quando voltou para casa também ouviu longamente Sir Francis Mowatt, secretário permanente do Tesouro, que transitava nessa área havia tanto tempo que assessorara tanto Disraeli quanto Gladstone em matéria financeira. "Foi um dos amigos que herdei de meu pai," disse Churchill mais tarde sobre Sir Francis. Na verdade, os três homens que o prepararam para combater o protecionismo de Chamberlain tinham sido amigos de Lord Randolph. Cada um esperava ter o prazer de ver o filho se destacar em uma grande campanha pública sobre temas que eles conheciam tão bem. Era estimulante ver o filho se envolver naquele torvelinho de informações. Muito mais tarde Churchill afirmaria: "Tive de aprender economia em oito semanas."

Ensinar Winston mexeu com as emoções do velho Sir Francis, que estava a ponto de se aposentar e sentia a nostalgia do curto, mas entusiasmante período na década de 1880 em que Randolph fora ministro das Finanças. "Ele adorava conversar comigo sobre Lord Randolph," lembrava Winston a propósito de suas conversas: "Como ele (Randolph) aprendeu depressa os princípios das finanças públicas (...) Como lutou resolutamente pela economia do país e pela redução de armamentos! Como estava contente trabalhando e cumprindo seu dever!"[20]

Naquela época, a energia de Churchill era tão prodigiosa que se preparava não apenas para fazer história no inevitável choque com Chamberlain, mas também para escrevê-la. Por vários meses colhera informações para uma biografia do pai e já começara a trabalhar nela quando foi a Assuan. Tanto Ernest Cassel quanto Michael Hicks Beach tiveram prazer em compartilhar suas recordações sobre Randolph, preenchendo lacunas dos arquivos históricos.

Winston levou para a viagem uma grande maleta de cobre com compartimentos para canetas, papel, anotações diversas e alguns livros. Sempre que tinha um tempo livre voltava-se para a biografia, levantando--se cedo para trabalhar. "O livro está progredindo," assegurou à mãe em carta escrita no tombadilho do vapor em Assuan.[21]

Nesse dia estava só. O resto do grupo fora visitar a barragem. Entretanto, estava satisfeito trabalhando em um local tranquilo do rio, pensando no futuro, escrevendo sobre o passado e olhando ocasionalmente para a paisagem egípcia e os remanescentes de outras civilizações que tiveram sua ascensão e decadência tanto tempo antes.

6

O Grande Racha

Um dos maiores defensores de Churchill na imprensa era Herbert Vivian, um escritor simpático formado em Cambridge, que esperava um dia se lançar na carreira política. No começo do século, procurou Churchill muitas vezes, sempre que desejava ouvir conselhos ou saber da última fofoca parlamentar, e normalmente o encontrava de bom humor. Todavia, certa manhã de maio de 1903, quando o visitou em seu apartamento de Londres, ficou surpreso ao vê-lo preocupado. "Suas sobrancelhas estavam unidas, indicando estar mergulhado em seus pensamentos" enquanto andava pelo quarto, torcendo lentamente a corrente do relógio na cintura.[1]

Herbert ainda não tinha lido os jornais do dia, cujas páginas revelavam o motivo do ar pensativo de seu amigo. Os jornais estavam cheios de notícias sobre importante discurso proferido em Birmingham por Joseph Chamberlain na noite anterior.

O poderoso ministro das Colônias fizera finalmente seu grande pronunciamento, defendendo ostensivamente uma legislação protecionista que unificaria as forças do Império e o tornaria capaz de enfrentar a concorrência de todos seus rivais. Recebido na prefeitura da cidade na noite de 15 de maio por um órgão tocando "See, the Conquering Hero Comes" (Vejam, Aí Vem o Herói Vitorioso), Chamberlain invocou uma visão de paz e prosperidade no interior de um restrito âmbito imperial, "autossustentável e autossuficiente." Assegurou à multidão que a nova era começaria tão logo o poder mágico das tarifas fortalecesse o comércio no interior desse porto seguro. Como explicou Joe, o sistema de preferência imperial devia ter surgido há muito tempo, e seus partidários concordaram entusiasmados, aplaudindo-o longamente.[2]

Churchill passou toda a manhã meditando sobre o discurso. Voltando-se para Herbert Vivian, disse com ar sério, "Bem, finalmente a política está ficando interessante."

Quando seu amigo perguntou se o plano de Chamberlain tinha alguma chance de dar certo, Winston rapidamente descartou essa possibilidade.

"Ele cometeu uma asneira irreparável," declarou. "Não deve ter avaliado todas as consequências de sua iniciativa. Creio que será a sentença de morte de sua carreira (...) O país jamais tolerará um imposto sobre alimentos, e sem um imposto sobre alimentos, o protecionismo é inexequível."

"Então, o que você vai fazer?" perguntou Herbert.

"Fazer?" – retrucou Churchill. "Esse maldito negócio precisa ser combatido." O sangue lhe subiu à cabeça e subitamente começou a falar como se estivesse em campanha se dirigindo a uma grande multidão. "Deve ser condenado em todos os palanques, devemos resistir como se enfrentássemos uma peste asquerosa (...) Estamos diante de uma crise perigosa na história de nosso partido, na história de nosso país."[3]

Churchill andava atrás de um tema capaz de impulsionar sua carreira, e agora Chamberlain lhe oferecera a oportunidade. Não precisava criar dificuldades com seus *hooligans* ou tratando de questões de menor importância, quando o livre-comércio lhe proporcionava assunto suficiente para abordar preocupações internas e externas. No que lhe dizia respeito, as linhas estavam bem claras. Internamente, a preferência a ser concedida ao Império ameaçava elevar o custo de vida para o cidadão comum. Na comunidade internacional, aumentava a possibilidade de conflitos econômicos que facilmente escalariam para uma guerra.

Na semana seguinte ao pronunciamento de Chamberlain, Churchill denunciou publicamente a ameaça interna, afirmando que enquanto ele valorizava o Império, "não podemos ficar alheios e nos esquecer que as consequências não serão pequenas para as necessidades de nossa imensa classe trabalhadora e as verdadeiras fontes de nossa riqueza nacional." Entre seus aliados políticos, realçou o perigo externo. "Não quero um Império fechado dentro de si mesmo," escreveu em 20 de maio. "É muito melhor as grandes nações do mundo serem interdependentes do que independentes umas das outras. Isso fortalece a paz." (Esta declaração repercutiu na velha doutrina liberal: "Se os bens não atravessarem as fronteiras, os exércitos o farão.")[4]

Olhando de fora, alguém poderia supor que Joe tinha os trunfos na mão. Afinal, sua base política em Birmingham era imensa e atuante, enquanto os que apoiavam Winston eram relativamente poucos. A posição oficial de Joe lhe assegurava poder e influência e, em ambiente político que valorizava sobremodo idade e experiência, levava nítida vantagem

O grande racha

sobre um moço cujo tempo nas fileiras de trás do plenário mal passara de dois anos. Mas o fato é que Winston estava certo sobre Joe: mais velho cometera uma asneira. Ao contrário de Chamberlain, Winston percebeu que o protecionismo acabaria minando internamente o governo e fortaleceria a oposição liberal.

De fato, a reação ao discurso de Birmingham entre alguns líderes liberais foi de quase regozijo. Depois de ler a notícia no *Times*, Herbert Asquith estava mais convicto do que Churchill de que a repulsa ao livre-comércio seria um desastre para o ministro das Colônias, que fatalmente provocaria a queda do governo. Acenando triunfante com *The Times* na mão, disse à esposa Margot: "Notícias maravilhosas hoje... é só questão de tempo, varreremos este país." Pensando do mesmo modo, Lloyd George sentiu a vitória próxima. "Os dias de predomínio de Mr Chamberlain na política inglesa caminham para o fim," disse, "e um fim apropriado para essa carreira."[5]

Embora Churchill estivesse pronto para uma grande cruzada contra o protecionismo, Chamberlain foi, ao longo de meses, um alvo ardiloso, enquanto trabalhava nos bastidores para conseguir o apoio do Gabinete, mas não teve muita sorte. Tendo cometido o erro básico de não tentar primeiro obter o apoio pleno do Gabinete, constatou tardiamente que muitos de seus colegas ou estavam decididos a permanecer em cima do muro ou a combatê-lo até o fim. Parece ter julgado que o país todo o apoiaria com tal entusiasmo que o Gabinete logo também se aliaria. Quando esse desejado apoio não se concretizou, precisou que Balfour se erguesse para defendê-lo com todo seu poder.

Acontece que nenhum político daquela época era mais ambíguo do que Balfour, e Churchill certa vez o descreveu como tão escorregadio que evitava complicações "tal como um gato forte e maneiroso andando cuidadosamente numa rua lisa enlameada." Com uma série de declarações dolorosamente enroladas, Balfour conseguiu manter quase indecifrável sua posição. Quando, no fim de maio, Churchill tentou obter sua opinião clara sobre a questão, Balfour descaradamente alegou que as tarifas eram meramente incidentais no plano de Chamberlain para "uma união fiscal com as colônias." Abordou a matéria de forma tão técnica que teve coragem de dizer a Churchill com ar sério: "Nunca me pareceu que Chamberlain defendesse o protecionismo."[6]

A frustração de Churchill diante dessa posição evasiva ficou evidente durante os dias quentes de julho e agosto. Primeiro, levantou-se na Câmara dos Comuns para criticar Chamberlain por lançar "deliberado e insidioso ataque" ao livre-comércio e se recusar a participar de um verdadeiro debate sobre a questão. Em seguida, vários dias depois, voltou-se contra Balfour por não discutir francamente os dois lados do assunto com aqueles que o apoiavam. Por meio de farpas inteligentemente introduzidas em uma série de especulações, insinuou que o primeiro-ministro estava numa tática paralisante ao mesmo tempo "insincera" e "indigna." Alertou Balfour que, ou assumia uma posição, ou logo "se veria em posição difícil." Nesse ponto, o primeiro-ministro interrompeu Churchill e disse para não se preocupar com seu futuro. "Estarei bem," disse para a Câmara com o costumeiro ar cortês.[7]

Mas as farpas funcionaram. Chamberlain se sentiu traído. Tendo em vista a amizade que os unira no passado, julgou que os ataques pessoais de Churchill tinham sido particularmente desleais. Lealdade era tudo para Joe e deixou clara sua decepção. Cruzando com Winston em um corredor a caminho do plenário da Câmara, Joe parou o tempo suficiente para fitar seu amigo de outrora de uma forma que ele jamais esqueceria. Escrevendo logo em seguida para Jennie, Winston o descreveu como "um impressionante olhar de censura, com se quisesse dizer, 'como pôde me abandonar!' "[8]

Confessou à mãe lamentar que ele e Chamberlain tivessem se separado. Ainda admirava muito o amigo mais idoso, mas não tinha dúvida sobre o que o futuro lhes reservava. Joe estava no caminho da decadência. Não obstante, enviou-lhe uma nota lamentando que divergências políticas se interpusessem entre eles e não deixou de questionar o olhar que Joe lhe dirigira.

A resposta veio de imediato, cheia de desculpas e veladas recriminações. Começava com inconvincente explicação sobre o olhar no corredor. "Temo que tenha sido culpa de minha miopia," disse Chamberlain. "Não vejo maldade na oposição política."

Prosseguia afirmando que nunca esperou lealdade absoluta, mas parecia convencido de que Churchill fora longe demais ao atacar a liderança do partido. Desconfiava que o jovem logo "se bandearia" para o lado liberal. Não deu sinal de que lamentaria perdê-lo, mas dava a entender que não gostava de ficar no lado que recebia os ataques da veemente retórica de Winston.

O grande racha

"Será realmente necessário," escreveu, "ser tão pessoal em seus discursos? Você não consegue atacar uma política sem atribuir ao autor todo tipo de crime."[9]

Winston poderia ter levado mais a sério a admoestação se Chamberlain não tivesse contrariado poucos dias antes o espírito que se depreendia de sua carta, ao tentar ridicularizá-lo na Câmara e descrevê-lo como um moço incapaz de manter uma direção constante e em cujas palavras não se podia confiar. Advertiu seus colegas ministros do Gabinete para "não acreditarem muito no valor e na continuidade das convicções de meu honorável amigo parlamentar," e mencionou a amarga lição recebida de Churchill, que lhe negara a mão amiga. "Lembro ao Honorável amigo os dias em que lutou para chegar ao parlamento, quando fiz o máximo para assegurar seu ingresso nesta assembleia. Lembro como, no auge do entusiasmo, ele se dispôs a dar franco e cordial apoio a nosso partido, ao nosso governo."

Chamberlain estava na iminência de desfechar seu mais violento ataque contra Churchill acusando-o de ser um político oportunista, quando um membro da oposição interferiu: "E você? Quem mudou mais?" Foi uma lembrança de que Joe anos atrás abandonara os liberais por causa da autonomia irlandesa e sofrera a mesma acusação. Seguiu-se uma troca de gritos, criando um tumulto que só terminou depois de repetidos apelos por ordem.

Quando Chamberlain desafiou Churchill a lançar sua campanha contra a preferência imperial nas cidades industriais que o apoiavam, um deputado sugeriu, lá do fundo da bancada, que Birmingham fosse incluída no roteiro. "Oh, Birmingham," disse Joe como se a ideia de Winston fazer campanha em sua cidade acabasse de lhe ocorrer. Criticá-lo na Câmara era fácil, mas será que um de seus oponentes teria coragem para tentar o mesmo em Birmingham? Não importa se a ideia de Chamberlain era ou não uma provocação, mas o fato é que Churchill ao que parece entendeu suas palavras como um desafio. Se Lloyd George se arriscava a falar em Birmingham, ele podia fazer o mesmo. A partir daquele momento, ficou inevitável incluir Birmingham no roteiro do itinerário no outono.[10]

Em meio às inflamadas divergências sobre protecionismo, Churchill teve um encontro curioso com uma mulher que no passado tivera um envolvimento amoroso com Joe Chamberlain. Em 8 de julho, Winston jantou em Londres com pensadores notáveis da Sociedade Fabiana e os ativistas Sidney e Beatrice Webb. Para levar adiante seus planos de reforma social, os Webbs buscavam aliados onde pudessem encontrá-los e queriam saber se Churchill poderia ser útil para o que pretendiam. Na época, Beatrice estava na meia-idade, mas aos vinte anos se apaixonara perdidamente por Joe, vinte anos mais velho.

Conheceram-se nos anos 1880, quando Joe ainda estava na fase de esquerda radical, e ela ficou profundamente encantada com sua personalidade forte, até descobrir o quanto era forte. Depois de enviuvar duas vezes (as esposas tinham morrido nos partos), ele andava à procura de outra esposa e tinha em mente certas exigências. Uma delas, como disse a Beatrice, era absoluta concordância com suas ideias. "Para mim é doloroso ouvir opiniões que me contrariem," explicou.

Não estando disposta a abrir mão de suas próprias opiniões, ela terminou o relacionamento. Examinara em profundidade a personalidade de Joe e não gostou do que viu, "Por temperamento," concluiu, "ele é arrebatado e déspota (...) ao lado desse genuíno arrebatamento, existe um desejo apaixonado de submeter a oposição à sua vontade, uma ânsia de pisar no pescoço dos outros."[11]

A conversa com Churchill naquele jantar incluiu a batalha então em curso com Chamberlain, mas não se sabe precisamente se ela mencionou o velho romance com seu adversário. O fim do caso fora muito doloroso, e Beatrice reagiu casando com Sidney Webb, que provavelmente a atraiu por se opor a Joe. Sidney era um intelectual pequenino e desleixado, "parecendo um minúsculo girino," conforme sua descrição. Quando Sidney, durante o namoro, lhe deu de presente seu retrato, ela respondeu, "Não, meu querido, nem quero olhar para sua fotografia. É horrível... estou casando somente com sua cabeça."[12]

A vida com Sidney a transformara em uma pessoa tão desprendida e cerebral que examinou Churchill durante o jantar como se ele fosse um novo espécime pronto a ser dissecado. Ele emergiu dessa análise muito melhor do que Chamberlain, mas a imagem que ela registrou em seu diário é, de modo geral, negativa. Visto de sua fria perspectiva de mulher de meia-idade, ele era emocional demais, muito cheio de si e imaturo. Também achava que em seu caráter havia muito do "especulador americano" se sobrepondo ao aristocrata inglês. Americanos bem-sucedidos quase sempre a aborreciam (Ao contrário de Beatrice, Joe escolheu para sua terceira esposa a filha do ministro da Guerra do governo do presidente Grover Cleveland.

Tratava-se de Mary Endicott, de Salem, Massachusetts, que Joe gostava de chamar sua "donzela puritana." Beatrice não se abalou, mas admitiu que Mary era "amável até onde permitia sua natureza um tanto limitada.")

Alguns dias depois desse jantar, Mrs Webb escreveu a Churchill uma carta amistosa e indicou algumas fontes para serem lidas sobre a questão do livre-comércio. Não deixou transparecer sua impressão pessoal de que lhe faltava a capacidade de concentração mental para tirar proveito dos valiosos livros que estava sugerindo, um dos quais de sua própria autoria, com um apêndice que ela insistiu para que ele lesse, que abordava "O Comportamento do Parasitismo Industrial e a Política do Mínimo Nacional Diante da Controvérsia do Livre--Comércio." Dedicada a estatísticas e teorias abstratas, ela estava disposta a tolerar Churchill, desde que ele pudesse promover um de seus planos favoritos sobre bem-estar, mas tinha dúvidas sobre sua capacidade intelectual, excetuando umas poucas características pessoais de difícil mensuração.

Em seu diário, escreveu: "A primeira impressão que deixa é de uma pessoa quase intoleravelmente irrequieta, incapaz de manter um trabalho continuado e imparcial, ególatra, convencido, superficial e reacionário, mas com certo magnetismo pessoal, grande determinação e alguma originalidade, não no intelecto, mas na personalidade. (...) Só fala sobre si mesmo (...) Não tem noção do que seja pesquisa científica (...) Mas sua determinação, coragem, desenvoltura e grande tradição podem levá-lo bem longe."[13]

Em setembro, Churchill achou que a maré tinha virado contra Chamberlain. No início do mês, surgiram rumores de que o Gabinete estava irremediavelmente dividido e que algum tipo de sublevação estava para acontecer. Na liderança do partido poucos compartilhavam o entusiasmo de Joe pela preferência imperial, mas menos ainda estavam dispostos a criticá-lo publicamente. Para onde olhava, Joe via os líderes partidários se omitindo. "O tempo está passando e devemos assumir nossas posições," reclamava. "Quero saber com quem posso contar." Todavia, por mais que tentasse, não conseguiu conquistar o apoio pleno do Gabinete e suas chances estavam se esgotando.

Em 11 de setembro, Winston escreveu para a mãe afirmando "JC está completamente derrotado." Exatamente uma semana depois,

Chamberlain renunciou a seu cargo no Gabinete, dando por encerrado o período de oito anos em que foi ministro das Colônias. O anúncio gerou intranquilidade ainda maior por ocorrer tão perto da notícia da morte de Lord Salisbury em agosto, apenas um ano após deixar o cargo de primeiro-ministro. Ambos, Chamberlain e Salisbury, integraram o governo por tanto tempo que para muitos era difícil aceitar que um morrera e o outro renunciara.

Por vários dias, Chamberlain vinha cogitando seu afastamento e não o via como ato de um político fracassado. De fato, achava que seria o começo de um grande retorno por intermédio da realização de seu sonho da união imperial e acreditava que seria mais fácil conseguir apoio "estando fora" do governo.[14]

Desde o começo, Churchill se convencera de que a cruzada pessoal de Joe fracassaria, mas estava pronto para combatê-la em todas as oportunidades, até que ela desmoronasse de vez. Para apressar o desenlace, sabia que teria que combater no território de Chamberlain. Ousadamente, um dos *hooligans* se dispôs a acompanhá-lo a Birmingham em novembro. Foi Sir Hugh Cecil, que adorava causas perdidas, e ao que parece julgava que se opor a Joe em Birmingham certamente seria um erro. Winston sabia que seu amigo sentia uma "satisfação melancólica" na derrota. Ainda assim, não resistiu a uma brincadeira, usando um humor negro com o irmão de Hugh: "É melhor dizer adeus a Linky antes de Birmingham," escreveu Churchill. "Talvez nunca mais o veja."[15]

Os responsáveis locais pela manifestação esperavam problemas. Seu porta-voz disse à imprensa, "estamos prevendo tumultos e é bem possível que a reunião seja interrompida." Um dia antes do evento, um punhado de desordeiros pagos surgiu repentinamente nas ruas com placas na frente e nas costas conclamando os trabalhadores a comparecerem "em massa" para mostrar a Churchill o que pensavam de quem ousava "se opor a nosso Joe." Esperando evitar a desordem ocorrida por ocasião do discurso de Lloyd George, o chefe de polícia providenciou centenas de policiais para ficarem em condições de manter a ordem.

Churchill perguntou a um dos mais antigos amigos de Chamberlain – John Morley – se estava sendo planejado outro ataque pela turba. A resposta não foi animadora. Embora considerasse "muito improvável" a perturbação de ordem, Morley tinha a certeza de que isso não aconteceria, a não ser que Joe assim desejasse."

O mundo político prendeu a respiração, imaginando como reagiriam

O grande racha

os seguidores de Joe. Uma coisa era incomodar Lloyd George, na época ainda um político de importância relativamente menor. Mas quais seriam as consequências se prejudicassem Churchill, o herói da Guerra dos Bôeres, ou Lord Hugh, filho do primeiro-ministro falecido havia pouco tempo? As cartas estavam na mesa e as apostas aumentaram ainda mais quando um convidado de última hora se juntou aos dois parlamentares *hooligans*. Não querendo deixar que seu filho enfrentasse sozinho a multidão, Jennie foi a Birmingham para subir ao palanque com Winston e Hugh. Não houve surpresa quando um jornal de projeção nacional comentou no dia do evento, "Momentos emocionantes esperados esta noite."[16]

Às sete da noite de 11 de novembro a esperada multidão de manifestantes cercou a prefeitura. Estimou-se que chegavam a quarenta mil. Os policiais estavam alinhados atrás de grandes barricadas para evitar que entrasse alguém sem o bilhete. A multidão tentou seguidas vezes penetrar, mas foi contida. Frustrada, atirou pedras e quebrou algumas vidraças. A maioria, todavia, se contentou em ficar do lado de fora fazendo o maior barulho possível e cantando lemas e canções patrióticas.

Uma assistência predominantemente favorável de quatro mil pessoas encheu o local e, quando Churchill, Hugh e Jennie foram conduzidos para o palco, a grande maioria reagiu alegremente, acenando com chapéus e lenços em sinal de aprovação. Na parte inicial de seu discurso, Winston foi várias vezes interrompido por alguns sujeitos inconvenientes que queriam fazer perguntas – "cavalheiros irônicos" como a imprensa os chamava – mas acertou se referindo respeitosamente a Chamberlain e falando em tom moderado que teve efeito tranquilizador sobre a assistência. Apesar do barulho produzido pela multidão do lado de fora, sinal permanente do perigo que os defensores de Joe representavam, Churchill não deixou transparecer qualquer desconforto.[17]

"Não vim aqui esta noite para dizer alguma coisa amarga ou rude sobre ninguém," declarou para a assistência. "Vim para abraçar, tanto quanto me seja possível, duas grandes causas, ambas de grande interesse para Birmingham: a do livre-comércio e a da liberdade de expressão."

Em vez de encorajar os descontentes com os planos de Joe em favor do protecionismo, Winston passou ao largo dos aspectos técnicos da questão a fim de apresentar para a assistência uma visão mais ampla de um Império unido pela força de fortes laços morais e não, simplesmente, por interesses econômicos e militares. Deu um toque pessoal a essa abordagem se referindo às suas próprias experiências como soldado e correspondente em regiões afastadas do mundo e adotando uma visão romântica do imperialismo como força de unificação de povos a serviço do bem comum. Fosse qual fosse a realidade, Churchill preferia esta concepção elevada de Império aos planos calculistas de Chamberlain e expressou essa ideia em impressionante conclusão que emocionou a assistência.

"Já vi o suficiente das fronteiras do Império, na paz e na guerra," disse, "para saber que o domínio britânico em todo o mundo não duraria um só ano, talvez nem um mês, se estivesse fundamentado em base material. A força e o esplendor de nossa autoridade deriva não da força física, mas da ascendência moral, da liberdade, da justiça, da tolerância e da honestidade dos ingleses (...) É só por essa razão que no futuro, como no passado, continuaremos sendo, dentro de um círculo inviolável, orgulhosos súditos do Rei."[18]

David Lloyd George fora maltratado em Birmingham não apenas por se opor a Chamberlain, mas também por se opor à Guerra dos Bôeres de forma vista como impatriótica. A Churchill, ao contrário – e seu discurso deixou bem claro – não faltava patriotismo. Só esse motivo tornou difícil para os defensores de Joe demonizá-lo. Na verdade, a multidão do lado de fora continuou inquieta e furiosa até o fim do evento, mas, quando terminou seu discurso, Churchill tinha efetivamente silenciado os que estavam na assistência e tinham comparecido para protestar contra sua visita. A imprensa publicou que os aplausos foram "ensurdecedores" quando ele se sentou.

Também deu para perceber que havia lágrimas nos olhos de Jennie. Seu filho tinha feito algo corajoso e o fizera bem, e ela estava orgulhosa por poder partilhar aquele momento. A participação de Winston em batalhas reais tinham sido experiências sobre as quais pôde apenas ler, mas o campo de batalha político lhe permitira ser espectadora e mostrar – por sua mera presença no palco – que a família era realmente corajosa. Ademais, graças à superioridade da polícia e às relativas restrições impostas aos manifestantes, Jennie, Winston e Hugh puderam deixar o local e regressar a Londres sem ter de sair disfarçados de policial. Foi um momento de humilhação para Chamberlain, pois Churchill o contornara e sobrevivera na incursão ao coração do império pessoal de Joe.

Hugh, que não era conhecido pela bravura, mais tarde foi mencionado em um jornal por ter demonstrado notável compostura diante do perigo. Fizera seu pronunciamento logo depois de Churchill e o *Daily Mirror* manifestou admiração por sua demonstração de "coragem política." O jornal não pôs em dúvida a real existência de riscos à sua segurança. "Ele não deve ter esquecido a perigosa aventura vivida por Mr Lloyd George na capital das Midlands," assinalou o *Mirror*. "O fato é que tinha algo a dizer em Birmingham e nenhuma consideração de desconforto pessoal foi capaz de impedi-lo de falar."[20]

Churchill tinha perfeita consciência de que estava em guerra com Joe. Havia alguns meses vinha pensando nesse choque. Antes, no verão, sentado no terraço da Câmara dos Comuns em um dia de sol, fizera rápida revelação de seu pensamento sobre a questão em entrevista para o jornalista e reformista social Harold Begbie.

"A política é tudo para você?" – perguntou Begbie.

"Política," respondeu Churchill, "é quase tão excitante quanto a guerra e igualmente perigosa."

Achando que Churchill subestimara esse ponto, agora que novas e mortais armas podiam matar soldados distraídos a grandes distâncias, Begbie perguntou, "Mesmo com os novos fuzis?"

"Bem, na guerra," replicou Churchill, "você só pode ser morto uma vez, mas na política, muitas vezes."[21]

No curso da entrevista, Begbie logo constatou que Churchill preparava sua carreira de modo a poder resistir ao calor de muitas batalhas mortais, arriscando ser vencido em alguns combates que para outros seriam derrotas catastróficas, mas sabendo que se reergueria. Winston já se dispunha a admitir que, se continuasse no Partido Tory – e afirmava que não o deixaria – a causa do livre-comércio prevaleceria, mas a terrível custo para o partido. Previu "um colapso (...) pior do que qualquer outra crise desde 1832."

"Então, por que continuar em um partido que não dava atenção a advertência tão terrível?" – perguntou Begbie.

Essa pergunta despertou o espírito combativo do jovem parlamentar e mostrou que via sua luta com Chamberlain não simplesmente como questão de política econômica e imperial, mas como uma guerra pelo futuro do partido.

"Sou um tory," disse Winston, "e tenho os mesmos direitos que qualquer outro membro do partido e certamente os mesmos que certa pessoa de Birmingham. Eles não podem me expulsar do partido."

Parecendo muito o primeiro-ministro que seria aos sessenta anos, Winston decidiu lutar contra seus adversários até a última posição defensiva. "Vou me apegar ao partido e combater os reacionários até a última linha. Não haja dúvida quanto a isso – nem sombra de dúvida."

Churchill foi tão convincente em seus argumentos que Begbie saiu da entrevista acreditando que conversara com um dos moços mais promissores da Europa. "Parece-me seguro profetizar que, se tiver saúde, pode se tornar uma das grandes personalidades da história política. Como observou um de seus amigos ao conversarmos sobre esse assunto, 'Se você avaliar seu futuro pelo passado, vai descobrir que está nos degraus do trono.'"

O único obstáculo que Begbie podia ver no caminho de Winston era o crescente número de inimigos que estava fazendo em sua vida ainda tão curta. O hábito de arranjar briga com gente poderosa o deixara vulnerável a ataques de todas as direções. "É preciso reconhecer," escreveu Bigbie, "que Mr Churchill é um homem bastante odiado em certos círculos da sociedade."[22]

Enquanto sua vida política pegava fogo, Winston se apaixonou novamente. Dessa vez, a mulher em questão era mais deslumbrante e inalcançável do que Pamela. Era Ethel Barrymore, sensação da Broadway com vinte e poucos anos que visitava frequentemente a Inglaterra. Por vários anos passara as férias de verão com amigos em Londres e em diversos refúgios no interior, tornando-se particularmente íntima de Millicent Sutherland, que pensava em produzir uma peça com Ethel no papel principal.

Winston a conheceu em 1902 por intermédio de Millicent, que o apresentou à jovem, quando – como noticiou o *New York Times* – Ethel "obtinha sucesso em Londres." Winston a vira em teatro da cidade no verão anterior em apresentação de apenas uma noite da comédia vitoriosa na Broadway, *Captain Jinks of the Horse Marines*. Como disse a ela posteriormente, apaixonou-se no momento em que ela entrou no palco.[23]

Ethel impressionava os homens. Era conhecida por seus vestidos decotados com bonitas flores presas na cintura e outros ornamentos vistosos. Depois de vê-la pela primeira vez, o veterano explorador Arnold Landor a ela se referiu como se tivesse descoberto algum tipo exótico de mulher, dizendo que era "uma linda criatura, com olhos perigosamente expressivos, cabelos escuros exuberantes e gestos extremamente cativantes." Não foi apenas a aparência de Ethel que atraiu Churchill. Também sua voz, que, segundo se comentou, ele descreveu como "suave, encantadora, sedutora, magnética."[24]

Ela visitou Blenheim em 1902 e ficou amiga de Consuelo e Jennie.

O grande racha

Passou parte das férias no verão seguinte como hóspede de Consuelo no palácio e esteve várias vezes em contato com Winston, mas – como Pamela antes dela – era esquiva, passando de um namoro a outro em intenso torvelinho social. Todos queriam conhecê-la. Foi ao castelo de Warwick para ver a condessa, visitou os Asquiths em sua casa de verão alugada na Escócia, jantou com Lord Rosebery, jogou bridge com Arthur Balfour e foi apresentada a Max Beerbohm em Londres.

Em um dia do verão de 1903, Millicent a convidou para almoçar. Os únicos outros convidados foram Churchill, Lord Rosslyn, irmão de Millicent, e o escritor americano Henry James. "Millie cometeu o erro," como lembrou Ethel, "de perguntar a Henry James: 'Teve uma boa caminhada esta manhã?' – e ele respondeu que 'Sim,' se estendendo em duas páginas e meia, com alguns ponto e vírgula e nenhum ponto final – um desempenho soberbo." Winston não teve a menor chance de atrair a atenção de Ethel.[25]

O que mais interessou Ethel quando se voltou para Winston, foi sua carreira política. Ficou fascinada com os *hooligans* e sua tática, que descreveu divertida como "desobediente." O lado teatral da política inglesa a atraía, mas ao que parece ela não compreendeu o que toda a ressonância e o frenesi significavam em uma luta como a que Churchill travava contra Chamberlain. Ao escrever de Nova York para Winston no outono de 1903, deu a impressão de que pensava que ele gostaria de saber que ela acompanhava o noticiário político da Inglaterra. Acontece que ela elogiou demais o homem errado.

"Continuo tão intensamente interessada em tudo de maravilhoso que está acontecendo na Inglaterra," escreveu entusiasmada. "Não consigo deixar de pensar que Joe é a mais brilhante criatura viva. Achei seu discurso em Glasgow maravilhoso – é verdade que está tendo sucesso?"

Para uma jovem americana, era fácil pensar que Winston e Joe, sentados no mesmo lado na Câmara dos Comuns, deviam trabalhar com o mesmo objetivo. A defesa da "reforma tarifária" que Chamberlain fez em Glasgow, em 6 de outubro de 1903, foi tão longa e complexa que Ethel pode ter imaginado que estava sendo justa ao considerá-lo "brilhante," mas era um equívoco que Winston podia com facilidade desconsiderar. Ficaria extremamente feliz em dedicar algum tempo para lhe explicar o entendimento correto. De fato, esperava ansiosamente a próxima visita de Ethel no verão.

À sua maneira jovial, ela o fez acreditar que seria uma visita que valeria a pena esperar. Naquela época, atuava em nova peça na Broadway, mas na carta manifestou a expectativa de que em Londres sentissem sua falta. Havia uma chance de ser a estrela em uma peça que começaria em Londres no fim da primavera. Paralelamente, ela o encorajou a mantê-la em seu pensamento. "Escreva sempre, querido Winston," pediu gentilmente. Não se conhece o fim dessa carta, mas deve ter sido alentado e carinhoso, porque quando ele voltou a vê-la em Londres estava pronto para pedi-la em casamento.[26]

7

Partidas

A GUERRA MORTAL DE CHURCHILL COM CHAMBERLAIN chegou ao clímax no começo de 1904. Foi numa terça-feira do fim de março na Câmara dos Comuns, quando o governo estava sendo massacrado pela oposição por não convocar eleições gerais para deixar que o país decidisse a questão do livre-comércio. Lloyd George chefiava o ataque, argumentando que outros problemas prementes estavam sendo esquecidos e que a nação estava à deriva, enquanto os conservadores procuravam tornar o protecionismo aceitável para os eleitores.

Olhando fixamente para Balfour, fez pouco de sua tímida recusa em adotar uma posição clara e de lutar por ela. O primeiro-ministro, alegou ele, queria dar a impressão de que o país estava de acordo com sua atitude complacente.

Churchill levantou-se no banco atrás de Balfour. O primeiro-ministro podia facilmente adivinhar o que estava por acontecer – mais críticas partidas de quem supostamente era um de seus partidários. Nas palavras de um comentarista parlamentar entusiasmado: "Um sorriso de desagrado transfigurou a fisionomia de Balfour, tal como as garras saindo das patas de um gato." Naquele, instante o primeiro-ministro aparentemente concluiu que já tolerara o suficiente de Churchill. Com uma pressa que não era característica, saiu do plenário sem olhar para trás.

Nesse momento sucedeu algo ainda mais extraordinário. Um a um os demais ministros do reino se levantaram e seguiram seu chefe e o mesmo fez a maioria da bancada. O almofadinha tory William Burdett-Coutts fez uma parada e lançou "um olhar premeditadamente insolente" para o plenário, até a bancada da oposição começar a vaiá-lo estridentemente. Em poucos minutos as longas fileiras de bancos do governo ficaram vazias, com exceção de uns doze tories defensores do livre-comércio e Winston, que se mantinha em pé e tentava continuar seu pronunciamento, malgrado a escandalosa reprovação de seu partido.

Embora abalado, terminou o discurso e não poupou Balfour por não ter exercido a liderança. Se é que isso era possível, foi mais veemente com o primeiro-ministro do que fora Lloyd George. "Chegou a hora," disse para os fascinados membros que ficaram para ouvi-lo, "de a nação se ver livre dessa política volúvel de subterfúgios ambíguos. Tem o direito de saber o que os homens públicos pensam sobre as questões do interesse do povo e quais são os princípios políticos fundamentais em que acreditam os chefes políticos."[1]

Ao abandonar o plenário, Balfour quebrou a tradição da Câmara e foi amplamente censurado por isso. Como de hábito, não assumiu responsabilidade por sua retirada, alegando que sua ausência se fizera necessária para evitar "uma confrontação com o ministro da Fazenda" e que não fora sua intenção menosprezar Churchill. Poucos aceitaram essa desculpa. Um jornal se referiu a sua "fuga" do plenário como "artimanha de estudante e sinal de fraqueza." O *Spectator* estava convencido de que o protesto fora "uma tentativa destinada a tirar a importância de Mr Churchill," e censurou seu partido por se recusar a jogar limpo com um homem que "mostra coragem e ânimo."[2]

Em vez de reclamar com Chamberlain por dividir o partido em torno de um plano imperial fora da realidade, Balfour e outros acharam mais fácil se voltar contra Churchill e um punhado de membros do partido que defendiam o livre-comércio. Obviamente, Churchill foi obstinado e arrogante, mas Joe também. Todavia, pouco se fez para acomodar as opiniões de Churchill e incentivá-lo a continuar no partido. Os tories precisavam de um combatente jovem e dinâmico capaz de questionar os mais antigos, mas Balfour permaneceu tão indeciso, e Chamberlain tão intolerante, que nenhum dos dois teve cuidados com Winston. Este, por sua vez, aos poucos, concluiu que não podia continuar num partido dominado por aqueles dois. Tinham criado uma situação insustentável. Joe era muito poderoso para ser ignorado, mas não o suficiente para ganhar o debate em torno de sua causa. Balfour dispunha do poder para liderar, mas, em vez de exercê-lo, preferia tergiversar.

Havia meses, Churchill pensava em deixar o partido. No outono, revelara essa tendência em carta a Hugh Cecil, dizendo-se cansado de "fingir ser amigo de um partido onde não havia amizade e lealdade a seus líderes, cuja queda desejava." Chegou a ponto de afirmar: "Detesto o partido Tory." Sabendo que essa rude afirmação ofenderia Hugh, cujas raízes conservadoras eram profundas, não enviou a carta. Porém, no fim de 1903, já fizera pronunciamentos públicos suficientes para despertar em Hugh o temor de que ele logo abandonasse o partido.[3]

Seu amigo tentou demovê-lo dessa ideia, insistindo para que "continuasse travando a batalha dentro do partido," e conquistasse "os indecisos, que hesitavam entre o alinhamento com Joe e seu plano, e sua dedicação ao partido." Queria que Churchill lutasse incessantemente contra JC e, ao mesmo tempo, usasse a linguagem dos conservadores. O que ele falava era, antes de tudo, a linguagem do próprio Winston. "Ele, por si só, é um partido," concluiu corretamente o jornal *Scotsman* em março de 1904.[4]

A questão afinal era saber ao certo se o partido estava disposto a lhe dar rédea suficiente para deixá-lo feliz. Ele passaria o resto da carreira testando essa ideia.

Entrementes, despertara em Hugh – até então seu mais fiel adepto – senso tão forte de repulsa contra os métodos de Joe que não conseguiu se conter e explodiu na primavera. Depois de sobreviver ao tumulto em Birmingham, Cecil se sentiu em condições de enfrentar face a face o grande Joe e dizer-lhe o que pensava dele. O confronto aconteceu durante uma sessão noturna da Câmara e deixou muitos membros surpresos com a veemência do ataque.

Desde que deixara o cargo de ministro das Colônias, Joe Chamberlain tentava evitar debates no parlamento sobre o protecionismo, preferindo abordar o assunto em eventos públicos, para que Balfour e outros ministros não considerassem necessário se envolver mais profundamente na controvérsia. Porém, em sua ousada atitude na Câmara, Hugh Cecil apontou o dedo para Joe e o chamou de covarde por não debater a questão no foro apropriado. Os parlamentares não conseguiam acreditar que alguém – e muito menos Lord Hugh – dirigisse tal insulto ao poderoso Joe. Não obstante, o aristocrata teórico tornou a acusação ainda mais inflamada ao afirmar que Chamberlain o fazia lembrar o bufão Bob Acres da peça *The Rivals*, de Sheridan, escrita no século XVIII.

"Poderia comparar meu honrado amigo," disse Hugh, "a Bob Acres na comédia, que revelava coragem em toda parte, mas não no campo de batalha, tendo em vista que meu honrado amigo, como o personagem, teme enfrentar seus oponentes no campo apropriado para os debates, a Câmara dos Comuns. Quando Bob Acres se via nessa situação, sua coragem lhe escapava pelo vão dos dedos."

A comparação foi espirituosa, mas humilhante e foi recebida com risos dos liberais e brados de protesto dos amigos de Joe. Inicialmente, Chamberlain fingiu que não se importava. "Valeu a pena ficar observando Mr Joseph Chamberlain enquanto Lord Hugh falava," comentou um membro da imprensa que estava na galeria. "Seu rosto se abriu em um grande sorriso e se esforçou ao máximo tentando parecer alguém que via toda a cena como uma simples controvérsia social." Entretanto, quando chegou a hora de responder, contra-atacou com toda a sua habilidade verbal, repelindo sarcasticamente o fato de Hugh querer lhe dar lições de coragem. Se quisesse uma luta física, não se oporia, sugeriu Joe em tom de intimidação.

Em parte como consequência de sua ligação com Churchill, Hugh emergiu das sombras da família Cecil para abordar justamente a questão do dia e botar na defensiva um dos políticos mais importantes da época. Até seu primo, o primeiro-ministro, foi apanhado de surpresa por sua audácia. No fim da sessão noturna, Balfour viu-se obrigado a defender o antigo membro de seu Gabinete e se desvincular das críticas de Hugh. Disse sobre Chamberlain: "Uma hostilidade extremamente habilidosa que algumas vezes, lamento dizer, se transforma em maldade, foi empregada para vilipendiá-lo e, mais ainda, em todo o vocabulário de ataque que ouvi contra ele até esta noite, nunca ouvira sequer um murmúrio de que lhe falte coragem."[5]

Inocentemente, Hugh achou que sairia ileso dos ataques a um adversário debilitado, mas Joe não estava liquidado e jamais esqueceria os insultos daquela noite. Jurou vingança e começou uma campanha para desacreditar Hugh em seu distrito eleitoral, Greenwich. Winston tentou alertar seu amigo para o perigo, dizendo-lhe que Joe retaliaria sempre que possível. "Não tenha a mínima ilusão de que ele vai se render," escreveu para Hugh.

Levaria tempo, mas Joe trabalhou metodicamente ao longo do ano e meio seguinte para arruinar a carreira política de Cecil, deixando claro para seus companheiros que preferia ver o partido "perder 20 assentos do que permitir que ele (Lord Hugh) retornasse ao parlamento." Tarde demais Hugh percebeu que era o alvo de Joe na próxima eleição e que seu oponente estava gastando 50 libras por dia para afastá-lo do parlamento. Hugh foi amplamente derrotado em 1906 e acusou veementemente Chamberlain por seu insucesso, chamando-o, de forma um tanto extravagante, de monstro maquiavélico "envolvido em um sistema de assassinato de adversários em estilo típico da Renascença, por meio de sicários parlamentares." Sabiamente, Churchill escapou desse destino porque planejava bem à frente e se pôs em uma posição onde Joe não podia atingi-lo.[6]

———

Desde quando ingressou no parlamento, Churchill tentou encontrar meios de exercer liderança sem ter de se curvar à disciplina partidária. Esperava que pela simples força de sua personalidade fosse aceito como um tory que pensava com independência e que fosse seguido por outros pelo que fazia e não pela submissão à hierarquia do partido. Já em 1901 disse para uma sociedade erudita em Liverpool: "Nada seria pior do que homens independentes serem constrangidos, de modo a haver apenas duas opiniões na Inglaterra, a do governo e a da oposição. Um gabinete permanentemente unânime me preocupa. Acredito em personalidade."

Não era uma posição prática para um jovem que contava apenas com uns poucos *hooligans* para acompanhá-lo. Embora em seu partido alguns o vissem como uma promessa, muitos outros o viam como um presunço-so. Quanto mais confusão causava, menos gostavam dele. Não era raro sofrer áspera intervenção de um parlamentar do fundo do plenário por ocasião de algum debate particularmente violento. James L. Wanklyn, que negociava na área de ferrovias e ganhara muito dinheiro na América do Sul, era um dos muitos apelando para ordem no plenário, quando Churchill voltou-se para ele e lhe disse que parasse de "querer calar os outros." Mr Wanklyn, que apoiava Chamberlain, ficou aborrecido. "Permita-me adverti-lo," escreveu para Churchill no dia seguinte, "que se novamente for importunado por um rapaz como você, saberei como resolver a questão."[7]

Havia vários meses Churchill vinha flertando com a ideia de um "Governo do Meio," como o chamava, liderado por Lord Rosebery e outras personalidades poderosas do centro dos dois principais partidos. Tentou seguidas vezes vender a ideia a Rosebery, mas o mal acostumado aristocrata estava muito apegado à vida fácil em suas grandes propriedades e hesitava em se lançar em um novo movimento político com muitos obstáculos a superar. À medida que a ideia perdia força, e a vida nas fileiras tories ficava cada vez mais difícil, Winston não via alternativa, a não ser recomeçar do zero como liberal.[8]

Tinha muitos amigos entre eles e se sentia especialmente à vontade na companhia do velho estadista victoriano John Morley, tão amável e tolerante que mantinha boas relações com políticos de todos os matizes, inclusive Joe Chamberlain. Homem de letras realizado, biógrafo oficial da Gladstone e ardoroso defensor do livre-comércio, Morley fora o liberal antiquado que defendera as liberdades individuais contra os reacionários das classes fundiárias e da igreja oficial. Passara a vida tentando, com serenidade, evitar que a nave do estado se envolvesse em compromissos externos e afundasse sob o peso dos problemas internos. Ficou feliz ao se tornar mentor político e intelectual de Winston, recomendando-lhe livros e ocasionalmente oferecendo conselhos à sua maneira modesta e educada. Por sugestão de Morley, Winston estudou em profundidade *Poverty: A Study of Town Life,* a inovadora obra de Seebohm Rowntree que o levou a pensar seriamente e pela primeira vez em formas de aliviar o sofrimento nas áreas pobres da Inglaterra. "Vejo pouca grandeza," escreveu Churchill depois de ler o livro, "em um Império que consegue governar as ondas e é incapaz de prover um sistema de esgotos."

Homem firme e reservado, Morley tentou amenizar a beligerância de Winston e ensinar-lhe a importância da moderação e de uma abordagem lenta e contemplativa para formular e implantar políticas. Não teve muito sucesso. Em seus últimos anos de vida, lamentaria a tendência de Churchill a enfrentar de peito aberto assuntos complexos e erradamente ver "uma bolha de espuma como se fosse uma grande onda," conforme suas palavras. Quando lhe disseram certo dia que Winston fora visto lendo outro livro de Napoleão, balançou a cabeça em desalento e disse: "Seria melhor que lesse os heróis banais que encontramos na vida. Moldar-se em Napoleão já se revelou perigoso para muitos homens antes dele."[9]

De modo geral, os liberais estavam dispostos a acolher Churchill com seus defeitos e qualidades. Enquanto o viam viajando pelo país e denunciando Chamberlain, não podiam deixar de ficar impressionados por seu ardor e retórica. Nenhuma das estrelas em ascensão chegava aos pés de Winston, com exceção de Lloyd George, que parecia disposto a trabalhar em harmonia com Churchill contra Chamberlain. Foi esse inimigo comum que os uniu nessa fase, e nada mais. Mas foi o suficiente. Como alguns amigos de Joe admitiam, os dois formavam um time formidável. O irascível Mr Wanklyn os comparou a uma dupla de cavalos de raça que puxavam a carroça liberal a uma velocidade temerária. "Vocês dois fazem um par perfeito," escreveu para Lloyd George em carta sarcástica, "e eu lamentaria terrivelmente ter de dirigir essa carroça de vocês."[10]

As perspectivas de ascensão no Partido Liberal eram boas para

Churchill. Seu líder na Câmara dos Comuns, Sir Henry Campbell-
-Bannerman, era um homem imponente, afável, de mente aberta, que
provavelmente não se interporia em seu caminho e cujo domínio sobre
a máquina partidária era fraco. Quando se tornara líder do partido, ninguém via nele um núcleo de poder com grandes ambições. Seus talentos
eram tão modestos que *The Times* o chamava "um líder que funcionará
adequadamente para aquecer a cadeira até surgir uma personalidade
que se imponha."[11]

Nos anos seguintes, muito se ouviu dizer que Churchill finalmente
deixou os tories porque via maior chance de progresso no outro lado.
Essa foi certamente uma razão, mas é importante compreender o quanto
o ambiente lhe ficara hostil, graças a Chamberlain. Convém levar em
conta que, antes de passar para o outro lado, seu partido – liderado pelo
primeiro-ministro – o abandonara, deixando-o abertamente isolado na
Câmara naquele dia dramático do fim de março. A partir daquele momento, viu que a partida era inevitável.

Porém, passou pela tensão de precisar decidir quando e como partir
deixando para trás não apenas Balfour e seus companheiros, mas também
seu amigo Lord Hugh, que preferia morrer a deixar os tories. Assim como
Hugh tentara convencê-lo a ficar no partido, tentou persuadir seu amigo a
deixá-lo, mas Hugh não lhe deu ouvidos. Winston teria de partir sozinho.

O ponto culminante aconteceu em 22 de abril, quando Churchill
fazia um pronunciamento na Câmara. Abordava a história das relações do
partido tory com as classes trabalhadoras e acabara de salientar que vinte
e cinco anos atrás os dois grupos mantinham relacionamento melhor,
quando o partido "não era a impostura que é hoje." Sabia que, com esta
afirmação, estava desafiando a sorte e que havia o risco de os membros do
partido novamente deixarem o plenário. Entretanto, ninguém se mexeu
e parecia que seu cérebro sofrera um "apagão." Hesitou e subitamente
perdeu o fio da meada. Tentou prosseguir, mas não encontrava as palavras, vendo-se obrigado a sentar sem completar suas observações. Por
alguns instantes pôs a cabeça entre as mãos e finalmente levantou-se e
saiu do plenário. Era tão improvável lhe faltarem palavras que muitos
membros da casa mostraram genuinamente simpatia com sua situação,
imaginando se não estava passando mal.

"INCIDENTE COMOVENTE NOS COMUNS," dizia uma manchete no dia
seguinte. "Mr Winston Churchill Incapaz de Completar Seu Discurso."
Reportagens posteriores levantaram a hipótese de o jovem ter sofrido
um colapso nervoso: "O dramático colapso sofrido por Mr Winston

Churchill na Câmara dos Comuns logicamente causou grande ansiedade entre seus amigos. Mr Churchill pode não ser universalmente popular como político, mas todos reconhecem que no futuro será uma força a ser considerada."

Recuperou-se rapidamente e insistiu em afirmar que nada havia de errado e que fora apenas um lapso infeliz. Porém, ficou evidente que a retirada do plenário dos tories no episódio de março o intranquilizara. De fato, começara seus comentários em 22 de abril manifestando, constrangido, "a esperança de que a Câmara não se ofendesse com sua participação nesse debate."[12]

Contudo, além da agitação política em torno dele, havia um fator pessoal pesando em sua mente e que pouca gente sabia. Em apenas seis dias esperava se encontrar com a mulher com quem pensava casar. Em 28 de abril, Ethel Barrymore chegaria de Nova York para começar os ensaios da peça que seus fãs esperavam ser um grande sucesso. Estava prevista para começar em meados de maio, e Winston esperava uma longa temporada, ao fim da qual – se tivesse sorte – a estrela da Broadway poderia concordar em ficar em Londres como sua esposa.[13]

Charles Frohman, o produtor da Broadway que lançara a carreira de Ethel na América, contava com sua presença para obter sucesso em Londres interpretando a protagonista que dava título à peça, *Cynthia*, uma nova comédia do jovem escritor Hubert Henry Davies. Seria a primeira vez em que teria a chance de brilhar em uma grande produção teatral inglesa. A noite de abertura da temporada já era objeto de muita discussão, principalmente porque Millicent Sutherland – anfitriã de Ethel durante o verão – planejara levar todos os seus amigos do mundo literário e da sociedade para dar à estrela uma recepção calorosa. Nas duas primeiras semanas de sua estada, Ethel teve pouco tempo livre, tentando atender às obrigações sociais com Millie e completar seus ensaios no Wyndham's Theatre. Winston, por sua vez, estava ansioso para vê-la a sós e não perdeu tempo para arranjar um jantar a dois. Sua agenda lista como data do jantar o dia 3 de maio, com o nome de Ethel discretamente resumido como "EB."

Esse encontro parece ter sido apenas o tiro de partida da campanha de Winston para cortejar Ethel. Muitos anos depois uma das filhas de Churchill diria sobre esse romance: "Papai a cercou com flores e mensagens e ia todas as noites jantar no Claridge's, para onde ela ia depois do espetáculo." Na velhice, a própria Ethel confirmou que Winston lhe propusera casamento e que "ficara muito atraída por ele." Preocupada com a peça, ela não lhe deu uma resposta imediata e, em seguida, justamente quando ele se preparava para um longo cerco romântico, algo deu errado. Não foi culpa dele, mas levou Ethel a partir apressadamente de Londres e descartar qualquer ideia de se casar com Winston.[14]

O problema começou em 16 de maio, noite de abertura da peça. A despeito da assistência simpática, a comédia não obteve o sucesso esperado, e os críticos não tiveram misericórdia com o autor, embora elogiassem o desempenho de Ethel. O comentário no *Times* foi típico. "A peça era tão fraca," observou o crítico, "que mal se pode dizer que foi escrita. Difícil notar que se trata de uma peça. Não é uma peça, mas apenas um personagem, que na verdade não é um personagem, mas unicamente Miss Ethel Barrymore." O veredicto foi que apenas o desempenho da estrela fazia valer a pena ver a comédia, mas que mesmo seu encanto não compensava o enredo fraco e os péssimos diálogos.

Winston levou flores para o camarote de Ethel, mas ela, tanto quanto ele, sabia que a peça estava em perigo. "Oh, minha querida," consolou Winston. A produção conseguiu mantê-la em cartaz por mais duas semanas, mas, no começo de junho, chegou a notícia de que a temporada seria encerrada no dia 11, muito curta para um espetáculo que despertara tanta expectativa. Constrangida, Ethel anunciou que voltaria para a América logo após o último espetáculo. O encerramento da temporada era de lamentar, disse o *Daily Express*, "porque infelizmente abrevia a estada em Londres da encantadora atriz americana Miss Ethel Barrymore. É uma pena que Mr Frohman não possa 'apresentar' Miss Barrymore em outra peça mais atraente."[15]

Ethel não apenas deixou Londres na primeira oportunidade, como também foi direto para San Francisco, onde atuou em um teatro local durante o mês de julho, evitando os holofotes de Nova York. Embora admitisse para um jornal de San Francisco que sua temporada na Inglaterra fora decepcionante, deixou claro que logo voltaria. "Londres significa muito para mim," afirmou.[16]

Acontece que ela não estava se referindo a Winston. Não importa qual fosse o interesse que ela tivesse por ele, logo desapareceu. Quando voltou a se apresentar em Londres já se passara um ano e ela já estava envolvida com outro homem. Não teve tempo para Churchill. "Eu a amava tanto," recordava ele meio século mais tarde. "E ela não me dava a menor atenção."[17]

Não foi por falta de empenho que ele foi incapaz de encontrar uma esposa. Pela segunda vez nesse desafio ele quis demais e nada conseguiu.

Com a visão acanhada que tinha da política inglesa, talvez Ethel não tenha percebido que, enquanto ela se esforçava no papel de *Cynthia*, Winston desempenhava seu próprio papel, pequeno, mas dramático. Mal foi notado, e seu significado pode não ter sido devidamente avaliado na época, mas para quem percebeu sua importância, foi inesquecível.

Em 31 de maio de 1904, com a Câmara quase vazia em uma tarde chuvosa, Churchill entrou e – nas palavras do *Manchester Guardian* – "deu uma olhada para seu lugar habitual (...) fez um rápido exame do banco correspondente no lado da oposição, deu alguns passos para a frente, fez uma reverência diante da cadeira do presidente da casa, virou subitamente para a direita e se dirigiu para seu assento entre os liberais."

O homem sentado a seu lado não era um liberal qualquer. Era Lloyd George, naquela época já encarnando Lúcifer perante Joe e seus seguidores. O rompimento de Churchill não podia ter sido mais brusco. Todos ao *hooligans* se afastaram dele, com exceção de Hugh, que, apesar de ser tão insultado nas críticas de Lloyd George às classes fundiárias e à igreja anglicana, jurara "não responder para não dar gás a essa propaganda." Assim, aos vinte e nove anos, Winston recomeçava sua carreira política em um novo grupo de aliados e, como sempre, mirando alto.[18]

8

O Solteiro e a Herdeira

— ◆ —

No fim de junho de 1904, o jornalista Herbert Vivian esteve com Churchill na Câmara dos Comuns e ficou impressionado com a atenção recebida pelo jovem parlamentar. Muita coisa mudara desde que tinham se encontrado no apartamento de Churchill um ano antes de Chamberlain lançar sua infeliz campanha pelo protecionismo. Era evidente que Churchill se transformara em figura de projeção nacional. Dirigindo-se ao terraço para tomar chá, os dois passaram por diversos outros membros acompanhados de convidados, inclusive algumas senhoras bem-vestidas, e Winston provocou pequeno frêmito entre as visitantes. "Reparei o interesse geral que ele despertava," lembrou Herbert Vivian. "Todos se voltavam para observá-lo e a maior parte com um sorriso de aprovação. Ele parecia pouco se importar com a atenção que atraía e seguia em frente com certo ar de alegre indiferença."

No terraço todas as mesas estavam ocupadas, com exceção de umas poucas na área reservada para a Câmara dos Lordes. Para Churchill isso não era problema. Simplesmente atravessou a linha invisível que separava as duas áreas e sentou com seu amigo em uma das mesas vazias. Todavia, os empregados ficaram horrorizados com essa violação do decoro e se recusaram a servir o chá. Sorrindo, Churchill levantou-se, retornou para o lado que lhe cabia, apontou e disse, "Muito bem. Sirvam o chá aí mesmo e eu mesmo o levo para o outro lado."

Depois disso, ninguém incomodou Churchill e seu convidado pelo resto da tarde. Conversaram sobre política e, no que dizia respeito a Churchill era o único assunto a ser ventilado no terraço. "Se dependesse de mim," disse com um olhar severo para muitas mesas de visitantes que riam e saboreavam o chá, "eu acabaria com esse absurdo. A Câmara dos Comuns devia ser um local de trabalho e não de diversão"[1]

Mesmo no terraço, não conseguia deixar de pensar em algo a ser reformado. Agora que era um liberal, estava ansioso para derrubar os tories e botar as mãos na máquina do governo, consertar aqui e ali, rever coisas que já não funcionavam bem e fazer o conjunto funcionar muito melhor. Já não era um *hooligan* sarcástico atacando os mais velhos, mas uma estrela da política se preparando para ganhar notoriedade – como ele tinha a certeza de que aconteceria – quando os liberais assumissem o poder em uma onda de sentimento antiprotecionista.

Cartunistas de política já o mostravam com maior frequência em seu trabalho, embora se pudesse reclamar que as feições não eram características o bastante para uma caricatura e sugerissem, ironicamente, que ele usava monóculo. Para satisfazer a crescente curiosidade, madame Trussaud acrescentou a suas imagens de cera a de Winston, causando boa dose de ressentimentos entre os críticos, que julgaram esse destaque imerecido. "Ele ganhou a fita azul da propaganda," comentou um artigo satírico de uma revista semanal. "Sua luta por notoriedade o levou ao mesmo nível de popularidade de assassinos e trapaceiros, de milionários e cabeças coroadas. Tudo acontece em favor do homem que sabe como se autopromover."

Muita gente, porém, não achava exagerada essa fama. O velho e barbudo veterano do jornalismo, W.T. Stead, escreveu em julho: "Hoje, Winston Churchill está no centro da arena política. É o mais proeminente e, em certos aspectos, o mais competente de nossos homens públicos em ascensão."

Em agosto, um jornalista simpático aos liberais elogiou o partido por agora contar com Churchill e Lloyd George para desferir golpes fortíssimos. Eles personificavam "o espírito bulldog" que jogaria os tories na lona.[2]

Os liberais estavam muito satisfeitos com seu novo recruta, de modo que não o questionavam muito a propósito de suas opiniões políticas em geral. Se agora era realmente um liberal ou simplesmente um tory dissidente em busca de reconhecimento era uma pergunta que todos – inclusive o próprio Churchill – tinham prazer em deixar de lado até a eleição geral seguinte. Por enquanto, o principal era minar a autoridade de Balfour até que ele reconhecesse que sua posição era insustentável e renunciasse, abrindo caminho para um novo governo.

Embora em público procurasse demonstrar que o fato de Churchill se juntar aos liberais não o perturbara, o primeiro-ministro sabia que a defecção era um mau exemplo para outros membros do partido e se preocupava com a possibilidade de novas perdas. Por vários meses isso

O solteiro e a herdeira

o importunou, e alguns conservadores escaparam de seu controle e se juntaram a Churchill no outro lado. Porém, quando, inesperadamente, Hugh Cecil certo dia pareceu hesitar, Balfour ficou tão alarmado que escreveu para seu primo quase em pânico, implorando: "Não deixe o partido!"[3]

Como depois se constatou, Hugh estava apenas aborrecido depois de ouvir algum comentário irritante de Joe. Balfour, porém, não queria enfrentar outra defecção embaraçosa de um membro de destaque. Já era mau negócio ter Churchill fora de controle no outro lado. Não havia dúvida sobre o perigo que ele representava. Em outubro, Winston disse a um público galês que seu objetivo era "incomodar, atrapalhar e finalmente tirar do poder um governo que já não contava com a confiança da nação."[4]

<hr style="width:10%" />

Na visita que fez a Gales em outubro, Churchill dividiu o palanque com Lloyd George, que fez questão de dizer que seu novo amigo estava tentando "fortalecer seus primeiros passos como liberal." Na prática, isso queria dizer que agora Winston tinha Lloyd George como seu guia no rumo do liberalismo moderno, cujos objetivos eram muito mais ambiciosos do que os do velho partido da era victoriana. Os novos liberais queriam usar o poder do governo para transformar a sociedade, melhorando substancialmente as condições de vida dos pobres, doentes e idosos. Em sua "infância" liberal, Winston desejava abrandar suas raízes aristocratas e dedicar mais atenção às novas ideias. Entretanto, o que ele agora realmente esperava de Lloyd George não eram políticas sociais, mas um plano de guerra para derrubar Chamberlain e os conservadores. Como disse para a assistência em Gales: "Mr Lloyd George é o melhor general combatente das fileiras liberais." (Todos gostavam de chamar Churchill por seu prenome, mas no mundo político não era habitual Lloyd George ser chamado David, embora, a partir do instante em que sua amizade ganhou consistência, em caráter privado Winston usualmente se dirigisse a ele dessa forma.)[5]

A perspectiva de uma boa luta contra o governo de Balfour gerou uma das parcerias mais incomuns da história política inglesa. Até então, o único aliado político que Winston conhecera fora Linky Cecil. Encontrou em Lloyd George alguém que era exatamente o oposto de Cecil. A mansão dos antepassados, os parentes em altos cargos, a confortável renda pessoal e o título de nobreza – tudo isso era estranho para o galês que, partindo de um início modesto, se transformou na poderosa figura do Partido Liberal. Igualmente estranha lhe parecia a personalidade ascética e empertigada de Lord Hugh. Lloyd George era quase doze anos mais velho que Churchill, e em 1904 já estava casado havia dezesseis anos e era pai de cinco filhos. Não se importava muito com religião – a não ser quando interessava a seus objetivos políticos – e sua queda por mulheres o mantinha constantemente envolvido em casos clandestinos.

Sem possuir a polidez do típico gentleman edwardiano, Lloyd George era uma figura ideal para ser ridicularizada pelos tories e essa é a razão de Churchill ter considerado tão fácil inicialmente o desprezar como "um sujeitinho vulgar e falastrão." Porém, depois de alguns anos o observando quando enfrentava Chamberlain, Winston já não se importava se o guerreiro liberal era ou não um cavalheiro típico. Ficou aliviado ao encontrar nele o tipo de *hooligan* que há tanto tempo procurava, um destemido atirador de escol para cobrir seu avanço. O único problema era a insistência de Winston em ver as relações entre os dois sob um prisma romântico, tal como as que mantinha com Hugh Cecil. Inocentemente supôs que a parceria era essencial para colher benefícios e que aquele atirador leal jamais o acertaria pelas costas.

Mesmo que tivesse encarado esse relacionamento sob ângulo mais realista, dificilmente teria adivinhado que, naquele momento, Lloyd George já estava decidido a não permitir que surgisse qualquer tipo de obstáculo que fosse colocado no caminho de sua ambição, inclusive amizades. "Minha ideia suprema é seguir sempre em frente," confessara nos anos 1880 em carta notavelmente sincera que escrevera para a esposa Margaret. "Por essa ideia sacrificarei qualquer coisa, exceto – assim espero – a honestidade. Estou disposto a esmagar até mesmo o amor sob as rodas de meu Juggernaut se estiver obstruindo meu caminho."[6]

Entre os antigos admiradores que conheceram Lloyd George dos primeiros dias em Gales, não havia dúvida de que essa nova amizade facilmente se transformaria em intensa rivalidade. Como observou seu amigo D.R. Daniel, era inevitável que Churchill e Lloyd George "um dia colidissem face a face decisivamente no caminho estreito que leva ao pináculo do poder." Winston provavelmente supunha que, se esse dia chegasse, prevaleceria. Porém, o que aconteceria se não estivessem frente a frente? Parecia não pensar muito nos riscos de dar as costas para Lloyd George.

Não obstante, em um aspecto as personalidades dos dois se

harmonizavam. Embora sem experiência em campos reais de batalha e sem nunca ter sido militar, Lloyd George se via como um guerreiro no cenário político. Não era apenas na imaginação de Winston que o decidido liberal era uma espécie de general que se preparava corajosamente para assaltar uma fortaleza política. Lloyd George sempre encarou seus adversários como soldados que, de acordo com as necessidades, podiam ser liquidados pelo fogo impiedoso. Era diferente de Churchill na forma fria e incruenta de imaginar o campo de batalha.

"Lembro-me," disse a uma assistência em Cardiff, "do que disse um soldado americano quando lhe perguntaram: "Quando aponta seu fuzil para o homem do outro lado, você o odeia? (...) Sua resposta foi: 'Não, não atiro em alguém em especial. Simplesmente atiro para a linha de frente inimiga.' Na verdade, é isso que venho fazendo a vida inteira."[7]

Para Churchill, a eleição seguinte seria disputada em novo distrito eleitoral. Como liberal, não havia lugar para ele no distrito de Oldham, de modo que aceitou concorrer por um assento no parlamento em Manchester, ali perto. Embora não fosse possível prever quando ocorreria a nova eleição geral, ele sabia que os custos o obrigariam a recorrer a suas minguadas economias. O dinheiro que economizara três anos antes estava acabando rapidamente e agora contava com a biografia de Lord Randolph para recompor sua conta bancária, mas o livro estava longe de pronto. A intensa atividade política do ano e meio anterior atrasara seu trabalho na biografia. Precisaria de pelo menos outro ano para completá-la.

Vivera confortavelmente e gastara dinheiro à vontade. Quando viajava, ficava nos melhores hotéis e gostava de comer ostras e beber champanhe. Também jogava polo com frequência sob o pretexto de que era um bom exercício, a despeito de caro.

Antes de Ethel Barrymore deixar Londres quase inesperadamente, planejava fazer nova viagem à América. Quando ficou evidente que a peça seria exibida somente até junho, seu primeiro pensamento foi acompanhá-la até sua casa em Nova York. Em 31 de maio, o mesmo dia em que pela primeira vez sentou na bancada dos liberais, aceitou convite para comparecer à convenção democrata em julho como convidado do velho amigo de sua mãe, o congressista Bourke Cockran, de Nova York. Possivelmente poderia aliar o útil ao agradável, observando de perto o sistema político americano e, simultaneamente, reservando algum tempo para prosseguir com o cavalheiresco cerco a Ethel. Ficando na casa de Bourke Cockran, ferrenho defensor do livre-comércio, também teria a oportunidade de conversar sobre estratégia com alguém que admirava.

Entretanto, cerca de uma semana depois de Ethel deixar Londres, Winston escreveu para Cockran para dizer que não poderia ir. Sua decisão foi repentina e alegou a necessidade de continuar a luta contra "Chamberlain e seus 'merrie men de Robin Hood.'" O que parece mais provável é que no fim de maio e meados de junho tenha concluído que não valia a pena gastar tempo e dinheiro para continuar perseguindo a relutante Ethel, particularmente depois da decisão de última hora de ir para San Francisco.[8]

Ao contrário, fez o que era sensato. Seu amigo Sir Ernest Cassel, sempre generoso, o convidou para se hospedar em uma grande e sofisticada mansão que possuía nos Alpes suíços, e Winston aceitou o convite. Passou nesse local boa parte de agosto, dedicando as manhãs a escrever a biografia do pai, passando as tardes em caminhadas e, à noite, lendo ou jogando bridge. O tempo esteve perfeito, dormiu bem todas as noites com as janelas abertas e os jantares foram preparados por um cozinheiro francês. Foi muito mais agradável para ele do que perseguir Ethel pelo continente americano, além de muito mais produtivo.

Julgador perspicaz de personalidades, Cassel sempre acreditou que Winston tinha talento e determinação para vencer na política inglesa. Como homem muito rico e interessado em bem empregar e proteger seus bens, cuidava de cultivar amizades no alto escalão, mesmo quando, como no caso de Winston, as alturas ainda estivessem por serem galgadas. Todavia, a relação entre ambos se baseava em algo mais que simplesmente dinheiro e influência. Eles realmente se apreciavam reciprocamente e gostavam de estar juntos. Após a morte de Cassel em 1921, Winston disse à neta do banqueiro, Edwina, Lady Mountbatten: "Eu sabia que ele gostava de mim e sempre acreditou em mim, especialmente em tempos ruins. Eu tinha verdadeira e profunda afeição por ele."[9]

Winston avançou bastante no trabalho da biografia, a ponto de se sentir confiante, o que era raro, ao voltar para casa. Tão confiante, na verdade, que fez algo extraordinariamente audacioso, mesmo em se tratando de Churchill. Em 22 de setembro visitou Joe Chamberlain em sua residência em Birmingham e lá passou a noite. Depois, mal podia acreditar no que fizera e só contou para alguns amigos pedindo que guardassem segredo.

Seu pretexto para a visita foi obter informações de Joe sobre Lord

O solteiro e a herdeira

Randolph. Corajosamente, lhe escrevera perguntando por cartas que seriam úteis para biografia. Com ousadia semelhante, Joe o convidou para ir a Highbury e lá passar a noite. É raro dois adversários tão implacáveis concordarem em se encontrar dessa forma, especialmente quando no cenário político um quer esganar o outro. Porém, não conseguiram resistir à oportunidade de se avaliarem pessoalmente antes de começar a batalha final. A despeito de todo o amargor que os separava, alimentavam sólido respeito recíproco.

Como acontecera nos dias passados, quando eram amigos, Joe serviu um caro vinho do Porto e ficaram até tarde conversando muito sobre o passado e pouco sobre o futuro. Era como se nada tivesse acontecido nos últimos anos provocando a mudança em seu relacionamento e novamente estivessem na mesma confortável mansão, com suas fileiras de estufas protegendo as valiosas orquídeas. E mais uma vez lá estava o moço observando atentamente enquanto o velho pensava no passado e despejava sabedoria com seu sorriso formal e a risada mordaz.

Joe admitiu que Winston fizera o certo para sua carreira ao aderir aos liberais, mas avisou que os conservadores jamais esqueceriam sua decisão e que teria que aturar a pressão por muito tempo. Como ele próprio já mudara de partido vinte anos antes, Chamberlain sabia bem o preço de ser tachado de vira-casaca. Aprendera valiosa lição e provavelmente achava que Churchill também a colhera, a de que a provação o faz mais forte. "Se você é seguro de si mesmo," disse com sua voz suave, "só serve para estimulá-lo e torná-lo mais eficaz."

Quando se despediram no dia seguinte, o fizeram polidamente, mas cada um sabia que dentro de mais ou menos um ano apenas um dos dois sairia vitorioso. Ao desejar sucesso a Churchill em sua biografia de Lord Randolph, Chamberlain manifestou a esperança de que o livro fosse publicado bem antes de qualquer mudança política importante no país. "O público não aguenta duas emoções ao mesmo tempo," brincou.

A despeito de todos os sorrisos e delicadezas, Winston saiu achando que identificara vulnerabilidades em seu oponente e concluindo que Joe e Balfour, no fim das contas, "cortariam as próprias gargantas e levariam seu partido à destruição total." Tinha tanta certeza que para ele os liberais venceriam a próxima eleição com uma avalanche de votos. Era como se o encontro em Highbury tivesse sido a forma de Joe se render diante do vencedor antes que caísse a lâmina da guilhotina.[10]

Assim, após uma primavera e um verão tumultuados, Churchill estava na maior esperança de colher os frutos de seu árduo trabalho – dinheiro e mais fama com a publicação da biografia, além de um cargo no novo governo depois da derrota de Joe.

———

Entretanto, faltava alguma coisa. Aproximava-se dos trinta anos e ainda procurava uma esposa. A imprensa começava a especular se algum dia casaria e se acomodaria, ou se chegaria à meia-idade como "solteirão empedernido," expressão que uma revista da sociedade lhe atribuiu no fim do ano. Era a última coisa que desejava ser, mas, após duas tentativas fracassadas, começava a ficar em dúvida. Porém, uma vez mais, não era do tipo que desiste.[11]

Talvez porque pensasse nada ter a perder, voltou os olhos para outra mulher que julgava a seu alcance. Tratava-se de Muriel Wilson, que conhecera anos antes. Seus nomes estiveram uma ou duas vezes ligados romanticamente quando eram mais jovens, mas tudo não passara de especulação. Por mais que fossem amigos, ela se recusara, de forma polida, a levá-lo a sério como cônjuge em potencial. Outros homens talvez atraíssem mais sua atenção, mas todos eles se afastaram decepcionados. Nos últimos dez anos alguns dos homens mais simpáticos e bem relacionados do reino tentaram e não conseguiram conquistá-la. Agora, quando ela chegava aos trinta, Winston ousava esperar que estivesse disposta a contemplar a possibilidade de com ele partilhar o futuro.

Ela adorava preservar sua liberdade e não precisava se apressar em nenhum sentido. Vivia como uma princesa e nunca lhe faltou dinheiro. Seu pai, Arthur Wilson, era um dos homens mais ricos da Inglaterra com uma fortuna avaliada em 4 milhões de libras (soma impressionante quando o primeiro-ministro recebia 5.000 libras por ano). A família tinha uma mansão perto do Buckingham Palace, uma ampla residência no sul da França e uma casa de campo no Yorkshire, Tranby Croft (cenário de famoso incidente no início da década de 1890 envolvendo um convidado que trapaceou o Príncipe de Gales no jogo de cartas).

A fortuna da família não era a única coisa atraente em Muriel. Era uma mulher incrivelmente bonita. Lionel, irmão de Ethel Barrymore,

O solteiro e a herdeira

disse que Muriel era "a mulher mais linda que conhecera na vida." Aos vinte e poucos anos, a imprensa americana a chamou de "mais bela moça da Inglaterra." Ela se parecia um pouco com Jennie Churchill quando jovem: feições sóbrias, boca pequena e delicada, grandes olhos e cabelos fartos e ondulados. Seus vestidos eram famosos, elaborados com os melhores materiais para acentuar o corpo esguio e esbelto. "Singularmente graciosa," disse o *London Journal*, "em nenhum lugar passa despercebida." Fluente em francês, tinha grande senso de humor, era popular com ambos os sexos e parecia fazer tudo muito bem. "Ela patina, anda de bicicleta e dança com perfeição,"comentou maravilhada uma revista da sociedade. Tinha inclusive uma atividade diferente, atuando frequentemente em teatro amador. Não queria receber salário e atuava somente para amigos em festas nas casas de campo ou em um palco em Londres, ou em algum outro lugar em evento de caridade. Era elogiada pelas notáveis roupas que usava em peças históricas, quando desfilava pelo palco como uma deusa, vivendo algum papel épico. Em um longo vestido branco e fino aparecia como a "paz," ou em um pesado manto wagneriano, como "guerra." Não deixou de despertar em Winston a mais profunda paixão quando interpretou a "Musa da História," os olhos fitando fervorosamente os céus enquanto empunhava uma espada. Suas fotografias com as roupas dessa peça foram reproduzidas em todas as revistas da sociedade edwardiana, a saudando como "a mais bela de nossas atrizes amadoras."[12]

Como Winston Churchill poderia resistir à ideia de fazer a corte à "musa da história"? Quando Muriel o presenteou com uma foto em que se apresentava como um desses personagens alegóricos, ele ficou emocionado e jurou guardá-la para sempre. Por este e outros gestos, no outono de 1904 ela o encorajou a pensar que uma proposta de casamento seria bem-sucedida. Ele acreditava que a longa amizade subitamente amadurecera e se transformara em algo mais sério.

Mas interpretara mal os sinais. Quando fez a tão importante pergunta a recusa de Muriel foi tão firme que ele saiu arrasado. Implorou para que ela reconsiderasse a resposta e, em carta escrita no auge da tristeza, afirmou que daria tempo para que ela mudasse sua posição. "Talvez eu melhore esperando," escreveu parecendo desesperado. "Por que você não poderia um dia se interessar por mim?" Tentando encontrar algo mais convincente para dizer, fez uma promessa que não deixava de ser uma profecia. Se ela confiasse nele o suficiente para que pudesse provar que a merecia, não ficaria decepcionada. Não importa quanto tempo levasse, mas ele a faria se sentir orgulhosa. Nesse ponto aparece a profecia. "O tempo e as circunstâncias," afirmou, "trabalharão a meu favor." Em seguida disse que a amava e não toleraria prosseguir sem ela.

Ao que parece, ela se sensibilizou com a carta, mas não a ponto de mudar de ideia. No restante de 1904 e em boa parte do ano seguinte, ele continuou a escrever para Muriel e continuaram se vendo. Ele recitou poesias para ela, aconselhando-a, para ter uma noção de seus sentimentos, a ler o poema "Mary Morison" de Robert Burns, que tocava na questão, "Como podes magoar o coração (cujo) único pecado é te amar?" Winston elogiava cada fio de seu cabelo, dizia que só seria feliz a seu lado e reafirmava que ela conquistara definitivamente seu coração. De vez em quando, ela permitia que Winston a tirasse para dançar ou a acompanhasse em longas caminhadas ao entardecer. Porém, como ele lhe disse, havia no coração de Muriel uma "chave" que ele ainda não conseguira encontrar. "Não há ninguém igual a você, tão sublime, tão luminosa, mas tão fria quanto o topo de uma montanha coberto de gelo."[13]

Contudo, ela não era igualmente fria com outros, e Winston não conseguia entender como podia passar tanto tempo com seus rivais, nenhum deles parecendo possuir melhores condições para reclamar a afeição de Muriel do que ele. O fato era que naquela época, casar não estava nos planos de Muriel. Ela estava se divertindo muito para aceitar uma acomodação. Em vez de se devotar a Winston, preferia a companhia despreocupada de "playboys" como Luis de Soveral, o embaixador português e um dos amigos mais chegados do Rei Edward.

Mencionado por um historiador social como "o mais famoso homem das mulheres" de sua época, Soveral deve ter recebido o apelido de "macaco azul" em consequência de um episódio de alcova que viveu e foi lembrado por muito tempo. Muitas décadas após sua morte, uma carta enamorada de Muriel foi encontrada entre seus documentos – ao lado de mensagens amorosas recebidas de outras belezas edwardianas – revelando uma sugestão provocadora para que passasse a tarde na casa da família em Londres. "Você estará tão ocupado que não possa almoçar comigo amanhã?"– escreveu. "Estou sozinha, mas o mordomo e o papagaio são excelentes chaperons."[14]

Ocasionalmente, se dispunha a passar tardes em encontros privados com sujeitos inescrupulosos como Soveral, fato que aborrecia Winston. Em uma das poucas cartas sobreviventes que escreveu para ele há uma nota dizendo que era melhor não encontrá-lo para almoçar "porque é

O solteiro e a herdeira

uma refeição que me desagrada muito." Para Winston, era difícil aceitar essas repulsas. Sua falta de vontade para casar e se acomodar eram, como disse a ela, "um fato lamentável e o desperdício de um tesouro."[15]

Muriel se distraía jogando com as emoções de Winston, enquanto ele continuava batendo à sua porta. Não se desgostava de suas atenções, pois, afinal, ele sempre a fascinara. Apenas não queria que a vida dele se transformasse na sua. Não estava muito interessada em política e não desejava ficar presa em Londres se subitamente surgisse uma oportunidade de desfrutar algumas semanas de sol e calor em Villa Maryland, a casa da família em Cap Ferrat.

O fato de ele se recusar a desistir dela e continuar a tentar conquistá-la ao longo de todo o ano seguinte se transformou em tema de muitos mexericos em Londres e até na América. Havia quem dissesse que Winston estava interessado em Muriel apenas porque ela era rica. "Winston deve se casar com o dinheiro," disse um "amigo" anônimo para uma revista da sociedade. Ninguém podia ignorar a fortuna Wilson, mas Winston se apaixonara por Muriel após longa amizade e isso não aconteceu subitamente simplesmente porque ela vinha de família rica. Ele lutava arduamente para auferir recursos com o que escrevia e sempre quis viver por conta própria. Estaria feliz se tivesse casado com Ethel, tivesse ela aceitado o pedido, mesmo que vivesse de um lado para outro com suas peças e não se pudesse dizer que possuísse fortuna.[16]

Encontrou em Muriel muitas das qualidades que admirava em Ethel Barrymore. Em sua concepção romântica de vida, era fácil pensar que a mulher para viver a seu lado devia ser glamorosa, com personalidade teatral e um ar distante e misterioso. A imprensa previa que desta vez Winston obteria sucesso e Muriel acabaria casando com ele. Ele foi criticado em um jornal americano por ter três ambições que o consumiam: alcançar sucesso retumbante com sua biografia de Lord Randolph, casar com Muriel Wilson e "deixar crescer um bigode." E, concluiu o jornalista com mordacidade, "a última é geralmente vista com a mais difícil de realizar entre as três."[17]

9

Filho Afortunado

———◆———

Em sua imaginação, Churchill não tinha dificuldade para fazer a corte que julgava perfeita. Com o passar do tempo, ficou tão desesperado para casar com Muriel Wilson que escreveu uma cena romântica em que um par assumia o compromisso do casamento. O homem era um aristocrata elegante com vinte e tantos anos e a mulher, uma "beleza singular," com dezenove. Conheceram-se em um baile em um velho balneário à beira-mar e se apaixonaram perdidamente em apenas três dias.

Churchill escreveu: "A noite – a terceira desde que tinham se conhecido – estava linda, quente e serena, as luzes dos iates refletidas na água e o céu pontilhado de estrelas. Após o jantar, ficaram sozinhos no jardim e, apesar de ter sido um breve namoro, ele lhe propôs casamento e ela aceitou."[1]

Na ficção, o amor pode ser assim tão simples, mas não se tratava de ficção, embora parecesse. Era simplesmente Winston, o biógrafo, descrevendo a noite em que seus pais ficaram noivos. Sua mãe lhe contara a história e ele a pôs em prosa romântica que ressaltava o passado e refletia suas próprias frustrações atuais. Se Lord Randolph pôde conhecer e conquistar Jennie tão facilmente em apenas três dias, por que Winston, depois de três anos, não conseguia encontrar a mulher certa para casar?

A biografia tinha por objetivo homenagear a memória de Randolph, mas escrevê-la também era uma forma de Winston compreender sua própria vida. Nunca tivera uma ligação íntima com Randolph, embora quisesse. Seu pai era uma figura trágica: político ambicioso e franco, mas um fracasso como estadista; homem irrequieto, sempre em busca de atenção, mas nunca obtido o suficiente para satisfazê-lo; filho orgulhoso de uma grande família, mas marido e pai difícil. Vivendo boa parte de sua vida à sombra de Randolph, Winston não podia deixar de pensar se a herança do pai era uma bênção ou maldição.

Ainda era cedo, àquela altura de sua vida, saber a resposta certa para a pergunta, mas podia esboçar uma plausível em seu livro. Tentou valorizar

Filho afortunado

a história de Randolph transformando o pai em uma versão de si mesmo. Tinham muito em comum, mas a combinação Winston-Randolph da biografia surge mais nobre e sólida e muito mais decidida e perspicaz do que o verdadeiro Randolph. Em várias passagens Winston parecia estar descrevendo sua própria pessoa em vez do pai. "Ele parecia um intruso, um pretensioso," escreveu sobre Lord Randolph, "um rebelde que zombava de respeitados líderes e desdenhava a autoridade constituída, misturando a insolência aristocrata à brutalidade democrata."[2]

O Lord Randolph que emerge do livro de Winston é um herói incompreendido que tenta instigar seu partido e a nação a grandes feitos, mas é derrotado por forças reacionárias e interesses egoístas. Logo suas asas são cortadas e ele lentamente cai por terra. Mais um sonhador como Lord Byron, ele vive intensamente e morre cedo, desprezado pelos pobres de imaginação, mas pranteado pelos de coração aberto. Com mil páginas, a biografia é um monumento grandioso e imponente que pretendia ser uma espécie de manifesto, com o filho reunindo peças isoladas da vida do pai a fim de construir uma visão romântica que pudesse servir de guia para sua própria carreira.

Certo dia, quando trabalhava na biografia, Winston recebeu em sua casa a visita do poeta Wilfrid Scawen Blunt, velho amigo de Randolph. Alto, excêntrico e franco, Blunt fora atraído pelo lado não convencional da personalidade de Lord Randolph e sempre vira com indulgência os defeitos do amigo. Como Winston, estava inclinado a ver um toque do herói à moda Byron no Randolph encantador mas errático. Na verdade, porém, Blunt era obcecado por Lord Byron, tanto que casou com a neta do poeta – Lady Annabella – e gostava de se ver como "um Byron renascido."[3]

Ouvindo Winston falar sobre a biografia, Blunt ficou impressionado com o quanto do pai podia ver no filho. A semelhança física não era forte, mas achava que Winston incorporava, de forma até certo ponto misteriosa, alguns traços essenciais do espírito paterno. "Ele é espantosamente igual ao pai em modos e gestos, como também na forma de pensar," escreveu Blunt em seu diário, em agosto de 1904. "Acabara de chegar de um jogo de polo, um homem baixo e robusto com um brilho nos olhos, fazendo-me recordar especialmente Randolph aos vinte anos. Retirou de uma caixa metálica as cartas que eu deixara com ele seis semanas atrás e as leu para mim enquanto eu explicava as alusões que continham e lhe fazia um breve relato dos acontecimentos políticos nos anos oitenta, quando eu e Randolph estávamos ligados. Há algo de comovente na fidelidade com que ele continua ligado à causa e às disputas do pai."[4]

Na melhor das hipóteses, Lord Randolph era espirituoso, educado, eloquente e impetuoso. Na pior, era tão impulsivo e estouvado que alguns de seus contemporâneos achavam que não regulava bem. A seu respeito, Lord Derby escreveu em 1885: "Com toda sua notável inteligência, absolutamente não merece confiança: não chega a ser um gentleman e provavelmente é um tanto louco." Mesmo seu bom amigo Lord Rosebery afirmou que Randolph sempre sofrera de uma certa "instabilidade," que piorou nos últimos anos, quando sua mente parecia desequilibrada e quase confusa."[5]

O que Winston sabia e o que alguns dos contemporâneos de seu pai presumiam é que Randolph sofreu anos a fio os efeitos debilitantes da sífilis que o matou. Embora mais recentemente tenha havido esforços no sentido de dar a entender que um tumor no cérebro tenha sido a causa de seus problemas, isso não passa de especulação. A questão da doença venérea tanto era considerado um tabu na sociedade edwardiana que Winston se viu obrigado a explicar a morte do pai na biografia por meio de eufemismos estranhos, dizendo que Randolph fora vítima de misteriosa "terrível moléstia" que "levou os que o amavam a se consumirem em constrangimento e tristeza."[6]

Em livro mais compacto sobre Randolph, Lord Rosebery emprega linguagem mais conclusiva. Ao escrever que seu amigo "morreu aos poucos," descreveu a doença como "uma moléstia cruel que viria a paralisá-lo e levá-lo à morte." Indo mais além, afirmou que Randolph foi piorando constantemente sob a ação "do veneno insidioso da doença." O mais novo biógrafo de Randolph, Roy Foster, declarou que o especialista no caso, o Dr Roose, acreditava que seu paciente tinha sífilis e o "medicara de acordo com esse disgnóstico."[7]

Em seu último ano de vida, Lord Randolph foi assistido pelo Dr George E. Keith, membro da Sociedade Britânica de Ginecologia, cujo conhecimento em doenças venéreas provavelmente o levava a tratar de ambos os sexos. Era o médico de Jennie e, nas semanas que antecederam a morte de Randolph, um de seus grandes temores era que a natureza da doença de seu marido se tornasse de conhecimento público. "A opinião pública e mesmo a sociedade não sabem a verdade (...) seria muito difícil se fosse conhecida. Causaria dano incalculável à sua reputação política, à sua memória e seria terrível para todos nós." (Não se sabe quando e como Randolph foi infectado, mas por longo tempo suas relações com Jennie foram distantes e ela se envolvia em seus próprios casos amorosos, parecendo não ter sido contaminada pela doença do marido.)[8]

Churchill descobriu a verdade enquanto Randolph ainda estava vivo. Mesmo aos vinte anos já sabia tirar dos mais velhos o que desejava saber. Conversara com o Dr Roose e conseguira que lhe mostrasse os relatórios médicos e lhe dissesse "tudo." Em seguida, explicou à mãe o que fizera. "Não contei a ninguém," escreveu para a mãe. "Não preciso dizer o quanto estou preocupado."[9]

Winston sempre se sentiu atormentado pela morte do pai. Fora perturbador acompanhar a deterioração de Randolph e, para a família, a experiência foi – como Winston afirma na biografia – "constrangedora." Para um filho que desejava idolatrar o pai, foi de cortar o coração. Ele nunca esqueceu a manhã nevada em que Lord Randolph faleceu. Mais de meio século depois, quando era primeiro-ministro pela segunda vez, Churchill surpreendeu seu médico ao comentar subitamente, "Meu pobre pai morreu em 24 de janeiro de 1895. Faz muito tempo." A data estava gravada em sua memória.[10]

Estranhamente, sua própria morte ocorreu no mesmo dia. Em um futuro que pareceria distante a perder de vista para os edwardianos, Winston Churchill deu o último suspiro em 24 de janeiro de 1965, septuagésimo aniversário da morte de Randolph.

———

Churchill concluiu a biografia quando terminava o verão de 1905. Escrevê-la foi uma experiência emocional e fisicamente extenuante e houve momentos em que esteve tão sobrecarregado de trabalho que sua aparência abatida espantava os que o viam nessas circunstâncias desfavoráveis. Exagerando o efeito, um jornalista logo se dispôs a escrever o obituário do jovem Churchill: "Nada restou do "rapaz" em seu rosto pálido, nervoso, abatido. (...) É um rosto cansado. (...) Fala como um homem de cinquenta anos, lenta e penosamente, medindo as palavras, a mão sempre ajeitando o chapéu para a frente e para trás ou esfregando os olhos cansados."

Apesar disso, era tão grande a resistência de Winston, que podia parecer completamente exausto um dia e no seguinte dispor de toda a energia para jogar polo ou fazer um ou dois discursos a trezentos quilômetros de casa. Era essa sólida reserva de energia que muitas vezes maravilhava seus contemporâneos e que o distinguia de outros membros da aristocracia, que consideravam uma vulgaridade parecer tão dinâmico. Nesse aspecto, também era diferente do pai, que gostava de jogar pesado, mas não era conhecido pela dedicação ao trabalho duro. "Mr Churchill é superior ao pai," escreveu A.G. Gardiner, editor do *Daily News* de Londres. "À coragem, ao instinto e à disposição para a disputa de Lord Randolph, ele acrescenta conhecimento e dinamismo que seu pai não possuía. Trabalha com a mesma fúria com que manobra, persegue um objetivo com a intrepidez com que ataca um opositor na Câmara."[11]

Em determinado momento, foi bom para ele encontrar o que chamou "um rolo compressor americano" ou, em termos modernos, "uma terapeuta em massagem," uma americana mais velha do que ele. Ela era uma terapeuta milagrosa, disse para todos seus amigos. Recomendou-a a Hugh Cecil, assegurando que a mulher era digna de todo respeito – uma "velha senhora crente em Deus" – que podia fazer maravilhas para curar a crônica "debilidade" de Linky. Depois de apenas "quatro massagens," ou seja, quatro sessões, Winston apregoou que sua circulação estava melhor do que nunca e que seu coração batia forte. Zombando do amigo, disse a Hugh que ela "faria com que tivesse boa circulação e digestão apropriada. Você então poderá sobreviver a Joe."[12]

Apesar de todo o tempo e energia dispendidos na biografia, Churchill não era de se deixar dominar por isso. Estava satisfeito com o que fizera em encargo tão pesado e por finalmente ter no papel a história que há anos fervilhava em sua cabeça. Agora estava ansioso por saber o que os editores estavam dispostos a pagar pelo trabalho. Em uma época em que os escritores ficavam felizes quando conseguiam algumas centenas de libras por um novo livro, Winston esperava obter alguns milhares. Um editor já lhe oferecera 4 mil libras, mas ele tinha certeza de que conseguiria mais.

Para ajudá-lo a conseguir o melhor negócio, recorreu a um homem que ignorava não ser exatamente um agente literário e que tinha fama de não saber administrar o dinheiro próprio e o dos outros. Entretanto, seu entusiasmo era ilimitado. "Bem trabalhado," escreveu o autor e editor Frank Harris para Winston, "esse livro pode lhe assegurar 10 mil libras, ou sou holandês."[13]

Frank Harris era um sujeito controvertido no mundo literário de Londres, cuja carreira estava em declínio no início do século, depois de deixar de lado a atividade como editor de revistas para abrir um hotel em Mônaco. Nessa aventura foi à bancarrota e voltou para Londres lutando para sobreviver escrevendo, quando Winston entrou em sua vida. Perto dos cinquenta anos, falava-se que mais parecia uma espécie de "bartender" mais refinado, com seu bigode em forma de guidão de bicicleta, o cabelo repartido ao meio e um ar mundano. Ainda não escrevera as memórias eróticas que lhe proporcionariam ampla notoriedade, *My Life and Loves*. Esse livro foi escrito nos anos 1920, quando já estava no fim da vida e desesperado por dinheiro.

Tal como Wilfrid Scawen Blunt, Harris era um velho amigo de Lord Randolph, um de seus companheiros mais desleixados, que vivia por suas próprias regras e apreciava os prazeres proporcionados por vinho, mulheres e música. Harris nunca foi muito respeitado, mas agora, esgotados seus dias como destacado editor da era victoriana, era cada vez mais visto nos círculos literários como um dissoluto decadente. George Bernard Shaw o descreveu como "nem de primeira categoria, nem de segunda, nem de décima (...) apenas seu horrível ele mesmo."

Havia, porém, um motivo preponderante para Winston querer correr o risco de ter Harris como seu agente literário. Nos dias melhores, quando era editor da *Saturday Review*, Harris redigira um tributo a Lord Randolph, publicado em 26 de janeiro de 1895. Nesse artigo defendeu de modo comovente a imagem de Randolph como o Lord Byron do mundo político após a era victoriana. Esta comparação ressoara na imaginação de Winston por toda uma década e agora queria que Harris desempenhasse um papel na nova homenagem biográfica a Randolph.[14]

Do breve tempo em que trabalharam juntos, como lembra Harris, "ele, ao que parece, me conhecia pelo artigo que eu escrevera na *Saturday Review* por ocasião da morte de seu pai. Teve a gentileza de considerá-lo 'o melhor artigo que aparecera em qualquer lugar, acrescentando que a Duquesa de Marlborough, mãe de Randolph, sempre o mostrava para demonstrar sua admiração pelo talento de seu filho favorito."

Não importa o que pudessem pensar de Harris, o fato é que Winston acreditava que o velho amigo de seu pai entenderia o espírito da biografia e seria capaz de vendê-la para os outros. Como logo se constataria, sua confiança tinha razão de ser. Harris foi surpreendentemente bem-sucedido na apresentação do livro aos editores. Fez as manobras certas, salientando a reputação de Winston, o grande potencial publicitário da obra, a compreensão da vida íntima da política que o livro oferecia, o tratamento positivo dispensado pelo filho à carreira tumultuada e trágica do pai famoso e as muitas citações de cartas de alguém que fora anfitrião de figuras famosas da era victoriana, inclusive da Rainha. Harris não conseguiu uma oferta de dez mil libras, mas chegou perto. No fim de outubro, a prestigiosa firma de Macmillan concordou em comprar os direitos por oito mil.

Winston ficou muito satisfeito e disse a Harris: "Isso fará minha independência. Você não faz ideia do que significa para mim, garante o sucesso. Sou extremamente grato a você."

Pagou 400 libras a Harris, honrando o acordo feito no começo da negociação. (Seu agente receberia 10% do que ultrapassasse a oferta inicial de 4.000 libras.) Fechado o negócio, os dois se separaram e, dessa forma, Winston foi o único que escapou ileso de um arranjo financeiro com Frank Harris. Imprevidente a vida inteira, Harris morreu praticamente na miséria, de modo que talvez não cause surpresa o fato de ele lembrar desdenhosamente ter ouvido Churchill tentando convencê-lo a planejar o futuro. "Guarde o necessário para viver sem ter que pedir nada a ninguém," aconselhara Winston. "É a primeira condição para o sucesso, ou, na verdade, para uma vida decente. É a verdadeira necessidade da vida. Cada um de nós não deve contar com coisa alguma até que a consiga. Depois, se pode fazer o que quiser (...) por favor ponha isso na cabeça como o objetivo de sua vida!"[15]

Essas palavras não produziram qualquer efeito em Harris, mas Winston provou, com o prodigioso trabalho que empreendeu como conferencista e escritor, que praticava o que pregava, "ganhando o suficiente para viver sem ter de pedir nada a ninguém." No fim, Lord Randolph – o pai que morrera sem deixar a família protegida – deixou para Winston um bem mais valioso do que dinheiro. Deixou o exemplo de sua própria vida. Legou para o filho uma história que valia a pena ser contada – financeiramente e sob outros prismas – e retocada para se ajustar a seus próprios objetivos e opiniões.

—

Em 1905, enquanto dava os últimos retoques na biografia, Winston não deixou de cumprir a promessa de atormentar o governo em todas as oportunidades. Em março, fez ardente acusação a Balfour & Cia como obstrucionistas antidemocratas que temiam "enfrentar o veredicto da nação" em uma nova eleição. O primeiro-ministro conservava o cargo apenas porque seu tio lhe assegurara o posto "como herança particular," afirmou Churchill. Mas esse cargo logo lhe seria tirado quando os eleitores – "o mais alto tribunal de apelação" – o rejeitassem. Por essa via da mordacidade, Churchill rotulou Balfour como homem com poder, mas sem real autoridade.

No meio do verão, Balfour tinha sido tão frequentemente castigado por Churchill que parecia imune a novos ataques. Winston insinuou que o primeiro-ministro e seus aliados tinham entrado em transe e se comportavam como o personagem de "The Facts in the Case of M. Valdemar," de Edgar Allan Poe, o meio-morto e meio-vivo que fazia "certos movimentos débeis e erráticos," deixando todos tentando adivinhar se "a morte ocorrera ou não."[16]

A zombaria de Churchill foi tão pungente que seus novos amigos liberais pediram que abrandasse as críticas. "Gosto da faceta guerreira de seus pronunciamentos," um liberal bem-intencionado lhe disse, mas em seguida foi alertado por outros "mais sensíveis" que estavam a seu lado de que estavam ficando incomodados com a forma de Winston "flagelar" os líderes tories. Quando o ano se aproximava do fim, até o Rei se sentiu compelido a advertir Winston.

Eles jantaram juntos no fim de outubro, e Edward passou metade do tempo censurando Churchill pela virulência de seus ataques a Balfour. Foi uma experiência dolorosa, e Winston deixou o encontro sentindo-se um escolar caído em desagrado ao deixar a sala do diretor depois de severa reprimenda. "Aceitei tudo com humildade," registrou mais tarde. Para se assegurar de que Winston se comportaria adequadamente, depois o Rei lhe enviou um artigo de jornal com admoestações e censuras de um jornalista comum. Sua Majestade parecia achar que Winston precisava ser mais bem instruído em civilidade. "Valeria a pena," dizia o jornalista, "lembrar (Churchill) que uma linguagem violenta e histérica geralmente não evidencia virtudes de estadista, e o que a nação espera dos que aspiram ao governo são sinais que indiquem, no mínimo, competência para governar."[17]

Entretanto, não se pode afirmar que, se Churchill se contivesse, Balfour conseguisse se conservar no poder por muito mais tempo. O curso dos acontecimentos subitamente se acelerou no fim do ano, e o primeiro-ministro finalmente se viu encurralado. O apoio de seus próprios aliados começou a desmoronar, e Chamberlain, cansado das tergiversações de Balfour, quis que ele tomasse uma atitude decisiva. "Você vai destruir o partido se continuar assim."[18]

Porém, o primeiro-ministro considerou melhor renunciar em vez de convocar eleições gerais. Não tinha vontade de enfrentar o "mais alto tribunal de apelação," e queria forçar os liberais a irem à eleição geral seguinte como partido do governo. Assim, na primeira segunda-feira de dezembro, foi ao Rei apresentar sua renúncia. Vazara informação de que ele tomaria essa iniciativa, de modo que o país não foi tomado de surpresa. Quando chegou ao Buckingham Palace, não havia multidão em volta. O Rei acabara de regressar de visita a uma exposição de gado, e o momento não se revestiu da grandeza que seria de esperar. Levou apenas vinte minutos para Edward aceitar a renúncia, e Balfour se retirou tranquilamente. Sua renúncia não causou muito regozijo e tampouco tristeza. Fracassando ao não conseguir unir o partido e preservar a velha aliança com Chamberlain, viu-se obrigado a reconhecer o fracasso e, derrotado, se retirar. Para seus críticos, foi um fim melancólico e um governo que nada fez. O *Manchester Guardian* viu sua partida como evento merecedor de um veredicto condenatório tomado do *Julius Caesar* de Shakespeare: "Quando morrem mendigos, não se veem cometas."

O Rei convocou o líder liberal Henry Campbell-Bannerman para formar um novo governo. Todos os jornais se fartaram de especulações sobre os diversos líderes que poderiam integrar um novo gabinete liberal. Um nome que não apareceu na maioria das listas foi o de Churchill. O *Daily Mirror* foi uma exceção, propondo seu nome para diretor-geral dos correios. Depois de todos seus esforços para derrubar Balfour, cargo tão inexpressivo não era o que ele tinha em mente, mas parecia satisfeito enquanto esperava pacientemente por oferta que valesse a pena, confiante em que uma logo surgiria. "Espero serenamente," escreveu à mãe no início de dezembro, "o melhor ou pior que o destino me reserve."

Jennie não se manteve tão serena. Whitelaw Reid, embaixador americano, ouviu dizerem que ela estava afirmando para suas amigas, "O próximo governo tem que incluir Winston no Gabinete. Se não fizer isso, que Deus o ajude!"[19]

PARTE II

1906–1910

10

Vencedores e Perdedores

PARA ALGUNS MEMBROS DE SEU PARTIDO, O HOMEM que assumira o cargo de primeiro-ministro era um notável senhor de personalidade radiante, mas superficial. Por trás, faziam troça de Sir Henry Campbell-Mannerman e o chamavam de "pobre Tia Jane." Um de seus críticos mais severos, o intelectual Richard Haldane, parlamentar com o hábito de citar filósofos alemães, mais tarde reclamou em suas memórias que Sir Henry "não se identificava com o povo por meio de ideias novas porque na verdade não possuía nenhuma."

No fim, C.B. – como era frequentemente chamado – atribuiu alguns dos cargos principais a seus mais veementes críticos. Asquith se tornou ministro das Finanças, Grey ministro do Exterior, e Haldane ministro da Guerra. Lloyd George também foi incluído no gabinete como ministro do Comércio.[1]

Embora muita gente no partido achasse que Churchill não estava pronto para um cargo, C.B. viu o que Balfour não vira, que seria um erro ignorar Winston. Precisava ser recompensado, e o primeiro-ministro viu forma de aproveitá-lo sem incluí-lo no gabinete. C.B. lhe ofereceu o cargo de secretário de finanças do Tesouro, posição de prestígio com o atraente salário de 2.000 libras. Significava que Winston seria o vice de Asquith e teria imensas responsabilidades. Era um magnífico convite para um jovem que acabara de fazer trinta e um anos e pertencia ao Partido Liberal havia apenas um ano e meio.

Mas Churchill não aceitou e pediu um cargo ligeiramente menos expressivo que pagaria apenas 1.500 libras. Foi uma jogada ousada, mas que fazia sentido. Tinha pouca experiência em assuntos do Tesouro e achava que suas ambições não prosperariam sob a sombra de Asquith. O que queria, disse a C.B., era o cargo de subsecretário do Ministério das Colônias, departamento que conhecia melhor do que o Tesouro. O velho pensou um pouco e disse sim.

Houve uma certa satisfação ao se tornar o número dois em um departamento que Chamberlain dirigira por oito anos como se fosse feudo seu. Se agora os liberais podiam desfechar um poderoso golpe contra os sonhos imperiais de Joe, Winston queria fazer sua parte no Ministério das Colônias. Também havia a vantagem adicional de que o novo chefe designado para dirigir o departamento estava na Câmara dos Lordes, significando que Churchill seria seu porta-voz na Câmara dos Comuns. Na verdade, faria muito mais do que Chamberlain fizera.

O novo Ministro de Estado para as Colônias era o nono Conde de Elgin, cujo avô fora responsável pela controversa retirada das esculturas de mármore do Partenon no início do século XIX. ("Maldita seja a hora em que de sua ilha eles saíram perambulando," escreveu Lord Byron, que denunciou o sétimo conde como vândalo.) Winston achava que não teria muita dificuldade no trato com esse chefe aristocrata, que era um administrador competente, mas com pouco interesse pela política. Lord Elgin detestava ter que discursar ou participar de discussões do Gabinete. Churchill pensava poder contorná-lo e seguir seu próprio caminho na maior parte das vezes.

A princípio, sua decisão de ir para o Ministério das Colônias pode ter iludido muitos membros do partido, mas alguns observadores mais argutos rapidamente entenderam seu plano. Na verdade, *Punch* percebeu a jogada tão logo Churchill foi para o ministério. Um de seus brilhantes caricaturistas resolveu mostrar Winston como um jovem guerreiro grego em ação, galopando no dorso de um cavalo com a etiqueta "Ministério das Colônias." Atrás dele, de robe e chinelos, um barbado Lord Elgin, de bengala, e tentando controlar Winston agarrado a sua capa esvoaçante. Tudo isso procurando parecer um friso do Partenon e publicado com a legenda "Um Mármore de Elgin," com nota em tom de chacota atribuindo o desenho ao próprio Winston.

Somente Churchill era capaz de trabalhar para um conde e agir como se fosse o chefe. Um jornal popular disse a seu respeito: "Ainda que fosse um mero cabide sub-vice-assistente, seria o mais destacado entre todos."[2] A notícia de que Churchill conseguira ser incluído no governo originou muitas mensagens de congratulações de muitos amigos, inclusive de Hugh Cecil, que lhe transmitiu um bem-intencionado alerta para evitar pronunciamentos "muito empolados" e concentrar-se em se tornar um administrador competente. Winston recebeu a

Vencedores e perdedores

crítica com bom humor e concordou em fazer o melhor que pudesse como ministro iniciante.

Não surgiu qualquer indício de que seu novo cargo fizesse com que Muriel Wilson mudasse de ideia quanto a tê-lo como marido, mas uma antiga chama reacendeu em sua vida. Tratava-se de Pamela, agora Lady Lytton. Aos poucos, ela restabelecera seus laços com ele, deixando de lado antigas animosidades e desentendimentos. Tinham se encontrado de vez em quando em festas, e seu marido o recebera em Knebworth House. Impressionada com os feitos de Winston, ela passou a vê-lo de outra forma e queria sua amizade. Era afetuosa e amável, e ele, agradecido, retribuía. Voltaram a se corresponder, e Pamela se dirigia a ele como "Meu Winston." Por mais que ela o tivesse desapontado, Winston ainda guardava vívidas lembranças dos antigos tempos que passaram juntos e mais uma vez queria saber se ela podia ocupar um lugar em sua vida.[3]

Poucos dias depois de Churchill aceitar o convite para servir no Ministério das Colônias, Lady Granby, grande amiga de Pamela, ofereceu uma festa em Londres para a qual Churchill foi convidado. Pamela estava entre as convidadas, como também um jovem amigo delas, Edward Marsh, que fora secretário particular de Chamberlain no Ministério das Colônias. Ainda trabalhava no Ministério na seção de África Ocidental. Foi ideia de Pamela convidá-lo para a festa. Ele era dois anos mais velho que Winston e seu grande admirador, a ponto de tropeçar nas palavras quando se encontraram no evento, tratando Winston com grande deferência.

Já tinham se encontrado uma ou duas vezes antes, de modo que Churchill ficou espantado com sua "exagerada cortesia" e perguntou a razão de estar sendo tratado com tanto respeito. "Porque," Marsh respondeu nervoso, "você vai me chefiar no Ministério das Colônias."

Não fora intimidado por Joe Chamberlain, mas Winston era outra questão. "Tinha um pouco de medo dele," reconheceu Marsh mais tarde. Muito tenso e extraordinariamente sensível, parecia capaz de correr da própria sombra. Era alguns centímetros mais alto que Winston, muito esguio e discretamente simpático, mas curiosamente descuidado com suas densas sobrancelhas, que tendiam a se encaracolar nos dois lados da testa. Sua voz era estridente e seus modos, assustadiços. Em um primeiro encontro, não era difícil preponderar sobre ele.[4]

Todavia, no dia seguinte, no trabalho, Marsh se surpreendeu ao saber que Churchill o queria como novo secretário particular. Não acreditou que fosse verdade e quando constatou que o oferecimento era verdadeiro, começou a entrar em pânico. Acompanhando as histórias publicadas pela imprensa sobre os implacáveis ataques de Churchill a Chamberlain, ficou intranquilo se imaginando a próxima vítima, um servidor civil de modos suaves, intimidado e morrendo de tanto trabalhar sob um chefe impiedoso. Logo após deixar o escritório, foi imediatamente se aconselhar com uma antiga e confiável amiga, Edith, a viúva Condessa de Lytton, sogra de Pamela.

Eddie, como todos os amigos o chamavam, era quase um membro adotado da família Lytton. Filho único de renomado médico, se tornara amigo íntimo de Victor, Lord Lytton, quando ambos estudavam na Universidade de Cambridge. Mais tarde, dividiu um apartamento com o irmão boêmio de Victor, Neville, que era pintor e casara com Judith, a bonita filha de Wilfrid Scawen Blunt. Quando Pamela passou a fazer parte da família Lytton, também se tornou amiga de Eddie. Como ele escreveu depois, Knebworth se transformou em "um segundo lar para mim." Pamela achava que ele devia trabalhar com Winston, mas só disse isso a Eddie muito mais tarde.[5]

Desesperado, Eddie buscou a orientação da condessa viúva. Havia muitos anos que ela conhecia Winston e Jennie, não íntima, mas socialmente. Também conhecera Lord Randolph, de modo que compreendeu a apreensão de Marsh, mas lhe deu um bom conselho ao sentarem para discutir seu futuro. "Na primeira vez que se encontra com Winston, você vê todos seus defeitos," disse ela, "e depois passa o resto da vida descobrindo virtudes."[6]

Encorajado, Marsh concordou em jantar naquela noite com Churchill, que estava não apenas encantador, mas também o tranquilizou, fazendo as exigências do cargo parecerem razoáveis. Eddie aceitou o convite. Deve ter deixado Winston satisfeito ao saber que começaria o novo ano ditando regras no antigo feudo de Joe com um de seus antigos assistentes a seu lado. No fim da noite, Eddie escreveu a Pamela contando sua decisão. "Espero ter-lhe dito o quanto admiro (Winston), de modo que farei o melhor que puder. Reze por mim."[7]

Poucos dias depois, já estava trabalhando ao lado de Winston, onde permaneceria nos vinte e cinco anos seguintes, acompanhando Churchill de cargo em cargo como seu assistente fiel, confiável e amigo. Nem sempre achou que era fácil trabalhar com Winston, mas logo aprendeu a lidar com as tempestuosas explosões de seu temperamento. "Nunca me preocupei muito em ter minha cabeça

Vencedores e perdedores

arrancada," escreveu em sua autobiografia, "porque sabia que, em vez de jogá-la na cesta de lixo, ele logo a recolocaria no meu pescoço com cuidado e até formalidade."[8]

Winston e Eddie sempre formaram um par incompatível, mas, como acontecia com seu chefe, levou tempo para que se descobrissem as maiores virtudes de Marsh. Gostava de poesia e arte em geral e sempre viveu modestamente, de modo que gastava cada penny economizado comprando pinturas ou apoiando autores cujas obras admirava. Foi um dos primeiros colecionadores de Duncan Grant, artista de Bloomsbury.

Viria a ser grande amigo e defensor do poeta Rupert Brooke e seu executor literário após a morte dele em 1915. Também ajudaria a escrever uma canção popular em parceria com seu amigo Ivor Novello. A melodia de "The Land of Might Have Been" (1920) é de Novello, mas a letra é de Eddie. As palavras da canção dão uma ideia do porquê de Pamela julgar que seu velho pretendente gostaria de Marsh, pois a letra revela um coração romântico batendo no peito cerimonioso de um tímido servidor civil. Marsh falava de um mundo melhor, segundo uma visão que assombra a vida em geral: "Às vezes, nas noites mais incomuns, surge a visão serena e límpida, com suas luzes sublimes iluminando nosso caminho de dúvidas e medos."

Em campo mais prático, Eddie era ávido estudioso da gramática inglesa e adorava nada mais, nada menos, que localizar erros nos textos que lhe eram submetidos para correção. Seus chefes, inclusive Churchill, valorizavam seu talento tanto quanto os amigos, alguns deles bem-sucedidos autores que pareciam não precisar de sua ajuda.

Somerset Maugham foi um escritor e amigo que, nos últimos anos, passou a submeter rotineiramente seus manuscritos ao crivo de Eddie. Chegariam a discutir se no inglês formal seria aceitável abreviar a palavra *luncheon* para o termo comum *lunch*. Para Eddie, apenas *luncheon* estava certo. Maugham nem sempre aceitava seu conselho, mas certa vez lhe escreveu: "Creio que você conhece gramática melhor do que qualquer outra pessoa na Inglaterra."[9]

Eddie também descobriu o segredo de sobreviver aos longos dias de trabalho na interminável vida burocrática. Era um mestre na soneca do poder. Quando era muito jovem, aprendeu sozinho a dormir "ereto," de forma que podia cochilar na igreja sem chamar a atenção. Como funcionário civil, usava esse dom para tirar uma soneca todas as tardes em posição ereta e parecendo absorto em seus pensamentos, e não dormindo. Se alguém o interrompesse, prontamente se empertigava e parecia plenamente alerta até ficar sozinho novamente, quando voltava a fechar os olhos. Ensinou essa técnica a Winston e a chamava de "coma da tarde."[10]

Porém, nos atribulados dias que estavam por vir, o novo ministro júnior e seu ajudante pouco dormiriam. Tão logo o Gabinete se instalou, Campbell-Bannerman procurou a aprovação da nação convocando uma eleição geral para janeiro. Winston dispunha de pouco tempo para absorver suas novas tarefas. Em 3 de janeiro de 1906, chegou a Manchester para fazer o que Lord Elgin, como membro da Câmara Alta, não precisava fazer, enfrentar uma eleição.

Para ajudá-lo, Eddie entrou em ação e o acompanhou na viagem de trem até Manchester, onde os dois se instalaram perto da estação ferroviária, no Hotel Midland, um estabelecimento "gigantesco e novo em folha," como lembraria Winston, "exibindo a riqueza e o poder oLancashire naqueles dias." Balfour, que tinha seu reduto eleitoral naquela mesma cidade, estava hospedado perto, no Queen's Hotel. A excitante campanha duraria apenas dez dias e, assim, os candidatos se preparavam para intensa luta em meio à melancolia e ao desânimo próprios do inverno.[11]

O adversário de Churchill era William Joynson-Hicks, advogado tory com particular interesse em assuntos ligados a religião e temperança, que se empenhava na eliminação de vícios e em colocar mais automóveis nas estradas. Era autor de uma enfadonha obra de referência intitulada *The Law of Heavy and Light Mechanical Traction on Highways of the United Kingdom*. Em 1900, Joynson-Hicks fora derrotado e, embora alguns liberais o considerassem candidato de menor importância, Churchill o levou bem a sério.

Logo após a chegada de Winston a Manchester, grandes cartazes começaram a aparecer com os dizeres "Vote em Winston Churchill e pelo Livre-Comércio." Seu nome aparecia em letras com cinco pés de altura (pouco mais de metro e meio) e a frase era bem adequada para Manchester, berço do movimento pelo livre-comércio liderado por Richard Cobden e John Bright na década de 1840. Para não ser superado, Joynson-Hicks colocou seus próprios cartazes, com seu nome também com cinco pés de altura, mas o lema não era tão direto e tampouco eufônico: "Apoie Joynson-Hicks e a Estabilidade." Deixou muita gente coçando a cabeça. Churchill o interpretou como uma

Vencedores e perdedores

alegação velada de seu oponente de que "não mudara suas opiniões tanto quanto eu."

Com autodepreciativa perspicácia, inverteu a mensagem: "Eu afirmei um punhado de coisas sem sentido enquanto integrei o Partido Conservador," disse em um comício, "e o deixei porque não queria continuar falando as mesmas bobagens."[12]

A frase provocou risadas e aplausos. Ficou evidente que durante a campanha Winston estava de bom humor. Jamais pareceu lhe faltar energia. Levantava-se cedo todos os dias e, tarde da noite, ainda estava conversando com as pessoas que o apoiavam. Entre esses dois momentos, proferia pelo menos quatro discursos, se dirigindo às multidões em salões e teatros, ou ficando na beira de frágeis palanques ao ar livre, com faixas tremulando sobre sua cabeça. À noite, planejava o dia seguinte e mantinha Eddie ocupado umas duas ou três horas respondendo cartas. Aonde ia era espremido pelos admiradores que o tratavam da mesma forma como, gerações depois, seriam tratadas os astros populares.

Em certa ocasião, a pressão da multidão que o seguia foi tão grande que várias pessoas foram pisadas e quatro encaminhadas para a Royal Infirmary, inclusive um homem cuja cabeça foi enfiada numa janela de vidro.

Sabendo que Churchill estava hospedado no Midland Hotel, o povo se reunia no saguão e nas ruas adjacentes esperando poder vê-lo, mesmo por um breve momento. "Passando pelos corredores do hotel," comentou um repórter, "ele é (...) assaltado por caçadores de autógrafos e todo tipo de cultivadores de heróis." As pessoas o saudavam afetuosamente como "Winston" e apertavam sua mão como se fosse um velho amigo. Quanto a Joynson-Hicks, apareceu ao lado de Balfour em um grande comício e, de modo geral, conseguiu reunir grandes multidões que lhe eram favoráveis, embora, na verdade, tivesse que escapar de algumas pedras lançadas contra seu carro após um comício. Os jornais afirmaram não haver lembrança de outra eleição "tão eletrizante."[13]

Tudo parecia caminhar a favor de Churchill. Além da cobertura normal de sua campanha pela imprensa, também recebia bastante atenção por sua biografia de Lord Randolph, que surgiu com estardalhaço em meio à batalha eleitoral. As críticas em geral eram elogiosas e causou surpresa o fato de um político tão jovem escrever tão bem. Alguns críticos até entenderam e desfrutaram o romance que a história encerrava, sem atentar para as exageradas alegações do biógrafo a respeito da importância política de Randolph. O crítico do *Spectator* foi particularmente imparcial, destacando que Randolph fora capaz de "fascinar, mas não de liderar," mesmo reconhecendo que o mundo político raramente "viu carreira mais romântica do que a daquele homem público que aos trinta anos já era famoso, virtual líder de seu partido aos trinta e sete e um homem alquebrado e moribundo aos quarenta."[14]

Winston estava assumindo um grande risco trazendo a biografia que escrevera para o meio de uma campanha arduamente disputada, com a possibilidade de ser comparado desfavoravelmente com o pai. Todavia, os críticos não se deram conta da forma inteligente como o autor incorporara suas próprias opiniões na história do pai e, com a grande eleição ainda indecisa, não ousaram estabelecer paralelos entre Winston e Randolph aos trinta anos. De certa forma, a rápida ascensão da carreira do filho era mais impressionante do que a do pai porque Winston estava fazendo muito mais com muito menos. Não contava com o título mágico, com uma bela esposa ou um pai com um pecúlio de duque. Mas era mais valente, mais brilhante e mais forte do que fora Lord Randolph. Porém, nada disso teria importância se ele sofresse uma derrota desonrosa em Manchester.

No dia da votação – sábado, 13 de janeiro – Churchill parecia confiar na vitória. Sua causa era popular e fizera uma campanha dinâmica, enquanto os tories ainda lutavam para justificar seus erros nos últimos anos e buscavam uma mensagem atraente para o futuro. Quando, naquela noite, foram anunciados os resultados, Balfour perdeu até seu próprio lugar no parlamento, sofrendo contundente rejeição dos eleitores. Winston, por outro lado, conseguiu confortável maioria, tal como seis outros liberais na área de Manchester. Foi um desastre completo para os conservadores e um triunfo avassalador para os liberais. Um Churchill radiante foi carregado por seus eleitores para comemorar a vitória num jantar tarde da noite no Midland Hotel. As ruas, lembrou, "eram uma sólida massa de gente."[15]

Ao todo, os liberais conquistaram 377 cadeiras, enquanto a oposição tory ficou reduzida a pouco mais de 150 parlamentares. Em todos os aspectos, foi o desastre que Churchill e outros haviam previsto que Chamberlain e Balfour criariam para o partido.

Vencedores e perdedores

Em seu distrito eleitoral em Birmingham, Chamberlain escapou da onda eleitoral que devastou tantos outros redutos de seu partido, mas não ficou livre do preço que a longa batalha por suas ambições imperiais tinham cobrado de seu corpo e mente. Não podia ignorar o veredicto dos eleitores e deve ter entendido que sua carreira estava quase liquidada. Mesmo assim, resolveu continuar.

Não iria muito longe. A saúde estava declinando. Anos a fio se vangloriara de que nunca fizera qualquer exercício e que os charutos que fumava sem parar não afetavam sua saúde. Todavia, seis meses após a eleição, certa noite desmaiou em seu quarto logo depois de comparecer a uma festa por seu septuagésimo aniversário. Sua mulher o encontrou tentando se arrastar no chão. Sofrera violento derrame e seu lado direito estava paralisado.

Conseguiria se recuperar parcialmente, mas nunca mais veria restaurados plenamente os movimentos e a capacidade para discursar. Embora sua família por meses tentasse mostrar que seria capaz de retornar à vida ativa, aparecia esporadicamente em público e, mesmo assim, uma figura murcha em uma cadeira de rodas, o rosto retorcido e pálido. Até 1914 arrastou-se como uma sombra do que fora, quando morreu pouco antes do 78º aniversário. Balfour voltaria a conquistar uma cadeira no parlamento e reviveria o sucesso político, mas, para Joseph Chamberlain, a eleição de 1906 foi o último alento. A opinião de Churchill a respeito de Joe se abrandaria ao longo dos anos, e o levaria a atenuar a ferocidade de sua antiga campanha. Aos poucos as más lembranças desaparecem, e o que se guarda na mente são os momentos de prazer compartilhados no jogo político.

Antes de deixar Manchester, Winston e Eddie saíram para uma longa caminhada e acidentalmente entraram em uma área pobre. Deram uma pequena volta pelo local, vagando silenciosamente por caminhos escuros, e subitamente Winston não conseguiu reprimir um pensamento. "Engraçado," disse, "viver em uma dessas ruas, sem nunca ver nada bonito, nunca comer nada saboroso, nunca dizer nada inteligente!" Muitos anos depois, Marsh mencionou estas palavras em sua autobiografia e depois elas foram algumas vezes empregadas contra Churchill como prova de seu esnobismo. Mas quando são feitas essas acusações, o que muitas vezes se deixa de lado é a observação de Eddie antes da citação. Escreveu, "Winston se preocupava com eles e sua imaginação bondosa ficou revoltada."[16]

Churchill não estava se preocupando com alguém em particular.

Tentava entender o que a vida em tal nível de pobreza significava para ele. Homens como Balfour não se deteriam tempo suficiente para avaliar, admitindo-se que, antes de tudo, estivessem interessados em olhar. Winston não conseguia deixar de ser Winston. Sabia o que amava e o que o fazia feliz. Entretanto, podia se abster de suas preocupações com assuntos de seus próprios para perceber outros pontos de vista e fazer perguntas. Já fizera muito ao mudar de partido e faria ainda mais nos anos seguintes ao experimentar novas ideias em uma época em que elas fervilhavam.

11

O Mundo a Seus Pés

FLORA LUGARD, JORNALISTA AGUERRIDA E EX-EDITORA do *The Times* para assuntos das colônias, estava preparada para uma luta. Certa manhã do começo de fevereiro de 1906, dirigiu-se para Whitehall a fim de tentar persuadir Winston Churchill. Como ardorosa imperialista que viajara por toda a África e cujo marido era o alto comissário no norte da Nigéria, ficara desolada quando soube que o jovem adversário do grande defensor do império Joseph Chamberlain agora era o número dois no Ministério das Colônias. Tinha planos ambiciosos para si mesma e para seu marido, Sir Frederick Lugard, mourejando conscientemente em seu posto a milhares de quilômetros de distância. Contudo, Flora temia que Churchill obstruísse o caminho do casal.

Tencionava mostrar-lhe que não estava para brincadeiras. Séria e firme, construíra no jornalismo uma carreira rara para uma mulher de seu tempo. Quando queria alguma coisa fazia tudo para conseguir e lograra ser a primeira mulher indicada para o quadro permanente do *Times*. Mary Kingsley, escritora e exploradora da África, a descreveu como "mulher generosa e refinada, brilhante e honrada .... (mas) dura como ferro."[1]

Quando chegou ao Ministério das Colônias em Downing Street, pediu para ver o subsecretário e foi conduzida por longos corredores até o gabinete de Churchill. Não marcara uma entrevista, mas com seu habitual ar confiante apresentou seu cartão a Marsh, pediu a entrevista e sentou esperando uma resposta. Não esperava uma recepção calorosa. O governo conservador concordara provisoriamente com o pedido de seu marido para administrar de Londres os assuntos da Nigéria, por meio ano. Ela ouvira falar que Churchill se opunha a esse acordo. Se sua informação fosse correta, tencionava fazê-lo mudar de opinião, alegando que o cargo não exigia a presença permanente de Sir Frederick na África, e que seu conhecimento sobre o império seria útil no Ministério das Colônias, de onde poderia dirigir as operações em toda a África ocidental.

Insistir nesse acordo era uma audácia extraordinária. Permitiria aos

Lugards, recentemente casados e ambos na meia idade, ver a África como seu reino particular para onde poderiam ir e vir conforme lhes aprouvesse. Segundo sua ótica, a ideia não era tão desarrazoada, mas apenas uma forma de aperfeiçoar o sistema e proporcionar uma recompensa merecida para um serviço modelar.

Entretanto, havia um problema. O alto comissário tinha uma folha de serviços com mancha que nem sua esposa podia explicar. Durante seu tempo na África, revelara uma inclinação para massacrar tribos locais que não se submetiam à sua vontade. Recentemente, uma força armada sob seu comando matara 1.200 homens quando o fogo de granadas e fuzis destruiu um forte primitivo de muros de barro e portões de pele de gado. Outra expedição liquidara 2 mil, inclusive mulheres e crianças.

A melhor solução para a população da África ocidental era mantê-lo na Inglaterra o ano inteiro. Porém, os Lugards acreditavam que era o destino do Império melhorar a vida de todos que aceitavam o governo inglês e estavam dispostos a ver muito sangue correr a serviço desse bem maior.

Em vez de ser mandada embora, Flora Lugard foi convidada para entrar no gabinete de Churchill e recebida cortesmente. Ficou chocada com a aparência jovem de Winston e posteriormente disse para o marido que "era ridículo um rapazinho daquela idade e sem experiência ter o poder e a influência que ele tem." Winston estivera trabalhando arduamente e sua mesa estava coberta por documentos e livros. Os dois se encararam por um momento e, em seguida, ela começou sua adulação, dizendo que ouvira boas informações a respeito dele. "Mas entre as boas coisas, disse, "chegou uma má notícia."

Era verdade que era contra o plano de Sir Frederick? Sim, respondeu ele, e não era só isso. Haveria grandes mudanças na forma como a Nigéria era governada.

"Existem muitas coisas que a nova Câmara dos Comuns não tolerará," afirmou com firmeza, "e terão que ser reformadas."[2]

O que ela não podia saber – mas poderia ter concluído pela quantidade de documentos sobre sua mesa – é que Churchill estava tão mergulhado em seu trabalho no Ministério das Colônias que já conhecia os detalhes da proposta de Lugard e também da brutalidade que caracterizara suas expedições militares. Apenas uma semana antes Lord Elgin ordenara a Lugard que não mais atacasse as tribos, e Churchill concordara com a medida, acrescentando sarcasticamente para seu chefe: "O crônico derramamento de sangue que mancha o cenário africano é odioso e preocupante. Ademais, é possível que todo esse empreendimento esteja sendo mal conduzido por pessoas que desconhecem as normas imperiais ao massacrar nativos e roubar suas terras."

Quanto a Sir Frederick, com base nas provas existentes nos arquivos, Churchill logo concluiu que a verdadeira ambição do alto comissário era ser outro czar imperial, com a Nigéria servindo no papel de sua "Rússia quente."[3]

Os Lugards representavam o lado negro dos sonhos imperiais de Chamberlain. Fora Joe quem autorizara Sir Frederick a organizar o que chegou a ser um exército particular – a Força de Fronteira da África Ocidental – e em seguida provê-lo de armas modernas para impor o domínio inglês na região.

Enquanto isso, o "rapazinho" ouvia pacientemente suas ideias, não deixando transparecer sua avaliação de que o acordo privilegiado que favorecia seu marido era absurdo. Já afirmara para Elgin, "não devemos simplificar o trabalho no Ministério das Colônias convertendo-o num panteão de procônsules em gozo de dispensa do serviço."

Flora Lugard deixou o gabinete de Churchill pensando que o impressionara com seu conhecimento e argumentação, mas quando, um mês depois, Elgin rejeitou oficialmente a proposta que concedia a seu marido períodos de igual duração em Londres e na Nigéria, sabia perfeitamente a quem atribuir a decisão Em carta para o marido, tentou ser otimista e animá-lo, incitando-o a não se aborrecer demasiadamente com a recusa. Era apenas um golpe maldoso desfechado por um sujeito arrogante.[4]

"Homens como você (...) fazem seu trabalho e aos poucos o império vai sendo construído," escreveu. "E aparece um garoto ignorante como Winston Churchill para, em momento crítico, irromper (no Ministério das Colônias) e o deter justamente quando um golpe decisivo se faz necessário."[5]

Não demorou muito para que os novos chefes do Ministério das Colônias trouxessem Lugard de volta para Londres e o convencessem de que retornar para a Nigéria não seria uma boa ideia. No ano seguinte foi despachado para servir como governador de Hong Kong, onde não causava prejuízo.

Porém, depois de Churchill e Elgin deixarem o ministério, conseguiu ser designado para novo período na Nigéria, onde foi o responsável por mais derramamento de sangue, ordenando o enforcamento público de rebeldes capturados, a título de advertência para outros. Além disso, reprimiu desordens enviando grande efetivo de tropas para atirar contra os manifestantes. Em 1918, em Abeokuta, seus homens mataram mil pessoas.[6]

"Toda a civilização tem como pano de fundo o uso da força," declarou Flora para Winston. "Posso lhe garantir que não existe no mundo alguém menos militarizado do que meu marido. Seu governo é essencialmente de paz, mas ele atinge seu objetivo sabendo como reprimir desordens."

Aparentemente Winston respeitou sua tenacidade e foi sempre cordial, reconhecendo mesmo que Sir Frederick realizara algumas coisas positivas e fizera sacrifícios em prol do império. Todavia, se recusava a endossar suas práticas repressivas. Flora zombou de seus escrúpulos certo dia em que se encontraram em Blenheim, quando ela era hóspede de Sunny. Disse a Winston que "o eleitorado de Manchester que comanda o voto de seu partido" não compreende a África. Winston retrucou que o caminho a seguir era simples: "Abra mão da maior parte da Nigéria, que é grande demais para que possamos controlá-la! Acabe com todo o sistema de expedições punitivas e se satisfaça em governar pacificamente apenas uma pequena parte do todo."

Ela o fitou incrédula e perguntou, "Como pode esperar que um império prospere com esses seus métodos?"[7]

Churchill buscava novos meios de fazer o sistema imperial funcionar sem recorrer a métodos cruéis de violência e coerção. Sem dúvida, sofreu com muitos preconceitos da época, e ao longo da vida cometeria muitos erros. De modo geral, porém, seu trabalho no Ministério das Colônias foi esclarecido e clarividente.

Foi um trabalho relativamente imune a tiradas, exceto, talvez, quando, na Câmara, tentando defender o governo, considerou uma declaração ambígua como "inexatidão terminológica."[8]

Com vários anos de experiência como autor, gostava de fazer algumas mágicas aqui e ali, dando um colorido especial a declarações normalmente fátuas de funcionários do governo com um linguajar ao mesmo tempo divertido e pertinente. Jonathan Swift não faria melhor do que algumas das críticas satíricas de Churchill a propósito da mentalidade burocrática em ministérios como o das colônias.

A melhor delas foi o longo comentário recomendando que o governo se livrasse de um chefe africano em Bechuana, um grande e obscuro protetorado. A tribo queria se ver livre de seu chefe, e o Ministério das Colônias estava propondo a prisão do chefe Sekgoma em uma ilha distante. Em parte parecendo justamente zangado e em parte gracejando, Churchill perguntou: "Por que ficar só nisso?" Se o governo podia justificar a deportação e o aprisionamento de um homem sem julgamento, por que não ir mais além e matá-lo, liquidando o problema?

"Por que não envenenar Sekgoma com alguma droga indolor?" – perguntou. "Se estamos dispostos a usar métodos medievais, pelo menos vamos mostrar coragem e eficiência igualmente medievais. Muitas despesas seriam evitadas. Uma boa dose de láudano, que custa no máximo cinco pennies, é tudo que precisamos."

Lord Elgin não achou graça. Passara boa parte da vida lidando diuturnamente com a complexa máquina da burocracia inglesa e não via no caso de Segkoma um princípio legal básico em jogo. Nesse caso, achava que a deportação e a prisão eram iniciativas administrativas necessárias. Quando Winston se recusou a concordar, Elgin perdeu a paciência – o que não era comum – e se negou a admitir que Segkoma possuía direitos. "Esse homem é um selvagem," insistiu, "e fala-se que adota métodos que contrariam todos os preceitos legais e perturbam a paz."[9]

Quando os ânimos se acalmaram, Elgin tranquilizou seu jovem ministro abrindo mão da deportação e optando pela prisão por um curto período. Igualmente importante, admitiu que essas medidas eram adotadas como precauções extralegais para preservar a paz. Elgin pode não ter percebido, mas Churchill aproveitava essas discordâncias não para prevalecer, mas para amaciar o velho chefe e torná-lo mais cordato na próxima vez.

A seu favor, deve ser dito que Elgin sabia comprar uma boa briga. Certo dia, Winston lhe escreveu a propósito de um assunto: "Não posso me responsabilizar por isso." Elgin respondeu simplesmente: "Eu posso." Em outra ocasião, Winston terminou um memorando com as palavras, "Esta é minha opinião," e a resposta de Elgin foi: "Mas é não a minha."

Iam e vinham, chegando ao ponto de Churchill impetuosamente pegar a caneta e riscar algumas linhas de alguns documentos às quais se opunha, desafiando o Ministro das Colônias a desfazer a alteração. Tranquilamente, Elgin resolvia o problema usando o símbolo em latim adotado pelos revisores para cancelar a correção, escrevendo claramente na margem *stet* [verbo *stare*: fica como está].[10]

Apesar dos desacordos, os dois partilhavam a determinação de frear a máquina do imperialismo. Na África, por exemplo, Churchill não via razão para continuar impondo autoridade sobre áreas remotas demais para serem controladas. Sua recomendação para Elgin era compatível com o que dissera a Flora Lugard: "Devemos nos retirar de grandes parcelas de território que ocupamos apenas nominalmente, mas que em realidade nos perturbam pela ausência de governo, para que concentremos nossos meios em ferrovias e no desenvolvimento econômico de regiões mais colonizadas."

Elgin concordava e lamentava o fato de, pressionado por Chamberlain e outros, a Inglaterra ter se "engajado na luta pela posse do continente africano" e agora "não conseguir evitar as consequências."[11]

Churchill era filho da era imperial e queria que o Império prosperasse, mas não se isso significasse desprezar ou minar o que havia de melhor na Inglaterra. Era um desperdício de recursos e vidas para fazer tremular a bandeira em terras que geravam mais problemas do que benefícios e que faziam a vida dos habitantes locais pior do que antes. Em vez de um Império coeso pela força de tarifas, Churchill desejava um Império governado com benevolência e um meio-termo que conciliasse justiça e segurança. Talvez fosse, desde o começo, um objetivo fora da realidade, mas numa época em que o Império ainda guardava uma conotação romântica, Winston acreditava sinceramente nesse objetivo.

Entrementes, podia pelo menos tentar evitar que o Império se excedesse na distribuição das bênçãos da civilização pela ponta das armas. Como logo descobriu, Frederick Lugard não era o único administrador que tentava esmagar qualquer oposição com o uso da força. Quando soube que as tropas tinham matado 160 pessoas na África Oriental, denunciou a carnificina e afirmou exasperado – e com um toque de sarcasmo – "Com certeza não pode ser necessário continuar matando essas pessoas indefesas em escala tão alarmante."[12]

———

Boa parte da missão de Churchill no Ministério das Colônias envolvia a típica lida com a burocracia, mas sempre se manteve ciente do poder de que dispunha para afetar a vida de gente comum em lugares afastados e que, na maior parte dos casos, conhecia apenas como pontos coloridos no mapa. Tentava manter em mente que cada colônia – por mais remota que fosse – era habitada por gente com preocupações reais que mereciam a atenção de Londres. Sabia-se de ocupante anterior do cargo que, ao

O mundo a seus pés

chegar, suas primeiras palavras foram, "vamos subir e olhar os mapas para ver onde ficam esses lugares."

Churchill não dispunha de muita gente para auxiliá-lo. O quadro regular de servidores civis era surpreendentemente pequeno. Havia apenas trinta e cinco funcionários de diversas graduações e doze assistentes, particulares ou permanentes, todos apoiados por um bom número de mensageiros e "datilógrafas mulheres." Havia bastante trabalho para manter todos ocupados, mas frequentemente Winston os sobrecarregava com tarefas que os mais antigos consideravam ofensivas à sua dignidade. Quando uma carta de uma figura de menor expressão da Guiana Inglesa ficou sem resposta, Churchill repreendeu seus auxiliares, dizendo-lhes para não serem "tão insensíveis e arrogantes a ponto de não responder a carta de um leal funcionário civil. Esnobando alguém que poderia vir a ser um aliado, você pode acabar fazendo um inimigo amargurado."[13]

Entre o trabalho em seu gabinete e seus deveres na Câmara dos Comuns, Winston não dispunha de muito tempo para si mesmo. Em janeiro, deixara a moradia em Mount Street e se mudara para uma casa própria em Bolton Street, 12, perto do Green Park e do Ritz Hotel. Era uma curta caminhada de casa até o trabalho, e muitas vezes ele podia ser visto indo às pressas para Whitehall e voltando tarde da noite. O arrendamento da casa lhe custara 1.000 libras e ele gastou outras 200 em consertos. Uma casa acanhada construída em parte com tijolos vermelhos, seria muito pequena para uma família, mas era suficientemente espaçosa e confortável para um homem solteiro.[14]

Com o dinheiro que ganhara com a biografia e o novo salário, podia levar uma vida mais confortável por conta própria, embora não em meio ao luxo. Não era comum receber gente em casa porque trabalhava intensamente, mas queria dispor de uma base conveniente que pudesse chamar de sua e onde pudesse relaxar no fim de um longo dia.

Previsivelmente talvez, seu mais importante trabalho no Ministério das Colônias envolveu a África do Sul. Campbell-Bannermann queria consolidar o acordo de paz com os bôeres concedendo autonomia a seu baluarte no Transvaal. Encarava essa concessão como recompensa pela suspensão das hostilidades e uma oportunidade para conquistar sua cooperação por meio de um ato de generosidade após uma guerra terrível. Os conservadores viam a medida como uma traição nacional e um insulto a todos que tinham lutado para subjugar os bôeres defendendo o Império. Churchill, que estimulara o primeiro-ministro a tomar a ousada iniciativa, recebeu a missão de trabalhar nos detalhes e neutralizar a oposição.

Os bôeres, seus antigos inimigos – se mostraram fáceis de trabalhar. Os tories – seus antigos aliados – o atacaram ferozmente. Nada que disse ou fez em relação à África do Sul amainou a ira de seus opositores. Em março, quando discutia na Câmara a carreira de Lord Milner – antigo comissário na África do Sul e construtor de império à moda de Chamberlain e herói tory – a oposição explodiu de raiva. Achava que ele estava depreciando o servidor recentemente aposentado quando afirmou: "Lord Milner deixou a África do Sul, provavelmente para sempre. O serviço público já não conta com ele. Tendo exercido grande autoridade, ele agora não tem autoridade alguma. Tendo ocupado elevado cargo, agora não ocupa nenhum. Tendo conduzido acontecimentos que alteraram o curso da história, agora é incapaz de influir, pouco que seja, na política do dia."

Essa foi uma das ocasiões em que a retórica imponente de Churchill saiu pela culatra. Antes fora apresentada uma moção censurando Milner por conduta imprópria durante seu tempo em cargo público na África do Sul, e Churchill estava tentando – lenta e retoricamente demais – dizer que nesse caso era desnecessário censurar alguém que já não exercia qualquer autoridade. Já admitira que Milner era culpado por má conduta, e agora argumentava que seria um erro "perseguir uma pessoa em particular" por erros que seria melhor deixar "esquecidos no passado."[15]

Entretanto, os erros em questão eram sérios. Proprietários de minas na África do Sul tinham maltratado seus trabalhadores chineses usando-os como trabalho escravo, e o governo de Milner fora acusado de tolerar esse abuso, permitindo o açoite e outras formas de castigo. Milner, agora na Câmara dos Lordes, foi questionado a respeito e confessou que sancionara o açoite no interesse da manutenção da ordem, mas que lamentava e reconhecia que errara.

Churchill e outros líderes liberais queriam evitar novos abusos sem mergulhar em uma longa luta com os tories em função do passado, especialmente por envolver um líder imperial com longos serviços prestados e popular no país em geral. Porém, ansioso por afastar e enterrar o passado, Churchill pareceu também querer sepultar Lord Milner. Os tories certamente chegaram a essa conclusão e começaram a reclamar, gritando: "Vergonha!" Não importava o fato de Milner ser culpado de conduta incompatível. Acharam que Churchill – agora no "lado vencedor" – estava tentando ao mesmo tempo humilhar o antigo funcionário e o governo derrotado, descrevendo-os como relíquias que não mereciam sequer uma reprimenda.

Por mais eloquente que Churchill fosse no trato da questão, mais os membros da oposição o odiavam. Perceberam arrogância e desprezo nas entonações. O som os agredia mais do que o conteúdo. Derrotados, não queriam de Churchill nenhuma demonstração de generosidade e pareciam se divertir deturpando suas palavras e acreditando que sua mensagem de conciliação era na verdade um insulto pérfido partido de um jovem vira-casaca.

Se Churchill pegou muito pesado ou não, o fato é que naquele dia muitos tories saíram da Câmara fervendo de raiva. Antes, já estavam ávidos por seu escalpo. Agora, fariam tudo para consegui-lo e ficaram de olho em uma oportunidade para arrancá-lo. Na primeira vez que vacilasse, na primeira vez que se mostrasse vulnerável, lembrariam daquele dia e o golpeariam.

Afinal, Churchill fez exatamente o que dissera que faria, descartando qualquer ação contra Milner e, ao contrário, voltando-se para a condenação do açoite, mas "no interesse da paz e da conciliação na África do Sul, abstendo-se de censurar pessoas em particular." A moção recebeu esmagador apoio dos liberais e de partidos menores, mas não dos conservadores.[16]

Os membros da oposição podiam reclamar o quanto quisessem, mas a compostura de Winston diante de seus ataques aumentou a confiança que o primeiro-ministro lhe concedia. No começo do verão, quando Campbell-Bannermann precisou dar atenção a sua esposa adoentada, convocou Winston e lhe pediu para dirigir o debate final sobre a questão da autonomia do Transvaal. Como esperado, os liberais prevaleceram facilmente nessa discussão, mas o que agradou ao primeiro-ministro em especial foi a forma tranquila e paciente com que Churchill conduziu o debate. Até o Rei ficou impressionado. Concluiu que ele finalmente demonstrava alguma maturidade e o elogiou por esse motivo. "Sua Majestade," informaram a Winston, "está contente por ver que você se torna um ministro *confiável* e, sobretudo, um político *sério*."[17]

Quando estava ocupado das questões da África do Sul, Churchill recebeu uma carta de um correspondente de guerra americano que passara algum tempo com ele durante a Guerra dos Bôeres. Na verdade, Richard

Harding Davis não era apenas um correspondente de guerra. Era um dos mais renomados jornalistas da América, um homem irritantemente vistoso, de queixo anguloso, que cobrira as guerras hispano-americana e russo-japonesa, diversos crimes sensacionais, a inundação de Johnstown e dezenas de outras histórias de destaque. Escrevia livros de ficção e de viagem, entrevistara Walt Whitman e era membro honorário dos Rough Riders de Theodore Roosevelt.

Na juventude – antes de se deixar dominar pelo cinismo – H.L. Mencken admirava tanto Davis que o considerava "o herói de nossos sonhos."[18]

Em 1906, contudo, Davis desejava transformar Winston Churchill no herói de um novo livro. "Estou escrevendo um livro intitulado "Os verdadeiros soldados da fortuna," explicou em carta que enviou de sua fazenda em Mount Kisco, Nova York. "Queria incluir você como um dos seis soldados. Um rapaz que esteve em quatro guerras (...) é filho da fortuna, um soldado da fortuna que deve deixar a leitura mais pitoresca."

Um ou dois anos antes, Winston poderia ficar deliciado com a ideia, mas agora estava fazendo o melhor que podia para ser encarado no Império com seriedade e compreensão. Não era o melhor momento para reviver a imagem do Winston fanfarrão, especialmente sob o título "soldado da fortuna." Já havia muitos críticos que pensavam que ele não passava de um estouvado oportunista que não se ajustava à profissão.

Não havia muito que Churchill pudesse fazer para interromper o projeto. O capítulo que tratava dele já estava "escrito até a metade," conforme lhe disse Davis, apregoando que já dispunha da maior parte das informações de que precisava, depois de garimpar em todos os arquivos de jornais disponíveis em Nova York. "Aposto que sei mais sobre sua vida do que você mesmo."

Tal declaração normalmente já faria qualquer político ficar nervoso, mas, como Winston sabia, Davis também conhecia alguns detalhes pessoais de sua vida e não somente pelo que apreendera em seus encontros na África do Sul e, mais tarde, em Londres. Davis fora amigo de Ethel Barrymore desde a juventude e era como um irmão para ela. Na carta de 4 de maio, disse a Winston, "Miss Barrymore tem estado muito doente. Está se recuperando de uma cirurgia de apendicite e tem permanecido em nossa fazenda para se fortalecer."

Portanto, tratava-se de um famoso jornalista americano escrevendo em sua mesa de trabalho a história da vida de Churchill, enquanto um de seus amores se recuperava a alguns passos de distância. Winston só podia esperar que tanto Ethel quanto seu inesperado biógrafo só dissessem coisas boas a seu respeito. Podia, pelo menos, se consolar com o comentário de Davis, "Não se esqueça de mim quando for primeiro-ministro."[19]

12

Vidas Privadas

———◆———

DEPOIS DE ALGUNS MESES TENTANDO SE CONTER e ignorar os insultos de seus adversários tories, Churchill tirou longas férias no começo de agosto de 1906 e saiu um pouco da linha. Convidado por um velho colega de infância, passou a primeira semana dessas férias no elegante balneário de Deauville, na costa da Normandia. O Barão de Forest, seu amigo, tinha uma bela esposa, grande fortuna e um iate a vapor que se dizia ser um dos maiores já lançados ao mar. Winston saía para navegar ou jogar polo, mas ao anoitecer se dirigia para o Grand Casino, "jogando todas as noites até cinco da manhã." Teve sorte e encerrou sua estada com 260 libras, praticamente o equivalente a dois meses de salário no Ministério das Colônias.

Com o dinheiro que ganhou, foi diretamente para Paris a fim de desfrutar a vida noturna e comprar alguns livros franceses caros. Em seguida, partiu para o refúgio de Sir Ernest Cassel nos Alpes, onde se livrou de alguns alimentos suculentos que comera na França escalando o Eggishorn, um pico com pouco mais de 3.000 metros de altitude. "Uma subida bem longa," escreveu para Jennie, "e não teria conseguido voltar para casa não fosse a ajuda de uma mula."[1]

Em meados de setembro, estava em Veneza transpirando sob o sol e se encontrando com Muriel Wilson, que gentilmente concordara em passar uma semana com o subsecretário das colônias. Juntaram-se a outro casal para uma excursão que os levou por estrada secundária à Toscana, percorrendo o interior em um automóvel, na estonteante velocidade de 60 km por hora. Imperavam paz e bom humor nas relações com Muriel, mas havia um problema. A viagem estava cheia de ingredientes românticos – vistas bonitas, cidades pequenas e acolhedoras, vinho e entardeceres – mas nenhum romance real. Ela estava mais bonita e encantadora que nunca, mas ainda distante. Winston sentiu que estavam condenados a serem apenas amigos.

Entretanto, não tinha muito a reclamar. Estava vivendo como um príncipe e gozando suas bem merecidas férias. Todavia, nem tudo era

Vidas privadas

divertimento. No meio dessa folga passou uma semana na Silésia, acompanhando as manobras anuais do exército alemão. Foi uma oportunidade para ver de perto a máquina militar que constituía a maior ameaça à paz na Europa, embora o Kaiser Wilhelm insistisse que não queria guerra com ninguém, muito menos com a Inglaterra, cujo rei era seu tio Edward. "Somos um povo militarizado, mas não beligerante," explicou um dos diplomatas de Wilhelm ao editor de um jornal inglês. "Vocês é que gostam de guerra sem serem militarizados."[2]

A ideia de comparecer aos exercícios do exército foi de Winston, mas os alemães receberam com satisfação seu interesse e sua embaixada em Londres cuidou dos detalhes. O próprio Kaiser expediu o convite oficial, colocando Winston na condição de seu convidado pessoal durante aquela semana. A embaixada também alertou que, em cada evento, Churchill deveria estar em uniforme militar inglês, e com espada.

Assim, por uma semana os campos e bosques da Silésia (na época, fronteira sudeste da Alemanha), o major Winston Churchill montou um cavalo emprestado e acompanhou as batalhas simuladas de cinquenta mil homens de infantaria, artilharia e cavalaria do exército alemão. Por vários anos Winston manteve ligação militar com unidades do exército territorial, treinando por curtos períodos nos verões com os hussardos do Queen's Own Oxfordshire em Blenheim e outros campos de treinamento nas proximidades. Era divertido, pois o regimento tinha espírito de corpo e se considerava uma real força combatente, assim pensava Winston. Causou impressão ao desembarcar do trem em Breslau, em 6 de setembro, com suas botas de cavalaria, espada, túnica e culote escuros, e um quepe branco de pala negra.

A viagem de Winston preocupou o rei Edward, que pediu ao primeiro-ministro para recomendar cautela ao subsecretário. "O R me disse que você vai assistir às manobras," escreveu Campbell-Bannermann para Churchill, "e me pediu para adverti-lo no sentido de que não seja expansivo e franco demais com o sobrinho dele." Foi um bom conselho por que o Kaiser desejava muito conquistar a confiança de Churchill. Na verdade, um dos mais interessantes exercícios táticos a ser praticado na Silésia foi a ofensiva de encantamento visando diretamente a Churchill.[3]

Por ordem de Wilhelm, Churchill foi hospedado em um bom

quarto de "um hotel antigo e confortável" em Breslau. Um capitão do exército foi designado seu acompanhante especial e todas as noites foi prodigamente tratado em banquetes oficiais. O Kaiser lhe concedeu um passe especial para inspecionar as mais modernas armas da artilharia alemã e o convidou para uma reunião de comando com seus generais. Envergando uniforme de gala, Wilhelm fez questão de convidar Churchill para ficar a seu lado durante a reunião. Em determinado momento, apontou autoritariamente sua espada para algum objeto distante, exatamente quando um fotógrafo convenientemente postado tirou uma fotografia dos dois juntos, como se estivessem em meio ao planejamento de uma grande batalha.

Com o olhar duro de comandante e seu longo e eriçado bigode, Wilhelm parecia ameaçador, mas o tratamento que dispensou a Winston foi caloroso e quase paternal. "O que acha dessa bela Silésia?" – perguntou em inglês fluente e começou a desfilar seu conhecimento sobre todas as grandes batalhas travadas na área ao longo dos tempos. A lição de história encerrava um aspecto importante. Estava claramente dando a entender que haveria mais derramamento de sangue se algum exército fosse imprudente o bastante para atacar os alemães na Silésia. "Vale a pena lutar por ela," disse a respeito da região em que estavam, "vale muito a pena." Embora dito em tom amistoso, as palavras reforçaram a mensagem das manobras: a Alemanha estava pronta e disposta a entrar em guerra se fosse pressionada.[4]

Foi uma conversa extraordinária, embora Winston não tivesse oportunidade de falar muito. O Kaiser o interrompia no meio do que parecia ser um discurso e lhe dizia para "não construir frases," para falar claramente. Nessas circunstâncias, Winston sorria e ficava firme, emitindo sons de concordância, enquanto Wilhelm monopolizava a conversa.[5]

A fotografia dos dois juntos correu o mundo. O *Daily Mirror* a colocou no topo da primeira página. O Kaiser gostava de ser fotografado ao lado de seus primos da realeza inglesa, mas, neste caso, a expressiva cena mostrava apenas um major da reserva em férias. Como muita gente, Wilhelm sentiu que Winston caminhava rapidamente para posições de maior importância e que o jovem major de hoje poderia se transformar, amanhã, no mais feroz adversário. Antes que esse dia chegasse, era prudente impressionar Winston com o determinado espírito militar alemão.

Em alguns círculos da Inglaterra, porém, a fotografia foi motivo de

Vidas privadas

risos. Lá estava mais uma vez o novato, agora se achando no mesmo nível de monarcas poderosos, desconhecendo completamente quão insignificante parecia ao lado do Kaiser com seu capacete lustroso, capa longa e espada imperial. Foi uma oportunidade que a *Punch* não podia deixar passar. Mais ou menos uma semana depois surgiu a inevitável caricatura com um Winston com cara de garoto apontando o dedo para Wilhelm e lhe ensinando táticas militares. "Por favor, majestade," diz "nosso Winston" na legenda, "se durante as manobras surgir algum ponto que não entenda perfeitamente – que não consiga acompanhar – não hesite em me perguntar!"[6]

Se Churchill pudesse ter dito para o Kaiser o que pensava, não o teria feito feliz. As diversas tropas simulando batalhas impressionavam no sentido teatral, mas não militarmente. Todos os esquadrões de cavalaria em plena carga, as lanças reluzentes ao sol, proporcionavam um espetáculo fantástico, mas Churchill sabia por sua experiência que armas modernas os destroçariam rapidamente. Sua participação na carga em Omdurman o ensinara que tais assaltos estavam obsoletos. "Nunca mais haverá tolos desse tipo no mundo," é o que passou a acreditar depois de deixar o campo de batalha no Sudão. Ainda assim, os alemães estavam praticando táticas da década de 1870, como se o mundo fosse o mesmo no século XX.

Ouvira murmúrios entre alguns oficiais alemães de que seus métodos estavam ultrapassados e, na verdade, logo seriam modernizados. Por enquanto, porém, nada que vira fora capaz de alarmá-lo. Embora apreciasse toda a atenção que os alemães lhe dispensaram, deixou os exercícios mais cansado do que encantado. Ficou esgotado com a eficiência e diligência prussianas. Nunca teve um tempo livre e era levado apressadamente de um evento para outro, retomava a atividade bem cedo na manhã seguinte e terminava tarde da noite. "Nunca estive tão carente de sono," disse posteriormente.[7]

No relatório que apresentou a Lord Elgin, registrou a tendência dos alemães por demonstrações teatrais e o aparente desprezo pelos efeitos das armas modernas. Todavia, deu crédito aos germânicos pela superioridade em "efetivos, qualidade, disciplina e organização." Salientou que, por si só, eram "quatro bons caminhos para a vitória."

———

As viagens de Winston pelo continente o mantiveram afastado da Inglaterra por quase dois meses e, quando regressou, ficou desalentado ao saber que sua família estava ameaçada por um escândalo. O Duque e a Duquesa de Marlborough enfrentavam problemas. Após onze anos de casamento, não se suportavam e não se preocupavam em esconder o fato. Sunny tinha fama de perder a paciência e fazer observações cruéis, e Consuelo – orgulhosa herdeira americana – só esperava ser ofendida para devolver o insulto na cara do marido. Cada um acusava o outro de ser infiel, embora o ciúme de Sunny fizesse com que exagerasse o problema e imaginasse que Consuelo tinha amantes se escondendo sob a cama.

Tinham acontecido cenas tempestuosas em Blenheim. Depois de passar tenso fim de semana como convidada na casa, a escritora Pearl Craigie – uma das amigas de Jennie – achou que o clima era mais de uma prisão do que de um palácio. "Eu não suportaria a vida em uma dessas casas," escreveu. "Preferia morrer em um sótão, mas preservando meu ideal. Não existe afeição naquele ambiente. O pobre duque parece doente e desgostoso." Em outubro, o casal se separou, e Consuelo foi se refugiar em sua casa de Londres e com o pai em Paris. As notícias sobre a separação do casal logo se espalharam pela sociedade. Em seguida foi assunto para a imprensa americana, onde Sunny era vivamente atacado como o perverso duque inglês que casou com uma americana inocente de olho em seu dinheiro.[8]

Sunny podia sobreviver a quaisquer ataques desse tipo, mas isso era ruim para a família em geral e para Winston em particular. Havia a possibilidade de o casal em litígio acabar no tribunal. O pai de Consuelo, William Vanderbilt, ameaçava entrar com um processo e, nesse caso, a onda inevitável de publicidade sórdida não faria bem à carreira política de Winston. Com a ajuda da mãe, Winston tentou arranjar uma trégua.

Jennie não ajudou muito. Firme e sincera, disse coisas que Consuelo interpretou mal e começaram a brigar. Após calorosa discussão, Jennie lhe enviou dura nota em que dizia, "Deixei sua casa profundamente ferida e magoada com sua conduta inexplicável. Esforcei-me para entender o estado de espírito em que deve estar diante de crise tão terrível em sua vida, mas realmente foi um golpe inesperado você se voltar *contra mim*, logo eu, que tenho sido não apenas uma amiga fiel, que não podia ter sido mais leal e afetuosa mesmo que você fosse uma irmã."[9]

Naqueles dias, Jennie enfrentava seus próprios problemas e não estava em boa posição para aconselhar a esposa de Sunny. Seu

Vidas privadas

próprio casamento com George Cornwallis-West, muito mais novo, lentamente começava a declinar. Com frequência cada vez maior, George passava mais tempo longe dela, supostamente a negócios, em longas pescarias ou em outras excursões pelo país. Também perdera muito dinheiro em investimentos malfeitos e má administração de suas finanças. "Durante todos os anos em que vivemos juntos, "disse ela mais tarde a respeito de seu casamento, "os únicos desentendimentos sérios que tivemos foram sobre dinheiro." Ele acusava Jennie, afirmando que "seu defeito era a extravagância," mas em 1906 ele foi o responsável pela perda de 8 mil libras, e um amigo rico teve que salvá-lo da ruína no último instante.

As dificuldades no casamento fizeram com que Jennie ficasse impaciente e mal-humorada. Chegava a explodir com Winston e sentia-se infeliz quando isso acontecia. Uma noite, depois de discutir com ele, não conseguiu ir para a cama sem se desculpar. "Meu querido Winston," escreveu, "Não consigo dormir sem antes lhe dizer, mais uma vez, que lamento as palavras que trocamos esta noite. E estava cansada e impaciente. Você sempre foi meu querido e eu o amo muito."[10]

Na situação em que estava, Jennie só piorou as coisas com Consuelo. Em contrapartida, Winston foi muito mais compreensivo a propósito da posição da jovem senhora e logo conquistou sua confiança. Ela confiou nele, ouviu seus conselhos e mais tarde lhe disse o quanto apreciara sua ajuda. "Tudo que você disse foi tão sensato," escreveu depois de uma de suas conversas.

Entretanto, ninguém considerava Sunny fácil de tratar e, desesperado, Winston foi se aconselhar com Hugh Cecil sobre a melhor maneira de administrar as complicações conjugais do duque. Embora Linky aparentasse ter gostado que perguntassem sua opinião, não tinha muita esperança de que algum dia Sunny se reconciliasse com a esposa, achando que no fim a questão prejudicaria a reputação de Consuelo e a dele próprio.

Mas Winston não desistiu e, nos primeiros meses de 1907, chegou-se a uma paz delicada. Sunny e Consuelo concordaram em manter suas vidas separadas de forma reservada e serena. Dividiram a custódia dos filhos e, em 1921 – quando já estavam crescidos – finalmente o duque e a duquesa se divorciaram. Cada um se casaria mais tarde. Circularam rumores envolvendo o casal durante a separação e, embora no fim de 1906 Winston esperasse que tudo seria uma "catástrofe," todos foram poupados do calvário público que ele temera.[11]

Quando escreveu sua autobiografia na década de 1950, Consuelo tinha a vantagem de olhar para trás e poder ver Winston como futuro primeiro-ministro, mas o que mais lembrava a seu respeito não era qualquer indicação do estadista em crescimento, mas o total contraste entre sua personalidade e a de Sunny. O duque tinha tantas coisas materiais que Winston lutava para conseguir e, mesmo assim, Sunny parecia mais definhado e amargo, exatamente o oposto do que indicava seu apelido. Na opinião reconhecidamente abalizada de Consuelo, seu marido era um espírito derrotado, à moda da velha aristocracia, e Winston representava sua revitalização.

"Se era por seu sangue americano," escreveu a duquesa referindo-se a Winston, "ou pelo entusiasmo e a espontaneidade juvenis, qualidades que infelizmente faltavam a meu marido, eu adorava sua companhia (...) Para mim ele representava o espírito democrático tão estranho em meu ambiente e cuja falta eu tanto sentia."[12]

Justamente quando Churchill achava estar livre do escândalo, Richard Harding Davis publicou sua coleção de curtas histórias biográficas, *Real Soldiers of Fortune*. À primeira vista, o relato das aventuras do jovem Churchill pareceram inofensivas. Fez descrições bem explícitas do jovem guerreiro em combate e fez longo resumo dos comentários do próprio Churchill sobre sua fuga dos bôeres. Porém, como exemplo significativo das aventuras de Churchill fora do campo de batalha, Davis escolheu um incidente meio esquecido que agora certamente causaria apreensão.

Reviveu a história de Winston aos dezenove anos provocando desordens no Empire Theatre, em Londres, ao defender valentemente as moças do teatro musical dos que faziam campanha contra os maus costumes. A versão contada por Davis devia se basear no que Churchill podia ter lhe contado em um momento de indiscrição, ou, mais provavelmente, em histórias repetidas por Ethel Barrymore, que, ao que tudo indica, via o episódio como fascinante exemplo de seu espírito liberal. Mas Davis fez com que parecesse muito mais uma noite de libertinagem, e Winston ficou mortificado ao ler a passagem. Pela narração de Davis, Winston fez de tudo, desde se balançar nos candelabros a beber champanhe num sapato de salto alto.[13]

Agora, membro do governo e jovem líder do Partido Liberal, a última coisa que Churchill desejava era uma triste cena em um livro o mostrando como o cabeça de uma tumultuada manifestação em defesa das belezas do teatro musical. Inicialmente, esperava que os ingleses não dessem atenção ao livro, mas logo a imprensa descobriu a passagem sensacional e bateu à sua porta para fazer perguntas. Ele se recusou a fazer qualquer comentário e ficou vendo para ver o que aconteceria. Enquanto isso, pensou em processar Richard Harding Davis e lhe escreveu severa nota afirmando que considerava a passagem "difamatória e injuriosa."

Tendo em vista que o incidente ocorrera mais de dez anos antes, não houve muito a dizer além do que estava narrado em *Real Soldiers of Fortune*. Em consequência, a história atraiu pouca atenção, a não ser como tema de algumas piadas passageiras sobre o subsecretário e o Império. "Mr Davis é muito franco em algumas coisas que conta sobre Mr Churchill," comentou um crítico em *Black and White*. "Não parece sensato a esta altura repetir essa história sobre o *"Empire"* – o teatro, não o outro."[14]

Talvez Winston estivesse exageradamente sensível na questão das garotas do musical. Tinham a fama de serem as acolhedoras anfitriãs de vida fácil e, muitas décadas depois, Harry, filho de Lord Rosebery, lembrou que Churchill não perdeu interesse nelas depois daquela noite no fim da adolescência. Harry gostava de contar certa história ocorrida quando Winston já era alguns anos mais velho e os dois tinham saído com um par de "coristas de teatro." Afirmou que no fim da noite cada um foi para sua casa com uma delas. Posteriormente, se encontrando com a que ficara com Winston, perguntou como fora o resto da noite. A resposta da moça o surpreendeu. Disse que nada acontecera além de conversarem "até altas horas falando dele mesmo."[15]

———

Talvez Winston se preocupasse tanto com sua reputação no início de 1907 porque a primeira vaga no gabinete se abrira e ele não conseguiu ser indicado para o cargo. Fingia não ter se importado, mas alguém na imprensa andara especulando se ele seria o próximo a integrar o Gabinete e, quando isso não aconteceu, acusou ter sofrido um revés. Estava recebendo tanta atenção da imprensa que um escritor reclamou: "Tudo faz parte do mais habilidoso esquema de publicidade jamais praticado, com o único objetivo de promover uma obsessão por Winston Churchill."

O primeiro-ministro lera as histórias publicadas nos jornais e se apressou em assegurar a Winston que não estava perdendo o prestígio que desfrutava com ele. "Precisamos de sua ajuda lá (no Ministério das Colônias)," escreveu Campbell-Bannermann em 22 de janeiro. "Estou certo de que você se beneficiará com a permanência no MC, por mais atraente que possa parecer uma mudança." Contudo, essa não era a história toda. O primeiro-ministro considerara seriamente sua promoção e acabara decidindo contra em parte por recomendação de John Morley. A vaga aberta era a de ministro da Educação, cargo que Winston não apreciaria e que em nada contribuiria para enriquecer sua reputação, mas era ministerial com assento no Gabinete e isso ele queria.[16]

Ao escrever ao primeiro-ministro afirmando que seu jovem amigo era "inadequado e impensável" para ministro da Educação, Morley estava querendo o melhor para Winston e para o país. Os liberais mais antigos estavam criando mais confiança e respeito pela competência de Winston, mas ainda temiam lhe atribuir muita responsabilidade e estavam felizes ao vê-lo batendo asas sob o olhar vigilante de Elgin no Ministério das Colônias. Porém, para Winston essa cautela era sinal de que teria que esperar longo tempo para aspirar melhor posição. Não pôde ficar satisfeito ao saber que o ministério da Educação fora atribuído a uma escolha segura e convencional, Reginald McKenna, mais de dez anos mais velho e pessoa sóbria, respeitável. Reggie, como era conhecido, era um genuíno liberal de feições comuns que morava com a irmã e mantinha perfil discreto. Se McKenna era o tipo de homem que o Gabinete queria, o futuro de Winston como liberal poderia não ser tão brilhante quanto ele esperava.[17]

Foi bom não saber a razão de o primeiro-ministro promover McKenna. Teria aumentado a preocupação com sua reputação. Escrevendo para Asquith, C.B. explicou que McKenna "tinha praticamente todas as qualidades" para o cargo, "todas, exceto notoriedade, que é bom faltar." Em comparação, obviamente Winston tinha mais "notoriedade" do que os demais membros do Gabinete juntos. A outro colega, C.B. explicou que a promoção de Winston "seria a esperada pelo público e que a imprensa já estava anunciando. Ele vem cumprindo brilhantemente sua missão onde está e está dominado por impulsiva e fervorosa ambição. Porém, é um liberal recente e seu futuro ainda é um tanto incerto." Não importava o desempenho de Churchill hoje, sempre haveria o medo de que desabasse ou se queimasse amanhã. "No momento, o primeiro-ministro não quer ouvir falar em Winston no gabinete," registrou o bem informado cortesão Lord Esher em janeiro. "Ele é como Gladstone, antiquado e não gosta de jovens apressados."[18]

Mesmo assim, um membro do gabinete achou que C.B. cometera um erro, e que o cargo devia ter sido oferecido a Churchill. Foi Asquith, que

Vidas privadas

ainda não era íntimo de Winston, mas cuja admiração por seu trabalho na Câmara dos Comuns aumentava cada vez mais. Considerava a competência de McKenna para o cargo "inferior" a de Churchill e questionou se seria mais inteligente fazer a escolha mais segura e não a menos convencional. McKenna trabalhara para ele no Tesouro, de modo que Asquith estava em condições de avaliar os méritos relativos de ambos.[19]

Winston não sabia que tinha em Asquith um novo admirador, mas logo descobriria, embora não pelo próprio. Ao contrário, soube por sua filha, que compartilhava a admiração do pai por Winston e desejava conhecê-lo melhor.

13

A Donzela Politizada

Winston Churchill e Violet Asquith se tornaram grandes amigos na primavera. Ela acabara de completar vinte anos e desfrutava a fama de ser a única filha adulta do ministro das Finanças. Vários jovens simpáticos pareciam interessados nela, mas não estava disposta a se casar e achava a maioria dos homens de sua idade um tanto tolos e previsíveis. Devotada ao pai, adorava nada menos do que discutir política com ele e acompanhar os últimos acontecimentos pelo noticiário. Sua madrasta, Margot, se preocupava com o fato de Violet ser tão inteligente e séria que nunca encontraria alguém compatível para casar.

Violet precisava ser menos exigente, insistia Margot, dizendo a uma amiga: "Você precisa oferecer ouro se deseja ouro em troca (o homem certo), mas Violet está sempre dando cobre. Ela é brilhante, na verdade, brilhante demais!"[1]

Também era bonita sob um ângulo que a colocava à parte da beleza média da Era Edwardiana. Sua figura não lembrava uma estátua ou um busto, seu nariz era um pouco longo, os cabelos eram finos e ondulados, um pouco rebeldes. Entretanto, as feições eram atraentes de uma forma simples, fresca, natural. Tinha um olhar brilhante, curioso, os lábios carnudos, um queixo firme e cintura delicada. Ettie Grenfell achava Violet tremendamente bonita e a encorajava a se apaixonar quantas vezes e tão intensamente quanto tivesse vontade. "Querida, há todo um território à tua frente para devastar," disse-lhe Ethel. "Multidões que eu quero ver na poeira, aos teus pés."

Talvez não fosse mera coincidência o fato de Violet e Winston começarem sua intensa amizade em um fim de semana de abril de 1907, em Taplow Court, como convidados de Ettie. (Willie Grenfell agora era membro da Câmara dos Lordes, de modo que Ettie se tornara Lady Desborough.) Como mencionou Violet mais tarde em carta a uma amiga, aquela reunião de fim de semana foi particularmente importante porque foi a primeira oportunidade para conversar longamente com Winston. Já tinham se encontrado socialmente no ano anterior, mas apenas trocando

A donzela politizada

gentilezas. Agora, após um fim de semana com os habituais jogos e divertimentos em Taplow – charadas, bridge, tênis, caminhadas ao longo do Tâmisa – concluiu que havia poucas coisas tão estimulantes quanto conversar com Winston. Seu senso de humor e a conversa sobre temas políticos eram diferentes de tudo que encontrara em outros homens, exceto, claro, em seu pai. Conhecer Churchill, afirmou, a enchia de uma sensação "nova e excitante."

Enviou a Ettie uma entusiasmada nota de agradecimento: "Estar com você sempre me deixa feliz," disse, "com ou sem brigas de balões d'água."[2]

Sua alegria com a companhia de Winston cresceu durante os meses seguintes. Encontraram-se em bailes e banquetes, ou na casa dela, quando Winston visitava seu pai, ou na Câmara dos Comuns antes de um grande debate. Nos bailes, tão logo ele chegava, Violet "jogava para o alto todos os compromissos de dança" e o levava para um canto onde ficavam conversando horas a fio enquanto os outros dançavam.

"Será, como diziam as pessoas, que ele ficava inebriado com as próprias palavras?" – indagava para si mesma. "Não me importava, só sabia que eu ficava."

Finalmente, aos trinta e dois anos, Winston encontrara uma mulher que sabia lhe dar o valor que ele sabia possuir. Violet não duvidava de seus talentos ou se queixava de seu ar e sorriso confiantes em instantes de absoluta introspecção. Viu desde o início que ele vivia tão profundamente seus pensamentos que às vezes parecia desligado de tudo, mergulhado em seu próprio mundo, "como um homem dentro de um sino de mergulho," como ela mesma definiu. Durante o verão começou a surgir uma ligação especial entre eles, indestrutível, como pensava Violet. Foi como se ela tivesse encontrado a chave para abrir seu coração. "Por abençoada casualidade," escreveria mais tarde, "encontrei o caminho para entrar no sino e nunca o abandonei."[3]

Estas últimas palavras foram escritas quando ela estava nos seus setenta anos. Adorava a boa linguagem e sabia como redigir uma frase de efeito, mas nada publicou de substancial até 1965, quando, logo após sua morte, surgiram suas memórias, lembrando sua amizade com Churchill. (Foram publicadas na Inglaterra como *Winston Churchill as I Knew Him*, e nos Estados Unidos como *Winston Churchill: An Intimate Portrait*.) De modo geral, o livro foi recebido respeitosamente, como visão reveladora de Winston em sua vida privada. (O *New York Times* descreveu Violet como "afetuosa admiradora.") Todavia, como a imagem do homem público era tão onipresente e a maioria o via apenas como homem famoso com seu charuto e sorriso endiabrado, o retrato de Churchill no período edwardiano mostrado por Violet – época em que esteve mais ligada a ele – não causou muita impressão e logo foi posto de lado, superado por livros que o focalizavam como o grande estadista dos últimos anos.[4]

Teria sido melhor se ela não tentasse mostrar – em parte por razão de decoro – que Winston fora apenas um amigo. Suas memórias revelam claramente a história de um amor não correspondido e isso fica evidente em inúmeras passagens. Ela escreve com entusiasmo sobre se sentir estar "sufocada" e "fascinada" na companhia de Winston, "ver estrelas" quando sentava a seu lado e sentir "um grande vazio" quando ele se ausentava por longo tempo. Existe algo mais profundo do que amizade em sua declaração quase no fim do livro, quando afirma que ele era o "farol" que "iluminava" sua estrada na vida. "Por dez anos," escreveu, "meu primeiro impulso, em qualquer momento de crise, foi saber a posição de Winston em relação ao que estava ocorrendo. Além de meu pai, era dele o pensamento cuja reação aos acontecimentos eu esperava mais ansiosamente."

Violet começou o livro com uma conversa entre os dois por ocasião de um jantar que aconteceu antes daquele importante fim de semana na casa de Ettie. Pelo que se depreende de suas cartas e dos registros de seu diário, ela confundiu esse jantar com os de Taplow, mas a cena abarca a essência de suas primeiras conversas, envolvendo poesia, história política e mexericos. Muitas lindas moças de seu tempo teriam fugido em lágrimas de enfado ou de alarme enquanto Winston arengava sobre a brevidade da vida humana e sua determinação de realizar grandes feitos no pouco tempo de vida disponível. Sem o menor traço de modéstia, ele disse a Violet: "Nós todos somos insetos. Mas eu creio que sou um vaga-lume."[5]

Winston gostava de falar e Violet gostava de ouvir. Mais importante, ela compreendia perfeitamente a natureza de sua conversa, que, essencialmente, era Winston pensando alto, mas em forma que parecia perfeitamente organizada, com sentenças rebuscadas e epigramas espirituosos. Era uma representação, mas cheia de idas e vindas inesperadas, sem concessões às usuais convenções de uma conversa refinada. O segredo para sua fascinada ouvinte para se integrar à conversa era entrar e sair agilmente do curso da conversa sem perturbá-la. Ao que parece, desde o começo Violet foi exímia praticante desse segredo.

Em inúmeros aspectos os dois eram bastante parecidos: muito opiniáticos, de vontade forte, idealistas, românticos, intensos. Tanto quanto ele, ela podia ser opressora e exigente. E também igualmente combativa. Poucas vezes divergiam, simplesmente porque suas opiniões eram tão similares. Às vezes, Violet dava a impressão de ter encontrado na mente de Winston um espelho refletindo sua própria imagem. Margot – que considerava Winston e Violet duas das mais inteligentes pessoas que conhecia – certa vez disse que sua enteada, "embora intensamente feminina, daria um homem notável."[6]

Entretanto, por mais que gostasse de sua companhia e admirasse sua inteligência, nunca Winston pareceu sentir a centelha de paixão que tanto alimentava a atração de Violet por ele. Ele não estava procurando um Winston-mulher. Buscava o mesmo que, em seu julgamento, o pai encontrara em Jennie: uma bela mulher embalada em um ar de mistério, uma estrela reluzente para guiá-lo e inspirá-lo, a musa que também seria companheira. Violet entendia o romantismo que havia em Winston, mas não era suficientemente romântica para ele. Era um pouco jovem demais, muito complicada e intimidante para ser sua estrela guia.

Em 1907, contudo, não havia mais ninguém no horizonte. Violet era a única mulher jovem em quem podia confiar, que não ria quando ele se dizia um "vaga-lume."

Se Churchill quisesse manter uma relação séria com Violet, teria de considerar cuidadosamente as atitudes e expectativas do pai e da madrasta da moça, especialmente desta última. Caprichosa e impetuosa no que lhe agradava e desagradava, Margot era um pacote de dinamite ambulante e ninguém sabia prever quando e onde explodiria. Era perfeitamente capaz de hoje pensar que Winston era coisa do demônio ("um pequeno gênio traiçoeiro que gosta de sensações," como o chamava) e, no dia seguinte, resolver que ele era inofensivo e podia ser tolerado ("Winston é uma criança (...) é esse lado dele que *realmente aprecio*").

De modo geral, desaprovava a relação de Winston com sua enteada por achar que incutia ideias fora da realidade na cabeça de Violet. Também estava convencida de que ela se comportava de maneira diferente após passar tempo demais em sua companhia. Achava que sua enteada sempre ficava insuportavelmente convencida depois de conversar com Winston. "A atenção dele gera vaidade," gracejava Margot.[7]

Winston fazia quanto podia para satisfazer a sensível esposa de

Asquith. Consuelo Marlborough, que dela lembrava como "pequenina e extraordinariamente magra," com "nariz de falcão e olhos astutos," a considerava dominadora e rabugenta. Margot tinha o hábito de entabular conversa com as pessoas e subitamente insultá-las. "Achava difícil ouvir," disse Consuelo. "Costumava disparar exclamações que soavam como foguetes e adorava dirigir críticas ou fazer observações mordazes."

Anos depois, Winston faria avaliação muito mais generosa de Margot, afirmando que era "uma grande mulher, atrevida, audaciosa, uma criatura ardorosa." Pela mãe, conhecia a vida pregressa de Margot, figura jovem e arrogante da sociedade, que falava livremente o que pensava, cativava homens mais velhos com sua maneira franca e cavalgava com o desprendimento de um "peso-pena destemido," usando expressão de Churchill.[8]

À medida que ficava mais velha, tornava-se mais problemática. Seu casamento com Asquith era ao mesmo tempo alegre e cansativo. A primeira esposa de Asquith morrera em 1891, deixando cinco filhos pequenos, quatro meninos e Violet. Três anos depois, Asquith casou com Margot, de trinta anos, que se esforçou para ser boa mãe dos filhos de outra mulher e muitas vezes fracassou. Teve cinco filhos com Asquith, mas perdeu três no parto e essas mortes contribuíram muito para amargurar sua vida e debilitar sua saúde.

Asquith – que ela sempre chamou Henry – piorava as coisas com seus namoros. Tinha um fraco por mulheres mais jovens, como a Pamela de Winston, mas sempre voltava para Margot, que habitualmente se fazia de cega diante dos curtos períodos de deslumbramento do marido.

Margot gostava de acreditar que exercia grande influência sobre o pensamento de Asquith. A propósito, Henry se preocupava em deixá-la contente, balançando a cabeça em aparente concordância com as ideias de Margot, mas dava tanta atenção às suas opiniões quanto às de Violet – e isso era muitas vezes fonte de conflitos familiares. Frequentemente as duas se estranhavam. Para Violet, os modos instáveis de Margot e sua língua ferina eram difíceis de tolerar. Havia momentos em que as duas quase se engalfinhavam. Depois de um desses tensos confrontos, Margot ficou tão enraivecida pela "forte vontade" de Violet que rabiscou em seu diário, "Seria capaz de socá-la."[9]

A tendência da sociedade era tolerar Margot por se tratar da esposa de Henry. Nos últimos anos, havia muito menos deferência para com ela. Quando, nos anos 20, apareceu a autobiografia de Margot, Dorothy Parker declarou em tom mordaz, "A união entre as duas Margots Asquith será para sempre a mais linda história de amor de toda a literatura." Em caráter privado, um diplomata americano reclamou que "talvez ela fosse a personalidade mais irritante do mundo."

Porém, seus melhores insultos eram verdadeiras pérolas e serão sempre lembrados. O que não se pode recuperar é a forma como os disparava com sua voz grossa e profunda, que seu neto dizia ser "grave como a de um homem." A mais famosa das ofensas que protagonizou foi a que proferiu por ocasião de visita que fez aos Estados Unidos no início da década de 1930. Lá conheceu Jean Harlow, que pronunciou erradamente seu nome, como "Mar-gote" – e ela imediatamente explicou: "Minha querida, o 't' é mudo, como em *Harlow*."[10]

———

Na meia-idade avançada, Herbert Henry Asquith tinha uma aparência vistosa, a cabeleira grisalha na cabeça bem conformada. Era fácil imaginá-lo um senador na antiga Roma, e muitos caricaturistas gostavam de retratá-lo de toga. Era pequeno e corpulento, de compleição sólida. A não ser jogando golfe, raramente fazia exercícios. Certa vez, quando uma frenética Margot lhe disse que perderiam o trem se não corressem, ele replicou calmamente: "Não corro muito."

Reservado em público, parecia um estadista de modos discretos, mas na vida privada rapidamente baixava a guarda e revelava sua queda por uma bebida forte, uma relaxante partida de bridge, uma rodada suave de golfe ou um instante roubado com uma moça bonita.

Winston não tinha dificuldade para interagir com Asquith em eventos puramente sociais, mas sempre achou o velho companheiro difícil de entender quando a conversa convergia para assuntos de estado. Henry era cuidadoso em confiar nele, mas, ao contrário de Margot, ficou satisfeito quando Violet começou a se aproximar de Winston. Ouvia pacientemente os relatos extasiados que ela fazia sobre os mais recentes comentários e atividades dele. Na primeira vez em que ela lhe disse que Churchill era um "gênio," riu e disse: "Bem, nesse ponto Winston certamente concorda com você."[11]

Porém, compreendia seu entusiasmo, que o contaminava. Havia algo no ímpeto sem limites de Churchill que o fazia lembrar suas próprias ambições da mocidade. Como jovem advogado, passara muitos anos esperando a chance para progredir na profissão e ainda lembrava a dolorosa frustração daqueles dias. A um amigo, confidenciou: "Ninguém que não tenha passado por isso pode avaliar o frio, paralisante e desmoralizante abatimento causado pela esperança protelada, pela energia e vigor desperdiçados." A imprensa e muitos de seus colegas sempre se divertiram ridicularizando a impaciência de Churchill, mas Asquith tinha suas razões para ser mais compreensivo.[12]

Diante da devoção de Violet, Churchill tinha plena consciência do benefício que ela lhe proporcionava em relação a seu pai. Henry talvez fosse simpático à ideia de ver Violet casada com seu novo herói. Do ponto de vista de Winston, contudo, era discutível se as vantagens de ser genro de Asquith compensavam as desvantagens. Os liberais não estavam dispostos a ver o surgimento de sua própria versão do "Hotel Cecil" e ficar distribuindo favores a parentes, de modo que Churchill podia facilmente avaliar que o casamento com Violet, em vez de ajudar sua carreira, seria capaz de atrapalhá-la. Se atrelasse sua estrela a Asquith, talvez sua carreira progredisse, mas também poderia levá-lo à queda.

Entretanto, nas fileiras liberais Asquith era em geral visto como favorito para ser o próximo primeiro-ministro e, em junho de 1907, Churchill e outros membros do partido tinham bons motivos para acreditar que não estava longe uma mudança na cúpula. Naquele mês, Campbell-Bannermann sofreu um ataque cardíaco, o segundo em nove meses. Tentaram atenuar a gravidade de sua condição, afirmando que logo estaria de volta ao trabalho, embora seus médicos tentassem fazê-lo diminuir o ritmo. Todavia, o declínio de sua saúde não podia ser disfarçado e muita gente passou a se preocupar com a possibilidade de ele não durar muito tempo no cargo. Se C.B. renunciasse ou morresse, Churchill estava quase convencido de que seu sucessor seria Asquith. Como comentou com um colega mais tarde naquele ano: "Asquith deve ser o herdeiro, e tenho a certeza de que ninguém mais competente que ele ocupou o cargo desde Robert Peel."[13]

A questão para Churchill era saber se a inevitável reorganização do Gabinete o levaria a integrá-lo. Suas chances pareciam boas, pois já gozava de bom conceito junto ao futuro primeiro-ministro, além da calorosa aprovação de sua filha. Nesse ponto, para ele fazia sentido permanecer solteiro e ver onde ficaria quando fosse formado o novo governo.

De todas as famílias do Partido Liberal do país, Winston contava justamente tanto com as vantagens quanto com as desvantagens de atrair o apoio dos Asquiths. Desempenhariam papel crucial em sua ascensão ao poder e o tratariam como alguém da família. Todavia, sua ajuda teria considerável custo emocional e profissional, pois o envolveria em um drama complexo, cheio de elevadas expectativas e riscos ocultos. Em sua rica e tumultuada complexidade, os Asquiths lembravam uma família de comédia elizabethana onde superfícies brilhantes lentamente se dissolviam em tendências sombrias.

Violet oferecia uma porta para Winston penetrar no círculo íntimo da família, mas, uma vez dentro, precisaria manobrar cuidadosamente.

———

Na primavera de 1907, surgiram rumores ligando romanticamente Churchill a uma jovem mulher, mas não se tratava de Violet. Em 27 de abril, os editores do *Daily Mail* e do *Manchester Chronicle* escreveram para Churchill pedindo que confirmasse ou negasse a história de que ficaria noivo de Miss Helen Botha. Ele negou, mas a história foi reproduzida por outros jornais e em poucos dias se transformou em motivo de boas risadas de seus inimigos, que provavelmente foram os responsáveis pelo surgimento dos rumores. Para todos esses críticos conservadores que tinham condenado Churchill por supostamente menosprezar os serviços prestados por Lord Milner na África do Sul, nada era mais engraçado do que a ideia de ele casar com a filha do outrora temido comandante da resistência bôer, o general Botha.

Os Bothas – pai, filha e outros parentes – estavam em Londres para uma conferência de primeiros-ministros do império. Graças à lei de autonomia do Transvaal, tinham sido realizadas eleições e o general Botha era o novo primeiro-ministro. Agora desfrutava o respeito que lhe era devido por uma potência imperial que havia pouco tempo queria vê-lo morto. Os jornais pareceram surpresos com o fato de sua filha ser não apenas atraente, mas também por estar bem-vestida e ser razoavelmente sofisticada para uma moça que cresceu em uma colônia remota. Elogiaram seus lindos cabelos, o vestido rosa e o excelente inglês que falava, como se tais atributos em uma donzela bôer fossem algo excepcional. Ao que parece, Churchill a encontrou durante a conferência, que ajudou a organizar, mas pouco sabia a respeito da moça.

Para alguns dos tories amargurados, o espetáculo de Churchill e os liberais dispensando a Botha e sua família uma recepção calorosa foi como jogar sal em suas feridas. Viram Botha e Winston como traidores que se mereciam. Assim, imaginar Churchill casando com o que consideravam a filha meio civilizada de um homem que derramara tanto sangue inglês foi algo que lhes trouxe sarcástica satisfação. Era o que Churchill merecia por sua traição, teriam dito, se divertindo com a ideia de Winston ser pai de um punhado de pequenos Bothas. (Essas críticas parecem ter ignorado que a força que capturou o jovem Winston na África do Sul era comandada pelo general.)

Para Churchill, já era bastante constrangedor se ver retratado como infeliz solteirão reduzido a implorar um compromisso com mulheres das colônias que passavam por Londres, mas, quando o rumor alcançou a única mulher com quem realmente pensava em casar, ela não resistiu a uma pilhéria. Muriel Wilson sabia que a história era falsa e que Winston não estava a fim de fugir com uma moça provinciana que mal conhecia. Mas ela gostava de brincar com suas emoções.

De sua mansão em Cap Ferrat, onde a primavera se apresentava gloriosa, escreveu a Winston a fim de lhe desejar felicidades com Helen Botha, brincando que ela já podia imaginar o dia em que ele a visitaria na mansão com toda a nova família. Não via a hora de recebê-lo ao lado de "Miss Botha e todos os pequenos Bothinhas," para "me ver e apreciar meu jardim." Winston estava acostumado com suas brincadeiras e pode ser que tenha apenas sorrido ao ler sua carta, mas não há dúvida de que o machucou.[14]

———

Helen Botha retornou ao ostracismo na África do Sul, mas seu pai ofereceu ao Rei um presente maravilhoso, que Churchill viu como homenagem a todos que lutaram por uma plena reconciliação entre bôeres e ingleses. Com aprovação de seu parlamento, Botha quis presentear o Rei, por ocasião de seu sexagésimo sexto aniversário, com o diamante Cullinan bruto, considerado o maior do mundo, massa acima de 3 mil quilates. Fora descoberto em uma mina sul-africana em 1905 e estava estimado em pelo menos 500 mil libras. Os tories fizeram pouco do presente, suspeitando de algum motivo mais tenebroso por trás. Churchill descreveu suas objeções como "risinhos e resmungos malévolos de desapontamento." Todavia, alguns liberais também alimentavam essa dúvida, questionando se era apropriado aceitar aquela pedra tão valiosa. Churchill repudiou essa reação insensível e foi o mais ativo defensor da aceitação.

Na Câmara dos Comuns, elogiou o anúncio do presente como "um acontecimento maravilhoso" e declarou: "Provavelmente ainda será lembrado por centenas de anos após grande parte da legislação em que estamos trabalhando ser esquecida."

Entretanto, o governo hesitou. "Acredite-me," insistiu Churchill assessorando oficialmente o Rei, "é uma manifestação legítima e

A donzela politizada

desinteressada de lealdade, vinda do coração de um povo singular e formidável."

O Rei concordou, aos poucos o Gabinete chegou à mesma conclusão e, em 9 de novembro de 1907 – aniversário do monarca – o Ministério das Colônias enviou um emissário com forte guarda entregar o diamante a Edward. Mais tarde foi cortado e duas pedras extraordinárias foram acrescentadas às joias da coroa: a Primeira Estrela da África, montada no cetro do Rei, ainda o maior diamante burilado do mundo; e a Segunda Estrela da África, incrustada na coroa imperial. Como lembrança, Churchill recebeu uma reprodução em vidro do diamante bruto.

Anos mais tarde, por ocasião de um demorado almoço em sua casa, Winston quis mostrar a reprodução e pediu para que a trouxessem para a mesa. Quando, após longa busca, a trouxeram em uma bandeja, um dos convidados olhou para aquela massa branca e, pensando se tratar de algum tipo de geleia, disse: "Não, muito obrigado."[15]

14

Um Lugar ao Sol

O OUTONO DE 1907 ENCONTROU CHURCHILL desfrutando outra pausa na política, viajando mais uma vez pela França e a Itália a ver amigos. Uma de suas paradas foi em Veneza, onde Muriel estava com sua amiga milionária Helen Vincent, proprietária do Palazzo Giustiniano, no Grande Canal. Em 1904 John Singer Sargent pintara retrato de Helen em Veneza recostada à parede junto de uma de suas sacadas. Com os ombros alvos envoltos em vestido preto de seda com adereços brancos e dourados, nesse retrato ela parecia em cada detalhe a deusa edwardiana dos sonhos de Churchill, com o mesmo ar de mistério que identificava em Muriel.

Winston sentiu-se no céu em um dia calorento do fim de setembro quando Helen Vincent o convidou para almoçar e, nessa ocasião, Muriel lhe fez companhia em um passeio de gôndola pelos canais.

"Um sonho de mulheres formosas," escreveu a Pamela, que pertencia à mesma categoria. "Pode me imaginar como um paxá. Quem dera que eu fosse."[1]

Para ele seria insuportável lá permanecer e ver a magia se dissolvendo à medida que Muriel e Helen voltassem a atenção para outros interesses, mas, nessa folga de outono, além do lazer havia negócios para ocupá-lo. Deveria estar em Malta dentro de duas semanas, de onde começaria longa viagem às colônias inglesas no Mediterrâneo e à África Oriental. Inicialmente, a viagem não tinha cunho oficial porque fez com que Lord Elgin acreditasse que não passava de "uma excursão particular." Todavia, por trás dos panos, Winston a transformou em missão exploradora com todas as características de viagem oficial. Foi uma espécie de "périplo da realeza," usando a alegre descrição feita por Jennie, com seu filho desempenhando o papel de um príncipe do segundo escalão inspecionando diversos postos avançados do império.

Antes que Elgin se desse conta do que estava acontecendo, Winston manobrou para que Eddie Marsh o acompanhasse e para que um cruzador da marinha os levasse aonde desejasse ir. Com quase 400 pés de comprimento e armado com onze canhões de seis polegadas, o *HMS*

Venus parecia o tipo de navio a serviço de um príncipe. Foram reservados dois camarotes para uso pessoal de Churchill e lhe foi concedida permissão para observar da ponte de comando todas as operações realizadas pela belonave. Quando entraram no Mar Vermelho no fim de outubro, gabou-se com Jennie de que estava "se tornando um grande marinheiro." (Depois que na Inglaterra circulou a notícia de que o Almirantado estava "emprestando" o cruzador a Churchill, conta-se que um experiente tory fez uma piada, "espero que o Almirantado o consiga de volta.")

Lord Elgin nunca entendeu como Churchill conseguiu tudo isso. Muitos meses depois ainda estava confuso, quando, se referindo à viagem, comentou: "Realmente não sei como ele a transformou em missão oficial tão imprescindível."[2]

Como sempre, Churchill tinha grandes ideias e as queria em execução sem demora. Em todas as oportunidades enviava os necessários relatórios sobre assuntos coloniais para Londres, explicando as últimas novidades que soubera sobre Chipre ou o protetorado na Somália. Os funcionários de seu gabinete, porém, temiam receber esses relatórios, porque significavam aumento expressivo de papelada. "Oito cartas de Winston no sábado!" – exclamou um funcionário graduado, reclamando com Elgin que Churchill era "cansativo demais para se lidar com ele."[3]

Ao contrário de servidores do Ministério das Colônias dos velhos tempos, que precisavam de alguns minutos para localizar no mapa "esses lugares," Winston queria realmente conhecê-los e conversar com as pessoas que lá viviam. Conforme sua expectativa, houve uma reorganização do gabinete no ano seguinte e sua primeira escolha era o cargo de Elgin, e esperava que a viagem fortalecesse suas qualificações. Havia inúmeros liberais que conheciam as colônias mais antigas, já estabilizadas, mas o grande objetivo da viagem de Churchill era explorar os vastos e desconhecidos rincões do Kenya e de Uganda, em parte no dorso de um cavalo ou a pé.

Depois que o cruzador da marinha o desembarcou em Mombassa, no Kenya, ele e Eddie – com um pequeno grupo de guias, empregados e vários funcionários locais – passaram todo o mês de novembro e a maior parte de dezembro percorrendo a África oriental até chegarem ao Nilo na extremidade norte do Lago Victoria, prosseguindo para Murchison Falls, de onde continuaram para Kartum e o Cairo. Com roupas cáqui e chapéus com proteção contra o sol quando estavam a pé, tinham uns 350 carregadores caminhando à sua retaguarda com a tralha e suprimentos. Eddie temia encontrar leões e, antes de deixar a Inglaterra, perguntou a

Mrs Patrick Campbell – a queridinha dos palcos londrinos – o que ela faria se recebesse a notícia de que um leão o devorara. "Primeiro, riria," respondeu ela, "e depois, ficaria muito, muito triste."[4]

Para Churchill, o ponto alto da viagem foi Uganda, que descreveu como "um belo jardim," de ponta a ponta. Adorou o povo local, que chamou uma "raça educada e inteligente," e gostou muito de conhecer o rei de onze anos de idade, que mais tarde lhe enviou seu retrato com mensagem muito bem escrita à mão que dizia, "As palavras na fotografia significam que sou seu amigo." O lugar parecia perfeito, acreditava Winston, mas havia um inimigo entrincheirado que constituía ameaça especialmente perigosa para europeus. "Uganda," resumiu, "é defendida por seus insetos."[5]

Churchill ficou preocupado no Kenya, onde viu problemas em fermentação. Temia que os "ferozes interesses próprios" dos colonos brancos inevitavelmente criassem conflitos com os nativos africanos, deixando a Inglaterra entre os dois grupos, tentando manter a paz. O que o impressionou em Uganda foi o progresso que a educação e a autodeterminação tinham alcançado no meio da população, mas não via o mesmo tipo de avanço no Kenya e via por uma ótica de superioridade a tribo Kikuyu e outras daquela terra, admitindo que desejavam aprender, mas "careciam de orientação."

Finalizou a viagem com uma recomendação especial para o Império: "Concentrar-se em Uganda." Via essa parte da África como modelo para o futuro desenvolvimento de todas as colônias. Mostrou como uma pequena ajuda das autoridades inglesas podiam realizar muito mais do que o pulso forte empregado tão arbitrariamente por Frederick Lugard. Nesse período idealista de sua vida, Churchill ainda acreditava que as diferenças raciais e culturais entre as colônias e o Império podiam ser superadas, mas achava que tudo dependia de busca mútua de três objetivos: "Disciplina justa e honesta, educação bem cuidada e disposição para o entendimento."[6]

Esses foram os objetivos listados em seu livro *My African Journey*, pequeno volume publicado no fim de 1908. Todavia, o interesse de seus leitores pelas colônias era muito menor do que por suas histórias sobre caçadas às grandes feras, fuga de crocodilos e viagem no limpa-trilhos de uma locomotiva. Apenas como contador de histórias de viagem, ele foi um sucesso, pois a narrativa e a prosa eram eletrizantes. O poeta escondido em sua alma quase fugiu com o livro, pontilhando-o com imagens memoráveis: Malta, "reluzindo no azul-escuro do Mediterrâneo;"

Um lugar ao sol

as "colinas áridas de Chipre antes das chuvas de outono;" o "longo corte vermelho das margens do Canal de Suez;" o "vasto pico nevado do Kilimanjaro;" os "borrifos de arco-íris" e o "trovejar das águas" nas quedas de Murchison.[7]

Para surpresa de Churchill, Eddie Marsh adorou a viagem e se portou bem do começo ao fim. Porque era mais alto e para os nativos parecia o de olhar mais firme, às vezes foi confundido com o líder da expedição. Isso divertia muito Churchill, porque Eddie era tão desajeitado como caçador de feras que seu rifle era mais perigoso para seus companheiros do que para os animais selvagens. Durante uma caçada foi advertido para guardar sua arma depois que Churchill o viu a girá-la enquanto recitava passagens de *Paradise Lost*. Mais tarde, Winston brincou contando que Eddie ficou tão feliz na África que se despiu e "se internou no mato, de onde só saía atraído com promessas de comida três vezes por dia."[8]

No fim da viagem, Churchill estava espantado com a extensão de território que percorrera em tempo relativamente curto. Em meados de janeiro de 1908 estava de volta a Londres, depois de viajar mais de 14 mil quilômetros através de uma variedade de climas quentes ao longo dos últimos quatro meses. Ficou surpreso por sobreviver sem problemas à jornada, mas não deixara de correr perigos. Malária e doença do sono eram ameaças constantes na África e ele temera ser vítima de uma ou de outra. Todavia, não enfrentou dificuldades até chegar a Kartum, onde um de seus acompanhantes na viagem – George Scrivings, que trabalhara com ele em Londres – adoeceu e morreu de cólera no dia seguinte.

Ficou arrasado com essa morte e, enquanto caminhava em direção ao túmulo para o sepultamento, não pôde deixar de pensar que a doença poderia perfeitamente tê-lo atacado, e não a seu funcionário. Também lembrou que em período anterior de sua vida comparecera a outro funeral naquela região do Sudão. "No dia seguinte à batalha de Omdurman," recordou, "coube a minha unidade enterrar os mortos do 21º de Lanceiros que tinham falecido durante aquela noite em consequência de ferimentos recebidos em combate. Agora, depois de nove anos (...) tive de voltar a este horrível lugar onde tanto sangue fora derramado e, mais uma vez, me vi diante de um túmulo aberto, enquanto o brilho amarelado do sol que se escondia ainda banhava o deserto e o som da salva fúnebre de tiros quebrava o silêncio"[9]

A riqueza do Império e o potencial dos vastos recursos levaram Churchill a novamente pensar na área pobre de Manchester que visitara com Eddie. Mais uma vez, ficou imaginando por que a Inglaterra construía um Império além-mar quando havia tanta necessidade de reconstrução em casa. Realizar o sonho imperial era, obviamente, mais estimulante do que combater o pertinaz problema da pobreza, mas seus adversários conservadores tinham aberto seus olhos para muitas coisas. Os tories o tinham empurrado para tão longe de seu campo que agora pensava segundo parâmetros mais radicais – pelo menos pelos padrões tories.

Estava chegando a hora de agir. Campbell-Bannermann não tinha comparecido à abertura do parlamento em 29 de janeiro de 1908, e sua doença cardíaca se aproximava dos estágios finais. Muitos admitiam que morreria até a primavera. Começando a planejar o novo governo, Asquith discutiu várias possibilidades com Churchill. Em carta de 14 de março, Winston explicou que o cargo de sua preferência era a chefia do Ministério das Colônias, mas acrescentou que estava cada vez mais preocupado com as questões sociais na própria Inglaterra e ansioso por compartilhar suas ideias com o resto do governo. "Olhando vagamente através de abismos de ignorância," escreveu, "diviso o esboço de uma política que chamo o Padrão Mínimo."

Churchill tinha em mente algo como as reformas que Beatrice Webb e seus amigos defendiam havia anos. Winston a chamava "rede de intervenção e regulamentação do estado," que esperava poder dar a todas as pessoas na Inglaterra um nível mínimo de segurança em áreas como emprego, habitação e pensões para aposentados. Para um político que deixara os tories apenas três anos e meio antes, era uma heresia. Porém, era o resultado de um avanço natural, começando com sua experiência nos métodos imperiais de "intervenção e regulamentação." Quanto mais pensava em reformar o Império, mais ficava tentado a começar pela reforma da Inglaterra.[10]

Entretanto, a diferença entre a posição de Winston e a de muitos outros reformadores radicais era seu foco no indivíduo, em vez do estado. Era pouco simpático a teorias sofisticadas e planos burocráticos, complexos e coercitivos. O problema era encontrar o equilíbrio entre direitos e deveres e definir o grau mínimo aceitável para a intervenção governamental. "Havia algumas coisas," afirmou em 1904, "que um governo devia fazer, não porque o faça melhor, mas porque ninguém mais poderia fazê-lo."[11]

Alguns dos amigos liberais de Winston acharam estranho um antigo conservador e filho de Blenheim subitamente se interessar tanto em melhorar a vida dos menos privilegiados. Charles Masterman, parlamentar da idade de Winston e que já escrevera um livro sobre a pobreza, *From the Abyss*, ficou abismado com o entusiasmo de Churchill pelo assunto. Depois de encontrá-lo em um fim de semana no campo, escreveu mais tarde de ter observado Winston "andando de um lado para outro na sala gesticulando e, impetuoso, despejando todas suas esperanças, planos e ambições. Só pensa nos pobres que acaba de descobrir." Posteriormente, enquanto conversavam à noite, Churchill declarou sem qualquer constrangimento visível, "Às vezes me sinto como se pudesse levantar o mundo todo nos ombros."[12]

Violet Asquith desejava discutir as últimas ideias de Winston com ele, mas não pôde ir ao campo. Ficara doente no fim de janeiro com forte tosse e cansaço geral, de modo que Margot achou melhor que repousasse bastante para recuperar a saúde. Assim, Violet foi passar algumas semanas em hotéis da Suíça e da Itália. A separação provavelmente beneficiou tanto Violet quanto Margot. A tensão em ambas era considerável, enquanto esperavam ansiosas o momento em que Asquith se tornaria primeiro-ministro. Violet pedira para ficar em Londres, onde poderia acompanhar as últimas notícias sobre a saúde de C.B., mas Margot insistiu para que fosse para o exterior, e Violet perdeu a discussão.

Para manter a paz em família, Asquith apoiou a decisão, embora não o agradasse. Escreveu para Violet lamentando que ela "estivesse longe nesses dias difíceis e emocionantes," e lembrou afetuosamente: "Você e eu vivemos juntos muitas aventuras." Mantinham ligação constante por cartas e telegramas, e Violet fez questão de insistir para que ele não esquecesse o quanto era importante levar Churchill para o Gabinete. "Aproveite Winston ao máximo," escreveu.

"Não precisa temer no que diz respeito a W," respondeu de imediato para tranquilizá-la. "Ele será bem cuidado e assistido em sua ausência."[13]

———

Winston sabia como se cuidar sozinho e dessa vez tomou uma iniciativa que seria mais importante para sua vida do que integrar o Gabinete. Um dia, em meados de março, compareceu a um banquete em Portland Place nº 52, casa em Londres de Lady St. Helier, anfitriã da sociedade tão determinada a manter um fluxo constante de convidados comparecendo à sua casa que a romancista Edith Wharton dizia que ela era "uma espécie de máquina automática de entretenimento." Era uma personalidade efusiva que adorava ter à mesa uma mistura eclética de convidados, com os mais famosos sentados entre os que ainda eram meras promessas ou muito divertidos.

Amava observar políticos conversando com romancistas, ou exploradores ouvindo críticos de arte. Centenas de convidados entraram e saíram de sua casa todos os anos e alguns podem mais tarde ter cochichado alguma história famosa sobre sua anfitriã. Contava-se uma história, segundo Edith Wharton, de um chefe canibal que um dia estava a ponto de cozinhar um explorador cativo, mas mudou de ideia quando se aproximou do homem e exclamou, "Creio que já o encontrei na casa de Lady St. Helier!"[14]

Na biografia oficial de Churchill, a festa a qual Churchill compareceu em março parece ter sido em homenagem a Sir Frederick e Flora Lugard e se diz que Winston foi rude com Flora. Embora Lady St. Helier fosse normalmente rápida em contornar tais situações, nesse caso não precisou intervir simplesmente porque os Lugards não estavam lá, mas a 6.000 milhas de distância, em Hong Kong, para onde Frederick fora enviado para mantê-lo longe dos problemas. Flora só regressou à Inglaterra em maio e não é mencionada no único relato escrito do jantar que sobreviveu, um registro no diário de Ruth Lee, a rica americana que, com o marido inglês Arthur, possuíam a casa de campo Chequers, que mais tarde doaram para a nação.

Em 15 de março de 1908, Ruth Lee escreveu, "jantamos com Lady St. Helier e, entre outros, lá estava Winston Churchill. Ele chegou tarde, quando já nos dirigíramos para o jantar e ocupou o lugar vago à esquerda da anfitriã. Entretanto, não prestou atenção a ela, pois ficou súbita e totalmente absorvido com Miss Clementine Hozier, que estava sentada de seu outro lado. A ela dedicou atenção tão marcante e exclusiva durante toda a noite que todos começaram a comentar."[15]

A moça de vinte e dois anos que atraiu sua atenção naquela noite não era rica e teatral como Muriel, ou politizada como Violet e tampouco famosa como Ethel. Porém, tinha aquele ar de mistério que agradava a Winston e, em sua beleza, havia um certo toque exótico. Um admirador a chamou "doce gazela de olhos amendoados," e o poeta Wilfrid Scawen Blunt ficou magnetizado por ela quando surgiu em um baile a fantasia em "uma espécie de traje de sereia que fazia parecer que não usava nada por baixo do vestido de seda pregueada... Com certeza é uma mulher adorável que sabe muito bem disso."[16]

Clementine, ou Clemmie, como sempre seria chamada por Winston, era neta do Conde de Airlie, mas foi um de seus parentes que caíra em dias difíceis. Sua mãe, Lady Blanche, era, como Jennie Churchill, mulher esbanjadora e independente com longa história romântica. Teve quatro filhos, mas não se sabia ao certo se o marido, Sir William Hozier, era o pai de algum deles. As suspeitas de paternidade mais tarde recaíram sobre um oficial de cavalaria chamado William "Bay" Middleton. De qualquer forma, Sir William acabou perdendo a paciência com a inconstante esposa e o casal se separou quando Clemmie tinha apenas seis anos.

A partir de então, Blanche e sua jovem família viveram de forma frugal mas animada, na Inglaterra e na França. Visitavam frequentemente Dieppe e Paris, onde Blanche desfrutava a companhia de escritores e artistas. James McNeil Whistler e Walter Sickert foram dois dos mais importantes pintores que marcaram sua vida, ambos, desde logo, impressionados pela beleza de Clemmie e de sua irmã mais velha Kitty. Por algum tempo Clemmie teve uma paixão de estudante por Sickert, que em certa ocasião passou o dia lhe servindo de guia pelos museus e galerias de sua preferência em Paris. O francês de Clemmie era excelente e, logo após entrar na casa dos vinte anos, já ganhava um dinheiro extra dando aulas de francês para alunos ingleses.

Winston gostava de seu modo de vida não convencional e conhecimento sobre a França e sua cultura. Reforçavam seu encanto romântico. Já a encontrara brevemente em 1904, mas na época estava tão fascinado por Ethel e Muriel que não lhe deu muita atenção. Agora, porém, sob o candelabro da sala de jantar de Lady St. Helier, subitamente descobriu em Clemmie um brilho que não notara antes. Ela, por sua vez, também viu algo novo em Churchill. Quando se encontraram no passado, a imaturidade e arrogância de Winston sobressaíam, deixando má impressão. Agora, parecia menos rapaz e mais homem.

Como Winston, também experimentara decepções amorosas. Sentia-se atraída por homens mais velhos e se envolvera com dois. O primeiro foi um advogado e banqueiro quinze anos mais velho e o segundo, um servidor do estado com quase o dobro de sua idade. Parecia procurar uma figura paternal, pois jamais tivera na família um parente homem capaz de lhe dar o amor e a segurança que desejava. Seu único parente verdadeiro era uma mãe irrequieta e imprudente. Entretanto, mudou de opinião sobre cada um dos dois e terminou abruptamente os relacionamentos.

Agora, uma tia tentava trazê-la de volta aos acontecimentos e recuperar a atenção que merecia da sociedade. Tratava-se de "Tia Mary," também conhecida como Lady St. Helier, que por acaso conhecia todo mundo e era perita em surpreender seus convidados com companhias inesperadas para jantar. Graças à famosa hospitalidade de Lady St. Helier, Winston encontrou uma cadeira vazia a esperá-lo ao lado de Clemmie e não precisou se preocupar por ficar o resto da noite ignorando a tia para dedicar toda atenção à sobrinha.

—

Em 3 de abril de 1908, o primeiro-ministro estava confinado ao leito em Downing Street, 10, incapaz de descer a escada ou segurar um jornal o tempo suficiente para lê-lo. Sua face estava branca como seu tufo de cabelo cor de neve, e a voz era fraca. Naquele dia, contudo, reuniu forças o bastante para ditar breve nota para o Rei. Dizia, "Sir Henry Campbell- Bannermann cumpre o dever de humildemente apresentar a Vossa Majestade sua renúncia ao cargo de Primeiro-Ministro e Primeiro Lord do Tesouro." Com dificuldade, se inclinou para a frente e assinou a nota, para, em seguida, dizer exausto: "É o último ato... Não me importo. Fui primeiro-ministro por mais tempo do que mereço."

Cinco dias depois, Asquith, agora – como esperado – primeiro--ministro, convidou Churchill para integrar o gabinete como ministro do Comércio, o ministério que lidava com indústria, transporte e trabalho. Embora não fosse sua primeira escolha e o complexo cargo envolvesse responsabilidades nada atraentes, Winston aceitou de imediato e agradeceu a Asquith pela confiança demonstrada. Aos trinta e três anos, finalmente chegava ao Gabinete e era o mais jovem a fazê-lo em quase meio século. "Nesta fase," escreveu-lhe Morley, "o departamento não é tudo. Importa menos do que a conquista e o exercício de influência, autoridade e poder no Gabinete."[17]

Margot aproveitou a ausência de Violet para descobrir se Winston podia lhe ser útil. Considerava um de seus encargos proteger Henry de ser apunhalado pelas costas por seus colegas. Preocupava-se com Lloyd George, que fora promovido a ministro das Finanças, temendo que um dia se transformasse no Brutus de Henry. Tencionava acompanhá-lo de perto, mas primeiro queria testar a lealdade de Winston e seu potencial como informante.

De repente, pediu a Churchill para acompanhá-la em um passeio até Richmond Park conversando. A lista das designações para o gabinete ainda não fora publicada, mas, de alguma forma, o *Daily Chronicle* soubera dos pormenores e os publicara. Margot desconfiava que o culpado era Lloyd George. Queria saber se Winston sabia alguma coisa a respeito.

Sabiamente, ele alegou desconhecer, mas defendeu Lloyd George quando Margot o mencionou como origem mais provável do vazamento. Naquela noite ela mandou um mensageiro entregar a Churchill uma nota explicando que fizera uma pequena investigação e dispunha de fortes indícios de que o culpado fora Lloyd George. Disse que Henry estava "furioso." Será que Winston podia ajudá-la confrontando Lloyd George com as provas?

"*Dearest* Winston," escreveu. "Disseram-me que esta noite Lloyd George jantará com você. Gostaria que conversasse com ele e lhe dissesse claramente que o pessoal do *Daily Chronicle* o "entregou" a três pessoas diferentes (...) É a melhor oportunidade para Lloyd George, se ele é um sujeito correto como você afirma, não esconder a verdade sobre o assunto (...) Creio que você pode ajudar Henry e o Gabinete se tiver coragem para fazê-lo."

Para ressaltar a importância da missão e a confiança que nele depositava, Margot concluiu melodramaticamente, "Queime isto," no fim da nota. (Ele não queimou.)

Churchill só tinha a perder diante de tal pedido. Se atendesse ao pedido de Margot, insultaria Lloyd George. Se ficasse calado, a ofenderia. À meia-noite respondeu com uma nota, mas a enviou para Asquith e não para Margot, explicando que "tocara na questão" com Lloyd George, que negara qualquer responsabilidade. Para se livrar do fogo cruzado, delicadamente sugeriu que o primeiro-ministro resolvesse o problema falando diretamente com seu novo ministro das Finanças.

Não era a primeira vez que Asquith ficava em má situação por causa da inclinação da esposa para a intriga. Lloyd George – embora aparentemente culpado – sentiu-se ofendido com a intervenção de Margot e aborrecido por ter sido apresentado como principal suspeito. Essa não era a melhor forma de começar um novo governo, e Asquith concluiu que era melhor recuar airosamente do que afundar na imundície de uma suspeita. "Aceito plenamente seu repúdio," escreveu o primeiro-ministro para seu colega e agilmente atribuiu a culpa aos jornalistas e sua capacidade para bisbilhotar. "A imprensa de hoje em dia é onipresente, difícil de iludir e engenhosa em tirar conclusões, tanto de silêncios quanto de declarações."[18]

Margot ficou orgulhosa por ter proporcionado a Henry uma oportunidade para admoestar Lloyd George e, assim, fazê-lo sentir que estava sendo vigiado. Todavia, a partir de então, tanto Henry quanto Winston a decepcionaram ao resolverem não hostilizar seu colega. Foi um revés humilhante para ela. Não importava que eles estivessem tentando evitar uma briga sórdida em momento inoportuno. Em consequência, recolheu--se ao leito, supostamente sofrendo com "náuseas e perda de peso," e ficou acamada por alguns dias, curtindo suas mágoas.[19]

Em tais circunstâncias, Churchill teve sorte por contar com uma desculpa para passar as duas semanas seguintes longe de Londres. Como novo ministro que ingressava no Gabinete, naquela época era obrigado a concorrer a uma eleição. Tendo em vista sua grande vitória em 1906, estava otimista de que venceria. Compartilhou essa expectativa com Clementine Hozier, que voltara a ver recentemente. Tinham se encontrado na casa da mãe de Winston e voltaram a conversar animadamente.

"Devo dizer," escreveu para ela em 16 de abril, "que confio em amplo sucesso." Estava se referindo à eleição, mas também poderia estar descrevendo seus sentimentos em relação a Clemmie. Esperava, afirmou, que logo "estariam lançando as fundações de uma amizade franca e aberta."[20]

15

Planos Bem Elaborados

NINGUÉM JAMAIS VIRA COISA IGUAL. Políticos frequentemente se levantam em seus automóveis e ficam acenando, mas de fazer discurso no teto de uma limusine, nunca se ouvira falar. A maior parte dos políticos consideraria uma indignidade subir no compartimento do motorista e ficar no teto como se estivesse sobre uma gigantesca saboneteira, sem mencionar o risco para a segurança. Todavia, no meio de uma rua de Manchester, lá estava Winston Churchill, em cima de uma limusine, falando para o povo e golpeando o ar com o punho, tal como fazia na Câmara dos Deputados.

Rapidamente se formou uma multidão que logo encheu a rua, dando a impressão para quem via de cima que o carro de Churchill estava ancorado em um mar de chapéus. Era difícil ouvir suas palavras, mas o verdadeiro objetivo de sua proeza era projetar uma determinada imagem e não propriamente sua voz. Era a personificação de espontaneidade e originalidade, aproveitando a chance de transformar um modelo extravagante da tecnologia moderna em um palco para seu uso.

Seus críticos não se surpreenderam. Para eles, era apenas mais um exemplo da incansável determinação de Winston de transformar sua vida em um espetáculo. E o que era pior, alegou um jornal que o hostilizava, estava poluindo a política inglesa com os vulgares "métodos eleitorais americanos." Na verdade, porém, os americanos ficaram espantados ao ver fotografias de Churchill em campanha no teto de seu carro. "Eventualmente o automóvel tem sido utilizado como plataforma de onde se dirige a palavra para o povo," observou uma revista de Nova York especializada em automóveis, "mas coube a Winston descobrir que o teto de uma limusine era um local vantajoso de onde pode pedir os votos dos que o ouvem."[1]

Durante a eleição suplementar de abril, Winston muitas vezes ficou na mesma altura dos postes de luz e, lá no alto, defendia suas teses nas esquinas. Certa ocasião, seu motorista parou à meia-noite em um ponto das vizinhanças, e Churchill conseguiu reunir uma grande multidão, se sobrepondo ao brilho indistinto das luzes dos postes para atacar os conservadores e prometer dias melhores sob um governo liberal. Seu adversário novamente era William Joynson-Hicks, cuja campanha conservava o mesmo estilo insípido da eleição anterior. Enquanto Churchill falava das alturas na batalha eleitoral, o candidato conservador fazia discursos em frente a cartazes com outro lema inofensivo, "Joynson--Hicks Desta Vez."

Não obstante, mesmo sabendo que era de longe o candidato mais entusiasmado, Winston logo notou que seu rival estava reunindo multidões tão grandes quanto as suas. Alguns eleitores tinham se desapontado com a liderança hesitante de Campbell-Bannermann e não tinham certeza de que Asquith seria melhor. Outros não estavam mais preocupados com o protecionismo, uma vez que Chamberlain, incapacitado pelo derrame, havia quase dois anos que se mantinha calado e sua causa perdera importância. Todavia, os tories estavam mais ansiosos do que nunca para vingar sua derrota na eleição anterior e unidos no desejo de humilhar Winston.

Também enfrentava um novo inimigo cuja tática de campanha era mais incomum do que a sua. Esperando compelir os liberais a conceder o direito de voto às mulheres, as militantes que lutavam por essa causa escolheram Winston como alvo. Queriam demonstrar seu poder de influência e viram naquela eleição suplementar, que envolvia um ministro do Gabinete, a oportunidade ideal. Para elas, não importava o fato de Churchill ser favorável à sua causa. Em 1904 ele votara a favor da emancipação e estava disposto a fazê-lo novamente. Perguntado diretamente durante a campanha da eleição suplementar se era favorável ao sufrágio feminino, declarou com toda clareza: "A reivindicação das mulheres de exercer o direito de voto não pode ser contrariada sob nenhum ângulo lógico ou de justiça (...) Tenho afirmado que podem me considerar simpático ao movimento e espero que acreditem em minha palavra quando digo que farei o que puder quando surgir a oportunidade."[2]

Churchill podia ser um útil aliado na causa do voto feminino, mas a militância do movimento revelou pouco interesse em trabalhar com ele. Tendo em vista que líderes mais antigos do Partido Liberal, especialmente Asquith, não viam a ideia com simpatia, as chamadas "sufragettes," militantes que lutavam pelo direito de sufrágio das mulheres, resolveram mandar uma mensagem para essa liderança tomando Winston como exemplo e o fizeram de uma forma que o feriu fundo, arruinando seus discursos. Esperavam até Winston estar na

Planos bem elaborados

iminência de dizer uma de suas frases preferidas, quando gritavam, "Votem a favor das mulheres," ou criavam tremenda algazarra batendo pequenos sinos.

Baseada em Manchester, Emmeline Pankhurst, a destacada líder das sufragettes, alegremente admitiu que Churchill foi molestado simplesmente porque era um alvo conveniente. Ele fora submetido a protestos esporádicos na eleição de 1906, mas agora, em 1908, as manifestações eram constantes. "Não se tratava de termos qualquer animosidade contra Mr Churchill," lembraria Emmeline Pankhurst mais tarde. "Ele foi escolhido apenas porque era o único candidato importante que concorria por um distrito ao alcance de nossa base. Comparecemos a todos os comícios de Mr Churchill. Nós o molestamos impiedosamente. Arruinamos seus melhores argumentos retrucando com veemência e tanta mordacidade que a multidão explodia em risadas."[3]

Foi o barulho dos sinos no meio de seus comícios que quase levou Winston a perder a calma. Perturbava seus nervos e minava sua confiança, justamente quando mais precisava dela. Quando caminhava para uma das tiradas retóricas cuidadosamente ensaiadas, de algum lugar da multidão vinha o som do sino, começavam a rir e Churchill, frustrado, batia o pé. Como raramente fazia, admitiu, referindo-se àquelas intromissões, "Era extremamente difícil manter a conexão das ideias." Como brincou Lloyd George mais posteriormente, "Winston ficava aborrecido com as sufragettes porque elas estragavam suas perorações."[4]

Essas táticas de inquietação tomariam feição violenta nos anos seguintes e, a cada ataque que sofria, Churchill ficava cada vez menos disposto a apoiar um movimento que inicialmente lhe era simpático. O pior aconteceu em 1909, quando, inesperadamente, uma mulher na estação ferroviária de Bristol atingiu Winston na cabeça com uma correia de cachorro. Um segundo golpe atingiu seu rosto. Um sargento-detetive que testemunhou o ataque assegurou que se a correia tivesse atingido o olho de Churchill "poderia tê-lo cegado." Naquele instante, mais perigosa ainda era sua perigosa posição na plataforma. A mulher o fez recuar tanto que quase caiu sob um trem pronto para partir.

"Os dois lutaram na beira da plataforma bem em frente ao intervalo entre dois vagões," narrou uma reportagem da época. "Foi um excitante meio minuto. A mulher gritava freneticamente e era evidente que estava fora de si de tanta raiva. Fez outra vigorosa tentativa de atacar, mas Mr

Churchill a segurou pelo pulso e desta vez a correia apenas resvalou em seu rosto. Ela gritava: 'Tome, seu bruto, seu bruto!'"

Os dois foram salvos da queda no último instante, quando a polícia segurou a mulher e a afastou rapidamente. Depois de condenada, ela pediu a devolução da correia que usara, dizendo que agora tinha "valor histórico," prometendo não utilizá-la novamente para "atacar ministros do Gabinete." O pedido foi recusado.[5]

Pouco tempo depois, uma mulher arremessou um pesado parafuso de ferro contra o carro de Churchill, que quase o atingiu. No ano seguinte, três mulheres correram em sua direção e tentaram arranhar seu rosto, mas tudo que conseguiram foi arrancar seu chapéu. Poucos anos após, um homem que apoiava o movimento das mulheres conseguiu atingi-lo na boca depois de imprensá-lo de encontro à multidão e derrubá-lo.

Inúmeras ameaças foram feitas contra Churchill e sua família. Embora as janelas de sua casa fossem quebradas, ele não sofreu ataque tão perigoso quanto o desfechado contra Lloyd George, cuja casa de fim de semana foi alvo de uma bomba. A explosão destruiu o andar de cima e quebrou janelas a centenas de metros de distância. Felizmente, Lloyd George não estava em casa naquele momento.[6]

—

Na curta campanha da eleição suplementar Churchill lutou febrilmente para superar as manobras de seus adversários. Jennie apareceu para ajudá-lo, mas suas participações no palanque não chegavam a impressionar. Usava um lema de sua própria autoria que fazia um infeliz jogo de palavras sobre o alto custo do açúcar e da cerveja e não surtiu efeito. "Nesta eleição, falam muito sobre nosso caro açúcar e nossa cara cerveja," dizia, "mas tudo que posso dizer é 'Votem em nosso caro Winston.'"

O nome Churchill parecia ter perdido parte da magia. Quando foram anunciados os resultados na noite de 24 de abril, Churchill foi derrotado por 529 votos. Os conservadores ficaram enlevados e cantaram "Adeus Winston," quando, abatido, deixou a prefeitura de Manchester. Declarou para seus partidários que a derrota era um golpe terrível, "pesado, amargo e arrasador." Foi difícil admitir que o povo de Manchester, que o tratara como herói apenas dois anos antes, agora o abandonasse em favor do medíocre Joynson-Hicks, que H.G. Wells – propagandista de Churchill na eleição – chamou de "um obscuro e inútil joão-ninguém."[7]

Emmeline Pankhurst tinha certeza de que ela e suas seguidoras foram responsáveis pela queda de Winston e mais tarde declarou para todos os jornais que "foram as sufragettes que derrotaram Mr Churchill." Sua alegação era um exagero, mas não há dúvida de que causaram grande dano e ela estava disposta a infligir ainda mais. Na noite da eleição, ofereceram a Churchill a chance de concorrer a um assento liberal aparentemente seguro na cidade escocesa de Dundee, cujo parlamentar deixara o cargo depois de receber um título de nobreza. Exausto de uma campanha, não teve escolha senão se lançar em outra eleição suplementar em maio. Emmeline Pankhurst prometeu segui-lo até Dundee e "se encarregar pessoalmente da campanha (de seu movimento) contra ele. Queria provar que nenhum liberal estaria livre se ela conseguisse afastar do cargo um ministro do Gabinete tão famoso quanto Churchill.[8]

Por muitas semanas seguintes à derrota Churchill foi alvo de zombarias. Mais tarde, na primavera, Whitelaw Reid, embaixador americano espalhou a história de que Winston sentira-se humilhado por uma piada sobre ele envolvendo Manchester. Churchill foi muitas vezes acusado de, em determinado jantar, ignorar uma pessoa para dar atenção a outra e, nessa ocasião, Reid disse que Winston não dera atenção a Maud Allan, a provocante atriz nascida no Canadá conhecida por sua "Dança dos Sete Véus," e ter hábitos que levaram algumas cidades a proibir seus espetáculos.

"Bem, Mr Churchill," disse Maud Allan quando ele e outros convidados deixaram a mesa, "parece que hoje não temos muito em comum. De fato, creio que temos apenas uma coisa em comum. Ambos fomos expulsos de Manchester."[9]

———

Uma semana depois da derrota eleitoral, Churchill estava percorrendo as ruas de Dundee em busca de votos, quando o carro parou diante dos portões de uma fábrica. Era hora do almoço e os operários se aproximaram para saudá-lo. Winston ficou em pé na parte de trás do carro sem capota e começou a fazer breve discurso. Sua voz estava ligeiramente rouca ao atravessar o ar úmido daquela fria tarde de primavera na Escócia. Não cuidou de colocar o chapéu e estava chegando ao auge do entusiasmo quando surgiu uma carruagem puxada por dois robustos cavalos, o cocheiro de libré e uma jovem sorridente, com um chapéu florido, em pé, com um grande sino na mão. Um cartaz na frente da carruagem dizia, "Votem pelas Mulheres."

A militante irlandesa Mary Maloney não estava ligada a Emmeline Pankhurst, mas, como exército de uma só mulher, constituía a maior ameaça para o grande desafio que Churchill enfrentava em Dundee. Com a carruagem que alugara, seguiu-o por toda parte durante aquela semana e o sino de estação de trem que levava era ensurdecedor. Na oportunidade da entrada da fábrica, ela não esperou nenhum momento em especial para interrompê-lo. Toda vez que falava ela soava o sino e o abafava. Como relataram os jornais, o sino de Mary Maloney era uma das armas mais eficazes que Churchill jamais enfrentara.

"Quando, para evitar o horrível repique, ele ia embora," observou um repórter, "ela o seguia. Ele não podia se fazer ouvir, não conseguia falar ou pensar com aquele sino batendo em seus ouvidos. (...) O pior de tudo era que a massa de trabalhadores ria de sua situação em vez de reclamar da interferência de Miss Maloney. Por fim o ministro do Comércio teve de desistir. Foi embora debaixo de risos e vaias."

Churchill agiu com extraordinária paciência diante do problema e chegou a cumprimentá-la com um toque no chapéu quando por ela passou em comício que sabia que ela tentaria perturbar. Tão logo o sino soava, ele clamava: "Se essa senhora pensa que esses argumentos são apropriados para Dundee, vamos deixá-la usá-los. A ela desejo Boa Tarde.'" Nesse momento, erguia seu chapéu e se afastava, esperando que ela não o alcançasse antes de concluir o evento seguinte.[10]

No fim da campanha, o soar do sino começou a irritar todo mundo e a maré de simpatia popular se voltou para Churchill. Inadvertidamente, Mary Maloney lhe fez mais bem do que mal, mas, até o último momento, ele esteve preocupado. Em 9 de maio, enquanto os votos eram contados, Winston foi visto sozinho em um canto do prédio do tribunal, imerso em seus pensamentos e nervosamente "torcendo elásticos em torno dos dedos." No fim da apuração, recebeu menos da metade dos votos, mas como havia mais três candidatos, ficou bem à frente de seus rivais.[11]

Fez o discurso da vitória da sacada do tribunal, mas quando apareceu para embarcar em seu carro, a multidão jubilosa que o cercou era tão grande – pelo menos dez mil pessoas – que um grupo da polícia teve que abrir caminho para o veículo, enquanto outros policiais o empurravam a pé até o hotel de Churchill. De pé na parte de trás do automóvel, Winston acenava aliviado por, desta vez, ser o vencedor. No discurso da vitória, sua gratidão se manifestou no entusiasmo – que agora demonstrava – por tudo que era escocês. "Dundee para sempre, Escócia acima de tudo," bradou e foi entusiasticamente aplaudido.[12]

O que mais o preocupara nessa eleição não fora seu adversário

Planos bem elaborados

conservador, mas o candidato do Partido Trabalhista, que começava a se destacar na Câmara dos Comuns. O líder do partido, o socialista escocês Keir Hardie, fez vigorosa campanha pelo candidato trabalhista, George Stuart, que obteve quase a mesma votação do candidato tory. O desafio para Winston foi explicar aos eleitores da classe trabalhadora que não deviam ceder à tentação de abandonar o liberalismo em favor do socialismo.

Finalmente livre do sino, seu discurso em Dundee, em 4 de maio, foi um de seus melhores esforços no sentido de implantar uma filosofia política geral. Falou à noite para uma multidão compacta de 2.500 pessoas no Kinnaird Hall. Foi um pronunciamento longo e detalhado, elaborado às pressas no calor da campanha. Churchill já tentara durante o ano anterior formular suas objeções ao socialismo. No outono, quando se preparava para a viagem à África, um jornalista amigo notou que ele levava alguns livros importantes para ler. "Para que todos esses livros sobre socialismo?" perguntou o jornalista. "Vou ler durante a viagem," replicou Churchill. "Vou ver qual é realmente o argumento socialista."[13]

Porque se importava mais com resultados do que com teoria, Winston concentrou seu discurso no Kinnaird Hall nas imperfeições do socialismo. O problema básico, argumentou, era que o socialismo parecia coerente em teoria, mas era um bloco de contradições quando aplicado na realidade. Seus seguidores, disse, "afirmam para nós que devemos viver juntos, unidos e companheiros, mas são eles que se dividem em vinte facções obscuras que se odeiam e violentam mais do que o fazem contra nós. Querem reformar o mundo. Começam descartando o ser humano (...) Nunca consegui imaginar o coração mecânico do mundo socialista com que esperam substituir o coração humano comum que palpita em nossos peitos. Qual a razão para tentarem induzir os homens, não por uma hora, ou um ano, ou por toda a vida, a fazer o sacrifício supremo de abdicar de sua individualidade?"

A ideia de ter de optar entre servir à sociedade ou ao indivíduo era falsa, declarou, porque é possível servir a ambos. "Em determinadas questões, temos que entrar em acordo. Em outras, devemos respeitar o indivíduo e nós mesmos. Temos muitas coisas em comum. Vocês têm polícia, exército, marinha, funcionários – afinal, o ministro do Comércio, tudo isso em comum. Mas não comemos em comum, comemos separados. E não pedimos às senhoras para casar conosco em comum."

Em vez de regras rígidas, queria diretrizes maleáveis. Em vez de subordinar-se a ditames teóricos, aconselhava fidelidade ao bom senso, às lições da história e aos exemplos da tradição. "Você descobrirá que nesses assuntos a verdade está," afirmou, "como sempre acontece em questões delicadas, no meio, entre os extremos." Acreditava ter encontrado no liberalismo uma casa com muitos cômodos, ampla o bastante para abrigar até mesmo o exagerado individualismo de Winston Churchill e oferecer a oportunidade de pertencer a um partido que podia definir como lhe aprouvesse. Sua mente era benevolente, aberta, individualista, otimista, prática, avançada e, por conseguinte, era impossível contê-la nos limites estritos da teoria. Não haveria necessidade de argumentos complexos e normas sofisticadas se os principais objetivos do governo fossem tão simples quanto os que apontava para a assistência: "encorajar os fracos, reforçar os fortes, estimular os generosos, corrigir os arrogantes."[14]

Se Churchill tivesse perdido a segunda eleição seguida, Asquith seria obrigado a pesar se valia a pena arriscar seu prestígio e o do partido concedendo a seu ministro uma terceira chance. Em abril, quando convidara Winston para ocupar um cargo no gabinete, lembrou-o de uma observação atribuída a Gladstone: "A principal virtude de um primeiro-ministro é ser um bom carniceiro." Enquanto enrolava elásticos em Dundee, Churchill devia estar imaginando sua própria cabeça no cepo.

Sabia que Asquith tinha um lado implacável. Seu antigo chefe no Ministério das Colônias podia testemunhar. Quando Churchill foi promovido, Lord Elgin foi despedido abruptamente, e ficou ressentido. "Até a arrumadeira recebe um aviso prévio," reclamou Elgin. Portanto, não causou surpresa o fato de Violet ficar preocupada acompanhando as notícias sobre a eleição em que Winston concorria. Escrevendo em 5 de maio para Eddie Marsh, que estava em Dundee ajudando Winston, Violet terminou a carta com um tristonho, *"Oh, vençam."*[15]

Finalmente autorizada a regressar do Continente, Violet ainda estava zangada por estar ausente enquanto acontecia uma excitante mudança de governo, mas não pensava em se mudar para Downing Street nº 10. Não gostava do lugar e o achava ainda envolto em um clima fúnebre. Campbell-Bannermann morrera em sua cama no dia 22 de abril, e apenas duas semanas depois os Asquiths para lá se mudaram. Margot

Planos bem elaborados

também não gostava do lugar. Chamava-o "uma casa inconveniente com três escadas horríveis," e descrevia a parte externa como "cor de fígado e ordinária."

Uma coisa que agradou a Violet na nova casa foi a proximidade com Winston no Ministério do Comércio. Tão logo ele retornou de Dundee, a convite dele ela foi conhecer seu novo gabinete em Whitehall Gardens e tomar chá. Nos dois meses seguintes se encontraram com frequência. Como recordou Violet décadas mais tarde, sempre que ia despachar com o primeiro-ministro no número 10, ele descia "para conversarmos um pouco na minha pequena sala de estar junto ao jardim."[16]

Na primavera, a imprensa especulou sobre Winston e casamento. A única razão para continuar solteiro, insinuavam as revistas da sociedade, era o fato de sua mãe ter determinado: "Winston deve casar com o dinheiro." Claro que isso não fazia sentido, mas crescia a pressão para Churchill coroar o sucesso político com um grande casamento. Um de seus colegas de gabinete, Reginald McKenna, recentemente anunciara que se casaria em junho, o que causou grande surpresa porque Reggie era invulgarmente feio e, aos quarenta e quatro anos, não era um solteirão atraente. Não obstante, sua noiva era uma linda jovem que acabara de completar dezenove anos, Pamela Jekyll, uma das amigas de Violet.

"O que Pamela esperava e almejava," soube Violet por amiga comum, "era alguém para escrever e declarar que ela era a única pessoa com quem desejava casar." Para ela não parecia importante Reggie ser tão mais velho e, segundo avaliação de Violet, repugnante, com suas manchas, espinhas e ceroulas."[17]

Depois de comparecer com Winston ao matrimônio de McKenna, em 5 de junho, Violet deve ter pensado se seu grande amigo e herói não seguiria o exemplo de Reggie e pediria alguém em casamento. Fizera o suficiente para deixar claro que estava disponível, e ele sabia que o adorava e faria qualquer coisa por ele. Embora não fosse rica, afinal era filha do primeiro-ministro.

Entretanto, não sabia que nesse ponto Winston estava interessado em Clementine Hozier. Violet tinha outros homens por quem poderia se interessar, mas não havia nenhum como Winston. Todos os outros estavam em segundo plano conforme sua avaliação. "Ele tinha luz própria, intensa, direta e concentrada como a de um feixe de luz."[18]

Margot planejava passar a maior parte de agosto e setembro com toda a família em um remoto castelo alugado na costa da Escócia, acima de

Aberdeen. Nas vizinhanças havia um campo de golfe capaz de ocupar o primeiro-ministro durante o dia, e convidaram amigos para uma estada no castelo. Entre outros, Violet convidou Winston, talvez esperando que o lugar romântico o incitasse a agir. Ele concordou em ir em 17 de agosto e lá ficar por alguns dias.

No fim de julho Winston parece ter dado a Violet sinais encorajadores. Toda sua esperança e afeição estavam voltadas para Clemmie, mas ainda estava inseguro quanto ao futuro dos dois juntos e temeroso de ser recusado mais uma vez. Por outro lado, sabia que podia contar com Violet para receber um sim. Ela passou a ser sua alternativa caso Clemmie o rejeitasse. Não era justo iludir uma mulher enquanto secretamente desejava outra, e ele sabia disso. "Não procedi corretamente com Violet," admitiu mais tarde conversando com seu amigo Harry Primrose, herdeiro de Lord Rosebery, "porque estava praticamente comprometido com ela."[19]

16

O Castelo

No início de agosto, à medida que se aproximava o encontro com os Asquiths na Escócia, Churchill começava a se preocupar com o interesse de Clemmie por ele, aparentemente declinando. Estava aproveitando um fim de semana na ilha de Wight e havia algum tempo que não recebia notícia dela. Foi nesse momento que lhe aconteceu algo que provocou imediata reação de Clemmie. Winston quase morreu em um incêndio na casa.

Ocorreu quando, com amigos, se hospedava em uma grande casa alugada em Burley-on-the Hill, Rutland. Em 6 de agosto, à uma da madrugada, o fogo irrompeu na cozinha e rapidamente se propagou. Convidados e empregados escaparam sem demora, usando apenas as roupas de dormir e carregando consigo algumas coisas de valor, e se dirigiram para o gramado, de onde, horrorizados, acompanharam o incêndio. Eddie era um dos convidados e perdeu tudo, inclusive documentos do gabinete. Todos, com exceção de Churchill, permaneceram no gramado, longe dos riscos. Winston, porém, insistiu em voltar à casa incendiada para retirar algumas valiosas obras de arte e livros raros.

No dia seguinte o *The Times* publicou: "Quando as brigadas de incêndio chegaram, a casa estava quase destruída e, logo após Mr Churchill deixá-la carregando dois bustos de mármore, o teto, tomado pelo fogo, desabou. Mr Churchill saiu no momento exato e escapou ileso."

Os olhos de Churchill ainda ardiam em consequência da fumaça quando as notícias dos jornais chegaram a Clemmie e ela imediatamente telegrafou para saber se ele sofrera algum ferimento. Ao responder, Winston se gabou de que o incêndio fora uma grande aventura e lhe fez uma viva descrição do momento em que o teto desabou às suas costas, em "uma chuva de destroços fumegantes." Fez um gracejo afirmando que tinha sido uma grata surpresa receber seu telegrama "e saber que não me esqueceu."[1]

De fato, tinham planejado se encontrar antes do meio do mês e agora, talvez percebendo que devia aproveitar a oportunidade, de repente sugeriu que ela fosse visitá-lo em Blenheim em 10 de agosto e lá passasse alguns dias como convidada de Sunny. Inicialmente ela hesitou, nervosa ao pensar que seria atirada no que imaginava ser uma vida glamorosa em Blenheim. Todavia, Churchill acalmou seus temores dizendo que apenas sua mãe e uns poucos amigos lá estariam e que tinha certeza de que ela apreciaria a estada.

Ela concordou, chegou em Blenheim no dia marcado e sentiu que estava vivendo um sonho. Dessa vez foi Churchill que vacilou. Não chegou a tempo de passear com Clemmie na manhã do dia 11 e, quanto mais a fez esperar, mais ela teve vontade de voltar para a casa da mãe em Londres. Finalmente, no fim da tarde, quando passeavam pela propriedade, uma chuva repentina os obrigou a correr a fim de se abrigarem em um bonito templo grego. Resolveu ir em frente e correr o risco de uma quarta mulher recusar sua proposta de casamento. Para sua alegria, Clemmie disse sim.

Lord Randolph presenteara Jennie com três anéis quando se casaram e ela dera um deles para Winston colocá-lo no dedo de Clemmie. Era um grande rubi com dois brilhantes. Clemmie o adorou e logo escreveu para vários parentes a fim de lhes dizer que estava "nas nuvens."[2]

Sua avó ficou contente. Sabendo que Winston era muito chegado a Jennie, declarou confidencialmente, "Um bom filho é sempre um bom marido."

Blanche Hozier afirmou mais tarde se referindo à filha e Churchill. "Não sei qual dos dois está mais apaixonado."

Alguns dias depois da proposta de Winston, ela lhe escreveu: "Não sei como pude viver 23 anos sem você."[3]

Ele mal podia acreditar em sua sorte. O noivado, anunciado em 15 de agosto, viria a ser breve. Winston não queria correr o risco de um atraso lhe trazer problemas. De qualquer modo, precisava estar em Londres em outubro para cumprir suas obrigações na ministério. Havia tempo suficiente para casarem em meados de setembro e passarem o resto do mês em lua de mel.

Churchill escreveu para dezenas de amigos transmitindo a novidade, inclusive Pamela Lytton e Muriel Wilson. Não se conhece a resposta de Pamela, mas Muriel enviou uma resposta alegre, calorosa, parecendo mais compreensiva do que nunca. Talvez estivesse aliviada por saber que ele não mais a acossaria. Depois de comentar a sorte de Clemmie por

O castelo

tê-lo conquistado, disse que deviam preservar sua amizade. "Sempre vou considerá-lo meu amigo," escreveu. Deus o abençoe, querido Winston."

O Rei apresentou suas congratulações, Lord Rosebery enviou uma mensagem atenciosa e Joe Chamberlain – com ajuda da esposa – ditou delicada carta de Highbury, "meu retiro forçado." Mesmo os *hooligans* reapareceram das profundezas do passado para lhe desejar felicidades. Ian Malcolm enviou seus melhores votos, "com agradáveis recordações" de um velho amigo, e Hugh Cecil se apresentou para ser o padrinho. Winston aceitou contente o oferecimento. (Quando se atrasou em responder mais tarde a uma indagação de Winston sobre o casamento, Hugh respondeu se desculpando e explicando: "Fraqueza, teu nome é Linky.")

A reação mais inteligente à notícia do casamento veio de um dos amigos de Jennie que escreveu para ela uma nota mencionando a fuga de Churchill da casa incendiada e acrescentou: "Estou satisfeito vendo Winston obedecendo às escrituras e constatando que é melhor casar do que queimar."[4]

A cerimônia foi marcada para o sábado, 12 de setembro, na igreja St. Margaret, em Westminster. O casal teve menos de um mês para se preparar para o grande acontecimento.

E Violet? Parece que praticamente nada sabia sobre o noivado até Winston lhe transmitir a notícia na véspera do anúncio público. Fez um grande esforço para mostrar às amigas e à família que se sentia satisfeita por ele e não invejava a tarefa de tentar aturar Winston a vida inteira. Contudo, a notícia a chocou e sentiu profundamente o golpe. Não conhecia bem Clemmie, mas o suficiente para julgar que Winston merecia alguém melhor.

Seus padrões eram elevados. Era leitora ávida de literatura de peso, escritora fluente e observadora muito bem informada do cenário político, possuindo conhecimento íntimo do mundo de Winston. Reconhecia que Clemmie era bonita e encantadora, mas a atração que exercia era superficial e especulava, amargamente, "se ele não acabaria por achá-la simplória como uma *coruja*."[5]

O tempo atenuaria a opinião que tinha da mulher que conquistou o coração de Winston, mas, naquele momento, estava dominada pelo ciúme e em estado de choque. Com uma ponta de íntima satisfação, Clemmie revelou, já em idade avançada, "Quando Violet ouviu a notícia de que Winston ia casar comigo, desmaiou."[6]

Na verdade, naquele movimentado verão de 1908, as duas tinham razões para sentirem ciúme uma da outra. Na segunda-feira, 24 de agosto, a menos de três semanas do casamento, Winston deixou Clemmie em Londres e embarcou num trem na estação King Cross para uma viagem de quatorze horas até a pequena cidade escocesa de Cruden Bay, onde os Asquiths passavam as férias de verão no castelo que tinham alugado. Tinha um nome horrível – Slains Castle (Castelo dos Assassinados) – e fora construído na beira de uma perigosa sucessão de escarpas no Mar do Norte. Seu proprietário era o Conde de Erroll e pertencia à família havia mais de 300 anos.

Visitando o castelo em agosto de 1773, Samuel Johnson parou junto a uma das grandes janelas voltadas para a costa, maravilhado com a turbulência das ondas e a ampla extensão de mar na direção da Noruega. "Não desejaria que houvesse uma tormenta só para me distrair," disse Johnson, "mas, como as tormentas, queiramos ou não, às vezes acontecerão, posso afirmar, sem querer ser desumano, que de preferência gostaria de vê-las do Slains Castle."

Em 25 de agosto, surgiu uma breve e inofensiva notícia nos jornais de Londres: "O ministro do Comércio (...) partiu na noite passada para Aberdeenshire, onde será hóspede do primeiro-ministro no Slains Castle." Era uma viagem de 1.700 km, e Churchill só voltaria para Londres no fim da semana. Não havia nenhum assunto de estado urgente a tratar. O próprio primeiro-ministro tinha vindo a Londres e voltado alguns dias antes.[7]

Clemmie ficou furiosa. Ameaçou romper o noivado. Seu irmão Bill teve que convencê-la a não fazê-lo, afirmando que seria desastroso para todas as pessoas interessadas "humilhar" uma personalidade pública da estatura de Winston. Também havia o problema dos presentes de casamento que chegavam diariamente de dezenas de grandes amigos em posições de destaque. No dia da cerimônia, a quantidade de presentes chegava às centenas, enchendo uma grande sala.

Desconhecendo a viagem de Winston para ver Violet em Slains, os biógrafos anteriores de Churchill insinuaram que Clemmie teve apenas um ataque de nervos, ou que estava preocupada com os encargos de ser esposa de um político. "Talvez até tivesse dúvida se Winston de fato a amava," especulou sua própria filha mais nova. O máximo que Clemmie jamais revelou posteriormente foi que ficara aborrecida porque Winston não lhe dava "atenção suficiente."[8]

Ele deixou claro que a amava, mas tinha um débito a pagar com Violet.

O Jovem Titã: Winston Churchill em Boston durante seu ciclo de palestras na América do Norte, dezembro de 1900.

Beleza victoriana: a mãe de Winston, Jennie Churchill, na flor da idade.

Astro edwardiano: Churchill em 1901, no começo de sua carreira política.

Pamela Plowden foi o grande amor de Churchill na mocidade. Casou-se com o Conde de Lytton em 1902 e aqui aparece com seu primeiro filho.

A Duquesa: Consuelo Vanderbilt arrependeu-se de ter casado com o Duque de Marlborough, mas gostava do primo Winston, cuja natureza "ardente e vivaz" admirava.

Winston Churchill se apaixonou por Ethel Barrymore no momento em que a viu com esse vestido em um palco londrino.

Rivais no Parlamento: os líderes conservadores Joseph Chamberlain (esq.) e Arthur Balfour irritavam-se com a independência e a ambição crescente de Churchill.

O excêntrico Lord Hugh Cecil juntou-se aos "hooligans" políticos de Churchill e o ajudou a sacudir o sereno Partido Tory.

Rica, talentosa e bela, Muriel Wilson certa vez foi a "musa da História" numa peça de teatro amador. Winston não resistiu e a pediu em casamento.

Ofensiva de encantamentos: Churchill e o Kaiser Wilhelm tentam impressionar um ao outro durante manobras militares alemãs em 1906.

A filha do primeiro-ministro: o amor de Violet Asquith por Winston não foi correspondido, mas ela foi uma amiga fiel e animou o pai a promover a carreira do jovem Churchill.

O primeiro-ministro Herbert Henry Asquith, que apreciou a mudança de Churchill para o Partido Liberal e o trouxe para o Gabinete.

Assunto sério: com seu novo secretário-particular – Eddie Marsh – ao lado, Churchill inicia a subida ao topo na condição de "ministro júnior" no Ministério das Colônias.

Em busca de votos: Churchill sai de casa em Londres (esq.) para a campanha eleitoral em Manchester, em 1908 (abaixo).

O Slains Castle, na Escócia (acima): cena de eventos dramáticos envolvendo Churchill e Violet Asquith pouco antes do casamento de Winston com Clementine Hozier (esq.) em 1908.

Batalhas internas: Churchill, ministro do Interior, causa tumulto ao visitar a cena de tiroteio com anarquistas no East End de Londres, 1911 (acima); e uma *suffragette* com seu sino interrompe o discurso de Churchill aos trabalhadores em Dundee, 1908 (abaixo).

"Os Dois Galãs": Churchill e David Lloyd George.

Tranquilidade a bordo em 1913: caricatura do *Punch* mostra Churchill e o primeiro-ministro Asquith (acima) no iate *HMS Enchantress* do Almirantado. Clementine e Churchill (abaixo) deixam o iate ao fim da viagem.

Assuntos navais: Winston Churchill, Primeiro Lord do Almirantado, em 1914 (acima); e o almirante Jacky Fisher (dir.), cuja relação turbulenta com Winston resultaria em desastre.

Antes da queda: Winston treina para piloto, 1913 (acima); e passeia confiante em Londres pouco antes do início da Primeira Guerra Mundial (abaixo).

Entre as ruínas de seu passado: Churchill primeiro-ministro inspeciona os danos do bombardeio da Câmara dos Comuns, 1941.

O castelo

Nada o impediria de fazer essa última viagem para vê-la na Escócia, para explicar sua decisão face a face. Em vez de se valer de uma carta sincera para apresentar sua explicação, sabia que Violet preferiria ouvi-la de seus próprios lábios. Uma das coisas que adorava a respeito dele era o som de suas palavras e ficaria profundamente desapontada se ele não fosse à Escócia quebrar o silêncio.

Todavia, não deve ter sido fácil explicar isso a Clemmie, que já rompera dois noivados e estava sob grande tensão ao longo dos preparativos para o casamento. Enquanto Winston estava fora, os jornalistas a seguiam por Londres, informando as idas às costureiras e diversas lojas. Suas fotografias estavam por toda parte nos jornais.

No fim da semana, quando Winston estava a caminho de casa, o *Daily Mail* noticiou: "Ontem, uma das mulheres mais ocupadas de Londres era Miss Clementine Hozier, cujo casamento com Mr Winston Churchill acontecerá dentro de quinze dias, a contar de amanhã. Em companhia de Lady Blanche Hozier, sua mãe, esteve fazendo compras e à disposição das costureiras desde antes do meio-dia até quase seis horas. Ambas chegaram em casa cansadas das atividades do dia."[9]

<hr>

Em suas memórias, onde trata de Churchill, Violet menciona ligeira-mente sua visita ao Slains Castle naquele verão, mas é vaga em relação a quando e por que ele foi. Lembrou que discutiram a questão do casa-mento, mas apenas em "termos abstratos." Tendo em vista que raramente conversavam em "termos abstratos," isso seria novidade para eles. Não há dúvida de que o que conversaram deve ter sido, como sempre acontecia, bem específico e animado. A melhor amiga de Violet, Venetia Stanley, certamente esperava que no encontro dos dois saísse faísca. Em 26 de agosto, escreveu para saber se Winston chegara a Slains. "Já pensou que era seu dever dizer a ele exatamente o que você pensa a respeito dela?" – perguntou, referindo-se à fraca opinião de Violet sobre Clemmie.[10]

Houve amplas oportunidades para discussão. Os dias eram longos naquela época do ano e havia milhas e milhas de caminhos a trilhas que partiam do castelo e se estendiam pela costa até as colinas arredondadas a oeste. Não poderia haver cenário mais romântico. Os prados verdes estavam luxuriantes, nuvens passageiras pontilhavam o extenso céu e o topo de cada colina permitia uma ampla vista do mar e da costa erma. No castelo – uma sequência desconexa de velhas e novas alas ladea-das por paredes de pedra e eventualmente uma torre – os dois nunca estavam longe de uma porta que levava diretamente para os penhascos. Podiam se sentar ao sol sobre o capim macio bem acima da praia e ficar observando um barco de pesca que passasse.

Passaram horas caminhando, discutindo suas vidas e explorando o interior. Um dia visitaram as ligações que tinham em Cruden Bay enquanto o primeiro-ministro jogava golfe. De noite, jantavam com o restante da família e outros convidados e, em seguida, ficavam sentados junto à lareira e jogavam baralho. Para animar Violet, Winston inventou alegres jogos de palavras para diverti-los. Um que a fez rir envolvia encontrar adjetivos engraçados e alternativos para as várias estações da viagem de trem que Winston fizera de Londres para Aberdeen, em que o desafio era descobrir a frase mais bizarra para lugares como Doncaster, York e Edinburgh. Nessas atividades, como lembrou mais tarde Violet, ele ficava "excitado como uma criança."

Sobre a séria questão de seu casamento, tudo indica que a convenceu de que fizera a coisa certa, pelo menos para ele. Também tentou deixar claro que nada os impediria de continuarem amigos, não importa o que acontecesse em suas vidas. Winston se esforçou para animá-la.

Acontece que ela adorava explorar a orla marítima e Winston de bom grado concordou quando ela o convidou para escalarem uma rocha que os levaria de um precipício a outro. Era um caminho perigoso, interrompido por gargantas profundas onde o mar batia de encontro às rochas.

Ele começou atrás, a acompanhando, mas logo assumiu a liderança. Ela apreciava o gosto de Winston por assumir riscos e mais tarde registrou o quanto ele gostava daquelas excursões temerárias em Slains. Lembrava dele "se divertindo, escalando penhascos e escarpas, passando de uma saliência da rocha para outra, pisando na vegetação marinha escorregadia, o mar bramindo lá embaixo." Não havia praia, mas apenas algumas formações rochosas espalhadas ao longo da costa, ilhotas de pedras cortantes onde pousavam as gaivotas. Em algumas delas dava para pular de uma para outra, mas era difícil encontrar um bom apoio para os pés nas fendas e, em cada salto, havia o perigo de cair nas ondas espumosas do mar.[11]

Havia um toque de loucura nessa história de caminhar e escalar rochas, como se nenhum dos dois quisesse parar tempo suficiente para refletir cuidadosamente sobre o futuro que os aguardava. Qualquer estranho observando os dois se pendurando nas rochas enquanto o Mar do Norte batia violentamente lá embaixo poderia imaginar que era um casal de jovens exploradores de trilhas sem nada a perder, ou que estavam tão apaixonados que não se importavam com o perigo que corriam. Poucas pessoas acreditariam que estavam observando a filha de vinte e um anos do primeiro-ministro e o ministro do Comércio, de trinta e três. Mais surpreendente ainda era o fato de o ministro do Gabinete estar às vésperas do casamento com outra mulher, que ocorreria em duas semanas.

A aventura nos penhascos de granito vermelho e na costa pedregosa não acabou bem. Violet escorregou e bateu com o rosto, abrindo um corte feio. "Tive um corte horrível no rosto quando escalava uns rochedos com Winston," escreveu para Venetia Stanley. Teve sorte de o machucado não ser pior. Uma queda das ilhotas a teria arremessado em uma corrente tão forte que se afogaria facilmente. Ou se, no caminho de volta, desse um passo em falso nos penhascos e caísse de uma altura de cinquenta ou sessenta pés, certamente morreria.[12]

O corte na face fez com que Violet olhasse com mais atenção para sua aparência e estava tomada pela emoção quando chegou a hora de Winston partir no fim da semana. Ele não tinha alternativa, tinha que partir e fez as devidas despedidas, deixando Violet no castelo. Ela se recusou a comparecer ao casamento, embora Venetia, prima de Clemmie, fosse uma das damas de honra. Seria simples ir para Londres por alguns dias, ficar em Downing Street e comparecer ao casamento ao lado de muitos amigos e admiradores de Winston. Todavia, não teve coragem e a cerimônia foi realizada em 12 de setembro sem sua presença.

———

Entretanto, fez questão de ler tudo que foi publicado a respeito em quase todos os jornais. O *Times* tratou o evento como se fosse uma espécie de assunto de estado, mencionando a grande afluência do povo ao longo das ruas, a impressionante lista de convidados, a igreja cheia "no máximo de sua capacidade," e as dezenas de policiais, montados e a pé, necessários para manter a ordem, ao explodirem os aplausos quando a noiva e o noivo saíram da cerimônia. "Sem dúvida," afirmou *The Times*, o casamento "tomou conta da imaginação popular." Artigo do *Scotsman* assim começou: "Há muitos anos não acontece um casamento que tenha despertado tanto entusiasmo como o que foi realizado na tarde de sábado, na igreja de St. Margaret." Em manchete de primeira página, o *Daily Mirror* chamou-o "O Casamento do Ano."[13]

Pamela, Lady Lytton, compareceu à cerimônia, "tremendamente linda," como comentou Ettie Desborough. Ettie gostou de Clemmie e também de ver Winston desfrutando aquela notoriedade. "Ele estava maravilhado com tudo," escreveu posteriormente, "contou cada pessoa presente e me mostrou todos os presentes, um a um." O tempo estava perfeito, o vestido branco de seda da noiva "acentuava seu porte majestoso," e David Lloyd George conversou sobre política com Winston na sacristia. Blanche Hozier sentou-se quase na frente com três de seus antigos amantes, todos no mesmo banco. George Cornwallis-West chorou, o vencedor em Manchester – William Joynson-Hicks – apresentou seus cumprimentos e quando Wilfrid Scawen Blunt chegou atrasado, as pessoas ficaram olhando para sua longa cabeleira branca e a barba ondulada, cochichando, "Quem é esse homem alto, bonitão?" Para Ettie, não havia dúvida de que "a beleza do dia" era "Linky como padrinho, com um colete verde azulado."[14]

O casal passou a noite em Blenheim, onde, de certa forma, tinham a imensa casa somente para eles. Os empregados habituais lá estavam, mas Sunny fora para Paris. Após a segunda noite, viajaram para a Itália, onde desfrutaram o resto da lua de mel. Tudo corria bem, e o problema com Violet parecia ter ficado no passado. Todavia, exatamente uma semana depois do casamento, aconteceu algo no Slains Castle mostrando que Violet não estava lidando bem com os fatos.

No fim da tarde do sábado, 19 de setembro, a filha do primeiro--ministro deixou o castelo com um livro na mão e ficou vagando pelo mesmo caminho que percorrera com Winston escalando os rochedos. Asquith e Margot estavam oferecendo um jantar no castelo e não notaram sua ausência.

Quando caiu a noite, Venetia Stanley, que acabara de chegar de Londres onde fora dama de honra de Clemmie, irrompeu na sala de jantar anunciando que ninguém conseguia encontrar Violet. Todos acorreram para procurá-la, lanterna na mão, seguidos pelos convidados do jantar. Vasculharam as encostas escarpadas e saliências em busca de algum sinal, tentando evitar as gargantas escuras. Lord Crewe, substituto de Elgin no Ministério das Colônias, era um dos convidados que se juntou à busca. Não havia estrelas no céu e pairava no ar uma densa neblina. Era difícil ver qualquer coisa e os gritos "Vi-o-let" competiam com o bramido constante do mar.

Depois de uma hora, o primeiro-ministro começou a ficar desesperado e pediu ajuda na pequena cidade vizinha. Dezenas de pessoas se juntaram à busca, inclusive inúmeros pescadores que conheciam bem a costa e cujos barcos tinham potentes holofotes.

Como já era quase meia-noite e ainda não havia sinal de Violet, Asquith desfaleceu nos braços de Margot, temendo que a filha tivesse caído e sido arrastada pelas pesadas ondas que arrebentavam ao longo da costa. Margot ouvia vozes que vinham de todas as direções, partidas de pessoas empenhadas na busca, e via homens e mulheres pondo suas próprias vidas em risco ao treparem nas rochas em meio ao nevoeiro, vasculhando cada saliência. Desesperada, ajoelhou e começou a rezar em meio à escuridão.

Poucos minutos depois ouviu os pescadores festejando e nesse momento desmaiou. Sua enteada fora encontrada e aparentemente nada sofrera. Violet alegou que escorregara e caíra em uma reentrância do rochedo, onde batera a cabeça. Quando foi localizada, porém, estava deitada no gramado macio e esponjoso que cobre a costa, sem sinais de ferimentos.

O episódio gerou manchetes sensacionalistas – "Miss Asquith em Perigo," "Filha do Primeiro-Ministro Desaparecida," "Busca Emocionante na Festa" – e repórteres cercaram o castelo pedindo entrevistas e permissão para fotografar. Era mais atenção do que Violet jamais recebera na vida, e Margot começou a desconfiar que o incidente fora encenado para atrair atenção. Um exame mais atento não mostrou sinais do golpe na testa e ela não conseguiu explicar por que permaneceu tanto tempo sem perceber a busca para encontrá-la. Quanto mais analisava os indícios, mais zangada ficava Margot por causa "dessa tolice infeliz e fuga perigosa," como registrou em seu diário.[15]

Houve risco de vida durante a busca, de modo que a família tentou reduzir o vulto do episódio, esperando que a imprensa não descobrisse que o suposto "perigo" de Violet não passava do desejo de uma jovem infeliz de atrair atenção. Queria ser mimada depois da partida de Winston, mas não conseguira porque se empenhara em demasia em fingir que seu casamento não a incomodara. Havia outros rapazes cuja simpatia agora queria despertar e, em cartas para eles após o incidente, exagerou o perigo, dizendo para um deles em outubro: "Voltei à monótona normalidade (...) escapei por pouco da morte de cinco formas diferentes – tais como "afogamento, ser feita em pedaços, meningite, 'exposição' (!) etc, etc."[16]

Margot tentou convencê-la a ficar calada sobre o acontecimento. Como registrou em seu diário: "Queria que ela apenas agradecesse aos pescadores e as pessoas simples que a localizaram e não falasse mais nada a respeito. Pobre Violet! Nada estava mais longe do que ela pensava e pude reparar que ficou sentida com minha postura." Em esforço para superar de uma vez por todas o episódio, Margot decidiu que a família devia passar o resto das férias em algum lugar mais isolado e, assim, mudou a família para a casa de um irmão, perto de Edinburgh. Foi uma decisão oportuna, pois a imponência sombria do castelo exercia influência negativa e não ajudava a melhorar o espírito de Violet. Na verdade, no castelo imperava um ar tão misterioso e aterrador que, nos anos 1890, se tornou objeto de grande fascinação para Bram Stoker, que o visitava frequentemente, se hospedando no Kilmarnock Arms Hotel, em Cruden Bay. Há quem acredite que Slains inspirou o castelo de *Dracula*, no livro de Stoker, em 1897. Ele escreveu as últimas páginas do livro no hotel daquela cidadezinha.[17]

Ficaram vigiando Violet, que aparentemente sofreu um abalo nervoso depois do que ela mesma chamou seu "problema nos rochedos." Continuou revelando sinais de comportamento obsessivo, particularmente em qualquer assunto ligado a Winston. Em outubro, o próprio primeiro-ministro teve que intervir quando ela fez questão de deixar a casa para encontrar Winston quando ele regressou da lua de mel. Ouvindo falar que ele estava em Dundee para o congresso anual do Partido Liberal e devia fazer discursos, ela subitamente decidiu que precisava subir no mesmo palanque e falar a favor de Winston. Um telefonema do pai a orientou para nada dizer. "Fiquei triste," escreveu para Venetia mais tarde, "pois havia uma ou duas coisas que eu queria tanto falar!" O pai lhe dissera que precisava ficar calada por razões "políticas," mas tanto ele quanto Margot deviam temer que ela atraísse mais publicidade e gerasse mais mexericos, se dissesse alguma coisa sobre Winston em público.[18]

Essa fase obsessiva aos poucos desapareceu, especialmente quando Margot começou a falar em enviar a problemática enteada para a Suíça a fim de cuidar da saúde. Margot não conhecia todos os detalhes que cercavam o comportamento emocional de Violet, mas de uma coisa tinha certeza. "Neste verão," escreveu, "foi como se de repente tudo mudasse nela." O que menos Violet queria era outro longo inverno no estrangeiro. Ansiosa por mergulhar com cenário político, estava disposta a fazer qualquer coisa para não ser novamente mandada para o exterior. Durante os meses seguintes, estabeleceria amizade menos intensa com Winston, embora levasse tempo para aceitar Clemmie como sua esposa. Acabou acompanhando Margot por seis semanas no continente, mas suportou

O castelo

sem problemas esse afastamento e, quando voltou para casa, sentiu-se satisfeita por ter escapado de um exílio mais longo.[19]

Churchill queria Violet e Clemmie amigas e tentou atenuar sentimentos feridos. Dois meses após o casamento, arranjou para que os três almoçassem juntos em Londres. Violet se comportou convenientemente, mas ainda não sentia simpatia por Clemmie. Em instante em que ficou sozinha com Winston, este disse que sua esposa "tinha mais a mostrar do que se percebia à primeira vista." Violet teve vontade de dizer algo mordaz, mas, revelando o quanto se continha, simplesmente sorriu e deu uma resposta que era uma faca de dois gumes: "Mas já se percebe tanto à primeira vista!"[20]

Embora os modos de Violet ainda revelassem certo amargor, era interesse de todos esquecer os problemas vividos no verão, de modo que mudaram de assunto. Violet continuou sendo a mais fervorosa defensora de Churchill em Downing Street, mas tudo indica que, em anos posteriores, ambos tomaram cuidado para esconder a profundidade do envolvimento que tiveram. Restaram muito poucas cartas trocadas pelos dois, o que é estranho, considerando que ambos eram assíduos na redação de cartas. Em público, Winston praticamente nada disse sobre Violet. Existem apenas algumas referências escassas em comentários públicos, a melhor delas uma notável descrição da devoção de Violet ao pai. Winston a chamava "defensora campeã" de Asquith.[21]

Tentar não magoar Violet e deixar Clemmie feliz foi tarefa árdua para Winston, mas seus propósitos eram sinceros. Não queria perder a amizade de uma e tampouco o amor da outra. Nos dois primeiros anos, sua esposa chegou a temer pelo casamento. Não havia ninguém, ele lhe assegurava sempre. Ela era a única mulher que amava. "Você tem que confiar em mim, disse-lhe, "eu nunca amei e nunca vou amar outra mulher no mundo que não seja você."[22]

Era sincero em cada uma das palavras, por mais incomum que soassem, partidas de um político com sua idade e ambição.

17

Edwardiano Eminente

Foi uma notável ascensão. Em pouco mais de sete anos, Churchill avançara dos bancos de trás dos conservadores para um lugar de destaque no Gabinete liberal, e comentaristas de todos os lados previam que um dia seria primeiro-ministro. Quando foi anunciado seu noivado, o *Daily Mirror* fez questão de afirmar que as expectativas otimistas quanto a seu futuro político eram perfeitamente razoáveis. Com referência irônica ao perigo que correra ao fugir da casa incendiada em Rutland, o jornal declarou: "Se é que existe profecia segura, é seguro predizer que Mr Winston Churchill – soldado, correspondente de guerra, viajante e biógrafo – e, em vista recentes acontecimentos, pode-se acrescentar, bombeiro – um dia, que não está muito longe, chegará a primeiro-ministro."

A.G. Gardiner, do *Daily News*, o descreveu como uma espécie de primeiro-ministro-aguardando-a-vez: "Surge aos olhos da nação como a mais interessante personalidade da política, sua vida é um intenso drama de ação, é extremamente corajoso e esclarecido, não está amarrado ao passado." James Douglas, editor do *Morning Star*, estava tão entusiasmado com as possibilidades do jovem estadista que não via sentido em seguir a carreira de qualquer outro político. "Há muitos homens inteligentes na Câmara dos Comuns," escreveu Douglas, "mas nenhum deles desperta a agitação romântica da ambição destemida (...) somente Mr Churchill acena com um futuro empolgante."[1]

Era chegada a hora de o promissor político provar que podia satisfazer as elevadas expectativas de sua carreira. Seria capaz de se firmar como chefe de importante setor do governo, como elemento poderoso no Gabinete e figura parlamentar dotada de impressionante capacidade legislativa? Durante o ano seguinte, provaria convincentemente que podia satisfazer às três exigências. Embora usualmente não se conceda a ele o merecido crédito, Churchill foi, como ministro do Comércio, o principal responsável pelas três maiores realizações do período edwardiano.

Edwardiano eminente

Duas delas se traduziram em leis no ano de 1909. A primeira foi a Labour Exchanges Act, que criou um sistema nacional de empregos. Foi uma iniciativa ousada mas prática, que ajudava o desempregado em uma região a ser recolocado em outra. A segunda foi a Trade Boards Act, que contribuiu para melhorar as condições insalubres de trabalho e os salários miseráveis dos assim chamados trabalhadores "sofridos," em maior parte mulheres em pequenas oficinas. Foi a primeira legislação importante a adotar o princípio de um salário mínimo. Depois de se tornar lei, uma agradecida Mary Macarthur, secretária da Liga dos Sindicatos de Mulheres, falou sobre a reforma ao se dirigir a uma assistência americana. "Creio que a Inglaterra ainda não se deu conta do que realizou. É simplesmente uma revolução. Significa uma revolução nas condições de nossa indústria."[2]

A terceira realização demandou mais tempo, mas foi Churchill quem começou a trabalhar nela em 1908, procurando desenvolver o que se tornaria o plano de seguro contra o desemprego, consubstanciado em uma lei, a National Insurance Act, promulgada em 1911. Lloyd George reivindicou para si o crédito por essa realização, mas foram Churchill e sua equipe que fizeram o trabalho pioneiro no Ministério do Comércio. Em primeiro lugar, apresentou a ideia a Asquith no começo de 1908, no fim desse ano propôs um plano detalhado e, alguns meses mais tarde, fez circular no Gabinete um memorando explicando os custos específicos. Porém, a pedido de Lloyd George, retardou a remessa do projeto de lei à Câmara dos Comuns. Os dois tinham decidido que desemprego e saúde deviam ser tratados em conjunto em uma única lei, e Lloyd George necessitava mais tempo para preparar os dispositivos pertinentes à saúde. O Ministro das Finanças não tinha certeza de conseguir apresentar um plano viável, mas queria tentar, e Churchill concordou em esperar.[3]

Quase dois anos depois, Lloyd George insistiria que fora ele quem surgiu com o plano e que Churchill simplesmente "quis assumir a autoria" – conforme suas palavras – com seu plano para o desemprego. Isso não era verdadeiro. Na realidade, Lloyd George esteve tão atarefado preparando o orçamento de 1909 que nada podia fazer além de ouvir os planos ambiciosos de Winston para a reforma. Porém, em 1911, tentou demonstrar que as contribuições de seus colegas nunca foram significativas. Como Winston assinalou posteriormente em carta para Clemmie, "Lloyd George praticamente se apoderou do seguro de desemprego e realmente sinto que se descartou de mim nessa grande área em que consumi tanta reflexão e esforço."[4]

Como forma de pôr essas questões em contexto mais amplo, vale a pena examinar o período de Lloyd George no Ministério do Comércio. Lá esteve do fim de 1905 até abril de 1908, quando Churchill assumiu o cargo. Durante todo esse tempo pouco fez na formulação de planos de reforma social. Suas maiores realizações legislativas foram o Merchant Shipping Act, o Patent and Design Act e o Port of London Act. Essa lista de realizações não caracterizava exatamente uma inovação radical.

Um de seus biógrafos questionou a razão de o longo período de Lloyd George na Junta de Comércio nada significar diante do que veio "depois" na carreira do político "radical." Em parte, a razão é o fato de seu maior colega e rival Winston Churchill vir depois, estimulando Lloyd George a produzir mais do que simplesmente se proclamar radical. Depois que Churchill passou a integrar o Gabinete, tudo mudou. Uma dupla de personalidades poderosas e com grandes ambições – um colega os chamava "os dois galãs" – Winston e Lloyd George passaram a dominar o governo liberal, ambos como parceiros e rivais, cada um tentando reforçar ou solapar o outro, dependendo dos interesses próprios, que variavam.[5]

Todavia, Winston foi a centelha que tocou fogo na mudança do velho liberalismo do governo Campbell-Bannermann para a agenda dos anos Asquith, algumas vezes chamado novo liberalismo. O Gabinete imediatamente percebeu a mudança. Winston deixou claro que não estava lá para fazer apenas a rotina. "Pretendo me fazer tremendamente desagradável!" – ouviram-no dizer ao sair de uma reunião do Gabinete em 1908. Obteve sucesso. Num registro em seu diário daquele período, Charles Hobhouse – novo secretário de finanças do Tesouro – escreveu: "O ingresso de Winston Churchill no Gabinete foi acompanhado pelo desaparecimento da harmonia que, segundo me disseram seus membros, caracterizava as atividades do grupo."

Hobhouse acusava Winston de incentivar Lloyd George a se tornar cada vez mais exigente. Hobhouse repudiava tanto os modos desgastantes e as ideias não convencionais de Churchill que considerava tudo parte de uma trama para jogar Lloyd George no precipício. "Não posso deixar de suspeitar que Winston Churchill está pressionando deliberadamente Lloyd George para provocar sua queda."[6]

Alguns ministros achavam que Churchill criava problemas justamente

Edwardiano eminente

para deixar os outros em dificuldades e abrir caminho para si mesmo. Ouvindo os resmungos do gabinete, Lord Esher comentou: "Acho que Winston quer transformar o Gabinete em campo de batalha. Pensa que é Napoleão."[7]

Como todos os outros, Lloyd George lia as histórias que a imprensa publicava sobre Churchill como "futuro primeiro-ministro," e sabia que tinha que trabalhar com rapidez para se manter à frente do colega. De sua nova casa na residência oficial do Chanceler do Exchequer – Downing Street nº 11 – estava em boa posição para acompanhar o nº 10. Não há dúvida de que sabia do relacionamento íntimo de Winston com a filha do primeiro-ministro e não podia estar enganado quanto ao desprezo de Violet por ele próprio. Ela via Lloyd George como um conspirador medíocre e não conseguia esconder sua opinião.

Violet gostava de contar a história de quando perguntara a John Maynard Keynes: "O que acha que acontece quando Mr Lloyd George está sozinho na sala?" Sorrindo, Keynes respondera: "Quando ele está sozinho não há ninguém na sala."[8]

Por curto período no fim de 1908, Beatrice Webb ficou tão entusiasmada com o trabalho de Churchill à testa do Ministério do Comércio que chegou a pensar que ele ofuscava Lloyd George como a mais impressionante figura liberal. Winston estava provando ser "extremamente competente," anotou em seu diário. Agora, gostava mais dele do que de Lloyd George, que considerava um "sujeito inteligente," mas "com menos intelecto que Winston e sem ser uma personalidade tão atraente; mais pregador que estadista."[9]

Porém, embora para alguns parecesse alimentar ambições estritamente pessoais, foi Winston quem fez o trabalho pesado da reforma. Trabalhou tão intensamente que no fim de 1908 pôde apresentar a Asquith um esboço do plano geral. Ninguém do gabinete, inclusive Lloyd George, foi tão longe na definição de verdadeiras transformações na sociedade inglesa por intermédio da legislação liberal. Com sua habitual confiança, de certa forma foi ele quem ditou o caminho para o primeiro-ministro, declarando que o governo dispunha de dois anos para concluir o trabalho.

"A necessidade é urgente e o momento é propício," escreveu para Asquith. "A Alemanha, com clima pior e muito menos riqueza, conseguiu implantar condições aceitáveis para seu povo. Está organizada não somente para a guerra, mas também para a paz. Não estamos organizados para coisa alguma, a não ser política partidária."

O rol das reformas necessárias incluía seus planos para mudanças de emprego e seguro-desemprego, um sistema de "Seguro Nacional de Saúde," uma revisão geral de medidas de combate à pobreza, melhorias na educação e nos transportes e uma política industrial mais agressiva capaz de promover melhores relações entre empregadores e empregados. Foi apenas o começo de suas iniciativas; esses passos iniciais constituíam um plano audacioso para a época e – na avaliação de Churchill – eram práticos e financeiramente viáveis. Mais importante, achava que os projetos de lei podiam ser apresentados de forma que permitisse conquistar ampla aceitação na Câmara dos Lordes.

Se obtivessem sucesso, disse a Asquith, fortaleceriam a nação e o Partido Liberal. Mesmo que fracassassem, afirmou, seria melhor "fracassar em esforços tão nobres do que perecer por paralisia gradual ou em meio a um debate de espuma."

Asquith acolheu a agenda de Winston e o encorajou a "levar adiante" seus esforços para promover a nova legislação. Na verdade, Churchill propunha fazer com a nação o que fizera consigo mesmo, obter rápido sucesso assumindo grandes riscos e aproveitando ao máximo as oportunidades enquanto havia.[10]

Criticado tantas vezes por ser errático e exagerado, Churchill revelou frieza ao prosseguir metodicamente com medidas inovadoras que se transformaram em lei com relativa facilidade. Como orgulhosamente assinalou após a aprovação da legislação proposta pelo Ministério do Comércio, os projetos foram "maravilhosamente acolhidos" na Câmara, chegando a receber acenos "amistosos" de concordância por parte de Balfour e outros líderes conservadores. Como ministro de um governo determinado a acumular vitórias legislativas, dosou sua linguagem e gestos na Câmara dos Comuns, a ponto de – pelo menos por então – conseguir o que desejava sem ter que recorrer a invectivas. Estava feliz por poder se referir positivamente a Balfour, agradecendo o apoio "extremamente amável" recebido da oposição e declarando que era "seu objetivo na implantação da lei empenhar-se em conseguir, ao longo de todas as etapas, o maior apoio possível."[11]

No começo de 1909, transbordava confiança. Disse a um amigo jornalista que o ano seguinte seria marcado por avanços notáveis. "Grandes planos," confidenciou, "estão sendo diligente e cuidadosamente elaborados." Acreditava que em dois anos, se tudo corresse bem, o país estaria dotado de um sistema racional e eficiente capaz de ajudar os que não podiam socorrer a si mesmos e a criar melhores oportunidades para os

Edwardiano eminente

que podiam. Como argumentou alguns meses depois – em outubro, quando voltou da lua de mel para falar em Dundee – seu grande objetivo agora era "satisfazer "a necessidade da nação de uma organização social mais completa e aperfeiçoada."

Foi nesse discurso no Kinnaird Hall em Dundee, na noite de uma sexta-feira, com mais de 2 mil eleitores na assistência e tendo agora a esposa ao lado, que lançou sua desafiante declaração: "Estamos a caminho de dias melhores. A humanidade não se deixará abater. Prosseguimos – marchando bravamente pela grande estrada – mas já divisando, por trás das montanhas distantes, a promessa do sol."[12]

***

Justamente quando Churchill saboreava seu novo papel de grande profeta liberal – um Moisés moço e bem barbeado apontando o caminho para a terra prometida – duas forças poderosas se ergueram para interpor sérios obstáculos em sua "grande estrada." Uma foi a Alemanha, e a outra foi Lloyd George.

Enquanto os generais do Kaiser faziam simulações em jogos de guerra, como se fossem cavaleiros treinando para torneios da nobreza, seus almirantes se ocupavam planejando uma nova esquadra capaz de rivalizar com a inglesa. Em 1906, tinham sido obrigados a mudar seus planos quando a Royal Navy inglesa lançou ao mar o *HMS Dreadnought*, um gigantesco encouraçado com poder de fogo tão impressionante que seria capaz de afundar qualquer navio existente. Teria sido mais prudente não alardear a superioridade de seus canhões de longo alcance, mas os ingleses não resistiram. Como declarou para a imprensa um orgulhoso oficial: "No dia em que o encouraçado *Dreadnought* içar sua flâmula, todas as marinhas do mundo estarão obsoletas." No fim de 1908, uma dúzia dessas belonaves inglesas já fora construída ou estava a caminho.

Os almirantes alemães não se abateram. Viram o novo navio de guerra como um desafio a ser enfrentado e superado. Não perderam muito tempo para reagir. Em 1908, lançaram ao mar quatro encouraçados com capacidade semelhante à do *Dreadnought* e, segundo se informou, estavam a caminho de criar uma esquadra com vinte e um deles até 1912. Na Inglaterra cresceram os temores de que o longo reinado de supremacia naval da nação estava em perigo. Alegações anteriores de que o novo navio de guerra inglês era superior a todos os outros ajudaram a criar uma corrida armamentista. "Se estamos na iminência de tornar obsoletas todas as esquadras estrangeiras," afirmou a *Edinburgh Review*, "mostramos a eles a forma de fazerem o mesmo com a nossa."[13]

Envoltos em sigilo, os preparativos navais na Alemanha geraram tantas incertezas que as autoridades inglesas não podiam afirmar até que ponto as novas belonaves seriam letais, nem saber exatamente quantas estavam em construção. Um dia, em dezembro de 1908, um membro da oposição – John Lonsdale – perguntou a Reginald McKenna, agora à testa do Almirantado, se poderia informar "o número e a descrição dos grandes canhões do novo encouraçado alemão *Posen*." McKenna respondeu, "Não tenho condições de fornecer a informação solicitada."

Incrédulo, Lonsdale perguntou: "Vossa Excelência não acha aconselhável tomar providências para se informar sobre esses fatos?" McKenna tentou voltar a pergunta contra quem a formulara. "Se Vossa Excelência," disse, "puder me ajudar a descobrir o armamento do *Posen*, ficarei imensamente satisfeito." Lonsdale devolveu: "Isso não é minha obrigação."[14]

McKenna podia desconhecer especificações de determinados navios de guerra, mas sabia mais do que estava disposto a admitir. A questão é que não queria dizer alguma coisa que provocasse pânico. Como confidenciou para Asquith duas semanas depois: "Neste momento, a capacidade alemã de construir encouraçados é idêntica à nossa." Se essa informação "alarmante" fosse conhecida, advertiu, "abateria fortemente o moral do povo." McKenna estava tão preocupado com as últimas informações, que apoiou a construção de mais seis – talvez até mesmo oito – encouraçados ingleses para a Royal Navy, ao custo impressionante de pelo menos 6 milhões de libras. O Gabinete começou a discutir a questão em janeiro de 1909 e, durante os dois meses seguintes, seus membros debateram o que fazer.[15]

Absorvido em seus planos de reformas sociais e ainda envolto na excitação do namoro e do casamento, Churchill vinha prestando menos atenção aos assuntos externos do que o habitual. Não pensava na probabilidade de guerra. O rapaz que outrora ficava tão ansioso para entrar em combate e arriscar a vida, acostumara-se às aventuras menos angustiantes dos embates políticos, e demorou a perceber o perigo da crescente rivalidade naval entre Inglaterra e Alemanha. Reforma, recuperação e paz eram, agora, as grandes ideias-força liberais, e Churchill estava mobilizado por esses nobres temas. Naquele momento, pareciam lhe oferecer um caminho para a glória melhor do que a rota antiquada da guerra.

Longe de ser o belicista que mais tarde os críticos consideraram

Edwardiano eminente

intrínseco em sua personalidade, Churchill queria acreditar que não havia razão para guerra entre duas nações tão avançadas quanto Alemanha e Inglaterra. "Creio ser profundamente condenável," disse a uma assistência em Gales, "haver gente a tentar espalhar a crença de que é inevitável uma guerra entre a Inglaterra e a Alemanha. Isso não faz sentido (...) Não. Esses dois grandes povos não têm razão para entrarem em conflito, não há lugar para uma guerra (...) Confio firmemente que prevalecerá a crença na bondade essencial dos grandes povos."[16]

Enquanto Winston sonhava com paz e prosperidade, coube a Reggie McKenna, com seus modos suaves, impulsionar uma ampla expansão da máquina de guerra inglesa. A quantidade de dinheiro necessária era tão grande que Winston não pôde deixar de questioná-la. Após meses de cuidadosa busca de formas viáveis de melhorar a sociedade, não estava disposto a ver milhões a serem gastos para enfrentar uma ameaça que ele julgava duvidosa. Assim, decidiu que era mais importante enfrentar McKenna do que alimentar preparativos para algum futuro conflito com a Alemanha.

Seu parceiro nesse esforço foi Lloyd George. Defenderam que a construção de quatro encouraçados seria suficiente para o ano seguinte. Juntos, enfrentaram o colega com tal tenacidade que Reggie esteve à beira de um colapso nervoso. "Odeio meus colegas," disse à mulher depois de meses de tumultuada discussão sobre a questão naval.[17]

Seus adversários questionavam tudo que fazia. McKenna submeteu um documento sobre seus planos ao Gabinete e Churchill fez em suas margens copiosas críticas. Reggie ficou tão zangado e frustrado que passou a comparecer às reuniões do Gabinete com uma carta de renúncia no bolso, aguardando o momento em que Winston fosse longe demais. Lloyd George se deliciava com o conflito. Pressionava Winston com uma linguagem bélica, dizendo o quanto apreciava ver-lhe o poder de fogo verbal "varrendo o esquadrão de McK."[18]

Tendo em vista que seu poder verbal não dava para enfrentar o de Churchill, McKenna continuou esperando que Asquith interviesse para apartar a briga. Mas o primeiro-ministro estava mais inclinado a se recostar e deixar a batalha rolar até que um lado se rendesse ou chegassem a um bom acordo. Como Primeiro Lord do Almirantado, McKenna naturalmente esperava mais apoio de Asquith quando a questão envolvia a Royal Navy, e a principal crítica partia do ministro do Comércio. Ao contrário do que esperava, frequentemente teve de lutar sozinho e algumas vezes foi reduzido ao silêncio quando Churchill se agigantava e dominava as reuniões. "A reunião de hoje foi mais uma oportunidade para exibição da retórica de Winston," reclamou Reggie com a esposa. "Controlar o Gabinete é impossível, a não ser que quem o dirige segure as rédeas com mão de ferro (...) Meu trabalho é um verdadeiro julgamento."[19]

Parte do problema era que nem Churchill nem Lloyd George o respeitavam e, dessa forma, tendiam a refutar de imediato tudo que dizia. Quando insistiu que os alemães estavam no caminho da guerra e logo ameaçariam o controle dos mares pela Inglaterra, simplesmente se recusaram a acreditar nele. Achavam Reggie um Primeiro Lord fraco para o Almirantado que estava sendo usado pelos almirantes para conseguirem mais navios. Quando pela primeira vez ouviu que "talvez tenhamos de lançar mais oito encouraçados," Lloyd George disse a Winston, "Creio que os almirantes estão usando informações falsas para nos assustar."[20]

À medida que a discussão se acirrou e as posições começaram a endurecer, Asquith finalmente interveio para propor um acordo. Em vez de construir imediatamente oito novos encouraçados, sugeriu que se começasse com quatro e se adiasse a construção dos restantes para mais tarde, caso se confirmassem as suspeitas do Almirantado sobre o crescimento naval alemão. Parece que ninguém ficou satisfeito com o acordo, mas permitiu-se que McKenna o apresentasse à Câmara dos Comuns em 16 de março.

Perante uma Câmara em silêncio ele apresentou sua apreciação sobre a crise enfrentada pela Marinha. Tinham vazado informações sobre as dissenções no Gabinete, mas o público não sabia o quanto a crise era grave para McKenna. Desta vez, ele não recuou por medo de disseminar pânico. Foi firme.

"Chegará o dia," afirmou, "em que, por um processo quase automático, todos os navios de modelo mais antigo que o *Dreadnought* ficarão relegados à condição de ferro velho. A preservação de nossa supremacia dependerá unicamente de nossa superioridade em navios da classe Dreadnought. Não teremos certeza de nossa superioridade naval se ficarmos para trás nessa classe de belonaves." Embora suas palavras fossem cuidadosamente dosadas, atingiram a Câmara e a nação como um raio.

Para a maior parte do povo inglês, era quase inimaginável um Primeiro Lord do Almirantado de alguma forma duvidar do domínio dos mares por Britânia. Equivalia a insinuar que um dia o sol não se levantasse. Entretanto, a frase de seu pronunciamento que causou a maior sensação foi a declaração invulgarmente franca sobre os planos de construção naval da marinha alemã: "A dificuldade vivida pelo governo neste momento é não sabermos – como pensávamos que sabíamos – o ritmo da construção naval alemã."[21]

Se nem mesmo o Primeiro Lord sabia a velocidade com que os alemães estavam lançando ao mar seus encouraçados, era fácil a propagação do medo na população em geral. De repente, surgiu um generalizado senso de urgência para que a Inglaterra acelerasse sua própria construção dos mais poderosos navios de guerra. Se isso não acontecesse, é o que se falava, a nação-ilha poderia um dia acordar e se ver cercada pela marinha alemã. "É impossível abrir um jornal," comentou um oficial reformado da marinha que integrava a oposição, "sem ver quase todas as páginas tratando do alarme que tomou conta da nação."

Levou menos de duas semanas descobrir um brado de protesto com um lema em rima usado pela primeira vez em 27 de março pelo elegante tory George Wyndham: "Queremos *eight* (oito) e não *wait* (esperar)."

Naquele momento, concordassem ou não os políticos, não havia como escapar da grande corrida armamentista no reinado de Edward. O povo ansioso logo teria seus oito encouraçados e muitos mais. Convencido de que a guerra eclodiria "em poucos anos," George Wyndham disse a Wilfrid Blunt, "A única coisa que podemos fazer é continuar construindo navios."[22]

Lloyd George tentou desesperadamente evitar o gasto com os quatro encouraçados extras e usar os recursos correspondentes na agenda social promovida por ele e Winston. Disse na Câmara que considerava uma "insanidade criminosa desperdiçar" milhões em "esquadras gigantescas para enfrentar armadas de fábula." Como ministro das Finanças, viu-se na obrigação de encontrar o dinheiro necessário para apoiar a decisão do Gabinete e, simultaneamente, criar outras formas de receita para suprir as necessidades internas. Em consequência, introduziu aumento de impostos no "Orçamento do Povo" para 1909. Espalhou-os por diversas fontes, desde fabricação de automóveis e direitos de extração mineral a impostos sobre posse de terra e renda. O alvo prioritário foram os ricos, cujos rendimentos ficariam sujeitos a tributação maior para cobrir o aumento de 10% nas despesas do governo.[23]

Churchill estava tão ansioso para obter a receita extra que mudou sua visão da recuperação para fazer uma exceção no caso de planos sociais valiosos. Após a aprovação do orçamento, em abril, escreveu à mulher dizendo ter esperança de conseguir "amplos recursos para grandes reformas no próximo ano." Embalado por essa perspectiva, por conveniência pôs de lado muitos dos antigos conceitos sobre governo, que retornariam com o tempo, mas que, naquele período tempestuoso, quando seus olhos estavam voltados para a "grande estrada" rumo a um futuro melhor, preferiu modificar.[24]

Um antigo conceito remontava aos dias de sua luta contra o protecionismo, quando ainda estava no Partido Conservador. Na época, se manifestara contra a elevação de tarifas para aumentar a receita porque entraria tanto dinheiro nas arcas do governo que serviria apenas para estimular gastos com ele próprio. "Os governos nada criam e nada têm a dar a não ser aquilo de que já se apoderaram," dissera na época. "Você pode botar dinheiro no bolso de um grupo de ingleses, mas será dinheiro tirado do bolso de outros e a maior parte será desperdiçada no percurso."

Agora, em 1909, havia algo diferente, o governo não mais carregava a mácula da corrupção e da incompetência dos dias do Hotel Cecil. Queria acreditar que Asquith e Lloyd George podiam fazer bom uso do acréscimo de receita. Eram bons administradores e esperava que gastassem inteligente e objetivamente os recursos, em prol da sociedade e não de seus próprios interesses. "Não vou afirmar que, em si, impostos são coisas boas," disse diante de uma assistência londrina em 1909. "Não são. Todos os impostos são ruins." Todavia, rapidamente acrescentou que eram necessários para prover coisas vitais, como segurança nacional e, em sua avaliação, "segurança social," que era tão importante quanto a segurança militar. O orçamento de Lloyd George, assegurou ele aos que o escutavam, proporcionaria os recursos "necessários" para que "a nação 'embarcasse' no amplo campo da organização social."[25]

Porém, nem Churchill e nem qualquer outro líder liberal teria condições de fazer muito mais do que simplesmente "embarcar" nessa iniciativa. Seriam contidos não somente pelo custo crescente da construção naval, mas também pela forma desastrosa como Lloyd George administrou a tramitação do "Orçamento do Povo" após sua apresentação para a Câmara dos Comuns. Em vez de pelo menos tentar orientar sua transformação em lei na forma usual, logo de saída arranjou uma briga com a Câmara dos Lordes, desafiando seus membros a rejeitar a proposta. Um aumento de 10% era considerável, mas estava longe de ser revolucionário e era perfeitamente passível de aprovação com acompanhamento cuidadoso. O jornalista liberal J.A. Spender, familiarizado

Edwardiano eminente

com o mundo político, acreditava que, se o orçamento "estivesse nas mãos de Asquith, quase certamente seria aprovado," diante de modesto protesto da oposição. Afinal, boa parte do aumento de impostos no orçamento era para atender às despesas navais que os tories queriam elevar aos mais altos níveis.

Porém, Lloyd George insistiu em transformar o orçamento em motivo de briga por poder político, em vez de tratá-lo em termos de libras e pence. Queria mais a luta do que o orçamento e tinha certeza de que venceria. Viu-se na condição de liberal triunfante entrando na próxima eleição geral para esmagar os tories e humilhar a Câmara dos Lordes. Em realidade, o que fez foi mergulhar a nação em dois anos de crise constitucional que atrasou as reformas sociais e poderia, até seu desfecho, custar ao partido sua maioria geral e permitir aos tories abocanhar mais cem assentos na Câmara dos Comuns. A decisão de Lloyd George no sentido de travar uma luta de classes levaria – nas palavras de J.A. Spender – "o partido tory a perder o equilíbrio emocional, se descontrolar e assim agir."[26]

Inflamou os ânimos na Câmara dos Comuns ao se referir a seu "Orçamento de Guerra." Tiraria dinheiro dos ricos para "travar uma guerra implacável contra a pobreza e a sujeira," conforme suas palavras. Acontece que isso era só retórica. Mais de dois terços do aumento orçamentário eram para pagar duas coisas apenas: novos encouraçados e pensões de idosos. Pensado e levado adiante por Asquith, o novo plano de pensões ampararia apenas os acima dos setenta anos, mas o custo era maior do que se previra. Lloyd George tinha praticamente certeza de que teria que alocar mais recursos para a Marinha. Se fosse decidida a construção de mais quatro encouraçados, admitia, "a despesa anual da Marinha alcançaria dimensões muito graves, capazes de fazer o contribuinte tremer." Compreendendo que a nova corrida armamentista desanimaria os defensores liberais, inteligentemente anunciou que o orçamento seria mais progressista do que na realidade era.

Pode ser que os liberais quisessem travar uma guerra geral contra a pobreza, mas os preparativos para uma esperada confrontação naval com a Alemanha consumiriam grande parte da receita disponível. Em apenas dois anos, as despesas com a Marinha cresceriam em 20%. Enquanto isso, as poucas e principais armas contra a pobreza surgidas nesse período deviam muito às ideias de Churchill sobre seguro nacional.[27]

Em seu empenho pelas reformas, Churchill cometeria o erro de delegar muita coisa a Lloyd George. Por certo tempo deu a impressão de ter esquecido o quanto sua independência fora crucial para seu sucesso.

Sabendo o quanto Churchill gostava de uma batalha, Lloyd George preferiu a confrontação e o persuadiu a se aliar a ele. Foi um estratagema brilhante para roubar a liderança de seu colega novato. Na meia-idade, Churchill tentou explicar a razão de ter se deixado influenciar pelo rival. "Quando estava em seus melhores dias, quase conseguia fazer mágica," escreveu. "Já o vi mudando a opinião do Gabinete em menos de dez minutos e, quando a discussão terminava, ninguém conseguia lembrar algum argumento específico ao qual pudesse atribuir sua mudança de opinião."[28]

Todos que trabalhavam próximos a Lloyd George sabiam perfeitamente o quanto ele podia conseguir com seu encanto quando lhe convinha. "Quando você entrava em seu gabinete," recordava o diplomata e escritor Harold Nicolson, "ele se aproximava, o conduzia, botava os braços em volta de seus ombros enquanto falava, transmitia uma impressão de afabilidade, exuberância e simplicidade. Sua voz era muito atraente, calorosa e intensa. Sabia escutar e, quando ouvia – ou fingia ouvir – costumava olhar para você como se fosse a única pessoa inteligente que jamais conhecera."[29]

Era difícil quebrar o encanto do homem que viria a ser conhecido como "o bruxo galês." Winston gostava de pensar que eram iguais e mais tarde diria: "Juntos, éramos uma potência." Mas Lloyd George não encarava dessa forma as relações entre os dois. Observando a dupla nas reuniões do gabinete, Charles Hobhouse anotou em seu diário que Lloyd George "tem uma formidável habilidade para manobrar com as pessoas por curto espaço de tempo. Não sabe o significado das palavras *verdade* e *gratidão*. Asquith o teme – e ele sabe disso, mas estima e respeita Asquith. (...) Trata Winston Churchill como um garoto travesso, protegido e mimado."

De vez em quando, Winston se rebelava e talvez dissesse para Lloyd George: "Vá pro inferno com seus modos. Não vou interferir. Não tenho nada a ver com sua maldita política." Ou, como certa vez lembrou um amigo comum: "Não, não, não, não vou seguir (Lloyd) George."[30]

Entretanto, seguidamente voltava atrás e ocupava seu lugar ao lado de Lloyd George. Era uma exibição estranha de fraqueza por parte de um jovem cuja irreverência com seus líderes fora a marca registrada de sua ascensão ao poder. Por algum motivo se convencera de que Lloyd George era um parceiro indispensável, talvez, em parte, por causa de uma qualidade que o fazia importante em uma discussão desapaixonada. Todavia, essa mesma qualidade o tornava mais cínico, embora Winston

Edwardiano eminente

demorasse a notar esse aspecto. "Você é muito mais forte do que eu," comentou com Lloyd George certa vez. "Reparei que você aborda as coisas serena, calmamente, não se deixa inflamar, e as coisas acontecem exatamente como você deseja. Eu me deixo provocar. Fico agitado e faço muito estardalhaço."[31]

18

Tom e Fúria

A CASA ALTA DE REBOCO BEGE em uma ponta da Eccleston Square – número 33 – ficava em um local de Londres naquela época tranquilo, um enclave arborizado imprensado entre o rio e a exclusiva Belgravia. Na área residiam muitas famílias prósperas, cujos chefes eram profissionais liberais e homens de negócios bem-sucedidos, que viviam bem, mas sem luxo. Orgulhavam-se dos amplos e elegantes jardins que enfeitavam Eccleston Square e a adjacente Warwick Square, ambas bem cuidadas e protegidas por grades altas. Seguindo, a uns oitocentos metros de distância, estava a movimentada Victoria Station, onde grandes massas de londrinos fazendo conexões iam e vinham durante toda a semana. Tranquila, mas perto do coração de Westminster, Eccleston Square era o lugar ideal para Winston Churchill morar com sua jovem mulher e constituir família.

Para lá se mudaram em maio de 1909, com "um fluxo ininterrupto de furgões" descarregando mobília e tapetes – velhos e novos – em uma sexta-feira e um sábado. Jennie escolhera papel de parede para alguns aposentos, Winston supervisionara a instalação de estantes para abrigar sua biblioteca – cada vez maior – e Clemmie encomendara um encantador tapete azul para a sala de jantar. Também se ocupava procurando novos objetos para adornar o quarto do bebê que esperava para o verão. Aos trinta e quatro anos, a próxima grande aventura de Winston era a paternidade.[1]

Com maldosa satisfação, Lloyd George espalhou a falsa história de que a isenção no imposto de renda por filho dependente (ou "pirralho," como o chamava) era a única coisa que agradava a Churchill na revisão financeira. "Winston," disse para amigos, "se opõe a quase todos os itens do orçamento, exceto ao 'pirralho,' porque espera ser pai em breve."[2]

Quando Diana Churchill nasceu no número 33, em 11 de julho, seus pais exultaram de alegria. Seu cabelo era ruivo como o do pai, o que o deixou contente. Ficou fascinado pela filha e entusiasmado ao ver o quanto ela era saudável e forte. "Suas mãozinhas agarram os dedos da gente," escreveu.[3]

Porém, como muitas outras famílias, os Churchills às vezes se viam assoberbados pelos diversos encargos decorrentes dos cuidados com o bebê, ao mesmo tempo em que se instalavam na nova casa. A gravidez de Clemmie foi normal, mas ela demorou a recuperar as forças após o parto e passou várias semanas em recuperação no interior, com a mãe e amigos da família. Enquanto estiveram separados, marido e mulher mantiveram contínuo fluxo de correspondência, compartilhando notícias e ternuras. Tinham um prazer infantil de se chamarem por apelidos e, trocando expressões secretas de afeto, o relacionamento do casal se consolidou em alegre intimidade, com eventuais manifestações mais intensas de paixão.

A vida de solteiro fora mais solitária do que Winston gostava de admitir e, agora, finalmente tinha uma companheira com quem podia compartilhar todas as coisas. Eles se completavam e eram gratos por isso. "Vivo o completo entendimento de tudo que você significa para mim," escreveu Winston, "e da boa e confortadora influência que trouxe para minha vida. A vida agora é muito melhor."[4]

Essa felicidade no casamento foi notada pelos outros. Depois de almoçar com o casal em sua própria casa em Sussex, Wilfrid Blunt ficou impressionado pela forma como os dois tinham ficado tão unidos após apenas um ano juntos. "Formam um casal muito feliz," anotou em seu diário. Como seria de esperar de um poeta, ele via importância em cada pequeno gesto, em como Winston fazia tudo para satisfazer os desejos de Clemmie ou poupá-la de qualquer desconforto. Sentado ao lado deles no jardim, reparou a reação de Winston quando uma vespa se aproximou. "Clementine tinha medo de vespas," escreveu, "e uma pousou em sua manga." Antes que ela se assustasse, seu marido inclinou-se sobre ela e silenciosamente eliminou a ameaça. "Winston elegantemente segurou a vespa pelas asas e a jogou nas cinzas do fogo."

Clemmie gostava de Blunt e muitas vezes comentou com ele o orgulho que sentia do marido. Depois de ver Winston fazer um animado discurso na Câmara dos Comuns, ela escreveu ao poeta: "Fiquei muito orgulhosa quando estava na galeria e o ouvi. Espero que ele nunca adote a Pose Oficial." Após um almoço em Eccleston Square – não muito tempo depois do nascimento de Diana – Blunt registrou em seu diário: "Não há homem que se sinta mais feliz em casa do que Winston."[5]

Contudo, essa felicidade tinha seu preço. As responsabilidades da vida em família geravam aumento de despesas. Tinham de pagar a nova mobília, o médico enviara a conta, e a nova casa, muito maior do que a anterior, exigia que gastassem mais com empregados e manutenção em geral. Felizmente, Winston recebera 225 libras pela reedição de seu romance *Savrola*, e seus investimentos, administrados por Sir Ernest Cassel, continuavam proporcionando bom retorno. Entre seus bens estavam ações da Atchinson, Topeka and Santa Fe Railroad e da United States Steel. O salário anual como ministro do Comércio era 2.000 libras. Mas ele estava gastando o que possuía e não mais contava com tempo livre para produzir livros que fossem sucesso de venda.[6]

Quando Diana nasceu, circulou uma história sobre o grande orgulho que Churchill sentia por sua primeira filha. Embora tivesse aparência de verdade, provavelmente a história foi um pouco rebuscada a fim de fazer com ele uma brincadeira nos círculos políticos. Disseram que um dia ele estava sentado no primeiro banco da Câmara dos Comuns ao lado de Lloyd George, que se virou para ele durante um intervalo e perguntou: "Ela é bonitinha?"

Supostamente, Winston respondeu radiante: "A mais linda que jamais existiu."

"Como a mãe, não é?" – perguntou Lloyd George.

"Não," retrucou Winston com ar sério, "ela é exatamente como eu."[7]

———

Para Winston, uma importante razão da mudança para Eccleston Square foi o fato de seu amigo F.E. Smith ter uma casa na mesma área. Com a mulher e duas crianças pequenas, Smith morava no número 70 e Winston achava que as duas famílias poderiam se tornar ótimos vizinhos. Advogado brilhante, Smith chegara à Câmara dos Comuns em 1906, como conservador, mas por vários meses evitou conhecer Churchill, cuja defecção para os liberais levou tempo para perdoar. Entretanto, uma vez surgida a oportunidade para conversarem, quase de imediato se tornaram amigos.

Superficialmente, pareciam ter muito pouco em comum. Frederick Edwin Smith tinha a aparência atraente de um ídolo de cinema, usava ternos caros e feitos sob medida para se ajustar perfeitamente a seu corpo musculoso. Atleta naturalmente talentoso, era excelente nadador e tenista de golpes poderosos. Nos primeiros anos de sua amizade com Winston, foi um dos mais consistentes e mordazes críticos dos liberais. Todos os ministros, inclusive o primeiro-ministro, tentavam evitar se envolver com ele, temendo serem atingidos por suas farpas instantâneas. Churchill era um dos poucos que podiam enfrentá-lo e foi o gosto de ambos pelas réplicas em alta velocidade que ajudou a forjar um elo entre eles.

F.E., como era usualmente conhecido, fez pequena fortuna como advogado e aparecia frequentemente no noticiário em consequência de seu espantoso sucesso em uma série de julgamentos sensacionais. No tribunal, era ainda mais sarcástico do que na Câmara dos Comuns, e os juízes eram as vítimas de algumas de suas melhores réplicas. Quando um juiz lhe disse formalmente, "Mr Smith, ter ouvido seus argumentos não me tornou mais sábio," F.E. disparou de volta: "Possivelmente não, My Lord, mas está muito mais bem informado." Um arrogante juiz de comarca de nome Willis era seu alvo favorito. Sentindo-se ofendido com sua impertinência, o juiz Willis perguntou em desespero: "O que acha que estou fazendo no tribunal, Mr Smith?" Polidamente, F.E. Smith respondeu: "Não me cabe, Excelência, tentar penetrar os inescrutáveis desígnios da Providência."

Como Winston, era capaz de provocar centelhas em banquetes, quando sentava perto do convidado errado. "Tenho uma vontade um tanto tola de lhe contar a história de minha vida," certa vez uma senhora da sociedade cochichou em seu ouvido, ao que ele respondeu: "Minha cara senhora, se não se importa, prefiro adiar esse prazer." Adepto de bebidas fortes, ficava um pouco menos afável quando bebia demais. Quando uma companheira de jantar se apresentou como "Mrs Porter-Porter com um hífen," ele a fitou com um olhar meio embriagado e retrucou que era "Mr Whisky-Whisky com um sifão."[8]

Se havia alguém capaz de ajudar Churchill a aperfeiçoar sua própria habilidade verbal, era F.E. Eram capazes de passar horas trocando comentários irônicos e rindo, se divertindo com os jogos de palavras que Winston gostava de jogar com Violet Asquith, mas elevados a alturas inimagináveis. Na verdade, foi Violet· quem mais tarde afirmou que, de todos os amigos de Winston, F.E. Smith era o que mais o alegrava. Porém, como muitas vezes F.E. fosse desagradavelmente mordaz com os liberais, não era muito bem-vindo em seus círculos, e Margot Asquith o considerava um reacionário vulgar. Reconhecia que era "muito inteligente," mas acrescentava, com seu jeito inimitável, que "seus miolos lhe subiram à cabeça."[9]

Clemmie não gostava dele. Não aprovava a maneira como bebia e o achava uma influência nociva em Winston, pois o encorajava a beber além da conta e a ficarem conversando até tarde. Todavia, como ambas as famílias residiam em Eccleston Square, ficava difícil separá-los. Em casa, na Câmara dos Comuns ou em exercícios no campo com o Queen's Own Oxfordshire Hussars (F.E. era um dos colegas oficiais de Winston na reserva dessa unidade), os amigos logo encontravam pretexto para se isolarem dos outros e se divertirem sozinhos. Depois de passar algum tempo em campos de treinamento no verão com seu regimento, Winston sempre chegava em casa exausto, em parte em face das exigências físicas, mas principalmente por passar a noite toda com seu amigo.

Algumas noites eram memoráveis, como quando Sunny Marlborough, Winston, F.E e alguns outros amigos se reuniam em uma barraca de campanha, sentavam "em barris à luz de velas de sebo e jogavam cartas até o amanhecer." Certa noite, quando todos já estavam um pouco embriagados, Sunny perguntou: "O que vamos apostar, F.E.?" Talvez meio de brincadeira, F.E. olhou para o duque e respondeu: "Aquele seu maldito castelo, se quiser." Prudentemente, Sunny passou.

Foi bom que Winston e F.E. estivessem tão determinados a não permitir que suas divergências políticas afetassem suas vidas privadas. Quando a batalha em torno do orçamento de Lloyd George se tornou cada vez mais sórdida, no verão de 1909, a divergência política entre o liberal Winston Churchill e o tory F.E. Smith (que chamava o orçamento 'esse balão de impostura') aumentaria muito.[10]

Era uma noite quente, em 30 de julho de 1909, quando Lloyd George chegou ao amplo salão de uma missão no East End para fazer um discurso sobre o orçamento. Estava esperando uma boa oportunidade para lançar um ataque a seus adversários tories e decidira falar em um local que, por si mesmo, já lhes transmitisse uma firme mensagem. Era uma construção estranha, de aparência suja, conhecida como Edinburgh Castle, com uma fachada que parecia uma fortaleza medieval em liquidação. Em volta, ficavam as ruas escuras e perigosas de Limehouse, um dos distritos mais turbulentos de Londres. Parte da construção abrigara, em anos passados, uma enorme taverna, que ganhou renome como "gin palace," o antro do vício. Porém, Thomas Barnardo, reformador conhecido por sua obra de caridade com crianças pobres, chegou e transformou o local em centro de ministério evangélico voltado para os pobres. Um

Tom e fúria

"Coffee Palace" ocupou o lugar da taverna e foi acrescentado um grande salão para a "People's Mission Church."

Era um local incomum para um ministro das Finanças defender sua proposta orçamentária. Normalmente, os que falavam em seu palco seguravam bíblias enquanto se dirigiam às assistências que às vezes chegavam a mais de três mil pessoas, capacidade máxima do salão. Como assinalou um dos primeiros biógrafos de Barnardo: "Muitos dos mais renomados e influentes pregadores e ministros evangélicos do país lá conduziram serviços religiosos. Eram homens com todo tipo de talento, em todos os graus e nuances, desde Ned Wright, pugilista profissional convertido, a pós-graduados de universidades e dignitários de quase todas as denominações da Igreja Cristã."[11]

Lloyd George não queria um local comum de comícios. Preferia um púlpito de onde pudesse lançar uma cruzada secular e queria fazê-lo cercado pelas pessoas que clamavam por ajuda, como os pobres que viviam em lugares como Limehouse. Como esperado, chegaram em grande número e lotaram o salão até o limite de sua capacidade, deixando centenas no lado de fora, escutando pelas janelas, escancaradas para deixar circular a brisa naquela noite quente de verão. Aplaudiram quando Lloyd George chegou, cantaram "For He's a Jolly Good Fellow," e rapidamente expulsaram as poucas sufragettes que apareceram para incomodá-lo.

Ajeitaram-se em seus assentos e ficaram ouvindo enquanto Lloyd George corria os olhos pelos bancos totalmente ocupados e iniciava um de seus mais importantes pronunciamentos. Provavelmente esperavam dele o que Churchill fizera no discurso de Dundee, em que "prometera o sol," ou seja, vislumbrar tempos melhores sob as reformas liberais. Todavia, ele mal mencionou o que seu orçamento faria em proveito deles. Ao contrário, começou imediatamente a despejar sua fúria sobre os demônios da aristocracia tory que – em sua opinião – estavam acumulando fortunas e conspirando, aflitos, para criar obstáculos a suas propostas de tributação em curso na Câmara dos Lordes. Eles eram tão mesquinhos, afirmou, que não queriam nem mesmo pagar pelos encouraçados que exigiam.

Como um bom ator, Lloyd George descreveu para a plateia um cenário em que humildes liberais tinham que percorrer o país de ponta a ponta coletando dinheiro para pagar os encouraçados. Os pobres trabalhadores pagavam satisfeitos o que lhes cabia, mas os ricos, encastelados em suas fantásticas mansões em Londres, não queriam pagar um só penny além do que pagavam. "Estivemos em Belgravia," disse aos pobres de Limehouse, "e, desde então, lá têm havido reclamações tão fortes que quase ficamos surdos." Muita riqueza, disse, exige responsabilidades, especialmente no caso da aristocracia rural. Se duques ricos instalados em suas vastas propriedades se recusam a pagar mais para ajudar a comunidade no todo, advertiu pessimista, "chegará a hora de reconsiderar as condições da propriedade de terra neste país."

A esta ameaça acrescentou outra. "Nenhum país, por mais rico que seja, pode suportar para sempre privilegiar em sua tributação uma classe que, desde o começo, não cumpre o dever que lhe cabe."

A assistência de Limehouse exultou com a visão de duques sendo despojados de suas terras e de seus poderes porque se recusavam a ceder ao pequenino galês que discursava na fortaleza dos pobres de Barnardo dedicada a Deus e à moderação. Quando Lloyd George chegou vibrante à conclusão, clamando pela luta dos pobres contra os malditos duques, exclamou: "Sou um dos filhos do povo" – e a multidão respondeu inflamada: "Bravo, David."[12]

Foi um desempenho impressionante e produziu o efeito desejado nos tories, que jogaram no chão seus jornais depois de ler o discurso e ficaram tomados por tal acesso de apoplexia que por dias seguidos não pararam de tremer. Não podiam acreditar que o chefe do Tesouro estivesse incitando milhares a se juntarem a ele numa cruzada que desaguava em luta de classes. Ficaram atônitos diante da assustadora ameaça de que extensões sagradas de vastas propriedades de algum modo seriam objeto de confisco. "Socialismo no Gabinete," diziam as manchetes. "O Ministro das Finanças Faz Ameaça aos Lordes." A *Fortnightly Review* chamou Lloyd George de "orador da plebe de Limehouse." (Na verdade, suas ameaças contra a propriedade eram fanfarronice. Os impostos sobre propriedade jamais gerariam tanta receita, e seriam rejeitados em 1920, quando o primeiro-ministro era Lloyd George).[13]

Se ainda havia alguma esperança de que o orçamento fosse aprovado sem provocar violenta batalha com a Câmara dos Lordes, o discurso em Limehouse a destruiu. Para os nobres tories, foi uma convocação às armas que não podiam ignorar. O parlamentar oposicionista Sir Edward Carson concluiu de imediato que o verdadeiro objetivo de Lloyd George não era tratar de questões financeiras, mas forçar uma confrontação entre as duas casas do parlamento. Carson era um político e advogado vitorioso, conhecido por sua inabalável determinação e pela palavra firme. Como tantos outros de sua facção, estava absolutamente preparado para a luta.

"O Chanceler do Exchequer," declarou, "vem fazendo pose de ministro muito preocupado em responder às objeções sobre a lei orçamentária e de garante do bem estar e da paz do povo. Em seu discurso em Limehouse, Mr Lloyd George tirou a máscara e abertamente pregou uma guerra de classes, a ofensa a pessoas, a saciedade da ganância e o acirramento de paixões que tornem possível o triunfo momentâneo do demagogo inescrupuloso (...) Está tentando legislar, não para um orçamento, mas para uma revolução."[14]

O discurso de Limehouse mudou tudo para Lloyd George, servindo para transformá-lo, inquestionavelmente, no liberal mais temido pela classe alta e mais respeitado pelos trabalhadores. Iludidos por sua retórica extremamente inflamada, ambas as extremidades do espectro social exageraram em seu potencial de mudar a Inglaterra. Todavia, imagem e palavras importavam mais do que realizações na construção da personalidade pública. Obtendo sucesso na conquista da iniciativa como mais corajoso defensor do povo contra os mais poderosos nobres do reino, agora estava livre para atacar privilégios e esperar até mais tarde para ajudar os pobres.

Churchill não estava disposto a esperar. Admirava as táticas atrevidas de Lloyd George, não simpatizava com a Câmara dos Lordes e achava que a luta que envolvia o orçamento era tema para uma campanha vitoriosa. Entretanto, queria agir em alguns campos aos quais seu colega se referia apenas vagamente. Enquanto os liberais caminhavam para uma colisão inevitável com a câmara alta, Winston percorria o país tentando obter apoio para o que chamava "um poderoso sistema nacional de seguro."[15]

Quatro dias apenas antes do discurso de Limehouse, ele apresentara a uma plateia em Norwich seu plano para criação de um seguro-desemprego que ampararia 24 milhões de trabalhadores. Esperava que o orçamento de Lloyd George proporcionasse recursos para iniciar a implantação do plano, e que tanto trabalhadores quanto empregadores contribuíssem para o sistema. Significava importante avanço social, mas recebeu pouca atenção. Enquanto a discussão do orçamento continuasse se arrastando, o plano não progrediria. Em novembro, com a batalha financeira atingindo o sétimo mês, um Churchill exasperado reclamou que, segundo lembrava, o orçamento "recebera mais tempo e atenção do parlamento" do que qualquer outro projeto de lei.

Desde o começo da batalha, Winston se vira na dúvida entre se lançar a uma luta inflexível ou permitir algum espaço para negociação. Em julho ainda tentava agir moderadamente, assegurando às classes rurais que as propriedades não estavam ameaçadas. "Se a propriedade está garantida no país," afirmou em um clube liberal, "é porque trabalhamos com firmeza durante longo período da história para obrigar reacionários a ceder e revolucionários a se abster." Contudo, o discurso de Limehouse o encorajou a deixar de lado a moderação, mas não sem que vivesse um conflito interior. Até o derradeiro instante, quando preparava sua própria versão de uma declaração explosiva como a de Limehouse, ainda lutava consigo mesmo sobre a direção a tomar. Em 30 de agosto escreveu para Clemmie, "Hoje estive preparando meu discurso para Leicester, novamente (...) Não consigo decidir se devo ser provocador ou conciliador, e hesito entre os dois. Mas, de modo geral, acho que vou optar pelo primeiro!"[16]

Realmente, o discurso que proferiu em Leicester em 4 de setembro de modo geral foi contido e suave, com exceção da abertura e do fim, quando seu linguajar foi ainda mais provocativo do que o de Lloyd George. Começou ridicularizando os duques reacionários como "pessoas infelizes" e "criaturas ornamentais" que não deviam se meter na política mas se contentar em "viver suas tranquilas, delicadas e protegidas vidas." No fim, usou palavras violentas para ameaçar seu poder, afirmando: "Esmagaremos seu veto." Rotulou todos os nobres como "minoria miserável de pessoas que exibem títulos, mas a ninguém representam, não são responsáveis por ninguém e só vão a Londres para votar nos interesses de seu partido e nos seus próprios." Sua personalidade combativa veio completamente à tona quando ameaçou não apenas derrotar a Câmara dos Lordes, mas também submetê-la e investigar infrações não especificadas.

Era importante que percebessem, afirmou, que "a luta será travada até o fim e que, na defesa dos interesses nacionais, todos os possíveis erros deverão ser cobrados da parte derrotada." Não ficou claro o que isso significava exatamente, mas pareceu um ultimato de um general cujas tropas cercaram o inimigo.[17]

Tories furiosos imediatamente condenaram o discurso pelas "ofensas vulgares" à Câmara Alta, mas se Churchill esperava arrebatar de Lloyd George o título de "Defensor do Povo," fracassou. Chegou atrasado, e isso diz tudo. Todavia, mais importante, suas observações não tinham o efeito teatral das de seu rival em Limehouse. Enquanto o ardoroso galês inteligentemente escolheu fazer seu pronunciamento em meio à

Tom e fúria

pobreza do empoeirado salão de uma missão religiosa, Churchill surgiu no palco bem iluminado de um teatro novo em folha de uma próspera cidade de província, perante uma assistência composta em sua maioria por pessoas da classe média confortavelmente sentadas em amplos balcões e camarotes. O Palace Theatre de Leicester tinha até uma grande escadaria de mármore com corrimãos de metal e um par de portas lustrosas de nogueira na entrada principal.

Embora de modo geral receptivas, as pessoas presentes não puderam deixar de notar a incoerência das palavras de Winston, postado no palco de um teatro bem equipado como o Palace Theatre e censurando os duques. De fato, na primeira vez que mencionou os nobres, alguém na plateia gritou: "E seu avô?"

Por mais que Winston quisesse liderar a ofensiva liberal contra os privilégios, não podia fugir de seu passado em Blenheim. Deu a seus inimigos da direita e da esquerda oportunidade para ridicularizá-lo. Um político tory de Manchester indagou como Churchill pretendia atacar a aristocracia quando tinha uma dúzia de parentes com títulos de nobreza e procedia de "uma família que produzira nove duques." Em vez de ofuscar Lloyd George, Winston fez papel de tolo. Não havia forma eficaz de responder à manchete que surgiu logo após seu discurso: "Doze Parentes com Títulos de Nobreza. Argumento de Mr Churchill para Atacar Duques."[18]

A assistência em Leicester era do mesmo tamanho que a de Limehouse, mas o discurso apaixonado de Churchill caiu no vazio, e Lloyd George se tornou uma lenda.

Em meio a esse período confuso, Winston parou no número 10 para conversar com Violet Asquith. Depois de ouvir sua explicação sobre os últimos acontecimentos políticos, ela o fitou com um ar até certo ponto acusatório e disse: "Você esteve conversando com Lloyd George." Ela o conhecia bem e sabia perfeitamente notar uma diferença em sua forma de falar.

"E por que não deveria?" – perguntou ele.

"Claro que não há motivo para que não o faça," disse, "mas ele 'está presente' em você. Está falando como ele, em vez de ser você mesmo."[19]

Ele negou, mas a influência ficou inconfundível em seu discurso em Leicester, e Violet logo notou a mudança e se preocupou em alertá-lo a respeito. Talvez influísse o fato de Clemmie encorajá-lo a ser mais radical. Não gostava de Sunny Marlborough e achava que Winston estava muito enamorado de seus velhos amigos tories e esquecendo e perdoando apressadamente as amargas divergências que o levaram a deixar o Partido Conservador.

Em carta escrita naquela época, Clemmie insistiu para que Winston não se deixasse levar pela vida glamorosa de seus amigos tories. "Eles não representam o toryismo," escreveu, "são muito sofisticados por fora. Por dentro, são ignorantes, vulgares, preconceituosos." Assinou essa carta: "Sua Eriçada Radical."

Embora Winston se preocupasse em manter boas relações com Sunny, Clemmie achava cada vez mais difícil esconder seu desagrado com o toryismo arraigado do Duque e sua reconhecida arrogância. Na maior parte desse período, ela conseguiu tratá-lo com educada reserva, mas alguns anos depois perdeu a paciência de forma dramática, quando saiu furiosa do Blenheim Palace após comentário infeliz de Sunny. Tendo reparado, certo dia, que ela estava escrevendo para Lloyd George, ele a censurou: "Por favor, Clemmie, não escreva para aquele homenzinho horrível em papel com o sinete de Blenheim." Sem dizer palavra, ela fez a mala e partiu para a estação, ignorando as desculpas de Sunny.[20]

Era prudente não mencionar o nome de Lloyd George nas residências tories. Um aristocrata proprietário de terras anunciou aos seus arren-datários que no dia em que Lloyd George fosse afastado de seu cargo ele "para provar sua alegria, assaria um boi inteiro em sua propriedade." Sabendo disso, Lloyd George calmamente replicou que "aconselharia firmemente o nobre lord a nesse dia não se aproximar muito do fogo, pois poderia ser confundido com o boi."[21]

Como acontece frequentemente na política, a luta em torno do orçamento degradou até o ponto de xingamentos e explosões retóri-cas que pouco ou nada tinham a ver com a questão. Ambos os lados exageraram suas virtudes e queixas até que o tom e a fúria baixaram e abriram espaço para uma discussão racional entre as partes. No fim de outubro, Charles Hobhouse asperamente perguntou a Lloyd George a razão de provocar debate tão acalorado sobre o orçamento. Esperava entrar para a história como "autor" de um "plano financeiro" vitorioso? O ministro das Finanças concordou que essa era a razão, mas acres-centou que seria mais bem lembrado como aquele que perturbou a hereditária Câmara dos Lordes.[22]

Fosse qual fosse seu objetivo nessa batalha, estava decidido a alcan-çar a vitória sobre a antiga classe dominante, engajando a Câmara dos

Tom e fúria

Lordes em uma luta que não podia vencer. Uma câmara hereditária com poder de veto era um anacronismo que não poderia sobreviver por muito tempo em pleno século XX, mas a ideia de reformá-la só se transformou em questão de vida ou morte para os liberais quando Lloyd George a lançou e, a partir daí, passou todos os outros assuntos para segundo plano. Para ele, deve ter sido maravilhoso ter o neto de um duque lutando a seu lado.

À medida que se aproximava o dia do ajuste de contas, ele, satisfeito, esfregava alegremente as mãos só em pensar na habilidade com que conduzira a crise. Escreveu a seu irmão em outubro: "Todos concluíram – os dois lados – que deviam lutar agora ou se arrependeriam (...) Provoquei-os deliberadamente para a batalha. Apesar de todo meu esforço, temo que fujam." Fez seu trabalho tão bem que já era tarde para qualquer dos lados retrair. Quando a Câmara dos Lordes, como esperado, reagiu e rejeitou o orçamento em 30 de novembro – data do 35º aniversário de Winston – o cenário estava montado para um desfecho constitucional e uma eleição geral foi convocada para o começo de 1910.[23]

Em vez de construir uma larga maioria por meio de sólidas realizações legislativas, os liberais foram para a eleição a fim de defender o direito a um orçamento que aumentava impostos, gastava milhões na construção de encouraçados e ameaçava o sistema social. Não se poderia esperar que essa fosse uma fórmula vencedora, embora dois meses antes do começo da votação Lloyd George, muito otimista, dissesse que seu partido emergiria da eleição com uma maioria de noventa assentos. Os fatos mostrariam que estava errado.

De qualquer modo, nem todos compartilhavam essa previsão auspiciosa. A mulher de Reggie McKenna, Pamela, na galeria das "ladies" em 2 de dezembro, pensava no futuro horrível que se avizinhava, enquanto observava a Câmara dos Comuns encerrar seus trabalhos. Estava infeliz porque o governo não fizera mais durante seu mandato. "Começaram de maneira tão promissora," anotou em seu diário, "e com uma maioria quase sem precedentes, é terrível olhar para trás e ver que, em quatro anos de tão árduo trabalho, se realizou tão pouco."[24]

Naqueles dias, para muita gente não ficou claro, e até hoje permanece obscuro, que a maior – e mais eficiente – figura liberal da Inglaterra no ano crucial de 1909 (último do partido com maioria na Câmara dos Comuns) foi Winston Churchill. Impetuoso e astuto, Lloyd George foi o mestre em estilo, que normalmente era o ponto forte de Winston. Todavia, depois de entrar para o Gabinete, Churchill provou que também era um líder político com real conteúdo. Foi ele que apresentou as ideias mais inovadoras, os planos mais detalhados e as explicações mais coerentes sobre as metas do novo liberalismo.

Imediatamente antes de os Lordes rejeitarem o orçamento, publicou uma coleção de seus discursos que, na prática, era um manifesto de seu partido, mas que chegou tarde demais. O partido já enfrentava tremenda dificuldade, e os pormenores do seguro social já não eram tão importantes para candidatos e eleitores quanto a questão mais premente do orçamento. Ainda assim, *Liberalism and the Social Problem* foi bem recebido por alguns partidários fiéis e alguns reformistas radicais. Acharam o plano entusiasmante e alimentavam a esperança de uma grande vitória eleitoral em 1910, quando poderiam renovar esforços para promover uma agenda progressista. Um desses admiradores foi o economista J.A. Hobson, que saudou o livro como "a mais esclarecedora, mais eloquente e mais convincente explicação" sobre o novo liberalismo.

Mesmo jornalistas prolíficos ficaram atônitos diante da precisão com que Churchill conseguira expor sua visão de uma Inglaterra amparada pelo que gerações posteriores chamariam rede de segurança social. H.W. Massingham – "padrinho espiritual do novo liberalismo," como o rotulou um historiador – escreveu a introdução do livro de Winston. Elogiou sua "objetividade e nitidez de pensamento" e a "capacidade do autor para elaborar uma doutrina política e apresentá-la com argumentação marcante e convincente." Quase chegou a dizer que se tratava de um livro a ser adotado como bíblia do movimento. Diante de "sua força retórica e seu poder de atração," escreveu, "os leitores a quem é dirigido encontrarão poucos exemplos de redação de discursos comparáveis a esta obra."[25]

Durante o período relativamente curto da ascendência liberal, Churchill foi o líder em proposta e aprovação de medidas "destinadas a assegurar" – em suas palavras – "maior grau de segurança a todas as classes, particularmente às trabalhadoras."[26] Além de criar serviços vitais, como trocas de emprego e seguro-desemprego, também tinha planos ambiciosos para o uso de vagas em serviços públicos para dar emprego em tempos difíceis e usar a educação como forma de melhorar a força de trabalho. Infelizmente, a janela de oportunidade que permitiria a Churchill se apresentar como defensor de uma ampla reforma se fechava. Embora naquele momento não percebesse, seu novo livro – supostamente um projeto para o futuro – foi, na verdade, sua despedida como destacado legislador liberal.

19

Vida e Morte

FOI QUANDO TENTAVA DESESPERADAMENTE FUGIR DE UMA TURBA escalando um muro de tijolos que David Lloyd George deve ter constatado que seu partido não se sairia bem na eleição de janeiro de 1910. Resolvera comprar uma briga, dissera a seu irmão. E conseguira.

Desde o instante em que chegou à localidade, tarde da noite do dia 14 de janeiro, uma sexta-feira, a população da cidade portuária de Grimsby, no norte do país, deixou claro que ele não era bem-vindo. Policiais montados cercaram seu carro quando deixou a estação ferroviária por volta de meia-noite. Seus partidários tinham organizado uma marcha à luz de velas para recebê-lo, mas à medida que se dirigiam para a casa onde passaria a noite, uma multidão rival tentou bloquear o caminho e entrou em choque com a polícia. Garrafas e batatas foram arremessadas contra o carro, quebrando um dos vidros. Os manifestantes proferiam insultos, inclusive gritando "Traidor!"

No dia seguinte, policiais o escoltaram até o rinque de patinação local, onde deveria falar num comício modesto. Agentes à paisana protegiam as entradas e o palanque Não obstante, logo o rinque foi cercado por alguns milhares de adversários furiosos, e a polícia enfrentou o mesmo dilema vivido pelas autoridades de Birmingham quando Lloyd George se viu encurralado por uma turba em 1901. Como retirá-lo de lá em segurança? O chefe de polícia Stirling decidiu que o melhor a fazer era sair correndo. Aconselhou que o mais prudente era sair por uma porta nos fundos e tentar atravessar na corrida uma ponte sobre a ferrovia para não ser alcançado.

Não conseguiram. A turba percebeu e correu atrás. A única esperança foi escalar um muro de tijolos junto aos trilhos e buscar proteção dentro de um posto de bombeiros próximo. Foi assim que o ministro das Finanças teve de escalar o muro com ajuda de alguns policiais e desaparecer no interior da instalação dos bombeiros, onde permaneceu escondido até que um carro veloz o apanhou vinte minutos depois e o levou ao compromisso político seguinte. Alguns dias depois, surgiu na imprensa do país uma caricatura mostrando um frenético Lloyd George empurrado por cima do muro por um policial corpulento. "Ainda correndo," dizia a legenda.[1]

Enquanto o Chanceler do Exchequer andava ocupado tentando escapar da turba em Grimsby, Winston estava em perfeita segurança envolvido na campanha eleitoral em Dundee, onde agora era o favorito e não temia perder sua cadeira. Os pronunciamentos que fez foram, de modo geral, moderados, em parte porque Asquith queria que baixasse o tom de sua retórica visando à eleição, mas cometeu alguns deslizes. Tentando compensar derrotas sofridas em eleições preliminares em outras áreas do país, insinuou ameaçadoramente que nobres do interior tinham intimidado a população local e coagido os eleitores a votar contra o governo. "Não há dúvida," afirmou, "que houve, como esperávamos, um aperto violento do parafuso feudal."[2]

Quando foi anunciado o resultado final, Churchill confirmou sua cadeira com facilidade. Mas as perdas liberais no resto do país foram tão grandes que não podiam ser atribuídas meramente a manobras sujas dos tories. Os conservadores e seus aliados unionistas viram o número de suas cadeiras crescer das 157 de 1906 para 272. Os liberais caíram de 377 para 274. Para sobreviver no poder, Asquith teria que contar com o apoio de dois partidos menores – trabalhistas e nacionalistas irlandeses – gerando novas tensões (especialmente a respeito da Irish Home Rule, a autonomia irlandesa), que tornariam cada vez mais difícil governar. Os liberais tentaram encarar esse desastre eleitoral como um pequeno revés, mas o resultado entusiasmou a oposição e deve ter levantado questionamentos sobre a conveniência de seguir a linha divisionista de Lloyd George.

Em caráter privado, Margot Asquith disse a Churchill que a retórica inflamada do ministro das Finanças sozinha provavelmente custara trinta cadeiras ao partido. Admitiu que o eleitorado o rejeitou firmemente, reconhecendo que falta de "moderação e autocontrole destruíram nossa magnífica maioria." Cumprimentou Churchill por se conduzir com mais responsabilidade durante a campanha e insistiu para que continuasse sendo simpático. "Por que não virar completamente a página e fazer com que todos o adorem e respeitem?" – perguntou de forma um tanto exigente. "Você acha que isso é bobagem, mas muito mais tolo é conversar com os jornalistas parecendo estar sempre vinculado a Lloyd George."[3]

Winston não se esforçou muito tentando defender o colega. Compreendeu que a nova situação na Câmara dos Comuns faria com que a

Vida e morte

tramitação de projetos fosse mais complicada e exigisse mais tempo. As perdas liberais depreciaram boa parte do que fora realizado nos últimos dois anos. Poderia continuar no Comércio e dar continuidade a seu trabalho, mas estava sempre buscando resultados imediatos, e acertadamente temia que o reinado liberal terminasse abruptamente. Também era importante subir de nível no gabinete, para ficar em igualdade de condições com Lloyd George.

Oportunamente, o primeiro-ministro concluiu que ele merecia ser promovido e o convidou para "um dos cargos mais delicados e difíceis, o ministério para a Irlanda." Acontece que Churchill estava de olho em coisa maior e não estava interessado em um cargo "complexo" que seria um encargo ainda mais pesado diante das exigências recentes dos parlamentares nacionalistas irlandeses. Conhecendo muito bem Asquith e sua família, sentiu-se à vontade para correr o risco de recusar o ministério da Irlanda e sugerir o que preferia. Dois cargos o atraíam, por oferecer o amplo campo de ação que almejava e o prestígio que julgava merecer. Em 5 de fevereiro escreveu para o primeiro-ministro: "Gostaria de ir para o Almirantado (admitindo que o posto vagasse) ou para o Ministério do Interior. Se me permite dizer, convém que ministros ocupem posições no governo que correspondam, na medida certa, à influência que exercem sobre a nação."[4]

Em outras palavras, como demonstrara no último ano, merecia ser colocado no mesmo nível de seus colegas e queria um cargo que assegurasse tal situação. Asquith não viu motivo para discordar e o atendeu. Poucos dias após foi anunciado que Churchill seria o novo ministro do Interior. A promoção o elevou ao mais alto patamar do Gabinete. Não foi por acaso que contribuiu para substancial aumento de recursos financeiros, pois mais do que dobrou seu salário no Ministério do Comércio, elevando-o para 5.000 libras anuais.

Poucos dias depois de assumir o novo cargo no Ministério do Interior – onde seria responsável pela manutenção da lei e da ordem, encargo que o envolveria com polícia, prisões e tribunais – estava num banquete e tão absorto em um de seus momentos de intensa reflexão que pouco falou até o meio da refeição. Subitamente, se voltou para uma simpática senhora mais idosa sentada a seu lado e disse, como se pensasse alto: "Depois de tudo que fizemos, tantas mortes." Jean Hamilton, esposa do general Ian Hamilton, amigo de Winston, o conhecia o suficiente para compreender que ele pouco ligava para conversas triviais e muitas vezes fazia observações inesperadas e incomuns sem motivo aparente. Ela ouviu seu comentário com naturalidade e respondeu polidamente: "Sim, acho que sim, mas por que diz isso somente agora?"

Ocorre que Churchill estivera meditando o dia todo sobre sua primeira experiência com o aspecto mais difícil de seu novo cargo.

"Hoje tive que assinar pela primeira vez uma ordem de execução," disse, "e isso está me pesando."

"De quem?" – perguntou ela. "Por quê?"

A resposta de Winston mostrou porque ele não parava de pensar no caso. "Um homem que pegou uma criança em uma rua lateral e brutalmente cortou sua garganta."

Jean Hamilton ficou chocada, pois não via nenhum motivo para lamentar a morte de tal assassino. "Isso não pesaria em minha mente," afirmou.[5]

Porém, pesou muito na mente de Winston porque não conseguia compreender como crime tão terrível podia acontecer em uma sociedade supostamente civilizada. Joseph Wren, um ex-marinheiro desempregado que morava numa cidade industrial no Lancashire, em dezembro assassinara uma criança de três anos e meio e abandonara o corpo junto à ferrovia. Condenado em 14 de fevereiro, dia em que Churchill foi nomeado para o Ministério do Interior, Wren já sobrevivera a uma tentativa de suicídio na cela da prisão e confessara o crime, dizendo que, ao matar a criança, "estava tão deprimido que não sabia o que estava fazendo." Em 21 de fevereiro Churchill reviu o caso e não viu razão para suspender a pena. Naquela noite, enquanto Jean Hamilton discutia a sensatez da pena capital com o novo Ministro do Interior, Wren estava em sua cela na prisão de Strangeways, em Manchester. No dia seguinte foi enforcado.[6]

Em seu trabalho como parlamentar liberal, Winston tentara proporcionar uma vida melhor aos milhões de pessoas que sobreviviam nas duras condições de vida nas cidades industriais da Inglaterra. Agora, em seu cargo no Ministério do Interior, tinha uma visão preocupante do crime e da depravação que imperavam nas áreas pobres da nação, vendo-se forçado a concluir o quanto tais problemas eram de difícil solução. Pormenores dos casos arquivados desnudavam os subterrâneos do mundo edwardiano – muitas vezes de modo doloroso – pondo diante dele histórias íntimas e humanas de crime e castigo. Não esperava ficar tão sensibilizado por esse trabalho e nem ter que lutar tanto no cumprimento desse dever que

Vida e morte

lhe cabia na condição de agente do governo que, com alguns riscos de caneta, podia condenar um prisioneiro às galés ou suspender sua pena.

Mantinha perto de sua mesa um livro dantesco com as palavras "Sentença de Morte" em letras pretas no topo de cada página. Durante o tempo em que foi Ministro do Interior, quarenta e dois nomes foram acrescentados à lista desse livro. Todos eles de prisioneiros condenados à morte por enforcamento. No fim de um rol de informações sobre cada nome, havia uma coluna com a marca "Resultado." No caso de vinte prisioneiros, Churchill decidira conceder a suspensão da pena, mas em vinte e dois a palavra escrita na coluna "Resultado" era "Executado." Este último grupo incluía o infame assassino Dr Hawley Harvey Crippen e outros homicidas mais comuns como William Henry Palmer, que roubou e estrangulou uma senhora idosa em sua casa.[7]

Um caso perseguiu Churchill pelo resto de sua vida. Tratava-se de um assassino confesso, Edward Woodcock, obscuro ex-soldado que vivia em Leeds com uma mulher com quem nunca casou. Durante uma briga em que estavam bêbados, ele a matou com uma faca e ficou arrasado quando se deu conta do que fizera.

"Depois do crime," lembrou Churchill, "desceu a escada e se dirigiu para onde o esperavam várias crianças a quem costumava distribuir doces. Tirou do bolso todo o dinheiro que possuía e deu para elas, dizendo, 'Não vou precisar mais disso.' Em seguida, caminhou até a delegacia e se entregou. Fiquei sensibilizado por toda a história e por muitos aspectos da personalidade desse infeliz. O juiz que julgou o caso recomendou que a sentença fosse cumprida. Os funcionários do Ministério do Interior, muito experientes, sugeriram que não interferisse no curso da lei. Porém, tinha minha própria opinião e me sentia à vontade para agir nesse caso."

Por ordem de Churchill – e para consternação de seus subordinados – a sentença foi suspensa no começo de agosto de 1910 e ficaria em prisão perpétua. Todavia, no princípio do mês seguinte, o ministro do Interior ficou abismado ao saber que o homem conseguira se enforcar e fora encontrado morto em sua cela com uma carta suicida dirigida à família.

Trinta e oito anos mais tarde, quando Winston Churchill era internacionalmente conhecido como defensor de seu país contra a desgraça do nazismo, ainda conservava uma cópia da nota sobre o suicídio de Edward Woodstock e a levou para a Câmara dos Comuns quando a leu como prova no debate sobre pena capital. A nação sobrevivera ao massacre em duas guerras mundiais, mas Winston não esquecera o homem que cometera um crime passional em 1910 e dera todo seu dinheiro a caminho da delegacia para se entregar. O que o incomodava era o desespero de Woodstock diante da sentença de morte.

"Fico imaginando," disse na Câmara, "se, evitando o horror de uma sentença de morte, os senhores parlamentares conscientemente a favor de sua abolição não subestimam a agonia envolvida em tal condenação. Para muitos temperamentos – ou pelo menos para alguns – é o castigo mais terrível."

Winston falou, claro, como alguém que se tornara famoso nos seus anos vinte como prisioneiro que se arriscou ao fugir da prisão, se esconder e se orientar pelas estrelas para chegar à liberdade. No medo de Woodstock diante de um longo período de confinamento, viu o desespero que ele próprio sentira na África do Sul. Impaciente e temerário, jamais seria prisioneiro de alguém por muito tempo, figurativa e literalmente. Julgara fazer um favor a Woodstock ao poupá-lo da pena de morte, mas o suicídio do homem servira para Winston como importante lembrete – algumas coisas são piores do que a morte.

Naquele dia 15 de julho de 1948, pouca gente na Câmara podia compreender como o homem que os liderara durante os piores dias da guerra, que lutara com tanto denodo para evitar a capitulação, agora revelava, naquele debate, nova faceta de sua personalidade. Quando insistiu em ler a nota de Edward Woodstock para os parlamentares, devem ter pensado que era apenas um velho revendo o passado, movido por suas próprias e excêntricas motivações. Todavia, na verdade estava compartilhando com eles uma imagem que o perseguia com intenso e especial temor, a de um homem desamparado sem ter para onde fugir.

É a única explicação plausível para se entender a razão de um dos mais talentosos oradores de seu tempo, vivendo dias de maior glória, se detivesse para ler em voz alta para a Câmara dos Comuns a mensagem rude de um suicida do período edwardiano. "Fiquei satisfeito com a suspensão da pena," escrevera Woodstock para parentes, "por causa de vocês, mas não por mim mesmo, porque sabia o que significava 'prisão perpétua, e não é nada agradável. Desde então venho pensando no que fazer de mim mesmo (...) Creio que ficarei muito melhor em meu túmulo, porque se for libertado depois de ficar preso por 15 anos, estarei com 61. Onde vou encontrar trabalho com essa idade? Portanto, espero que dê tudo certo e, então, boa noite, e que Deus abençoe todos vocês. Do pobre e infeliz irmão, E. Woodstock."

Churchill pôs a carta sobre a bancada e olhou para a Câmara. "Citei

Vida e morte

este caso," declarou, "a fim de quem queira evitar o horror da pena de morte não subestime a gravidade e o desespero da alternativa."[8]

—

Edward fora preso no fim de maio, mas a notícia do assassinato de sua vítima, Elizabeth Ann Johnson, recebeu pouca atenção e quase não se falou em sua rápida condenação. Todo o país estava muito absorvido pela dor pelo triste fim de outro Edward – o Rei – para tomar conhecimento de pequenas tragédias diárias que ocorriam nos bolsões de pobreza. Edward VII morreu no Palácio de Buckigham em 6 de maio.

Embora seu reinado tivesse sido relativamente curto, o Rei se transformara em figura de destaque entre seus súditos, como personalidade que transmitia tranquilidade, como se fosse um tio, que cumpria seu dever, mas também vivia plenamente satisfazendo seu apetite gigantesco com todo o prazer de um monarca Tudor. Foi essa boa vida que arruinou sua saúde, engordando tanto que, em seus últimos dias, mal conseguia se mover. Como observou um diplomata alemão se referindo ao Rei em seu último ano de vida, ele "estava tão gordo que não conseguia respirar quando tinha de subir escadas."

Para ele, a vida se tornara uma grande festa, agitada por um desfile de beldades da sociedade que acrescentavam seus carinhos às muitas comodidades que ele já usufruía. A mãe de Winston era uma delas e conseguira preservar boas relações com o Rei mesmo quando seu filho começou a causar aborrecimentos. Quando Edward morreu, a ele se referiu como "um grande Rei e um homem adorável."[9]

Jennie aprendera como fazê-lo feliz. A maneira certa de mimá-lo seguia longo caminho. Certa vez, alertara Winston sobre o melhor método de manejá-lo, afirmando que o Rei "precisava apenas de um pouco de afago para ficar manso." Não há dúvida de que seu toque suave ajudara a acalmar o gênio do Rei nas muitas ocasiões em que Winston o aborreceu.[10]

A questão é que, em seu último ano de vida, o Rei via o filho de Jennie como origem de seus maiores problemas. Em setembro de 1909, Edward tomara importante iniciativa ao encarregar seu secretário particular de censurar publicamente Winston. Depois de um jornal escocês ter publicado que Churchill ridicularizara os conservadores por concederem títulos de nobreza a seus amigos do mundo jornalístico, Lord Knollis retrucou com uma resposta em nome do Rei. Publicada no *Times*, era concisa: "Permita-me informar, a propósito de declaração de Mr Winston

Churchill, que a concessão de títulos de nobreza continua sendo prerrogativa do Rei."

Graças à briga entre liberais e lordes, o ritual de concessão de títulos de nobreza se transformara em tema sensível. O Rei queria lembrar a Churchill e ao resto do Gabinete – estritamente falando – que a decisão sobre essa concessão lhe cabia e não aos políticos. Winston achou que o Rei estava sendo sensível demais. Todos sabiam, reclamou com Clemmie, que "a prerrogativa real é sempre exercida por recomendação de ministros, e ministros, e não a Coroa, são os responsáveis." Revelando um leve e típico desprezo aristocrático, Winston julgou que a resposta não merecia sua atenção. "Não vou tomar conhecimento," disse para Clemmie.[11]

Embora estivesse contido por firme coleira constitucional, o leão real ainda podia rugir e rosnar, e Edward rugiu e rosnou um pouco em seus últimos meses de vida. Asquith queria sua concordância para criar centenas de nobres liberais se a Câmara dos Lordes se recusasse a limitar seu poder de veto a iniciativas dos Comuns. A ideia era que a mera ameaça de um derrame de nobres liberais na Câmara Alta seria suficiente para que abrissem mão de seu poder de veto. Porém, o Rei odiou a ideia, temendo que a prerrogativa real se transformasse em motivo de zombaria e levasse "à destruição da Câmara dos Lordes." Sua estratégia foi se esquivar ao máximo e esperar que o conflito entre as duas câmaras se resolvesse sozinho, sem envolver a monarquia na briga.

Mas Churchill insistiu na tentativa de envolvê-lo e provocar uma conclusão imediata da disputa. Embora Lloyd George tivesse começado a briga com a Câmara Alta, Winston achava que sabia qual a forma mais rápida de terminá-la. O Palácio de Buckingham o advertira para não fazer "alusões nebulosas à Coroa" em seus discursos, informando que o Rei as considerava "extremamente desagradáveis." Tal advertência deteria a maioria dos ministros do Gabinete, mas não funcionou com Churchill. Apenas cinco semanas antes da morte do rei, ele se levantou na Câmara para declarar: "Agora se faz necessário que a Coroa e a Câmara dos Comuns, atuando juntas, restaurem o equilíbrio da Constituição e limitem de uma vez por todas o poder de veto da Câmara dos Lordes."

Por conta própria, Churchill estava afirmando que Edward já assumira uma posição e estava pronto para lutar ao lado do povo contra os nobres. Foi uma afronta temerária à Coroa.[12]

Se naquele momento não estivesse tão doente, o Rei certamente faria com que Churchill pagasse por sua impertinência. Os cortesões ficaram tão furiosos que, mais tarde, alguns deles afirmaram que essa artimanha tinha apressado a morte de Edward. Por volta do meio-dia, quando a nação estava em profundo luto, circularam rumores em Londres de que o Rei fora levado ao túmulo pela pressão gerada pelos liberais criadores de problemas que encheram seus últimos dias com tensões consequentes de ameaças de luta de classe e ataques à Câmara dos Lordes.

Em 9 de maio, o político tory Lord Balcarres anotou em seu diário: "Existe, sem dúvida, um sentimento que domina quase toda a baixa classe média de Londres, de que a morte do Rei foi apressada pela tensão causada pelo anúncio de Asquith de que o gabinete tencionava pressionar o trono. Que o Rei estava perturbado, todos sabemos. Por exemplo, ficou furioso quando Churchill insinuou uma aliança entre o trono e os Comuns."

Foi a saúde precária – e não, como se supôs, as medidas inconvenientes dos liberais – que matou Edward. Não obstante, os rumores persistiram. Eddie Marsh reclamou para um amigo: "Essas histórias absurdas que contam sobre o Rei ter sido morto pelos liberais são espantosas demais. A rainha (...) segundo dizem, levou o membro do parlamento (Reginald) McKenna à sala do Rei e lhe disse: "olha o que vocês fizeram!"[13]

Realmente, a morte do Rei foi um golpe para a causa liberal. Churchill e outros esperavam que a ameaça de a Coroa e a Câmara dos Comuns se aliarem contra osLordes bastaria para resolver a questão do poder de veto. Não importava se Edward queria ficar neutro. A única coisa relevante era fazer os Lordes acreditarem que sua posição constitucional era insustentável e, por conseguinte, obrigá-los a capitular. Churchill perseguia seu objetivo, quando a morte de Edward surpreendeu todos. Até aquele ponto a estratégia parecia estar funcionando. Em abril, o orçamento de Lloyd George, que originara toda a confusão, passou pela Câmara dos Lordes sem qualquer dificuldade, um ano inteiro após sua apresentação.

Agora, a grande questão era saber se realmente os fidalgos nunca mais poderiam liquidar qualquer lei ou se isso teria de esperar. Assunto tão momentoso não pôde ser tratado logo após a morte de Edward, e certamente não o seria enquanto os políticos não fizessem uma avaliação sobre o novo monarca, George V. Ninguém sabia de suas intenções, mas todos sabiam que os riscos eram grandes. Recebendo a notícia da morte de Edward durante cruzeiro que fazia pelo Mediterrâneo, Asquith, no tombadilho apreciando o céu noturno, ficou imaginando o que o futuro reservava. Havia um sinal no firmamento, mas não se podia saber se era para o bem ou para o mal.

"Lembro-me bem," disse recordando aquela noite de maio, "que a primeira coisa que meus olhos viram na claridade fraca que precede o amanhecer foi o cometa Halley brilhando no céu." Foi um momento que parecia feito de encomenda para cena de uma peça histórica digna de Shakespeare. O destino da nação estava em jogo enquanto um monarca morria e outro assumia seu lugar.

"Em momento tão delicado para o destino do estado," continuou Asquith, "perdêramos, sem aviso e preparo, o soberano cuja longa experiência, astúcia bem praticada, julgamento equilibrado e invariável ponderação foram tão importantes (...) Estávamos na iminência de uma crise quase sem paralelo em nossa história constitucional. Qual era o caminho certo a tomar?"[14]

Custaria a Asquith muitas outras noites de sono antes de a questão ser resolvida.

———

Alguns meses antes de o primeiro-ministro se encontrar sozinho acompanhando a trajetória de um cometa no céu do Mediterrâneo, uma mulher de aparência simples, com um velho chapéu de lã e desleixadamente vestida, foi presa em Liverpool por liderar um protesto das sufragettes. A polícia encontrou três pedras em seu casaco e a acusou de ameaça à ordem. Levada à presença de um juiz com outras sufragettes, foi rapidamente condenada e sentenciada a quatorze dias de trabalhos forçados. Em sua cela, recebia refeições de mingau de aveia, carne e batatas. Depois de quatro dias em greve de fome, foi alimentada à força por um médico e quatro guardas mulheres, mas resistiu ao tratamento todos os dias, por uma semana. Em seguida, foi repentinamente libertada, depois que fizeram uma descoberta surpreendente sobre sua identidade.

Informara às autoridades um nome falso, dizendo que era "Jane Warton," costureira. Sua família, porém, preocupada com seu desaparecimento, a localizou e resgatou. Quando foi libertada, ainda se ressentia dos violentos métodos usados para alimentá-la à força, e o mau tratamento que sofreu explodiu em grande escândalo, pois a suposta costureira era, nada mais nada menos que Lady Constance Lytton, de Knebworth House, a irmã de quarenta anos de Victor, Conde de Lytton e, portanto, cunhada da outrora Pamela Plowden.

Por obra do destino, Winston se tornou ministro do Interior três semanas após sua libertação. Ao longo dos meses seguintes – enquanto tentava manter em dia todas suas outras obrigações – viu-se envolvido, inicialmente, em uma breve investigação sobre o mau tratamento dispensado a Lady Constance e, em seguida, em longo desentendimento com Lord Lytton sobre a melhor forma de lidar com os protestos das sufragettes e encaminhar a emancipação das mulheres. Lady Constance sofria de insuficiência cardíaca, e seu irmão estava zangado por ela não ter recebido cuidados médicos adequados na prisão. Queria que cabeças rolassem e acusou Winston de não punir os responsáveis.

Entretanto, era difícil responsabilizar qualquer pessoa pelos excessos, uma vez que, como reconheceu Lord Lytton, "minha irmã ocultou sua identidade e se recusou a responder a perguntas médicas." Churchill via a família com simpatia, mas não podia fazer muita coisa para satisfazê-la, e Victor fiou aborrecido por isso. O desagradável episódio foi, de modo geral, especialmente cruel para Eddie Marsh, que escreveu para Victor: "Nada na vida me causou tanta dor quanto a terrível brecha que abriu entre você e Winston, dois de meus mais queridos amigos."[15]

Em parte, a raiva de Lord Lytton em relação a Winston – que ficou excepcionalmente intensa – talvez tivesse origem em frustrações mais profundas. Decorria de seus próprios problemas no lar com a mulher com quem no passado Winston desejara casar. Pamela acabou mostrando que não era uma esposa das melhores, e agora estava em meio a um de seus casos mais apaixonados. Julian, filho de vinte e dois anos de Ettie Desborough, a todo instante descobria pretextos para estar com Pamela e era difícil seu marido não notar as ligações cada vez mais frequentes entre os dois. Certamente, Ettie sabia desse relacionamento porque seu filho não conseguia lhe esconder nada, para desalento de Pamela.

"Oh, mamãe," escreveu Julian para a mãe em 1910, "passei dois dias *tão* maravilhosos em Knebs (Knebworth House). Talvez você lamente (ou não?) ouvir que amo Pamela cada vez mais, cada dia que a vejo."[16]

Embora não compreendesse a razão de Victor agora ser tão problemático e impaciente, Winston procurava tratá-lo bem. Quando dava instruções a sua equipe para redigir uma carta para ele, alertava para que fossem cuidadosos: "Tentem redigi-la de maneira que preserve nossa posição, mas demonstrando consideração por Lord Lytton."[17]

A falta de progresso do governo na questão do sufrágio feminino foi um de seus grandes fracassos, e a experiência vivida por Lady Constance ressaltou o absurdo de se punirem as mulheres por lutarem por seus direitos. Embora a violência de algumas militantes sufragettes alienasse o Gabinete, o problema não desapareceria e precisava ser resolvido tão urgentemente quanto outras questões importantes. Asquith, Churchill e Lloyd George teriam servido melhor à causa liberal se tivessem dedicado ao voto das mulheres a mesma atenção dispensada ao veto da Câmara dos Lordes.

Porém, como Winston deixou claro em memorando resumindo suas divergências com Lord Lytton, sua posição a respeito do assunto fora tão envenenada pelos ataques pessoais sofridos, que não conseguiu alimentar um mínimo de entusiasmo pela atividade legislativa. Redigido na terceira pessoa, seu memorando de 19 de julho de 1910 revela a intensidade da mágoa de Winston em relação às militantes sufragettes: "Elas se opuseram a ele com todo o poder de suas organizações em quatro eleições sucessivas. (...) Todas as vezes, o trataram com a mais vil descortesia e deslealdade. Atacaram-no repetidamente com os mais insultuosos termos. Atacaram-no até fisicamente."

Embora não mencionasse no memorando, a última gota d'água foi a ameaça feita contra sua filha Diana. Como revelou a imprensa posteriormente, "por muito tempo o bebê dos Churchills foi cuidadosamente protegido pela polícia por causa de uma trama das sufragettes para sequestrar a criança." Quando se encontrou com um grupo de sufragettes no fim de 1910 para discutir suas preocupações, deixou claro que perdera a paciência com suas táticas. "Todas as iniciativas amistosas, reclamou, "foram respondidas com insultos grosseiros e ações ainda mais detestáveis."[18]

Escrevendo para uma defensora do movimento a favor do sufrágio feminino, Lloyd George alertou que Winston fora humilhado com demasiada frequência pelas manifestantes. Foi um engano tomá-lo como alvo, afirmou, explicando: "Ele não é o tipo de gente capaz de ignorar isso."[19]

PARTE III

1910–1915

20

Corajoso

———◆———

VIOLENTA TENSÃO VINHA SE ACUMULANDO AO LONGO DOS ANOS na sociedade edwardiana como resultado de expectativas exageradas e duras
realidades por muito tempo ignoradas. Mudanças eram desejadas, mas
demoravam a chegar. Talvez a maior razão de descontentamento não
fossem os antagonismos crescentes entre classes, partidos políticos, sexos
ou entre ricos e pobres, mas o fluxo contínuo de pessoas que estavam
deixando o país em busca de melhores condições de vida em algum outro lugar. Nos dez anos seguintes à morte da Rainha Victoria, quando a
população do Reino Unido girava em torno de quarenta e três milhões,
sete por cento – três milhões de pessoas – preferiram emigrar. O êxodo
foi tão grande em Glasgow, por exemplo, que o número de casas vazias
subiu para 20 mil em 1910.[1]

Churchill supusera que seu trabalho no Ministério do Interior seria
mais satisfatório e menos complexo do que um mandato tempestuoso
no Ministério para a Irlanda. Na verdade, porém, o colocou diante de
gente indignada que reclamava das condições nas prisões, da conduta da
polícia, de sentenças dos tribunais, de disputas industriais, e ele passou
a lidar com ameaças partidas de espiões, revolucionários e anarquistas.
Gostava do tema reforma das prisões e introduziu inúmeros melhora-
mentos no sistema durante sua permanência no cargo e gostou de ajudar o recentemente organizado Serviço Secreto a expulsar estrangeiros
suspeitos de espionagem. Todo o restante, porém, foi um sofrimento
para seu espírito e o exauriu. Perto do fim de sua carreira política, diria
a propósito dessa função, "não existe cargo que ocupei no governo que
eu tenha deixado com satisfação maior."[2]

O episódio que lhe trouxe mais aborrecimentos ocorreu em um dia
do outono de 1910, quando um chefe de polícia em Gales do Sul lhe
enviou um telegrama urgente. Começava com a notícia de que mineiros
em greve provocavam tumultos na região de Tonypandy, uma cidade
compacta de 34 mil habitantes cercada por minas de carvão e chaminés. Tinham ocorrido "muitas baixas" e era imprescindível que tropas

acorressem para restaurar imediatamente a ordem, informava o relatório policial. Terminava com as palavras: "Situação grave. Informarei novamente. Lindsay, chefe de polícia de Glamorgan."[3]

Ex-oficial do Exército Inglês do Egito, Lionel Lindsay era um homem de espírito militar à moda antiga e determinado, que não tolerava perturbadores da ordem. Para reprimir o tumulto, requisitara uma força que incluía duzentos cavalarianos e duas companhias de infantaria. Churchill deve ter estremecido quando leu o telegrama porque indicava que as tropas já deviam estar a caminho do distrito mineiro. A última coisa de que o governo liberal precisava era uma batalha entre mineiros galeses furiosos e um grande contingente militar. Por outro lado, a desordem ameaçava civis inocentes com ataques a lojas que resultavam em vitrines quebradas e saques.

Ao longo das décadas seguintes, críticos de Churchill apontaram esse episódio com um de seus piores momentos, alegando que acabou com a greve permitindo que tropas invadissem Tonypandy e atacassem os mineiros. Em 1978, o primeiro-ministro trabalhista James Callaghan iniciou uma briga verbal na Câmara dos Comuns ao afirmar que Churchill fizera uma "vingança (...) contra os mineiros em Tonypandy." Foi pressionado para retirar a acusação ("uma censura barata e totalmente desnecessária," como a chamou um parlamentar). Mas insistiu em sua afirmação, alegando: "As ações do falecido Sir Winston Churchill em Tonypandy são tema para discussão histórica. Fico com um lado da disputa."[4]

Todavia, o acontecimento está realmente bem documentado e tudo evidencia que Churchill agiu para evitar que as tropas se chocassem com os mineiros e que apenas policiais armados com cassetetes fossem empregados no conflito. No auge da discussão, a principal crítica que se fez a Churchill não partiu dos mineiros, mas dos proprietários das minas de carvão e dos defensores da lei e da ordem. Em 8 de novembro, segundo dia dos distúrbios, um repórter do *Times* em Tonypandy ficou tão assustado com a turba que não podia acreditar que as autoridades em Londres não estivessem fornecendo ao chefe de polícia Lindsay os reforços militares requisitados.

Em seu artigo "Um Estado de Sítio," o repórter ressaltou: "As tropas que receberam a missão não chegaram, embora fossem ansiosamente esperadas durante todo o dia. Aparentemente receberam ordens que as detiveram em Cardiff. Não será fácil explicar a hesitação revelada pelos responsáveis pela ausência das tropas na presente crise."[5]

Foi a intervenção de Churchill que deteve as tropas em Cardiff.

Conforme telegrafou ao chefe de polícia Lindsay, elas não estariam à disposição, "a menos que fique claro que os reforços policiais são incapazes de controlar a situação."

Ninguém em Tonypandy foi alvo de tiros ou atropelado por uma carga de cavalaria. As tropas foram mantidas em reserva por seu comandante, o general Nevil Macready, que ficou sob o comando direto de Churchill e que trabalhou incansavelmente para assegurar que seus homens permanecessem à distância e não agravassem o conflito. Enquanto isso, centenas de policiais enfrentaram os grevistas sob o frio de novembro, com muitas cabeças quebradas nos dois lados.

Para profundo desagrado dos proprietários das minas, Churchill enviou aos mineiros uma mensagem conciliatória declarando que faria tudo a seu alcance para "lhes assegurar tratamento justo," e informando-os que: "Por enquanto estamos mantendo os soldados à distância e empregando apenas a polícia." Os proprietários reagiram à mensagem condenando Churchill por se mostrar francamente favorável aos mineiros. O superintendente da Cambrian Coal Trust disse ao *Times*: "Mr Churchill abandonou inteiramente a neutralidade que devia manter como mediador ao telegrafar para os representantes dos trabalhadores prejulgando as questões envolvidas e dando a entender que os mineiros da Cambrian não recebiam tratamento adequado."[6]

Mas logo Churchill constatou que não era possível agradar aos dois lados. Por seus próprio motivos, o líder do Partido Trabalhista – o grisalho ex-mineiro Keir Hardie – resolveu que Churchill ficaria melhor como vilão do que como herói. Não há dúvida de que era mais fácil conseguir apoio para mais intranquilidade na área industrial se o ministro do Interior fosse visto não como moderado, mas como um repressor de greve conspirando com o exército para conter os mineiros. Hardie expediu um alerta sombrio: "As tropas estão liberadas para atuar contra o povo e atirar se for preciso em pessoas que estão lutando por seus legítimos direitos." Em 28 de novembro, na Câmara dos Comuns, depois que a crise foi superada, Hardie disse a Churchill: "Não há ódios entre nós." Alegou que em Tonypandy "99% das pessoas preservariam a ordem, com ou sem polícia e militares."[7]

Sua intervenção deve ter parecido corajosa para seus seguidores e aumentou o ressentimento deles contra Churchill. Entretanto, o líder trabalhista escondeu um fato importante. Ao mesmo tempo em que manifestava seus temores pela presença do exército durante os distúrbios, ele se encontrava com o general Nevil Macready, sendo tratado com a máxima cortesia.

Como revelaram documentos do Ministério do Interior, Hardie concordou em ajudar o general a corrigir o entendimento equivocado sobre a missão do exército. Em 13 de novembro, o relatório de Macready, em Gales, para o Ministério do Interior incluiu a seguinte informação: "Mr Keir Hardie almoçou no hotel, e depois o convidei para conversarmos. Tivemos uma conversa amistosa, e ele concordou em contradizer os rumores que circulavam e em afirmar que os militares lá estavam apenas figurativamente e em hipótese alguma entrariam em ação."[8]

Como Hardie bem sabia, Macready estava determinado a impedir derramamento de sangue e queria se assegurar de que os mineiros entendiam sua posição: suas tropas atuariam se fossem provocadas, mas que "em nenhuma hipótese os soldados entrariam em contato direto com os manifestantes, ao menos até que a polícia fosse empregada. No caso da polícia ser dominada (...) a força militar entraria em ação." O general também deixou claro que sua missão era de guardião imparcial da paz, declarando que seus soldados não eram "agentes insensíveis da classe patronal," e proibindo a prática usual de contatos diretos de oficiais com superintendentes das minas de carvão.[9]

Ainda assim, tais esforços não impediram Hardie e outros de rotular Churchill como vilão da peça. Esse tratamento foi particularmente desanimador para Winston porque apenas dois anos antes recebera entusiasmada acolhida em reunião anual dos mineiros de Gales do Sul. Graças a substancial empenho seu, um projeto fixando a jornada diária de trabalho dos mineiros em oito horas se transformou em lei em 1908, e Winston foi festejado como um dos defensores da lei. Defendera apaixonadamente suas reivindicações por menos horas de trabalho, desprezando alegações de outras indústrias de que a medida diminuiria a produção de carvão e elevaria os preços. Em reunião realizada em agosto de 1908, em Swansea, Winston foi recebido com "três séries de prolongados aplausos," como curiosamente comentou um dos mineiros.[10]

Quem encorajara Winston a visitar Gales naquele verão fora Lloyd George. Agora, porém, com a região mineira em ebulição, ele se ausentou visivelmente das negociações com os mineiros em Tonypandy. Lutando para evitar que os distúrbios se alastrassem, Winston pediu seu apoio e assinalou que ele ajudaria bastante se usasse "sua influência em Gales e seu domínio da linguagem galesa." Malgrado esse pedido, Lloyd George precavidamente se manteve à distância, evitando qualquer envolvimento direto com a questão. Se as coisas piorassem teria tudo a perder. Toda a sua carreira se baseava no elevado conceito que desfrutava em Gales e seria perigoso correr o risco de fazer inimigos, se o pudesse evitar.[11]

Foi ruim para Winston sair dessa crise com novo grupo de inimigos à direita e à esquerda acusando-o de ter agido errado. Um lado dizia que fora muito inflexível, e o outro, que não fora firme o bastante. Seu idealismo estava sendo castigado. Antes de ingressar no Gabinete e começar a exercer poder real, imaginara que boas intenções e bons propósitos o ajudariam a superar a maioria dos obstáculos. Agora, porém, estava aprendendo que certos problemas políticos não passavam de depósitos profundos de areia movediça capazes de engolir um ministro do Gabinete ansioso demais que não soubesse proceder com o devido cuidado.

Isso não o fez perder a fé em seus próprios poderes. Entretanto, o endureceram, fazendo com que fosse menos conciliador, confiasse menos na boa-fé dos outros e se preocupasse mais em desfechar o primeiro golpe de punhos cerrados contra seus oponentes. O menino-maravilha da política inglesa amadurecia depressa.

Tal como Lloyd George, Asquith preferiu deixar o ministro do Interior ficar com o ônus de lidar com os mineiros galeses. Muitos anos antes, em 1893, a própria carreira política de Asquith fora prejudicada quando ele administrou mal uma disputa com os mineiros, ao enviar para restaurar a ordem tropas que exageraram e mataram dois civis na mina de carvão de Featherstone, no Yorkshire. Desde então, fora insultado por manifestantes que surgiam em suas aparições em público gritando "assassino" e "Featherstone." Asquith não queria acrescentar "Tonypandy" a esses gritos.

De qualquer modo, enquanto Winston tentava evitar uma tragédia entre os infelizes mineiros de Gales do Sul, o primeiro-ministro enfrentava crise ainda mais séria envolvendo suas relações com o novo Rei. Era chegada a hora de dar um fim à batalha com a Câmara dos Lordes, e Asquith precisava da ajuda do monarca. Entretanto, o culto advogado quase nada tinha em comum com George V, pouco interessado em livros e em atividades intelectuais exigentes de qualquer natureza. Não gostava de viajar, receber convidados ou de qualquer mudança em sua rotina diária, que incluía a consulta religiosa a um barômetro duas vezes ao dia para prever alguma mudança no tempo. Se pudesse se esquivar do trono, passaria alegremente a vida como simples aristocrata rural.

Baixo e forte, não era figura que impressionasse. Seu marco característico era uma barba bem aparada que, mais do que qualquer outra coisa, lhe dava uma aparência de Rei. Ajudava a disfarçar a imagem desfavorável. Era nervoso, irritava-se com facilidade, tinha um olhar alerta e assustado, mas gostava de uniformes e roupas extravagantes em eventos na corte e sempre procurava se apresentar bem. Suas grandes paixões eram colecionar selos, atirar e fumar. "O Rei é um sujeito muito alegre," disse Lloyd George em círculo privado, "mas, graças a Deus, sua cabeça é meio vazia."[12]

Os líderes liberais talvez tenham suposto que um monarca de inteligência limitada fosse mais fácil de ser administrado. Todavia, Asquith não achou fácil explicar um plano político a um homem que não compreendia com facilidade o que era política e um plano. Foram necessárias duas longas reuniões em novembro de 1910 para o primeiro-ministro conseguir uma firme e confidencial promessa do Rei de fazer o que Edward VII hesitara em fazer, ou seja, criar o número necessário de nobres para reformar a Câmara dos Lordes. Asquith também queria outra eleição geral, após a qual tencionava revelar a promessa do Rei em momento oportuno e usá-la para dominar a oposição.

Nada disso estava muito nítido para o rei George, embora sentisse que não soava muito ético. Por mais incrível que pareça, perguntou se antes podia discutir o plano com Balfour. Asquith teve que lhe explicar que tal conversa só serviria para arruinar a surpresa política.

Embora mais tarde reclamasse com os cortesãos que Asquith "o pressionara" para admitir esse acordo secreto, o Rei não estava em posição que lhe permitisse recusar. Quando perguntou ao primeiro-ministro o que aconteceria se não concordasse com o plano, Asquith respondeu, "Eu renuncio imediatamente e na próxima eleição reapareço com a proclamação "O Rei e os nobres contra o povo."" Engolindo seu orgulho, o rei George concedeu a Asquith tudo que ele desejava.

O próprio primeiro-ministro também não teve outra escolha. Winston não cansava de lembrá-lo que: "Até que o veto esteja fora do caminho, não haverá paz entre os partidos e nenhuma demonstração de unidade nacional. Quanto mais rápida e solidamente essa questão for resolvida, melhor para todos." Agora, os liberais acreditavam que apenas uma iniciativa rápida poderia ajudá-los a pegar os conservadores de guarda baixa. Dois dias após conseguir a promessa do Rei, Asquith anunciou que o parlamento seria dissolvido no fim de novembro de 1910 e que uma eleição geral seria realizada nas duas primeiras semanas de dezembro.[13]

Corajoso

Concorrer em duas eleições em um ano era árduo para qualquer um, mas uma vez mais os liberais acharam que tinham o povo a seu lado e conquistariam uma grande vitória. Mais uma vez estavam errados. O resultado não foi melhor do que o anterior. Na verdade, foi pior. Liberais e tories saíram da eleição com o mesmo número de assentos, 272. E mais uma vez Asquith só conseguiu manter seu governo no poder porque contava com o apoio dos irlandeses, que tinham 84 assentos, e, em menor grau, com o apoio cada vez menos confiável dos trabalhistas, com 42 cadeiras.

O resultado com certeza seria pior se Churchill não tivesse contido com habilidade a violência em Gales do Sul. Apenas um tiro disparado por engano teria transformado uma questão regional em causa nacional e dado a conservadores e trabalhistas pretexto para redobradas reclamações. A tensão que a crise acarretou para Winston foi considerável. A decepção que sentiu parecia ser maior do que um homem poderia suportar e não lhe deu sossego. Tão logo defendeu com sucesso seu assento por Dundee, tirou breve folga para desfrutar uma festa em uma casa de campo no Yorkshire. Entretanto, Clemmie o advertira para que não exigisse demais de si mesmo.

"Querido, você está trabalhando tanto," escreveu para Winston, "e se distrai tão pouco." Claro que ela estava apenas parcialmente certa. Trabalho árduo em tempos difíceis *era* a ideia que Winston fazia de distração.[14]

***

Talvez por insistência de Clemmie, Winston estivesse passando aquela manhã relaxante em sua casa em Eccleston Square, dia 3 de janeiro de 1911, mergulhado na banheira, quando alguém do Ministério do Interior telefonou com notícias terríveis. Explodira uma batalha no East End entre a polícia e um bando bem armado de anarquistas russos. Um policial já fora ferido, e o tiroteio partido do bando, entrincheirado nos andares superiores de uma casa em estado precário na Sidney Street, era tão intenso que um policial correra até a Torre de Londres em busca de socorro e acabara de retornar com vinte atiradores dos Scots Guards.

Solicitaram a Winston autorização para empregar os militares. Ele autorizou e ficou ao telefone embrulhado na toalha. Uma hora depois estava ao lado da polícia e dos soldados enquanto o tiroteio continuava, partido de uma rua lateral. Balas sibilavam em todas as direções, atingindo os prédios de tijolos em torno e assobiando sobre as cabeças de muitos espectadores. De modo geral, os policiais, que normalmente não portavam armas e tinham sido armados às pressas, não eram eficazes. Seus revólveres e carabinas não eram páreo para o poder de fogo do bando entrincheirado. Quanto aos soldados, tinham dificuldade para divisar o alvo de seus tiros. A casa ficava no meio de uma rua e os soldados estavam imobilizados nas suas duas extremidades, atirando enviesadamente.

"Nada disso jamais fora visto, tanto quanto se podia lembrar na tranquila, cumpridora das leis e confortável Inglaterra," disse Churchill tempos depois.[15]

Como suspeitava a polícia, o bando dispunha de uma arma de tiro rápido conhecida como pistola Mauser com carregador. O punho podia ser acoplado a uma coronha e usado como um fuzil, ficando mais fácil para o atirador, de um ponto escondido, atirar em todas as direções. Podia esvaziar rapidamente um carregador – que normalmente continha dez cartuchos – e substituí-lo por outro. Fabricada na Alemanha, era uma arma relativamente nova e quase desconhecida na Inglaterra, exceto por oficiais das forças armadas. Por acaso, havia no local um funcionário de alta patente que conhecia bem a pistola e a usara com eficiência em combate. Era Winston Churchill.

Quando a arma era novidade absoluta em 1898, ele comprara duas e as usara na carga de cavalaria em Omdurman, esvaziando o carregador para matar vários atacantes, inclusive alvejar "a menos de uma jarda" um que estava a ponto de atravessá-lo com uma lança. A pistola semiautomática Mauser era a arma que salvara sua vida e, sabendo por experiência própria o quanto era letal, pôde salvar inúmeras vidas em Sidney Street durante aquele tiroteio. Quando diversos policiais armados quiseram assaltar o prédio cercado, foi Churchill que os fez desistir, sabendo que seriam estraçalhados. Um repórter presente colocou em termos mais polidos: "O ministro do Interior, temendo que vidas fossem desnecessariamente colocadas em risco, evitou tal procedimento."[16]

O desconhecimento do perigo era tão grande que Churchill também teve de proibir os bombeiros de se aproximarem do prédio quando começou a sair fumaça das janelas superiores. Não conseguiu, porém, evitar que um carteiro absurdamente cumpridor de seus deveres quisesse entregar cartas na casa adjacente ao esconderijo de onde partiam tiros que passavam sobre sua cabeça. Tudo que pôde fazer foi deter um oficial bombeiro que insistia que seu dever era apagar o fogo, não importando o risco. Depois de "acalorada" discussão, Churchill disse que assumia total responsabilidade se a casa pegasse fogo, e o oficial permaneceu

Corajoso

relutantemente no local enquanto as chamas realmente consumiam boa parte da estrutura.

Os anarquistas morreram no incêndio, mas o "bando" aparentemente consistia em apenas dois homens, cujos corpos carbonizados foram encontrados no meio dos destroços com as duas pistolas Mauser. Tinham tanta munição e as armas disparavam com tal rapidez que tinham sido capazes de enganar todos, fazendo pensar que a casa era defendida por vários anarquistas desesperados. Era verdade, contudo, que pertenciam a um bando maior. Tinham um histórico de assaltos a mão armada com ajuda de outros exilados a fim de levantar fundos para sua causa revolucionária na Rússia.

Nas duas semanas anteriores, as autoridades andaram em busca de cinco russos que tinham usado Mausers para matar três policiais, durante um assalto malsucedido a uma joalheria em 16 de dezembro de 1910. Esse episódio ficou conhecido como "o pior dia na história da força policial inglesa." Mais de vinte tiros foram disparados e oito deles atingiram apenas um dos policiais desarmados. Dois outros foram atingidos e sobreviveram, mas ficaram paralíticos. Nenhum deles estava preparado para enfrentar tal poder de fogo. O agente que chefiava as investigações sobre os assassinos estava desesperado em busca de pistas que conduzissem ao bando antes que outro policial desarmado se visse diante da Mauser.

Churchill comparecera ao funeral do policial morto em dezembro e, quando correu para Sidney Street em janeiro, já imaginava que provavelmente possuíam as mesmas armas que já tinham custado três vidas. "As circunstâncias eram extraordinárias," afirmou, recordando sua decisão de partir para a cena do tiroteio, "e achei que era meu dever ir e ver pessoalmente o que estava acontecendo." Estava certo ao tomar essa decisão e foi atipicamente modesto ao mencionar sua participação na intervenção para diminuir o número de baixas. Jamais comentou a importância de seu conhecimento de armas e por mais de cem anos ninguém mais o fez.[17]

Esse incidente poderia ter sido um dos momentos mais brilhantes de Churchill, mas, ao contrário, foi alvo de zombarias retratado como um egomaníaco exibicionista que não tinha nada que se intrometer em uma operação policial. Mesmo um de seus mais notáveis biógrafos considerou o episódio "um grande equívoco de Churchill." O fato de estar usando cartola durante o tiroteio serviu para agravar as críticas. Nas fotografias nos jornais ele parece um dançarino de baile que entrara na cena do crime por engano. Quando Eddie Marsh – que valentemente acompanhara seu chefe até Sidney Street – foi ao cinema, ficou surpreso ao ver a tela mostrando imagens de Winston no cerco. Ficou ainda mais espantado – e um pouco mortificado – quando a assistência reagiu com vaias e gritos de "matem-no."[18]

Arthur Balfour, que pouco sabia sobre o episódio e menos ainda sobre Mausers, adorou ver Churchill rotulado como o bobo presunçoso cuja presença no tiroteio pôs vidas em perigo.

Na Câmara dos Comuns, se referiu a Winston à sua maneira arrogante: "Ele estava, pelo que pude notar, onde, em termos militares, havia uma zona de fogo – ele e o fotógrafo arriscando vidas valiosas. Compreendo o que o fotógrafo estava fazendo, mas o que lá fazia Sua Excelência?"

Aguilhoado por tal crítica, Asquith fez um esforço tíbio para defender seu ministro do Interior. Winston estava sentado a seu lado no banco da frente quando Asquith olhou para ele e disse se dirigindo à Câmara: "Sua Excelência e meu amigo, se ele me permite dizer, sofre do perigoso dom de ser uma personalidade interessante." Foi um comentário memorável e divertido, mas para nada serviu.[19]

Foi muito melhor, contudo, do que a observação de Rudyard Kipling em carta a um amigo. Adversário radical de Churchill, Kipling achava que Winston devia ter demonstrado mais coragem e parado em frente a uma bala. "Três horas de fogo de armas leves," disse comentando o episódio de Sidney Street, "e nem uma só maldita bala para fazer um grande bem à nação."[20]

Detestar Churchill estava se tornando passatempo nacional. Alguns conservadores agora o viam como o maior traidor desde Judas. Keir Hardie continuava a retratá-lo como um reacionário cruel e outro defensor das sufragettes ameaçava emboscá-lo. Em dezembro de 1910, ele recebeu uma carta de um senhor que dizia se chamar Alex Ballantine e terminava sua invectiva de três páginas com as palavras: "Pretendo, quando me convier, esperá-lo com um chicote para lhe dar o castigo que merece." A carta foi entregue à Scotland Yard para ser investigada, mas, como se essa ameaça não fosse suficiente, também surgiu um ex-policial culpando Churchill por sua demissão da força e insinuando que mataria o ministro do Interior para se vingar. "Pretendo mostrar as injustiças praticadas por Mr Churchill," prometeu. "Devo matar meu adversário com minhas próprias mãos para provocar uma crise?"[21]

Corajoso

Winston tinha todos os motivos para estar sempre olhando por cima dos ombros. Não sabia quem seria o próximo a atacá-lo.

Quando o convidaram para juntar-se a um grupo de personalidades e vários "lords e ladies" num desfile de carruagens para comemorar a coroação de George V, foi tão vaiado quanto aplaudido. Ninguém queria estar a seu lado. A Duquesa de Devonshire e a Condessa de Minto, convidadas para participar do cortejo na mesma carruagem de Winston, logo se arrependeram de aceitar o convite. "Foi muito constrangedor para as duas damas tory," Winston escreveu para Clemmie, "ficavam terrivelmente abatidas quando os aplausos eram muito ruidosos, mas se reanimavam um pouco quando havia manifestações hostis." Incomodada com essa experiência, a Duquesa de Devonshire disse a Lord Balcarres que nunca mais "concordaria em participar de um desfile ao lado de Churchill; ela diz que não tem dúvida de que também foi alvo dos apupos dirigidos contra o ministro do Interior."[22]

Mesmo velhos amigos – pressionados por divergências políticas – estavam revelando para Churchill seu lado pior. Às quatro horas da manhã, durante uma sessão da Câmara que durou a noite inteira em março de 1911, Linky Cecil perdeu o controle e voltou toda sua raiva contra Winston, que era o ministro que estava comandando o banco da frente. Lord Hugh achava que Winston enganara a oposição em uma norma de procedimento de menor importância. Todavia, fez parecer que seu velho amigo tinha violado todos os parâmetros de decência em uso.

"Como qualquer pessoa, um governo tem o mesmo direito de quebrar a palavra dada," declarou Lord Hugh, "mas o que não pode é fugir da desonra inerente à quebra da palavra. Tal procedimento, quando envolve questão pecuniária, os leva à prisão. Tal procedimento, se praticado no curso normal da vida e nas relações pessoais, os afasta da sociedade dos cavalheiros."[23]

Foi o tipo de exagero retórico em que Winston e Linky tinham se especializado nos tempos dos *hooligans*, mas, às quatro da manhã, não era coisa que o ministro do Interior quisesse ouvir.

Os repórteres na galeria exultaram quando Winston e seu padrinho de casamento se enfrentaram como um Cavalier e um Roundhead da guerra civil. A imprensa selecionou alguns dos fogos de artifício:

"Mr Churchill, pálido, olhos cansados e cabelos em desordem, olhava furioso para Lord Hugh: 'Estou muito acostumado com os controvertidos métodos do nobre Lord...' chiou o jovem ministro. Uma tempestade de gritos de protesto interrompeu a sentença. Mr Churchill permaneceu em silêncio esperando junto à mesa. 'Estou muito acostumado com os controvertidos métodos do nobre Lord,' insistiu Churchill, 'sempre distribuindo ironias e insultos.' Por cinco minutos lutou sem sucesso contra a torrente de gritos de protesto."

Winston permaneceu em pé, mas parecendo derrotado, quando um jovem parlamentar tory se apresentou para o golpe final, gritando de um dos bancos de trás da oposição: "Esta é sua primeira tentativa de liderar a Câmara dos Comuns e veja só o que está fazendo!" E acrescentou em tom de zombaria: "O futuro primeiro-ministro da Inglaterra!"[24]

Essa ironia específica lembrou mais uma vez que Churchill estava pagando alto preço por sua rápida ascensão ao poder. Ciúme, ressentimento, despeito, ele era atingido por todas essas manifestações, que partiam de amigos e inimigos. Almejara ser uma grande personalidade nacional e agora se transformara em grande alvo nacional. Conseguira tanto na juventude com seu talento e brilho que era inevitável, como líder, ser criticado por não ser brilhante o bastante e não mostrar tanto talento em momentos críticos, como os vividos em Sidney Street.

Por mais que desejasse conquistar o respeito geral, não foi suficientemente combativo para receber os golpes, sacudir a poeira e dar a volta por cima. No fim daquela sessão que durou toda a noite – dezenove horas defendendo o governo – Winston surpreendeu os esgotados repórteres quando entrou no salão de jantar sorrindo e agindo como se não se importasse com o que acontecera. Sentou a uma mesa com Austen, filho de Joe Chamberlain e dois adversários, e juntos saborearam um bom café da manhã de peixe grelhado com ovos e bacon.

Nada parecia fazer com que diminuísse seu ritmo por muito tempo. Imediatamente antes de sentar-se para o café da manhã, enviou para o Rei um curto relato sobre os últimos acontecimentos no parlamento, como era seu dever. "Afloraram uns tantos ressentimentos durante este prolongado debate," relatou, "mas a temperatura voltou ao normal e a discussão foi boa."[25]

21

Tormenta à Vista

EM ABRIL DE 1911, EM ANGLESEY, ILHA GALESA, um homem de trinta e seis anos estava na praia absorvido com a tarefa solitária de construir modelos em areia de barragens e sistemas de irrigação. Eram tão sofisticados que os passantes paravam para admirá-los e reparar quem era o construtor, imaginando algum arquiteto brilhante em férias ou simplesmente um visitante excêntrico. Para surpresa da maioria, ao vê-lo de perto reconheceram no atarefado construtor o ministro do Interior. A notícia de sua presença se espalhou rapidamente e logo se formou uma pequena multidão, com espectadores mais distintos se mantendo a uma distância discreta e o observando com binóculos de ópera.

"O que aconteceu o deixou encabulado," disse posteriormente Eddie Marsh, "e teve que desistir porque as encostas estavam cheias de pessoas a observá-lo." Como Eddie sabia, uma das maneiras favoritas de Winston relaxar era cavar na areia, criando posições defensivas de batalhas ou construindo barragens de supostos rios, algo, enfim, que satisfizesse sua imaginação hiperativa. Todavia, espectadores à toa não eram bem-vindos. Estava em curso um trabalho sério, que proporcionava a seu autor a agradável oportunidade de criar mundos dele mesmo, sem ter que pedir a opinião ou permissão de ninguém.

Quando terminava, deixava contente seu trabalho à mercê das ondas e do vento, depois de se revigorar para as verdadeiras tarefas que tinha pela frente, quando nada seria tão fácil de trabalhar quanto a areia. Era uma das coisas que mais apreciava, comentou Eddie sobre o passatempo de Churchill quando de folga. Chegava a pedir a Clemmie informações sobre praias convenientes. "Temos que encontrar uma praia de areia realmente boa," escreveu para ela em um verão, "onde eu possa construir uma fortaleza cuidadosamente esculpida na areia, ou, melhor ainda, um pequeno canal de água corrente. Veja o que pode procurar e informar."[1]

Aquela específica folga no noroeste de Gales – bem longe dos problemas de Tonypand – foi um breve interlúdio para Winston, antes de retornar à sua habitual maratona de obrigações na Câmara dos

Comuns e no Ministério do Interior. Por enquanto, porém, usufruía um pequeno período de tranquilidade no refúgio que Lord Sheffield, pai de Venetia Stanley, possuía na ilha. Clemmie estava com ele e parecia especialmente de bom humor: esperava o segundo filho para maio e passava a maior parte de abril descansando em Anglesey, antes de voltar para Londres para o parto. Disse a Winston: "Estou ansiosa à espera do meu 'Basket,'" como chamava o bebê. Tinha certeza de que seria um menino.[2]

Winston trabalhava arduamente em sua carreira, a fim de dispor de tempo para ser um pai modelo, pois era, à sua maneira, amoroso e atencioso. Quando se aproximou o segundo aniversário da filha, no verão, dedicou toda a sua capacidade analítica à tarefa de encontrar os brinquedos mais adequados a ela. Não foi fácil para Winston saber o que agradaria a uma menina de dois anos, mas depois de vasculhar as prateleiras de uma loja em Londres, finalmente se decidiu por um conjunto de "bichos da arca de Noé." Ao comprá-los, teve a possibilidade de escolher em branco ou em diversas cores vivas.

"Fiquei na dúvida, sem saber se comprava animais todos brancos," contou a Clemmie, "mas finalmente decidi me arriscar com os coloridos. São muito mais interessantes." Não acreditava muito na garantia do dono da loja de que a tinta era inofensiva para as crianças. Embora o vendedor falasse na "qualidade da tinta e na quantidade que já fora vendida – e supostamente chupada sem prejuízos," achou bom advertir a esposa: "Tome cuidado para que ela não chupe a tinta."[3]

Felizmente para a saúde da filha, Churchill não podia comprar brinquedos sem tratar do assunto como se fosse um projeto do governo que demandava cuidadosa avaliação antes de chegar a uma decisão e, mesmo assim, só com um selo de qualidade anexo. Não havia questões insignificantes, quando Winston passava a lhes dedicar atenção e abordá-las com todo o peso de seu empenho e energia. Era exigente em tudo que lhe dizia respeito e seria extenuante para outros que não tivessem seu dinamismo.

O filho que os pais esperavam chegou em 28 de maio de 1911, recebeu, logicamente, o nome do pai de Winston. O pequeno Randolph era um bebê forte, muito saudável e de feições bonitas. Clemmie ficou tão contente que a convenceu ainda mais de que tinha feito a coisa certa ao casar com Winston. Uma semana após o nascimento do bebê, ela disse para o marido: "Você transformou de tal forma minha vida que mal posso me lembrar do que sentia três anos antes de conhecê-lo."[4]

Tormenta à vista

Apenas quatro dias depois do nascimento de Randolph, o vizinho da família em Eccleston Square, F.E. Smith, com outro jovem amigo tory, Lord Winterton, ofereceu um baile à fantasia no Claridge's Hotel. Foi o evento da temporada, mas muito criticado como demonstração decadente de riqueza e privilégio. De qualquer modo, um punhado de liberais participou encantado da festa tory e cada lado tentou superar o outro na extravagância das fantasias. A que causou mais impacto foi, de longe, a de Consuelo Marlborough. Com seu pescoço longo e corpo esbelto, estava maravilhosa como pastora de porcelana de Dresden. Apareceram previsíveis Henry VIIIs, Cleópatras e um Cruzado. F.E. Smith se fantasiou de cortesão do século XVIII, envolto em cetim branco e pó de arroz. Nenhum dos ministros do Gabinete que compareceram quis comprometer a dignidade do cargo se fantasiando. Vestiam traje a rigor normal ou, como no caso de Winston, uma simples capa vermelha.

Enquanto os casais mais animados dançaram no salão até depois de meia-noite, inúmeros políticos ficaram do lado de fora, fumando e conversando, arrastando suas capas. O ponto alto da noite foi quando Waldorf Astor e sua linda esposa Nancy fizeram uma entrada surpreendente. Nancy vestia um traje rosa de bailarina, mas foi seu marido que recebeu a maior atenção – e muitas risadas. Chegou vestido em toga de nobre, com o número 499 na frente. Nas costas, as palavras "mais uma vaga."[5]

Todos entenderam o que significava. Se a Câmara dos Lordes não aprovasse no verão que se aproximava o projeto de lei que limitava seu poder de veto – a Lei do Parlamento, como era conhecida – os liberais criariam mais 500 nobres para aprová-la por eles. Embora achassem a piada engraçada, muitos deram um sorriso amarelo. Asquith, que estava lá, sobriamente vestido em traje a rigor, sorria timidamente diante das extravagâncias que via. Ainda não informara à oposição que obtivera do Rei a promessa de criar os novos nobres. Balfour e outros ainda esperavam que a ameaça não passasse de blefe. Logo constatariam que estavam enganados.

Embora não houvesse como saber, F.E. Smith estava dando a liberais e tories uma derradeira chance de rirem de si mesmos antes de começar uma tempestade de fogo que consumiria muito mais do que apenas os poderes tradicionais da aristocracia. A amizade entre Churchill e Smith sobreviveria à desordem política dos anos seguintes, mas muitas outras relações naufragaram. O que traduziu decadência no baile à fantasia não foi tanto a pomposa demonstração de riqueza e privilégio, mas o alegre desprezo pela catástrofe iminente, a falta de vontade de evitar uma disputa amarga que dividiria e perturbaria em dias de perigo, no país e no exterior. Cada lado podia sentir que empurrava o outro para o abismo, mas nenhum dos dois se dispôs a examinar o abismo antes que fosse tarde.

Os sorrisos acanhados de Asquith voltaram a assombrá-lo. Manteve a nação por tanto tempo sem saber do compromisso do Rei que, quando foi revelado em julho, a oposição se sentiu traída. O primeiro-ministro foi acusado de enganar a nação e lograr o novo monarca tornando-o parte de um plano político indigno. Um dos maiores críticos foi F.E. Smith. Em 24 de julho, segunda-feira, ofereceu a Asquith um espetáculo muito diferente do que encenara no Claridge's Hotel em maio, se apresentando em traje normal no plenário da Câmara dos Comuns com um coro de barulhentos companheiros de bancada. Como espetáculo puro, foi muito mais extraordinário do que o baile à fantasia.

Naquela segunda-feira de julho, Londres estava tomada por uma onda de calor, e a Câmara transpirava quando, de tarde, Asquith levantou-se para falar sobre a questão da Lei do Parlamento. Fora de Downing Street à Câmara em carro aberto com Winston, Margot e Violet. As ruas estavam tomadas por partidários entusiasmados e, quando Margot e Violet chegaram à galeria das senhoras, viram que a excitação era tão grande que algumas mulheres subiram em cadeiras para ver melhor a cena que se desenrolava lá embaixo.

Tão logo Asquith abriu a boca, F.E. Smith e Linky Cecil levantaram-se e começaram a atacá-lo. Metade do que disseram foi ininteligível por causa do alvoroço em ambos os lados. Ocasionalmente, em meio ao vozerio, se podia ouvir Smith gritando: "O governo degradou a vida política do país" ou simplesmente "traidor." A voz aguda de Cecil cortava o ar com brados de "pela ordem" e frases desconexas como "prostituíram as normas tradicionais do parlamento." Por meia hora, F.E. Smith e Linky continuaram a manifestação, e outros se juntaram a eles, gritando para Asquith "ditador" e outras ofensas. O primeiro-ministro mal conseguia pronunciar uma palavra, mas se recusava a sentar. O tempo todo Lord Hugh se manteve tão agitado que parecia a ponto de ter um acesso de nervos, o rosto contraído e seu corpo longo contorcido em posições esquisitas.

Numa breve pausa, foi possível ouvir o parlamentar trabalhista Will

Crooks comentar sobre Linky: "Muitos homens foram considerados loucos por menos da metade do que o nobre Lord fez esta tarde."[6]

Transpirando na galeria abafada, Margot e Violet estavam horrorizadas com o massacre verbal. Violet se dividia entre risadas e lágrimas vendo Linky atacar seu pai. A cor fugira da face de Cecil e ele – como mais tarde Violet afirmou – "vociferava com a gritaria de um babuíno, um epilético e uma sufragette, tudo numa só pessoa." Margot ficou tão desgostosa com a atitude de Smith e Cecil (ela os chamava o "malcriado" e o "eunuco") que enviou uma mensagem ao ministro do Exterior – Sir Edward Grey, sentado ao lado de seu marido – pedindo que pusesse um fim àquele espetáculo humilhante.[7]

No cargo desde o tempo em que Campbell-Bannermann fora primeiro-ministro, Grey era o membro mais digno – e o mais respeitado – do Gabinete, em parte porque mantinha um perfil político baixo. Ao contrário de Winston, não gostava de debates acalorados e espetáculos públicos. Dava a impressão de ser melindroso e discreto demais para sujar as mãos no vale-tudo da rotina política, o que levou um jornalista a dizer a seu respeito: "As paixões dos homens, a barulheira digna de uma feira e o frenesi da disputa não o sensibilizam. Fica de fora, num isolamento de certa forma solene."

Instintivamente, Margot recorreu ao único homem capaz de restaurar a paz na Câmara. Como recordou mais tarde: "Rabisquei rapidamente umas linhas em nossa abafada galeria e enviei a mensagem para ele: 'Eles vão atendê-lo – então, pelo amor de Deus, defenda-o desses malcriados e grosseirões!' "[8]

Realmente o atenderam. Depois de Asquith ter desistido e sentado, e após Balfour tentar acalmar seu pessoal, Grey censurou a oposição à sua maneira discreta. Alguns perturbadores da ordem baixaram a cabeça e outros ficaram em silêncio, mas de cara amarrada.

"Nunca," disse Grey, "o líder de um partido com maioria na Câmara dos Comuns, contou com mais cavalheiresca lealdade pessoal e apoio político compacto do que o meu nobre amigo, Sua Excelência o primeiro-ministro, dispõe neste momento (...) Os nobres membros do parlamento que integram a oposição talvez estejam avaliando se esses sentimentos estão menos fortes depois da cena que presenciamos. Na medida em que significou uma descortesia pessoal com Sua Excelência o primeiro-ministro, todos nós lamentamos o que aconteceu."

Tão logo Grey sentou, F.E. levantou-se e tentou um aparte, mas foi obrigado a se calar, e a Câmara suspendeu os trabalhos em meio à confusão. No corredor, Margot procurou Sir Edward Grey e o abraçou como se ele fosse um cavaleiro do passado que acabara de matar o dragão. "Mais tarde, encontrei-me a sós com Edward Grey," lembrou, "e, quando meus lábios encostaram em suas mãos, seus olhos se encheram de lágrimas." O primeiro-ministro não precisava que Grey o defendesse e talvez achasse que seria politicamente vantajoso deixar Linky e F.E. Smith serem os representantes da dissidência tory. Todavia, a melodramática Margot preferiu pensar que o valente ministro do Exterior poupara seu Henry de mais humilhações.[9]

Por seu lado, Churchill fez todos os comentários devidos ao deplorar a "brutal e irracional desordem" provocada pelos conservadores, mas intimamente deve ter gostado de ver seu antigo companheiro *hooligan* e seu amigo F.E. Smith provocarem tanto tumulto, especialmente por defenderem uma causa perdida. Embora estivessem felizes por poderem tirar proveito da afronta à dignidade de seu líder, os liberais sabiam que a Lei do Parlamento seria aprovada de uma forma ou outra. Eles tinham os votos necessários e, se faltasse algum, o Rei providenciaria os necessários sob a forma de novos barões de varejo de feição liberal, ou até um cordato barão autor de romances. (Thomas Hardy estava na lista de Asquith como possível nobre caso precisassem de produção em massa.)[10]

Curvando-se diante do inevitável – embora com muito rancor e protestos – em agosto, a Câmara dos Lordes aprovou o projeto por pequena margem de votos, acabando com o poder da aristocracia rural de bloquear as iniciativas da Câmara dos Comuns, mas preservando a capacidade de retardar as tramitações por até dois anos no caso de projetos de lei sobre matéria financeira. Foi uma forma razoável de fazer com que os lordes ingressassem no século XX, mas isso só ocorreu depois de os liberais os fustigarem e berrarem a cada palmo do caminho, machucando muitos egos poderosos. Agora, muitos desses adversários magoados ficariam esperando ansiosamente uma oportunidade para vingar sua derrota.

Os liberais conseguiram administrar o bombardeio retórico na Câmara, mas esbarravam em dificuldades cada vez maiores para lidar com a intranquilidade e violência das classes trabalhadoras.

O calor daquele verão de descontentamento parecia a ponto de

Tormenta à vista

desencadear uma rebelião geral. Eclodiam greves por toda parte, especialmente dos estivadores de Londres e do Merseyside, como também dos ferroviários em todo o país. Durante duas semanas de agosto, reinou o caos, quando os trabalhadores realizaram vários protestos, o sistema de transportes entrou em falência, e o suprimento de alimentos começou a faltar. Sempre que possível, os grevistas tentavam interromper a circulação de mercadorias, sabotar linhas de trem, atacar comboios e saquear armazéns.

Os distúrbios em Liverpool foram tão graves que as autoridades locais alertaram Churchill que a cidade estava "em estado de sítio." Estavam quase sem suprimentos médicos e alimentos. Alarmado, o Rei telefonou para Churchill dizendo que informações sobre a violência em Liverpool "mostram que a situação corresponde mais a uma revolução do que a uma greve." Insistiu para que, se fossem empregadas, "as tropas tivessem liberdade de ação e se impusessem à turba." Churchill perdeu a paciência com os desordeiros e enviou uma brigada de infantaria completa e dois regimentos de cavalaria para Liverpool.[11]

A cidade se transformara em campo de batalha. Quando uma grande multidão atacou o furgão de uma prisão a fim de libertar três camaradas, um policial montado disparou um tiro de advertência com seu revólver, quando um homem tentou puxá-lo do dorso de seu cavalo. Como o manifestante continuou tentando desmontá-lo, o policial atirou novamente e o feriu. Foi necessário empregar uma tropa de cavalaria, sabre na mão, para limpar as ruas. Os manifestantes subiram nos telhados das casas e arremessavam sobre as tropas e a polícia pedaços de tijolo e de chaminés, pedras, garrafas e tudo que estivesse à mão. Os soldados dispararam mais tiros de advertência, enquanto a luta entre os dois lados prosseguia violenta, uma tremenda tragédia. Dois habitantes locais foram mortos, ambos por tiros dos militares.

No dia seguinte, 16 de agosto, centenas de soldados e policiais organizaram um comboio para transportar alimentos das docas para a cidade. "Foi a maior demonstração de força jamais vista em Liverpool," comentou um repórter, "e nunca, em nenhuma cidade da Inglaterra, isso fora necessário para assegurar o transporte de gêneros alimentícios."

A situação era perigosa, alertou o repórter. "Após mais de uma semana de anarquia, a cidade está completamente desorganizada (...) É visível em toda parte a grande insatisfação dos mais pobres e as pessoas estão desesperadas. Precisam de alimentos, os homens desesperados em consegui-los para os filhos (...) As ruas da cidade estão sujas e não está longe a possibilidade de uma peste. Tudo isso principalmente porque as ferrovias estão paradas. É dolorosa a situação da cidade nos últimos dias."[12]

Winston passara sete anos tentando ser um bom liberal, planejando reformas sociais de grande alcance, promovendo a paz, economizando despesas e oferecendo a outra face a diversos inimigos. Agora, novamente homem de ação e enfrentando intranquilidade generalizada, subitamente ressurgiu com toda força. Seus colegas do gabinete ficaram chocados com a dimensão dos distúrbios e alguns deles se assustaram ainda mais ao tomarem conhecimento da agressiva reação de Winston. Em 17 de agosto, o novo ministro das Colônias de Asquith, Lewis Harcourt, filho de um velho guerreiro liberal, Sir William Vernon Harcourt, escreveu para a esposa: "Cinquenta mil soldados estão sendo deslocados esta noite de todas as partes do país para proteger vidas, propriedades e alimentos (...) Churchill ainda está furioso, mas um pouco mais cordato do que ontem."

Lulu – como era conhecido o mais jovem e afetado Harcourt – não era do gênero combativo, mas tinha ceteza de que a reação de Churchill diante da situação fora exagerada. Disse à mulher: "Winston gosta muito de agir como se fosse comandante-em-chefe e empregar milhares de soldados. Já está pronto para enviar um navio de guerra para Mersey com ordens para desembarcar 'bluejackets' a fim de operarem os 'ferryboats' se preciso for." Realmente, Churchill tencionava empregar todos os meios disponíveis para restaurar a ordem. No caso do navio de guerra – o cruzador HMS *Antrim* – estava atendendo aos pedidos dos prefeitos de Liverpool e Birkenhead, que temiam perder o controle sobre as docas. Dessa vez, estava disposto a permitir que os militares se impusessem e dessem um sinal firme de que lá estavam para resolver a situação. Uma vez ressuscitado seu velho instinto marcial, lançou-se à luta com toda a sua energia.[13]

O emprego de tantas tropas acarretava riscos tão grandes para o governo que Lloyd George também se viu envolvido na questão, mas como pacificador, fazendo o papel que escrupulosamente evitara em Tonypandy. Preocupado em evitar novos choques entre as tropas de Winston e os grevistas, Lloyd George não perdeu tempo e passou a exercer sua reconhecida habilidade como negociador. É preciso reconhecer, em seu favor, que conseguiu uma solução notavelmente rápida para o conflito. Em 19 de agosto, após se reunir o dia inteiro com representantes dos ferroviários e seus empregadores, conduziu um processo de arbitragem que todos aceitaram. As ferrovias retomaram as operações normais, e os demais grevistas logo voltaram ao trabalho. Os militares começaram a voltar para seus quartéis, o fluxo de alimentos voltou a funcionar, e até o calor do verão diminuiu.

Lloyd George entrou em êxtase. Foi ao Ministério da Guerra e anunciou seu triunfo com as palavras: "Uma garrafa de champanhe! Consegui! Não me perguntem como, mas consegui! A greve acabou!"[14]

Porém, o acordo chegou tarde demais para os grevistas na cidade galesa de Llanelli, onde pararam um trem, atacaram o maquinista e lutaram contra as tropas que tentaram desobstruir os trilhos. Dois grevistas foram atingidos por tiros e morreram. Três outros foram mortos quando atacaram a estação e atearam fogo a um depósito que continha dinamite e explodiu. Nesse depósito era armazenada dinamite para uso pelas ferrovias e toda a cidade foi sacudida pela explosão, que feriu muita gente. Vários civis inocentes ficaram gravemente feridos, inclusive três mulheres. Os distúrbios continuaram por horas, e um dos magistrados locais, dono de uma mercearia, perdeu quase tudo quando sua loja foi saqueada.[15]

O dono de jornal George Riddell, amigo íntimo e que apoiava financeiramente Lloyd George, anotou em seu diário que durante as greves Churchill ficou na dúvida entre agir com moderação e partir para o enfrentamento. "Pude notar que a situação estava pesando cada vez mais seriamente sobre seus ombros, e sua posição no Ministério do Interior aos poucos ficava intolerável para ele. Era evidente que o ranger de dentes aumentava gradativamente e, sendo um soldado, tudo indicava que agiria de maneira drástica e decisiva, caso se agravassem as dificuldades com os trabalhadores."

Lloyd George temia que Churchill estivesse se tornando um peso como ministro do Interior e outros liberais tinham a mesma sensação. Violet Asquith ouviu alguns resmungos sobre a resposta enérgica de Winston às greves e sabia exatamente por que os liberais estavam tão "críticos e receosos." Como lembrou já idosa: "Eles reconheceram, sem dúvida, que suas iniciativas tanto eram corretas quanto eram necessárias, mas não podiam perdoar o visível *gusto* com que as comandava (...) Nada fazia pela metade. Eu já o vira devotado a tarefas de paz com o mesmo zelo e concentração."[16]

A questão para Churchill era saber se a abordagem conciliatória defendida por muitos liberais seria mais prejudicial do que benéfica durante períodos prolongados de instabilidade. Não importando quem fosse seu antagonista, uma obstinada Câmara dos Lordes ou grevistas violentos, tendia a se lançar à luta como Violet apropriadamente chamava com *gusto*. Todavia, esse entusiasmo pela batalha era visto como uma inconveniência por muitos nas fileiras liberais moderadas. Em matéria de "gusto," somente Lloyd George rivalizava com Winston, mas o reservava para seus discursos e se mostrava mais contido em suas ações. Winston tendia a mostrar essa mesma disposição em palavras e atos.

Por conseguinte, não hesitou em fazer vigorosa defesa de suas ações quando falou para a Câmara em 22 de agosto. "A política que perseguimos invariavelmente," afirmou, "é empregar um efetivo de soldados suficiente para que ninguém se iluda quanto à evidente capacidade das autoridades para manterem a ordem (...) Quatro ou cinco pessoas foram mortas pelos militares. A Câmara vê esses fatos publicados em toda parte hoje em dia. As consequências dolorosas ficam gravadas em nossas mentes. O que não é mostrado, que não pode ser avaliado, é quantas vidas foram poupadas e quantas tragédias e sofrimentos evitados."[17]

—

Churchill estava absolutamente decidido a acabar com as greves devido a um episódio que toldou o horizonte na maior parte dos meses de julho e agosto. Ao mesmo tempo em que o governo lutava contra os lordes e o trabalhismo em casa, os alemães resolviam criar problemas no porto atlântico de Agadir em Marrocos, a sudoeste de Marrakesh. Em 1º de julho de 1911, a *Panther* – uma canhoneira alemã de menor expressão, com apenas dois pequenos canhões de quatro polegadas – entrou no porto poeirento com a missão de proteger interesses alemães que se cristalizaram na figura solitária de Herr Wilberg, um jovem negociante de Hamburgo. Ele não sabia bem a razão de precisar de proteção, mas foi orientado para esperar o barco e, obedientemente, de terno branco, sentou-se na praia, e acenou até que foi localizado por seus compatriotas e "resgatado."

Tudo não passava de uma trama espalhafatosa para intimidar a França, que considerava Marrocos um protetorado não formalizado. A ideia dos alemães era usar a presença de sua marinha em Agadir para barganhar e obter concessões coloniais em alguma outra região. Quando o embaixador alemão em Londres – o Conde Metternich – informou o Foreign Office sobre a chegada da *Panther* ao obscuro porto, os poucos funcionários ingleses que conheciam a área balançaram a cabeça como se não acreditassem, sabendo que não havia razão para os alemães estarem

Tormenta à vista

lá. Porém, o que começou como uma farsa digna de Gilbert e Sullivan, logo se transformou em perigoso impasse. A França não queria ser intimidada, a Alemanha não se dispunha a recuar e a Inglaterra queria ter voz ativa na disputa.

Claro que ninguém estava se importando com o porto de Agadir propriamente dito, mas o Foreign Office ficou assustado com a impudente jogada da Alemanha. "Os prussianos são uma gente desagradável, cínica," escreveu Sir Edward Grey a um amigo. "Acham que chegou a hora de conseguir alguma coisa e vão consegui-la, mas não tanto quanto pensavam." Os alemães cometeram o erro de começar uma disputa que não sabiam como acabar. Por quase três semanas de julho, ocultaram suas intenções, e seu silêncio encorajou ingleses e franceses a imaginar o pior. "Estará a Alemanha à cata de um pretexto para entrar em guerra com a França?" – especulou Churchill, "ou simplesmente tenta melhorar sua posição colonial por meio de pressão e criando incertezas?" Rumores que circularam na imprensa insinuavam que a Alemanha pensava em organizar uma esquadra com base em Agadir. Seria outra ameaça à supremacia naval inglesa?[18]

Ao longo dos últimos meses, Winston reformulara gradualmente sua antiga opinião de que a Alemanha tentaria evitar uma guerra com a Inglaterra. Como ministro do Interior, soubera pelo Serviço Secreto que, como mais tarde informou Edward Grey, "somos objeto de minucioso e científico estudo das autoridades navais e militares alemãs, e que nenhuma outra nação do mundo nos dedica tal atenção." Também sabia que o exército alemão passara por grandes aperfeiçoamentos desde quando ele acompanhara, a cavalo, as manobras de 1906 na Silésia, sorrindo ds tática superadas. Em 1909, escapara de suas habituais obrigações ministeriais para dar outra olhada nas tropas do Kaiser em manobras, notando que tinham feito "notáveis" progressos de treinamento. Havia menos pompa, muito mais metralhadoras e melhor emprego de eficazes baterias de artilharia.

Achava difícil crer que os alemães começassem uma guerra por causa de um porto desconhecido para a maioria dos europeus, mas a ostentação de poder militar reavivara suas dúvidas, e sua preocupação aumentou quando o impasse persistiu durante todo o tórrido verão.[19]

As mesmas incertezas começaram a intranquilizar Lloyd George. Estava preocupado não somente com a ameaça de o militarismo prussiano forçar a retirada de mais dinheiro dos programas sociais, mas também com a possibilidade de uma França fraca se curvar à pressão germânica, estimulando o Kaiser a criar mais problemas. Num café da manhã com Churchill e o editor do *Manchester Guardian*, Lloyd George confidenciou sua crença de que a França vivia apavorada com "aquelas terríveis legiões atravessando suas fronteiras. (...) Poderiam chegar a Paris em um mês e a França sabia disso." Com incentivo de Churchill e aprovação do ministro do Exterior, decidiu fazer uma advertência aos alemães.

Em 21 de julho, falando em um jantar público em Londres, Lloyd George declarou: "Faria qualquer sacrifício para preservar a paz (...) mas se nos impuserem uma situação em que a paz só possa ser preservada pela abdicação da posição vantajosa e de destaque conquistada pela Inglaterra ao longo dos séculos por meio de atos heroicos e tantas realizações, ou permitindo que a Inglaterra seja tratada de tal modo que seus interesses sejam vitalmente afetados, como se o país não tivesse importância no concerto das nações, então, afirmo enfaticamente que paz a tal preço seria uma humilhação intolerável para uma grande nação como a nossa. A honra nacional não é uma questão partidária."

Como não era seu hábito dar palpites em questões internacionais, Lloyd George apanhou o governo alemão de surpresa quando suas declarações surgiram na imprensa. O Kaiser reagiu com raiva e passou quase uma hora censurando o embaixador inglês, que mais tarde lembraria: "Ele nos ofendeu como se fôssemos batedores de carteira."[20]

No fim da tarde de 25 de julho, Churchill e Lloyd George caminhavam juntos perto do Buckingham Palace quando um mensageiro do Ministério do Exterior os alcançou com uma comunicação urgente. Sir Edward Grey queria vê-los imediatamente. Dirigiram-se rapidamente para seu gabinete, onde souberam que o normalmente inabalável ministro do Exterior esperava ansiosamente pelos dois. Explicou que acabara de ter uma tensa reunião com o Conde Metternich e estava tão.preocupado com a aspereza da reação do embaixador alemão à declaração de Lloyd George que pensou: "A esquadra pode ser atacada a qualquer momento."[21]

O clima estava tão tenso naquele verão complicado que Sir Edward entrou em pânico e avaliou equivocadamente os comentários de Metternich. Os alemães estavam nervosos, mas não o suficiente para desfechar um ataque de surpresa à Royal Navy, superior à marinha deles. Uma reflexão breve e serena levaria Grey a reconsiderar seus temores, mas os acontecimentos estavam se desenrolando mui rapidamente. Reggie McKenna chegara do Almirantado e concordou em enviar um alerta para os navios de Sua Majestade que estavam no mar. Por alguns dias,

Tormenta à vista

os chefes ingleses esperaram ansiosos, especulando se a próxima mensagem da esquadra não informaria o começo da guerra.

Felizmente para todos os envolvidos, os almirantes nas funções de comando – muitos deles em férias fugindo do calor do verão – não encararam o alerta com a mesma urgência de Sir Edward. De outra forma, tiros disparados em pânico teriam criado um motivo real para os alemães se lançarem à luta. Às vezes, as guerras começam em consequência de tais equívocos e atos precipitados.

Porém, o falso alarme de Grey levou Asquith e outros membros do Gabinete a encarar com seriedade a possibilidade de a Inglaterra ter de defender a França. Foram realizadas reuniões de alto nível para discutir estratégia, mapas foram atualizados, e Churchill começou a disparar cartas e memorandos de advertência. Nesse ponto, com tantas incertezas no ar, o romancista que havia em Winston saiu da hibernação e ele elaborou um trabalho imaginário, mas espantosamente presciente, com o nada promissor título "Military Aspects of the Continental Problem." Na verdade, foi um simples memorando para Asquith e o Comitê de Defesa Imperial, mas pareceu o esboço de um romance sobre as primeiras semanas de uma guerra europeia. Fazendo uso de extraordinário poder de imaginação, descreveu o que, segundo acreditava, seriam os primeiros quarenta dias de combates. Como corretamente destacou após a Primeira Guerra Mundial, "essas previsões foram quase literalmente confirmadas três anos depois pelos acontecimentos."

Entre outras coisas, previu que os alemães começariam a guerra derrotando o exército belga e obrigando o exército francês a se concentrar para defender Paris. "O estudo de probabilidades," escreveu Churchill em 1911, "indica que, por volta do vigésimo dia, as tropas francesas terão sido expulsas da linha do Meuse e estarão recuando para o sul e na direção de Paris. Avaliou que o problema que os alemães viveriam "em torno do quadragésimo dia seria o de estarem totalmente esgotados, tanto no campo interno quanto nas frentes de combate." Acreditava que, então, os franceses poderiam passar à contraofensiva, "desde que o exército francês não estivesse debilitado por ações precipitadas ou desesperadas."[22]

Vale a pena dizer que Winston acertou na mosca. Pois, em 9 de setembro de 1914 – 40º dia da mobilização alemã – o exército do Kaiser, estendido além da conta, foi rechaçado na batalha do Marne e forçado a se engajar em uma guerra de atrito pelos quatro anos seguintes. O que Winston não previu, contudo, foi que o impasse surgiria após o fracasso da ofensiva francesa, resultando na guerra de trincheiras que acarretaria custos tremendos para ambos os lados. De qualquer forma, em 1911 foi o único líder inglês capaz de pensar tão à frente sobre a catástrofe que se abateria sobre o mundo.[23]

Os temores gerados pela crise de Agadir logo sumiram, na medida em que prevaleceram cabeças mais frias. Para permitir aos alemães uma saída honrosa, os franceses cederam alguns territórios africanos que, de qualquer forma, não eram de seu interesse.

Mas a crise transformou Winston. Uma vez desperta sua imaginação para a ameaça de uma guerra europeia, passou a estudar assiduamente o tema. Ameaça tão séria deixou em segundo plano quase todos os problemas que enfrentara ultimamente. Viu nessa questão sua grande causa, demonstrando a urgência de se preparar para o conflito que se aproximava. Sentia que nascera para estar à testa dessa causa, mas não poderia fazê-lo como ministro do Interior. O Ministério da Guerra, o Almirantado, o Ministério do Exterior, talvez até mesmo a posição de primeiro-ministro eram os lugares onde precisava estar para evitar uma nova guerra ou preparar a Inglaterra para vencê-la.

Enquanto pensava em sua próxima jogada, gozou uma folga muito merecida na companhia de Clemmie à beira-mar, perto de Broadstairs, em Kent. Em um dia do início de setembro foi à praia, balde e pá na mão. Um repórter do *Daily Mirror* estava na área e recebeu a informação de que o ministro do Interior estava engajado em incomum atividade na praia. Quando encontrou Churchill, ficou surpreso ao vê-lo trabalhando furiosamente em uma série de "arrojadas fortificações e castelos de areia." Timidamente, o ministro do Interior explicou que era tudo para divertir sua filha e outras crianças das vizinhanças.

Surgiu no jornal um inocente artigo com o título "As Escavações de Mr Churchill." Todavia, ninguém, exceto seus amigos, poderia entender a seriedade com que ele encarava esse trabalho, que permitia a suas mãos dar forma ao que ocupava sua imaginação. Quando Eddie Marsh leu o artigo, riu e escreveu para um amigo: "Fico imaginando os alemães sabendo que o ministro do Interior passa seus momentos de folga reforçando pessoalmente a costa sul!"[24]

22

A Armada

No fim de setembro, Winston estava a caminho da Escócia para visitar seu distrito eleitoral e passar alguns dias com o primeiro-ministro, hospedado na mesma casa para onde Margot levara a família depois do caso "Violet perdida nos rochedos" no Slain Castle, em 1908. Cedido pelo irmão de Margot, Archerfield, para o começo do outono, era uma grande casa de pedra cerca de 30 km a leste de Edinburgh. Para o primeiro-ministro, sua grande virtude era um campo privado de golfe logo ao lado, junto ao mar. Em 1908, a revista *Country Life* o descrevera como "o melhor campo particular de golfe do mundo."

Nos últimos meses, Violet passara a ter mais consideração por Clemmie, mas ainda não estava inteiramente conformada em perder Winston. Seu rosto ainda brilhava quando ele entrava na sala, e ela não deixara de gostar de conversar a sós com Winston, sempre que possível o afastando dos demais, para que ficassem à vontade. Desde o momento em que chegou a Archerfield House, ela o sequestrou para o campo de golfe ao lado, onde – como escreveu posteriormente – "jogamos muito golfe sob o sol dourado do outono, com as gaivotas circulando sobre nossas cabeças."[1]

Havia uma expressão de expectativa nos olhos de Winston, e ela sabia o que isso significava. A vida política era a paixão dos dois, e Winston não conseguia esconder dela o que estava pensando. Na esteira da crise de Agadir se falou muito em haver uma troca no Almirantado. Ele queria esse cargo, e sabia que Asquith não estava feliz com o desempenho de Reggie McKenna. Recentemente, o primeiro-ministro enviara a Reggie uma reprimenda escrita, criticando a lenta reação da Royal Navy ao alerta recomendado por Sir Edward Grey.

Estava evidente que era preciso encontrar alguém capaz de sacudir a força naval e prepará-la para batalha. Uma das necessidades urgentes era um moderno estado-maior para as operações navais, adequadamente organizado para enfrentar os desafios operacionais que estavam a caminho. A escolha lógica para o cargo era Richard Haldane, que fizera excelente trabalho nos últimos seis anos no Ministério da Guerra e acabara de receber um título de nobreza.

Não era segredo que Lord Haldane, como era conhecido, queria esse posto. "Sentia que era praticamente a única pessoa disponível," recordou ele, "que reunia condições para lidar com o problema do estado-maior naval. Creio que o primeiro-ministro via a questão sob o mesmo ângulo, mas tínhamos de ser cuidadosos e ficar calados sobre possíveis mudanças."[2]

Foi Violet que ventilou o assunto do Almirantado. Brincou com Winston: "Por que não pede meu conselho sobre essa questão?"

Ele sabia o que ela pensava, tanto quanto ela sabia o que se passava em sua cabeça. "Entre Haldane e Winston," ele disse, "você não é árbitro – é descaradamente a favor de um lado. Sua balança está desequilibrada por franco favoritismo e emoção (...) Está pensando no quanto Winston gostaria do posto!"

Ela também pensava no quanto gostaria de vê-lo no posto. "Torcia para que Winston fosse para o Almirantado," lembrou, "não apenas porque seria a satisfação de seu maior desejo, mas porque tinha certeza de que lá ele encontraria sua verdadeira vocação e sua maior realização."[3]

A tendência de seu pai era concordar com a ideia. Além de ficar bem impressionado com as observações de Churchill a respeito da ameaça alemã, também achava que talvez fosse mais seguro para todos se Winston usasse suas habilidades guerreiras a serviço da Marinha do que no Ministério do Interior. Trabalhando nos bastidores, Violet encorajou o pai a fazer a mudança. A questão era como explicar a Haldane. A solução encontrada por Asquith foi inteligente. Deixou que Haldane e Winston discutissem entre eles os respectivos méritos para o cargo, reunidos apenas os dois. Confiava que Winston alcançaria sucesso defendendo sua própria indicação e amaciaria seu colega, pessoa de boa índole e jogo de cintura, para absorver a rejeição.

Haldane deve ter percebido que sua esperança de ficar com o cargo estava liquidada no momento em que chegou para a reunião em Archerfield e viu Churchill esperando na porta para recebê-lo, com ares de quem era da família. Quando Asquith deixou os dois sozinhos para conversarem, Haldane se deu conta de que caíra em uma armadilha e mais tarde descreveria esse episódio como a hora "em que o primeiro-ministro me trancou em uma sala com ele (Churchill)."

Haldane fez o que pôde para defender sua indicação, destacando a

A armada

larga experiência no Ministério da Guerra e levantando sérias dúvidas sobre as qualificações de Winston. "Disse que, para ser franco, achava que Churchill não possuía o tipo de mente apropriada para planejar a solução para o problema (...) que enfrentávamos." Mas ele não era páreo para Winston, que tinha uma boa resposta para cada argumento. Reconhecendo que a causa estava perdida, Haldane bateu em retirada com elegância. "Despedi-me dele em Archerfield em clima extremamente amistoso," lembrava.[4]

Dia 1º de outubro, um domingo, Winston e o primeiro-ministro foram para o campo de golfe e lá ficaram quase toda a tarde. Violet estava tomando chá quando olhou e viu Winston se aproximando com um grande sorriso. Ele levou-a para fora e deu a boa notícia: "Seu pai acaba de me oferecer o Almirantado."

Ela guardaria para sempre o olhar que ele lhe deu naquele momento. Nunca o vira tão feliz. Caminharam juntos até o mar ao entardecer, e Winston, entusiasmado, falou o tempo todo. Estava emocionado não apenas por assumir o Almirantado, mas por deixar para trás os aborrecimentos do Ministério do Interior. "Veja a gente com quem eu tinha de lidar," comentou, "juízes e condenados!"

Naquela noite, Violet abriu seu diário e registrou a reação de Winston diante da mudança: "Ele está na lua (há muito tempo é a sua Meca no Gabinete) e tremendamente agitado diante da missão e das possiblidades do cargo."[5]

Se houve alguém arrasado com a notícia, foi Regie McKenna. Asquith o estava transferindo para o Ministério do Interior, e ele não queria ir para lá. Recebeu a notícia da mudança em 10 de outubro, mas passou quase duas semanas tentando falar com o primeiro-ministro a respeito. Fez uma viagem especial a Archerfield para defender sua posição, insistindo que era necessário no Almirantado. Asquith ficou aborrecido, mas tentou convencê-lo. Perguntou a McKenna "se realmente achava que era a única pessoa capaz de evitar que sejamos envolvidos em uma grande guerra europeia." Sem poder dar uma resposta convincente, Reggie relutantemente concordou com a mudança.

"Mas ficou terrivelmente aborrecido," disse Margot sobre McKenna depois que ele partiu, "foi patético."[6]

Quatro meses depois, McKenna ainda reclamava, alegando que, sob todos os ângulos, era melhor para o cargo do que Churchill. Em fevereiro, durante jantar no nº 10, por coincidência sentou-se ao lado de Violet e resolveu lhe segredar sua frustração, aparentemente ignorando a devoção da moça por Churchill. Violet escreveu em seu diário, "McKenna *desancou* Winston, logo *comigo*. Deve estar louco."[7]

Mais cedo ou mais tarde, Churchill provavelmente conquistaria o cobiçado cargo de Primeiro Lord do Almirantado, mas diante da concorrência, teve a sorte de contar com Violet cochichando no ouvido do pai.

Ainda faltando um mês para completar trinta e sete anos, Winston chegou ao Almirantado em Whitehall, dia 25 de outubro de 1911, e assumiu o cargo civil de ministro da mais poderosa força naval do mundo. Com mais de 500 navios e 130 mil homens, a Royal Navy ainda era o orgulho do Império Britânico e o principal instrumento para afirmação de seu poder. Além da "Home Fleet" (a esquadra de defesa aproximada), havia as esquadras do Atlântico, do Mediterrâneo e do Oriente, e estaleiros e bases espalhados pelo mundo, de Portsmouth a Malta, Bombaim, Cingapura, Sidney e Hong Kong. Era uma verdadeira força naval mundial e, teoricamente, podia travar guerras em qualquer parte do globo, mas Churchill sabia que sua missão seria assegurar que pudesse travar e vencer batalhas num teatro de operações navais muito especial, o Mar do Norte.

Um de seus primeiros atos foi montar um mapa do Mar do Norte atrás de sua mesa, onde um oficial do estado-maior podia assinalar com bandeirinhas a posição dos navios da esquadra alemã. Todas as manhãs Winston o examinava, não tanto para acompanhar o movimento dos navios, mas para decorar cada pequeno pedaço do mapa e, como escreveu mais tarde, "inculcar em mim e nos que trabalhavam comigo uma sensação de presença constante do perigo." Essa faixa inóspita de mar entre a Alemanha e a Inglaterra era a área que ele tinha de defender a qualquer custo.[8]

Devia agradecer a McKenna por ter lhe feito oposição em 1909 na questão dos encouraçados e por ter construído outras dessas gigantescas belonaves. Agora, podia se sentir contente por possuir a força mais poderosa e estava disposto a expandi-la. Como forma de se desculpar por suas equivocadas suposições sobre os alemães no passado, fez questão de elogiar publicamente McKenna. "Devemos muito à visão e determinação de Mr McKenna," declarou diante de uma plateia escocesa, em 1912.

Enquanto Lloyd George completava o trabalho de conseguir a aprovação da fundamental Lei do Seguro Nacional e tinha seu nome para sempre associado ao seguro de saúde e desemprego, Winston estava absorvido pelos detalhes de construção mais rápida de navios de guerra mais velozes e mais poderosos, capazes de deter a armada alemã. O programa de construção naval deixou Lloyd George perplexo. Começou a reclamar que cada vez que encontrava Winston ouvia: "Escuta, David, preciso falar com você," seguido por um longo monólogo "sobre seus desgastados navios."[9]

Embora não fosse um especialista em tática naval, Churchill sabia bastante sobre combate e compreendia a verdade fundamental que outros frequentemente desprezavam. Em seu primeiro ano no cargo falou para uma assistência em Burlington House, em Londres. "No Almirantado, tudo contribui e converge para um único objetivo, o desenvolvimento do máximo poder de combate em determinado momento e em um ponto específico." Em outras palavras, por trás de todo o ritual e burocracia do Almirantado, o único resultado que realmente importava era a capacidade da esquadra de enfrentar um inimigo em uns poucos instantes de aplicação de força destruidora, explosiva, esmagadora. "Tratando-se de encouraçados, o único golpe que vale a pena desfechar é o que seja decisivo. "Portanto," concluiu Churchill, "a melhor maneira de evitar a guerra é ter a certeza da vitória."

Mais uma vez, como dissera Violet, "ele nada fazia pela metade." Não queria uma guerra e sabia que, se acontecesse, seria horrível. "Se qualquer nação civilizada e inteligente do mundo se engajar em uma guerra," alertou para os que o ouviam em Burlington House, "ficará profundamente nauseada muito antes que o conflito chegue ao fim." Todavia, já que os alemães insistiam em construir mais navios e lançar mais ameaças, agora estava pronto a fazer o que fosse preciso para evitar o confronto ou, se necessário, a desfechar o golpe decisivo.[10]

O Kaiser e seus almirantes tiveram todas as oportunidades para renunciar à corrida armamentista. Pouco antes de seu pronunciamento em Burlington House, Churchill propôs aos alemães um "feriado naval." Era o momento para os dois lados sustarem seus programas de construção naval como forma de pelo menos desacelerar a corrida armamentista, se não a suspendessem de uma vez por todas. Em magnífica expressão, Winston frisou que o "feriado" permitiria aos rivais "abrirem uma página em branco no livro do desentendimento." Todavia, o Kaiser achou que não havia desentendimento. Pela sua ótica, a Inglaterra precisava ser mais humilde para que a Alemanha pudesse crescer. Assim, rejeitou a proposta e enviou uma sóbria mensagem afirmando que "tais acordos só eram possíveis entre aliados."[11]

Embora sentisse que era preciso prosseguir com a construção de navios de guerra, Winston buscava algo mais, além da simples superioridade numérica. A fim de preservar a superioridade em poder de fogo e velocidade, tomou uma das iniciativas mais audaciosas de sua carreira. Para assegurar maior velocidade, quis que os navios passassem a usar óleo em vez de carvão. Para garantir que seu poder de fogo superasse o dos alemães, queria que seus navios fossem armados com uma arma de poder insuperável. Em vez de dotar os encouraçados com os mais evoluídos canhões de 13,5 polegadas, optou pelo desenvolvimento do novo canhão pesado de 15 polegadas, que podia atingir alvos a vinte milhas de distância.

Os riscos eram consideráveis. Por um lado, a Inglaterra não contava com suprimento confiável de petróleo. Citando a rebuscada exposição de Winston para a Câmara dos Comuns, havia uma "carência de novas fontes de combustível líquido disponíveis nestas ilhas." Por outro lado, no pertinente ao poder de fogo, ninguém sabia se o canhão de 15 polegadas funcionaria a contento porque, como observou Churchill: "Jamais existiu uma arma como um moderno canhão de 15 polegadas. Nunca foi fabricado." Porém, não se atemorizou. Muito antes de surgirem sinais claros de que as dificuldades seriam superadas, apostou todas as suas fichas nas duas inovações.[12]

Ao longo dos dois anos e meio seguintes, resolveu um dos problemas, introduzindo a Inglaterra no negócio petrolífero e conseguindo que o governo adquirisse o controle da Anglo-Persian Oil Company (mais tarde British Petroleum-BP). Enfrentou a questão do poder de fogo com a simples decisão de ir em frente na produção de canhões de 15 polegadas, esperando que tudo desse certo. Se esperasse pelos testes recomendados, perderia pelo menos um ano no curso do processo e não podia esperar. "Riscos têm-se de correr tanto na paz quanto na guerra," assinalou, "e projetos corajosos hoje podem vencer a batalha amanhã."

Contudo, mesmo quando correu riscos no que acabou se transformando em grande êxito, podia ouvir a voz familiar de seus críticos, caso falhasse. Como escreveu mais tarde, sabia que, se fracassasse, "Nenhuma desculpa seria aceita. Logo ouviria os comentários: 'precipitado, inexperiente', 'com menos de um mês alterando os planos de seus antecessores' e produzindo 'esse fantástico fiasco,' 'a mutilação de todos os navios fabricados no ano.'" No passado ouvira com tanta frequência

A armada

comentários como esses que podia perfeitamente imaginar exemplos deles que chegavam a parecer reais.[13]

Entretanto, mais que nunca pretendia planejar em grande escala e ser criativo e ousado, enquanto outros se contentavam em apenas ser pequenos e caminhar devagar. Agora, porém, não eram somente sua reputação ou os interesses de um único ministério que estavam em jogo. Tratava-se da proteção da esquadra e da segurança do país. Era extraordinário o fato de tudo isso estar sujeito ao julgamento e à competência de um moço com trinta e poucos anos, e Churchill sempre esteve consciente disso, mas jamais se deixou intimidar.

McKenna e Haldane teriam assegurado que a Royal Navy estivesse em condições de enfrentar a cada vez mais poderosa esquadra alemã. A diferença para Churchill como Primeiro Lord é que este queria ter a certeza de que a Royal Navy venceria. Nada mais importava. Para atingir tal objetivo, livrou-se de oficiais incompetentes, criou os princípios lógicos para o funcionamento de um estado-maior naval e começou a organização de um, e fez duas nomeações de significado vital, os dois homens que se revelariam como os mais destacados almirantes da Primeira Guerra Mundial. John Jellicoe e David Beatty foram promovidos por Churchill, que forçou a ultrapassagem dos mais antigos para fazer tais mudanças. Jellicoe passou a ser o subcomandante da Home Fleet, e Beatty recebeu a missão de comandar os cruzadores, que Churchill gostava de chamar a "cavalaria estratégica da Royal Navy, uma combinação suprema de velocidade e força para a qual estavam permanentemente voltadas as atenções do Almirantado."

A nomeação de Beatty foi extremamente feliz. Jovem, simpático e corajoso, parecia ter o potencial para se tornar o almirante Nelson do século XX. Todavia, quando foi ver Churchill em um dia do fim de 1911, estava, pelo que se sabia, na iminência de passar para a reserva. Sua rápida ascensão incomodara alguns de seus superiores, que reclamavam que subira muito rapidamente na carreira, de modo que Beatty sentiu que sua carreira subitamente chegara a um beco sem saída. Seus pontos de vista nada convencionais sobre combate naval e a natural irreverência conspiravam contra ele no círculo dos almirantes mais tradicionais.

Mas Churchill o recebeu calorosamente. Erguendo o olhar de onde estava em sua mesa, o recebeu com as palavras: "Você parece muito jovem para um almirante." Três anos mais velho, Beatty não perdeu a chance e retrucou: "E o senhor parece muito moço para Primeiro Lord do Almirantado."

Foi importante o fato de Beatty saber montar tanto quanto navegar. Era bom jogador de polo, o que significava muito para Churchill, que, a respeito de Beatty, recordou mais tarde: "Ele raciocinava sobre problemas de guerra combinando os fatores terra, mar e ar. Sua mente, trabalhada pelas situações vividas no polo e em caçadas, ficara veloz e flexível. Também se enriquecera com diversas experiências contra um inimigo em canhoneiras no Nilo e em terra firme." O tempo de serviço no Nilo era importante para Churchill tendo em vista a notável coincidência de o jovem oficial da marinha ter participado da batalha de Omdurman, provendo apoio de fogo quando o regimento de cavalaria de Winston realizou aquela famosa carga.[14]

"Que lhe pareceu?"– perguntou o Primeiro Lord ao almirante Beatty referindo-se à carga e esperando uma entusiasmada descrição de seu bravo galope pelas areias do deserto.

"Pequenas passas de cor marrom espalhadas em um grande pudim de semolina," respondeu o almirante. Não era o que Winston esperava escutar, mas causou a impressão correta. Parecia algo que ele próprio diria.[15]

Sem mais delongas, ofereceu a Beatty o cargo de Secretário Naval (braço direito do Primeiro Lord) e o almirante aceitou. Quando, um ano depois, surgiu a oportunidade de nomear um comandante dos cruzadores de batalha, Winston não pensou duas vezes sobre quem seria o homem certo para comandar a "cavalaria" da Marinha.

A vida inteira estudando a história do país, Churchill estava plenamente ciente do papel que lhe fora permitido desempenhar na épica história do poder naval inglês. Seguia os passos dos gigantes que derrotaram a Armada espanhola no século XVI e a marinha de Napoleão no século XIX. Não queria ser quem permitiu que a Royal Navy fosse derrotada pela Alemanha, uma potência continental sem uma grande tradição naval. Falando em Glasgow, em 9 de fevereiro de 1912, lembrou aos que o ouviam que uma Marinha poderosa era indispensável para a defesa de uma nação-ilha.

"A Royal Navy," afirmou, "é uma necessidade para nós e, sob alguns pontos de vista, a Marinha alemã tem para eles mais a natureza de um luxo (...) Para nós, é sobrevivência; para eles, é expansão. Não podemos ameaçar a paz de uma única aldeia no continente e nem pretendemos fazê-lo, não me importa o quanto nossa Marinha possa se tornar maior e superior."[16]

Infelizmente, depois de traduzida, essa declaração perfeitamente razoável causou alvoroço na Alemanha, onde "luxo" foi entendido como algo semelhante a um brinquedo frívolo e não simplesmente como uma despesa extra. O que tencionava apenas explicar a natureza defensiva da Marinha foi entendido na Alemanha como uma crítica a sua força naval, como se a ela também não se aplicasse a mesma consideração. Em vez de abrir uma página em branco no "livro do desentendimento," a imprensa alemã pareceu se deliciar ao contribuir com capítulos inteiros para o livro.

"O discurso de Mr Churchill mal consegue esconder ameaças contra a Alemanha," escreveu um jornal de Frankfurt. "Não podemos nos deixar intimidar por ameaças. A nação alemã jamais se submeteria sem reagir a uma derrota moral. Seria preferível se defender até o amargo fim." Outro jornal reclamou: "Sabemos que era seu (de Churchill) interesse passar a imagem do armamento naval da Alemanha como um perigo que a Inglaterra precisa encarar com seriedade e se manter em condições de enfrentá-lo a qualquer momento."[17]

O orgulho nacional na Alemanha era tão suscetível em descobrir menosprezo onde não havia, que logo se apressou a condenar as palavras de Churchill, simplesmente porque ele ousara fazer algum tipo de comparação entre as duas marinhas. Partia da premissa de que ele nada tinha a dizer sobre seu rival. Na verdade, a declaração continha referências respeitosas à Alemanha e a sua posição no cenário mundial. Todavia, na perversa reação a seu discurso em Glasgow havia o revelador toque da cultura militarista louca por uma guerra.

A ânsia de transformar episódios menores em grandes queixas começava na cúpula. Pelos canais diplomáticos, o Kaiser não hesitou em manifestar seu desagrado com o que chamou o "discurso arrogante de Churchill." Afirmou que era "uma provocação à Alemanha" e perguntou: "Qual a desculpa que nos foi apresentada pela passagem em que descreve nossa Esquadra como um artigo de luxo?"[18]

O Kaiser poderia ter respondido de forma melhor do que simplesmente chamar o discurso de "provocação." No mesmo instante em que Churchill falava em Glasgow, Lord Haldane cumpria missão em Berlim para tentar reduzir a tensão entre Alemanha e Inglaterra. Quando as palavras de Churchill chegaram a Berlim, Haldane fez o que pôde para explicar os termos do discurso para o Kaiser e leu diretamente para ele as "passagens críticas" para colocá-las no contexto da política inglesa. Só mais tarde, o Kaiser achou conveniente usar o discurso como forma de reagir às propostas de paz levadas por Haldane e afirmar que Churchill era um belicoso que precipitadamente insultava a orgulhosa Marinha alemã. Enquanto era ministro do Comércio ou ministro do Interior, Churchill não preocupava o governo alemão, mas, como Primeiro Lord do Almirantado era uma figura que compensava depreciar sob qualquer pretexto, por menor que fosse.[19]

No esforço de difamar Churchill como um obstáculo à paz, o Kaiser e seu círculo devem tê-lo julgado um alvo particularmente vulnerável naquelas circunstâncias. Os inúmeros jornais que publicaram seu discurso em Glasgow naquela semana estavam repletos de histórias sobre a forma veemente como ele era repelido em seu próprios país pelos que se opunham à Home Rule irlandesa. Um dia apenas antes do pronunciamento em Glasgow, fora atacado em Belfast, aonde fora com forte segurança para promover os novos planos do governo para a Home Rule. Chegara a hora de recompensar os nacionalistas irlandeses pelo apoio ao governo de Asquith, e Churchill estava disposto a aplainar o caminho para a lei.

Todavia, os unionistas do Ulster não queriam essa ajuda. Uma de suas palavras favoritas para descrever essa visita era "provocadora." Tinham aconselhado Churchill a não ir a Belfast, de modo que viam sua insistência como "provocação."

Winston podia perfeitamente ficar em casa e evitar o conflito. Havia décadas, o tema Home Rule só servia para gerar dificuldades entre os políticos ingleses. Como Primeiro Lord, Churchill não precisava se envolver nas complexidades da questão, mas como personalidade política de expressão nacional não soube resistir a tocar no problema. Entretanto, era quase impossível encontrar uma solução, já que os nacionalistas insistiam em que o novo parlamento em Dublin exercesse autoridade sobre toda a Irlanda, enquanto os unionistas faziam questão de que o Ulster protestante permanecesse sob controle de Londres. Asquith alimentara a esperança de dar aos nacionalistas o que queriam, acalmando os unionistas com concessões menores, mas, como Churchill descobriu em Belfast, não havia interesse em um acordo.

Centenas de policiais e soldados foram convocados para proteger o Primeiro Lord e as seis mil pessoas que compareceram ao seu discurso. Os jornais anunciaram que metade de Belfast parecia uma zona de guerra. "Se, por infelicidade, acontecer um derramamento de sangue em consequência da visita de Mr Churchill," disse o *Daily Mirror*, "serão instalados hospitais de emergência em vários pontos da cidade para cuidar dos feridos e grande números de ambulâncias e equipes médicas atenderão às baixas." A polícia local ficou preocupada com informações de que "grande quantidade de parafusos e rebites tinham sido subtraídos dos depósitos e muitos revólveres retirados de casas de penhores."[20]

Inutilmente, George Bernard Shaw disse a Jennie que haveria arruaças, mas achava que Winston nada sofreria. "Não se preocupe com W," escreveu. "Não quebrarão sua cabeça, embora talvez quebrem-se as de outros, além de algumas janelas." Eddie Marsh, que acompanhara Winston ao Ulster, esperava confusão, mas resolvera adotar um ar animado de despreocupação. "Espere para ver se me matam," escreveu a seu dileto amigo o poeta Rupert Brooke, "e se isso não acontecer, escreva-me uma longa carta."[21]

Ao atravessar Belfast, o carro de Churchill foi realmente atacado por uma turba. Tentaram virá-lo. Corajosamente, Clemmie insistira em acompanhar Winston nessa visita perigosa, mas quando a multidão cercou o carro e o levantou no ar, ficou aterrorizada. "Não tinha medo de morrer," recordou depois, "mas temia ficar desfigurada para sempre pelo vidro quebrado do veículo ou por alguma outra forma."

Foram salvos no último instante por um forte grupo de policiais que usaram seus cassetetes para afastar a turba do carro. Tragicamente – talvez por causa do trauma vivido – Clemmie sofreu um aborto no mês seguinte. Sabedor da notícia, Churchill escreveu-lhe: "Não é de estranhar você não ter se sentido bem durante o último mês. Pobrezinha." Clemmie respondeu: "É tão estranho sentir as mesmas sensações de quando se tem um bebê real, mas desta vez sem resultado."[22]

"É com outro significado," declarou Winston para o povo de Belfast, "que invoco e repito o que disse Lord Randolph Churchill: 'o Ulster lutará e o Ulster estará certo.' Que o Ulster lute pela dignidade e a honra da Irlanda! Que lute pela reconciliação das rivalidades e pelo perdão dos erros do passado! (...) Que lute pela prática generalizada da indulgência, da tolerância e da lucidez entre os homens! Então, o Ulster realmente lutará e estará certo."[23]

Tomados de raiva, os unionistas não queriam ouvir falar de perdão e lucidez. Não queriam viver em paz com a maioria católica compartilhando poder em um novo parlamento em Dublin, ainda que a ilha continuasse integrando o Império Britânico. Ao contrário, viam em Churchill um símbolo da traição à causa unionista que Lord Randolph defendera no passado. Era uma oportunidade propícia para unir seus correligionários. Enquanto as paixões continuassem dominando esse conflito, os líderes unionistas continuariam ignorando obstinadamente o mal que faziam ao governo inglês, que diziam preferir ao plano liberal da Home Rule.

Os líderes alemães estavam atentos a essa dissenção. Winston também era inimigo deles e devem ter se regozijado com os ataques cada vez mais veementes que sofria e que chegariam a um clímax violento e radical em abril de 1914, quando o almirante da reserva e ardoroso unionista Lord Charles Beresford fez declarações em um evento no Hide Park.

Churchill, afirmou o velho almirante, era "um Napoleão de Liliput. Um homem de mente desequilibrada. Um egomaníaco cujo único pensamento é exercer uma vingança pessoal contra o Ulster. Não esqueceu a recepção que teve em Belfast (...) Enquanto Mr Winston Churchill permanecer no cargo o estado está em perigo."[24]

23

O Velho e o Mar

Com Sir Francis Drake ao lado, Winston Churchill estava em um dique da era de Elizabeth, olhos na bandeira do mastro principal do *Revenge,* o galeão inglês que combatera a Armada Espanhola. Virou-se e se dirigiu à massa de gente em volta, exaltando os navios de Drake que tinham aterrorizado os comandantes espanhóis. Enquanto o Primeiro Lord do Almirantado falava, Sir Francis Drake, empunhando com firmeza sua espada, olhava orgulhoso para a multidão.

Graças a Jennie, ao fundo, prestando atenção e parecendo o modelo para uma proa de navio, Winston pôde por um momento se imaginar transportado para o despertar do Império Britânico, com séculos de triunfos e glórias à frente. Naquele instante fugaz, não importava as nuvens no céu estarem pintadas em uma tela, que o *Revenge* fosse uma réplica em tamanho natural em um lago artificial e que Francis Drake fosse um ator de West End contratado para a ocasião. Tudo era real o bastante para fazer o sangue correr mais rápido e lembrar aos que o escutavam que a nação derrotara esquadras poderosas no passado e talvez se visse obrigada a repetir a façanha em um futuro próximo.

Em inesperada explosão de energia e ambição, Jennie, aos cinquenta e oito anos, decidira criar uma sofisticada exposição pública dedicada à Inglaterra de Shakespeare. Tinha organizado uma sociedade anônima, conseguido pesados empréstimos, descoberto alguns investidores ricos, prometido lucros elevados no longo prazo e construído uma aldeia do tempo dos Tudors em Londres, no parque de exposições de Earl Court. Além do galeão com quarenta canhões de gesso flutuando no lago e "pronto para enfrentar os inimigos da Inglaterra" – ocupando lugar de honra no centro da feira – havia uma fiel reconstituição do Globe Theatre de Shakespeare, onde seriam apresentadas peças selecionadas do período elizabethano, tal como no original, três vezes ao dia. Caminhos de pedra levavam a cabanas, tavernas, restaurantes, um quiosque para venda de livros, "recantos sombreados" e "lojas pitorescas." Um pequeno exército de atores vestia roupas da época, desfilava e representava nas ruelas e nos pátios. Jennie não poupou "pennies." Boa parte da aldeia foi projetada pelo melhor arquiteto da Inglaterra, Edwin Lutyens.

Jennie inaugurou a feira em 9 de maio de 1912, cercada por convidados deslumbrados da realeza e queridinhos da sociedade que conseguiu atrair para o evento. Marinheiros com uniformes do tempo de Elizabeth subiram pelosos cordames do navio de Drake e lá de cima bradavam para os assistentes, um elenco de atores apresentou *A Midsummer Night's Dream* no Globe, e Jennie ofereceu uma grande festa para todos os amigos na "Mermaid Tavern." Uma série de bailes aconteceu ao longo dos meses seguintes, e o Rei, acompanhado da Rainha, visitou a feira. Mortais comuns pagavam um "shilling" para entrar.[1]

A ideia de organizar entretenimento tão educativo parecia promissora. O país gostava de reverenciar feitos do passado, e Jennie e Winston não eram os únicos desejosos de estabelecer uma conexão entre as ameaças navais enfrentadas na era de Elizabeth e as do momento. Um dos eventos teatrais mais exitosos em 1912 foi *Drake: A Pageant-Play*, de Louis Parker, apresentada 220 vezes no His Majesty's Theatre, em Londres. O último ato encenava espetacular batalha em que a tripulação do *Revenge* abordava um navio espanhol, a fumaça subindo pelo ar e o palco "iluminado por súbitos jatos de fogo." A importância do discurso de vitória de Sir Francis Drake para o momento vivido, mostrado na peça, foi realçada nas apresentações de 1912.

"Abrimos os portões do mar," declamou Drake para a pequena multidão na praia, na cena final, " e vos entregamos as chaves do mundo. O minúsculo ponto em que estamos tornou-se o centro da Terra (...) Cuidai para que a herança que vos transmitimos seja preservada. Sim, e ensinai a vossos filhos o quanto ela vale: que nunca, nos séculos vindouros, vos falte determinação, nem vossas mãos se enfraqueçam!"

Apesar da ampla publicidade, a feira de Jennie não despertou o tipo de entusiasmo que a peça de Louis Parker conquistara. Mal sobreviveu até o fim do verão. O número de frequentadores foi considerável, mas irregular, e Jennie desperdiçou dinheiro em generosos entretenimentos gratuitos para seus amigos, em sua maior parte querendo entrada grátis para si mesmos e seus conhecidos. Os prejuízos foram assombrosos – pelo menos 50 mil libras – que recaíram, em particular, sobre os bancos e os investidores, não sobre Jennie. De modo geral, os jornais ingleses tenderam a reduzir a repercussão, mas isso não ocorreu com a imprensa americana. "Fiasco em Earl's Court," publicou o *New York Times*. "O espetáculo foi um completo fracasso," comentou, acrescentando que

O velho e o mar

"amigos de Jennie afirmam que ela deve ter gasto uma pequena fortuna em muitos jantares e festas que ofereceu."[2]

Mas, antes de tudo, como pôde uma mulher metida em constantes dificuldades financeiras ter conseguido levantar tanto dinheiro para construir sua aldeia estilo Tudor?

A resposta está na identidade da maior investidora individual, cuja contribuição substancial facilitou a Jennie a tarefa de conseguir empréstimos bancários e outros recursos financeiros. Essa investidora era uma viúva de trinta e nove anos, que entrou com um milhão de dólares. Era amiga de Jennie e uma das amantes de seu marido. Em 1912, o casamento de Jennie com o bem mais jovem George Cornwallis-West estava praticamente terminado. Ele estava com um pé fora de casa e não se esforçava por esconder suas relações com outras mulheres, uma delas uma americana leviana em Paris. Conhecida como "Herdeira da folha-de-Flandres," Nancy Stewart, de Zanesville, Ohio, já fora casada e divorciada quando conheceu um rico industrial na América, que a mimou por oito anos antes de morrer em 1908 e lhe deixar toda a sua grande fortuna.

Talvez como preço das indiscrições de George, Jennie insistiu para que pedisse à rica viúva para investir 15 mil libras na feira, na época o equivalente a 75 mil dólares. Como George suavemente assinalou anos depois, quando nem Jennie e tampouco Nancy eram vivas para reclamar da revelação: "Por acaso precisava ir a Paris, onde estava Nancy, e lhe apresentei a proposta (...) Ela concordou e lamento dizer que perdeu tudo, mas pagou o que lhe cabia sem um único resmungo e jamais me censurou pelo papel que desempenhei no negócio." Nancy veio a casar com o Príncipe Christopher da Grécia. No fim de 1912, George e Jennie Cornwallis-West concordaram em se separar.[3]

Em retrospecto, parece que Jennie tinha mais do que um único motivo para fazer do *Revenge* o ponto central de sua perdulária feira. Nas muitas festas e jantares na "Mermaid" e no salão de banquetes ao estilo Tudor deve ter sentido um prazer especial em saber que a "amiguinha" de George em Paris estava pagando a conta.

A futura princesa grega – Nancy adotaria o título de Princesa Anastasia – talvez nunca tenha entendido como seu investimento tinha ajudado a dar um leve impulso à causa do Primeiro Lord e da Royal Navy. Todavia, tão logo se esgotou a importância da feira para ela mesma, para seu filho e seus amigos, Jennie voltou o olhar para sua terra natal e ficou especulando se o evento não seria bem acolhido em Nova York. Quando

Kate Carew, colunista do *New York Tribune*, a entrevistou a propósito dessa possibilidade, Jennie não hesitou em admitir que gostaria de ter um novo patrocinador que desejasse levar toda a exposição para o outro lado do Atlântico. Embora talvez sendo expressa em caráter confidencial, a colunista reproduziu sua resposta palavra por palavra.

"Será que você me poderia indicar," perguntou Jennie, "um homem rico com bom gosto artístico que pudesse considerar a ideia de trazer o espetáculo para a América?"[4]

Infelizmente, quando ninguém apareceu, ela fechou a feira e o "Revenge" e o Globe foram desmontados. Algumas das cabanas do tempo dos Tudor foram levadas para Bristol, onde foram usadas como moradia de oficiais quando começou a guerra a partir de 1914.

—

Havia, em 1912, um senhor que, com certeza quase absoluta, seria a resposta do mundo moderno a Drake e Nelson, e seu nome não era Churchill. Era o almirante da reserva "Jacky" Fisher – agora Barão Fisher – que servira à Royal Navy por mais de meio século. Em 1854, o último comandante do tempo de Lord Nelson ainda vivo nomeou o jovem Jacky Fisher cadete da Marinha. O garoto tinha apenas treze anos, e a Marinha em que se alistou não mudara muito desde os tempos de Nelson. Tempos depois, ele viu que sua missão era adaptar os preceitos do almirante Nelson às exigências dos tempos modernos e criar uma esquadra moderna, ao mesmo tempo respeitada e temida.

A. Gardiner, comentando o fim de carreira de Fisher, escreveu a seu respeito: "Sua paixão por Nelson era tão intensa e duradoura que parecia viver em uma espécie de companhia espiritual com o grande homem, com seus preceitos sempre nos lábios, seus ideais sempre no pensamento."

Um dos objetos que mais se orgulhava de possuir era uma caricatura publicada por um jornal no dia de 1904 em que ele se tornou o comandante da Royal Navy (Primeiro Lord do Mar). No primeiro plano da caricatura estava Nelson começando a descer de sua coluna em Trafalgar Square, com Fisher ao fundo se dirigindo para o Almirantado. "Eu estava descendo para dar uma mão," dizia a legenda sob Nelson, "mas se é Jacky Fisher quem vai ocupar o cargo, não há razão para me preocupar. Vou voltar para meu pedestal."

Uma das histórias que Jacky mais gostava de contar era a de uma velha que bateu no ombro de um marujo em Trafalgar Square e apontou para a base maciça do pedestal de Nelson. "O que tanto leão tá protegendo?"

– perguntou, mastigando um bolinho barato. O marujo riu satisfeito e respondeu: "Se não fosse por aquele homem que tanto leão tá protegendo, seu bolinho de um penny custaria três pence.[5]

Sem Fisher, Churchill não teria conseguido lançar ao mar um só encouraçado em 1912. Ele foi o pai da frota de encouraçados e o maior inovador naval de seu tempo. Churchill o conhecia bem havia anos e devia muito à sua influência. Foi Fisher que o fizera ver a importância de conquistar superioridade em velocidade e poder de fogo no mar, concentrando a esquadra no Mar do Norte para obter a eficácia máxima diante da ameaça alemã e desestabilizar o inimigo por meio de golpes rápidos e decisivos. A visão de guerra do almirante se baseava na crença que denominava os três "As" (Atire primeiro! Atire firme! Atire sempre!) e os três "Is" (Inflexível, incansável, implacável). Quando começam os tiros, a única opção é a guerra total, era sua crença. ""Se odiar, odeie," afirmava. "Se lutar, lute."[6]

Oficialmente, passou para a reserva em 1910, mas continuou emitindo seus pontos de vista com o maior vigor através de sua ampla rede de velhos amigos. Embora já tivesse setenta anos quando Winston se tornou Primeiro Lord do Almirantado, nada perdeu de sua inabalável energia e atitude combativa. Podia ser amável com quem concordava com suas ideias, mas também agressivo e vingativo com os que tinham a coragem de contrariá-las. Com certa tendência a exagerar, gritava ao alcance dos ouvidos dos oficiais mais modernos: "Se algum subordinado se opuser a mim, vou transformar sua esposa em viúva, seus filhos em órfãos e sua casa em uma estrumeira."[7]

Sob um ângulo negativo, em meio a uma de suas fanfarronices podia parecer demoníaco, com um olhar ameaçador e abrasador, o nariz achatado, os lábios contraídos. Quando estava bem-humorado, porém, o ar de sarcasmo se abrandava, o olho dava uma piscadela e, então, um grande e sorriso que desarmava a todos aflorava em seu rosto. Nesses momentos, era uma boa companhia, contando histórias e piadas que narrava apressada e espontaneamente. Colecionava grande número de sátiras e anedotas espirituosas, cada uma vindo à baila inesperadamente sem introdução e sem conexão lógica com o que era tratado.

Em determinado instante, podia estar explicando que, para uma pessoa comum, a Marinha era "um grande mistério embrulhado em enjoo" e, no seguinte, contava a história do corretor de ações, havia muito tempo separado da mulher, que recebeu um telegrama informando que ela morrera no exterior. "Cremação, embalsamamento ou sepultamento?" – telegrafou o agente funerário.

"Os três," replicou o corretor. "Nada de assumir riscos!"

Às vezes, embalado por um tema apaixonante capaz de absorvê-lo completamente, podia ficar tão inflamado que qualquer pessoa à sua frente teria que manter distância. Certo dia, no Castelo de Balmoral, Jacky esqueceu de onde estava e começou, agitado, a fazer comentários sobre alguma coisa sem maior importância que o incomodava. "Poderia, por favor, parar de sacudir o punho diante de meu rosto?" – exclamou o rei Edward.[8]

Não havia como negar o talento de Fisher em engenharia e projetos inovadores. Adorava máquinas e vibrava com o poder que era capaz de criar. Em sua exuberância, descobria possibilidades que outros não queriam ou não conseguiam ver. Às vezes, o gênio que havia nele o levava a cometer certos exageros e ele começou a parecer louco. No fim de 1904, sugeriu ao rei Edward que a Royal Navy devia liquidar as pretensões da Alemanha de se transformar em potência naval. Por que não montar um ataque furtivo e destruir seus navios nos portos? perguntou. "Santo Deus, Fisher, você deve estar louco!" – disse o Rei.

Acontece que ele não estava brincando. "A melhor declaração de guerra," escreveu em abril de 1914, "seria o afundamento da esquadra inimiga! É a primeira informação que eles devem ter da guerra!"

Em 1908, de repente, começou a se preocupar com a possibilidade de os Estados Unidos se aliarem à Alemanha, e os dois países lançarem juntos um ataque naval à Inglaterra. Quanto mais examinava essa hipótese, porém, mais gostava da possibilidade. Achava que seria possível aniquilar as duas esquadras no Mar do Norte. Isso estimulava seu apetite. "Quase chego a desejar que os Estados Unidos se aliem à Alemanha," afirmou friamente, avaliando os danos que seus navios causariam.[9]

À medida que envelheceu, ficou mais excêntrico e fazia declarações altissonantes que deixava os outros coçando a cabeça. Seu talento para criar epigramas desapareceu, e ele começou a disparar estranhos lemas de combate. "Construam mais submarinos," disse certa vez a Winston, "e não essas *lagostas* sem autonomia imersa. Em outra ocasião assinou uma carta escrevendo: "Petróleo, *chauffeurs* e telégrafos!"[10]

Ainda assim, a mente errante e a imaginação sombria lhe permitiam visões proféticas da carnificina que a guerra europeia desencadearia. Não pensava nela da mesma forma que alguns de seus inocentes contemporâneos, que pareciam esperar uma série de competições esportivas com

O velho e o mar

algumas baixas ocasionais e intervalos civilizados para o chá e passeios. Fisher via terror, ruína, caos e devastação. Seria a guerra das guerras, um cataclismo que sacudiria o mundo inteiro. "A batalha do Armagedom chegará em setembro de 1914," escreveu a Pamela McKenna, em 5 de dezembro de 1911. "A data favorece os alemães, se é que eles estão a fim de lutar. Com o exército e a esquadra totalmente mobilizados e o Canal de Kiel terminado, seu novo edifício estará completo." Faltando apenas um mês, Fisher começou a contagem regressiva para o Armagedom, periodicamente lembrando Churchill e outros que o tempo para os preparativos estava acabando.[11]

Embora instável e loucamente fascinado pelo lado negro da guerra, Fisher era alguém que Winston não podia ignorar. Tinha vasta experiência, conhecimento e visão. Porém, era quase impossível separar o bom Fisher do mau. Era um redemoinho que invadia uma sala espalhando tanto sabedoria quanto insensatez. A cada ano ficava mais difícil saber diferenciar uma coisa da outra. O único aspecto invariável era a intolerância do velho almirante com divergências. Louvava a importância da mente independente, mas o sermão se aplicava apenas ao que ele próprio pensava. Sabia que estava certo e ressaltava suas opiniões com letras maiúsculas e frequentes pontos de exclamação, como se isso emprestasse a suas posições o peso e a autoridade de uma ordem do comando. "Transigência," gostava de dizer, "é a palavra mais abominável do idioma inglês."[12]

Tudo isso fazia com que Churchill se precavesse em confiar demasiadamente nas recomendações de Fisher. Porém, tal como delegara demais a Lloyd George na grande campanha pela reforma liberal, agora estava tentado a pautar sua gestão no Almirantado pelo pensamento de Fisher. Um que duvidava do acerto dessa nova influência era – logo quem – Lloyd George. No começo de dezembro de 1912, confidenciou a George Riddell que "Fisher não era um assessor confiável e que Winston devia tomar cuidado."[13]

Era do conhecimento geral que Jacky tinha o hábito de divergir de amigos e colegas e depois culpá-los pela discordância (A discussão mais grave foi com seu colega almirante Charles Beresford, que odiava Winston, sobretudo por sua associação com Jacky). Para contentar Fisher, Churchill precisava recorrer a uma descarada adulação e sempre fazendo qualquer comunicação nos termos mais cuidadosos, a fim de não ofendê-lo. Quando aconteciam os inevitáveis choques, o velho almirante ameaçava cortar relações e jurava que nunca mais trabalharia com Churchill.

"Vou mudar, com meu corpo e dinheiro para os Estados Unidos," apregoou Fisher em abril de 1912, depois de se opor veementemente a três nomeações que Winston fizera recentemente. "Você traiu a Marinha com essas três indicações," declarou, acrescentando: "Esta é a última vez que entro em contato com você sobre qualquer assunto."

Repetidamente Winston teve de gentilmente trazê-lo de volta com mensagens afetuosas e persuadi-lo a escrever ou concordar em se reunirem para uma conversa particular. Era um processo cansativo, mas Churchill considerava que valia a pena suportar todos os insultos e as digressões incoerentes se, no contato seguinte, pudesse vislumbrar algumas percepções úteis. Quando vivia seus melhores momentos – por exemplo, defendendo a ideia de apostar todas as fichas no canhão de 15 polegadas – Fisher podia invocar "a magia do projeto," tal como mencionou Winston, e fazer com que o impossível de repente parecesse factível. "Ninguém que não tenha passado por essa experiência," disse Churchill se referindo às conversas com o Almirante, "faz a mínima ideia da paixão e eloquência do velho leão quando se exalta e aborda uma questão técnica."[14]

—

Para restaurar as relações depois do rompimento provocado pelas nomeações, Churchill foi de navio para Nápoles para uma reunião com Jacky, que morava na Itália parte do ano. Como forma de salientar que o governo precisava da ajuda do almirante da reserva, Asquith concordara em acompanhar Winston. Em missão dessa natureza, o Primeiro Lord pôde viajar em grande estilo no HMS *Enchantress*, o iate a vapor do Almirantado, um barco elegante e bem equipado com uma tripulação de 196 homens. Clemmie e Violet estavam entre os acompanhantes na viagem. A comitiva partiu da Inglaterra em 21 de maio e foi de trem para Gênova, onde embarcou no iate e navegou com ótimo tempo rumo a Nápoles.

Na jornada noturna de trem através da França, Clemmie adoeceu e "caiu em lágrimas, nervosa e exausta." Ainda sofria os efeitos do aborto, mas, apesar disso, resolvera fazer a viagem, achando que o cruzeiro lhe faria bem. Enquanto o trem cruzava as montanhas ela permanecia na cama, enquanto Winston, na cabine vizinha, falava sobre a travessia dos Alpes por Napoleão. Em determinado momento, Violet foi ver como

O velho e o mar

estava Clemmie, que, sonolenta, perguntou se Winston estava conversando ou lendo em voz alta. Em seu diário, Violet anotou, admirada, que as frases de Winston saíam de sua boca tão plenas que mesmo sua esposa não sabia dizer se estavam escritas ou não.[15]

Quando o *Enchantress* chegou a Nápoles, na manhã de 24 de maio, todos desembarcaram para passear pelo porto e, quando retornaram, o almirante Fisher lá estava à espera. Recebeu calorosamente o primeiro-ministro, mas "lançou um olhar furioso" para Winston e depois saíram para visitar uma casa que pertencia a um grande amigo de Jacky. Lá chegando, Fisher relaxou, começou a contar piadas e na hora do chá seu humor parecia completamente erguido.

"Está derretendo," cochichou Violet para Winston, que estava distraído e perguntou em voz alta o suficiente para que todos ouvissem, "O que está derretendo?"

Pensando rápido, Violet salvou as aparências apontando para a mesa e dizendo: "A manteiga."[16]

À noite, Winston e Jacky já eram novamente velhos amigos e passaram horas caminhando pelo tombadilho do *Enchantress* discutindo problemas da Marinha. Durante o restante da visita, Fisher se comportou da melhor maneira possível e prometeu a Winston que ajudaria a formular planos para o suprimento de petróleo da Marinha no futuro. Jacky estava tão feliz consigo mesmo que quando a banda do navio tocou no tombadilho, dançou com Violet, deslizando ora para bombordo, ora para estibordo. Tão animado assim, não valia a pena ficar à toa sob o sol da Itália, lhe disse Churchill. Tinha o dever para com a nação de se dedicar a um trabalho importante, caso contrário, como disse Winston: "Seus hélices estão girando no ar."[17]

Com Fisher "recapturado," o *Enchantress* ficou livre para fazer um cruzeiro de lazer a caminho de casa, passando por Malta, Gibraltar, até chegar a Portsmouth. Nas paradas ao longo da viagem, Winston e a comitiva tiveram tempo para nadar, caçar lagartos, fazer piqueniques, declamar poesia diante dos degraus vazios de antigos anfiteatros e inspecionar instalações navais. No mar, tiveram bastante tempo para relaxar nas cadeiras do convés, ler ou tirar uma soneca. O primeiro-ministro ficou absorvido na leitura da *History of the Peloponnesian War*, de Tucídides, certamente buscando nas entrelinhas orientação sobre como a próxima guerra deveria ser conduzida.

Para Winston, a única experiência desanimadora durante o cruzeiro ocorreu quando subiu no encouraçado *Cornwallis* para acompanhar um exercício de tiro. Com algodão enfiado nos ouvidos, observava o horizonte enquanto o navio – anterior à classe "Dreadnought" – disparava com seus canhões de 12 polegadas sobre um alvo distante rebocado por outro navio. Em seguida, ficou caminhando pelo convés esperando pelos resultados. O comandante da esquadra do Mediterrâneo, almirante Poe, que servira por quarenta anos na marinha da Rainha Victoria e estava prestes a passar para a reserva, teve o desagradável dever de lhe informar que nenhuma das granadas atingira o alvo. Winston exigiu uma explicação, mas a resposta o deixou ainda mais furioso.

"Bem, veja, Primeiro Lord," disse o almirante, "parece que as granadas ou caíram um pouquinho aquém do alvo, ou um pouquinho além."[18]

Winston podia aumentar cem vezes o número de navios, mas mesmo assim seria em vão, se a vitória dependesse de "tempos-vencidos" de mentalidade victoriana como o Almirante Poe. Para o Primeiro Lord, tinha terminado a carreira do almirante, e o tempo se esgotava.

———

Um mês após o regresso de Churchill do Mediterrâneo, foi realizada uma reunião política no Blenheim Palace que em tamanho superou largamente a ocorrida em 1901. Dessa vez, porém, ele não foi bem-vindo. Embora ainda considerasse Sunny seu amigo, a multidão de 20 mil conservadores e unionistas que se aglomerava nos gramados em 27 de julho de 1912 não toleraria a presença de Winston. De fato, para muito deles, a razão de comparecerem ao evento era defender a causa unionista onde Winston nascera. Era uma forma de puni-lo por ter ousado falar em Belfast sobre Home Rule. Também desejavam que o comício servisse para lembrar que Lord Randolph – e Winston – no passado tinham estado a seu lado.

Sunny e F.E. Smith, que falariam no comício, esperavam que Winston não encarasse a participação deles como uma traição pessoal. Para eles, isso era política, e jogavam com a mesma agressividade que Winston habitualmente usava no campo de batalha político. Todavia, diante do trauma causado pela experiência vivida nas mãos dos unionistas em Belfast, Clemmie não via com bons olhos essa reunião em Blenheim. À sua lista de razões, acrescentava o desejo de que seu marido se ligasse menos a seus amigos tories. Nada havia de indiferença no apoio de Sunny ao comício. Esbanjou gastos com o evento. Na casa e nas tendas espalhadas pelos jardins, publicou o *Daily Mail*, "milhares de libras de carne de boi e de vitela, de presunto, e centenas de galões de vinho

O velho e o mar

branco, tinto e cerveja, assim como diversos outros antepastos de todos os tipos estavam à disposição, prontos para o consumo."[19]

Entretanto, esse congresso não era apenas o costumeiro pretexto para um dia divertido à custa de alguém. Tinha um lado sinistro que representava perigo para a nação e estava representado nas estrelas em ascensão presentes ao evento – Sir Edward Carson e Andrew Bonar Law. Cada um usou a reunião para lançar nada mais, nada menos do que a ameaça de uma guerra civil se o governo insistisse na Home Rule. Franzino, de rosto alongado e sombrio, Bonar Law, que recentemente substituíra Balfour como líder do Partido Conservador, parecia mais um professor de escola primária do que um ardido revoltoso, mas seu discurso nos degraus de Blenheim aventou a possibilidade de uma insurreição não somente no Ulster, mas em toda a Grã-Bretanha.

O governo, declarou, "era um comitê revolucionário que assumira poderes despóticos por meio de fraude (...) devemos usar todos os meios para retirá-los do poder que usurparam." Se os liberais insistirem em brigar pela Home Rule, devem arcar com as consequências. "Seriam responsáveis pela deflagração de uma guerra civil que abalaria as fundações do império."

O clima de descontentamento que dominara os últimos anos agora levava tanto a direita quanto a esquerda a ver a violência como solução política. Por si só, o líder tory provavelmente não despertava temor nos corações liberais. Filho de um ministro presbiteriano do interior do Canadá, Bonar Law sabia como se mostrar apocalíptico, mas ninguém podia imaginá-lo liderando legiões tories na batalha. O que aparentemente o fascinava era o fervor religioso dos protestantes do Ulster, que viam a luta contra a Home Rule como causa divina. Saber que "aquela gente era absolutamente determinada o inflamava. Estava preparada para morrer por suas convicções." Mas se comprazia mais como líder espiritual do que como general comandante.[20]

Sir Edward Carson, por outro lado, falava em insurreição com a firmeza de um homem que parecia disposto a disparar o primeiro tiro. Rico advogado conhecido pelos interrogatórios implacáveis (Oscar Wilde fora uma de suas vítimas mais famosas), Carson era um protestante de Dublin que se estabelecera na Inglaterra e agora estava obcecado pelo futuro do Ulster. Embora não mantivesse ligação especial com a região, aproveitou a oportunidade para se apresentar como seu defensor, emergindo rapidamente, em 1910, como um dos mais impetuosos opositores da Home Rule. A visita de Churchill a Belfast o enfurecera em especial.

Declarou, a respeito do Primeiro Lord: "Não há o que os homens do norte mais detestem do que um vira-casaca."

Como revelou sua correspondência particular, esperava desde o começo que houvesse derramamento de sangue e se regozijava com a expectativa de estar à testa da luta. Em 1910, escreveu: "Gostaria de presidir o unionismo do Ulster (...) Fico fervendo de raiva e espero que haja violência." No ano seguinte, estava se transformando em um completo fanático. "Espero sinceramente que todo o mais amargo ódio inerente ao ser humano venha à tona (...) Nunca me senti tão feroz."[21]

Em Blenheim, enquanto Bonar Law falava por uma hora para a imensa assistência, Carson permanecia sentado ao lado de Sunny e se inclinava para a frente a fim de entender bem cada palavra. Sob a cartola, uma expressão grave na face lisa, que parecia um bloco de gelo, rígida e pálida. Quando chegou sua vez de falar, não hesitou em aceitar a ideia de uma possível insurreição e desafiou o governo a reprimi-la. "Eles podem nos dizer, se quiserem, que é uma traição. Estamos dispostos a enfrentar as consequências."[22]

Tranquilo ao amparo de sua riqueza e da condição de duque, Sunny aparentemente não fazia ideia das consequências de uma guerra civil. Acalentado pelo sol de verão e cercado pela grandiosidade de seu palácio, aplaudiu Carson, com todos os que faziam parte da multidão. Porém, o ódio que deixava o demagogo incutir nos 20 mil unionistas logo traria consequências diretas para Winston.

Chegaram mais tarde, no outono, quando a Câmara dos Comuns debatia a Home Rule. Enquanto os pronunciamentos e debates atravessavam a noite, Carson e seus unionistas do Ulster ficavam cada vez mais agressivos e desagregadores. Por volta de oito e meia, a barulheira era tanta que o presidente da casa desistiu e adiou a sessão, anunciando que "surgiu um clima de grave desordem." Quando os membros começaram a sair, os unionistas passaram a jogar bolinhas de papel nos liberais. Levando na brincadeira, Churchill pegou um lenço e acenou para os bancos da oposição.

Foi demais para um dos ardorosos seguidores de Carson, Ronald McNeill, o homem fisicamente mais impressionante da Câmara. Com 1,97 m de altura, foi descrito por um contemporâneo como um sujeito "grandalhão de queixo quadrado e cabelo grisalho penteado para trás, um gigante mesmo entre homens grandes." Procurando em cima da mesa, McNeill apanhou um volume pesado – cópia das Normas de Procedimento da Câmara, que pertencia ao presidente da casa – mirou

O velho e o mar

e jogou na direção de Churchill. Atingiu seu rosto, quase o derrubando e fazendo sangrar. Tão logo se recobrou, Churchill localizou McNeill e, a despeito de ser mais de dez polegadas mais baixo, partiu em sua direção, mas outros parlamentares o contiveram enquanto McNeill se afastava.[23]

Carson nada falou, mas muitos outros tories ficaram chocados com a violência. Estupefato, Austen Chamberlain declarou: "Cena como essa não acontecia na Câmara desde a briga ocorrida em 1893 no curso da discussão sobre a segunda lei da Home Rule, de Mr Gladstone."[24]

No dia seguinte McNeill se levantou na Câmara e apresentou desculpas formais. "Perdendo momentaneamente o autocontrole," confessou, "lamento dizer que disparei um míssil que atingiu o Primeiro Lord do Almirantado."

Após mais algumas palavras de contrição, o "gigante," como constou de um relato, "sentou-se em meio a velado murmúrio de aprovação partido de ambos os lados da Câmara e Mr Churchill que, cabeça baixa, acompanhava com atenção as palavras do membro que se desculpava, se adiantou."

Winston, com a face ainda vermelha, foi extraordinariamente elegante. Recusou-se a encarar o ataque como algo pessoal. "Agradeço a Vossa Excelência pelo que acaba de dizer. Em nenhum momento alimentei qualquer sentimento pessoal a propósito do ocorrido e, se em algum instante o tivesse, estaria apagado diante das completas e sinceras desculpas que apresentou."[25]

No clima político superaquecido da época, Churchill costumava ser acusado por seus inimigos de ser incorrigivelmente precipitado e violentamente hostil. Por isso, é difícil imaginar qualquer outro político da época desprezando um ataque físico tão facilmente quanto Churchill o fez nessa ocasião. Não lhe atribuiu importância e, com o passar do tempo, a natureza brutal do ocorrido – inclusive o relevante aspecto da estatura gigantesca de McNeill – ficou ofuscada. Entretanto, se Winston fosse do tipo que perde a paciência e jogasse um livro com toda força através do espaço estreito que o separava da oposição, atingindo o rosto de Carson ou de Andrew Bonar Law, a afronta seria enorme e o ressentimento nunca acabaria.

Em vez disso, a causa unionista saiu incólume do episódio, e Carson, impassível, continuou a fomentar ódio.

Na esteira de sua confrontação com McNeill, surgiu na imprensa uma história segundo a qual Winston tinha sido interpelado durante pronunciamento que fizera em algum lugar no norte da Inglaterra. Um homem lá de trás o interrompera seguidamente com um grito, "Menti-roso! Mentiroso!" Finalmente, Churchill parou de falar, olhou atenta-mente para a multidão e anunciou: "Se o cavalheiro lá atrás quiser fazer o favor de escrever em uma folha de papel e passar para a frente para o presidente da mesa em vez de ficar berrando, vai se poupar de uma série de problemas."[26]

24

Asas

ENQUANTO CHURCHILL SE OCUPAVA PREPARANDO O PAÍS para a guerra nos mares e rechaçando ataques no campo interno, Lloyd George assumia alguns riscos de natureza pessoal. Um deles era financeiro e político, e o outro, de ordem sexual. O primeiro envolvia um investimento duvidoso em ações da British Marconi Company, que esperava se beneficiar bastante de um negócio com o governo para construir uma rede de estações telegráficas cobrindo todo o Império. Quando os tories souberam que alguns líderes liberais estavam especulando com ações da Marconi, se alegraram com a perspectiva de usarem o escândalo para derrubar o governo. Lloyd George era um dos especuladores, mas negou peremptoriamente e, por algum tempo, acreditaram nele.

Seu problema é que tinha dito uma meia verdade. Realmente comprara 1.000 ações, mas supostamente de uma entidade distinta, a American Marconi Company. No fim de 1912, soube que provavelmente ficaria vulnerável por não dizer toda a verdade e entrou em pânico, temendo que sua carreira estivesse arruinada. Em busca de apoio e orientação, procurou Asquith e Churchill e ambos concordaram em apoiá-lo. Em janeiro de 1913, escreveu para Clemmie: "Fiquei muito animado ao ouvir de Churchill que você concorda com ele a propósito de minha pequena preocupação. Fico quase doente de angústia."[1]

Estava tão aborrecido e aparentemente tão ansioso por receber apoio que assumiu outro grande risco, suplicando à professora de francês de sua filha para que fosse sua amante. Uma linda jovem de vinte e quatro anos, Frances Stevenson estava na casa de amigos na Escócia quando Lloyd George, com pouco mais do dobro de sua idade, enviou uma carta de Londres dizendo que precisava dela porque "algo terrível acontecera." No fim de janeiro já eram amantes. Ela continuaria a seu lado pelo resto da vida, trabalhando como sua secretária e se considerando uma segunda esposa secreta. (Margaret, a noiva sofrida de Lloyd George, preferia passar a maior parte do tempo em Gales, longe dos holofotes.)[2]

Para um homem com quase tantos inimigos quanto Churchill, Lloyd George estava brincando com fogo. Em março, finalmente admitiu publicamente que comprara ações do ramo americano da Marconi, mas conseguiu repelir as críticas alegando inocência por desconhecimento dos aspectos técnicos do negócio. Todavia, os tories logo descobriram que um funcionário de segundo escalão usara fundos do Partido Liberal para especular com ações da Marconi e o caso veio à tona, se transformando em grande escândalo que colocou Lloyd George no centro de uma nova discussão sobre ética política. Um representante delirante da oposição foi visto de mãos postas e dizendo, "Agora estou realmente começando a acreditar que Deus existe."

Logo a imprensa tory começou a fazer ligação entre o noticiário e o estilo de vida confortável de Lloyd George, as fotografias conhecidas de sua agradável residência em Gales, de sua nova casa perto de um campo de golfe próximo de Epsom Downs e da mansão alugada no sul da França onde passara parte do inverno, e o "carro luxuoso" com motorista particular. Sob a fotografia do ministro das Finanças jogando golfe, uma legenda o ridicularizava por criticar os ricos desocupados. Porém, não havia como negar que estava vivendo melhor do que razoavelmente permitiria seu salário oficial, particularmente somando à equação esposa, filhos e amante.[3]

Em caráter particular, Churchill ficou desgostoso com o escândalo da Marconi. Mais tarde, referiu-se a ele como "um negócio desagradável," e disse a um dos parentes de Ettie, Francis Grenfell, que Lloyd George sabia desde o começo o que estava fazendo e achou que "ia fazer um bocado de dinheiro." Nesse ponto, teria sido relativamente fácil para Churchill arruinar seu rival. Sabia, como afirmou, que "o caso Marconi o atingiu profundamente," e que os inimigos de Lloyd George, com algumas dicas e umas tantas investigações, podiam descobrir outras informações danosas que justificariam questionarem a compatibilidade de sua permanência como Chanceler do Exchequer. Todavia, Winston não se voltou contra ele por pelo menos dois motivos: achava que sua ajuda seria crucial para obter mais recursos para a Marinha e considerava ser seu dever apoiá-lo, como amigo leal que era.[4]

Mas ficou furioso quando a busca geral por culpados exigiu que comparecesse perante uma comissão para declarar sua inocência. Ficou aborrecido por ter de se afastar do importante trabalho que realizava para responder perguntas sobre coisas que não fizera. "Tenho uma

Asas

vida honrada," disse à comissão com evidente orgulho. Mas quando o presidente da comissão insistiu para que desmentisse especificamente qualquer conexão com o escândalo da Marconi, respirou fundo e falou – como registrou um observador – "com um toque de ironia e de amargura," os olhos fixos nos membros da comissão.

"Nunca, em nenhum momento," afirmou, "e em nenhuma circunstância, direta ou indiretamente, fiz qualquer investimento, ou como queiram chamar, em ações da Marconi Telegraph ou de qualquer outra companhia desse grupo, neste ou em qualquer outro país, ou no globo."

A sala explodiu em risadas diante desta última observação, mas Churchill permaneceu sério. Depois de mais alguns minutos de perguntas, pôs-se de pé com as palavras "Posso presumir que meu interrogatório terminou?" – e, sem esperar resposta ou olhar para trás, deixou a sala.[5]

Finalmente, foi Asquith quem salvou Lloyd George e o Partido Liberal, usando seu prestígio pessoal para assegurar à Câmara que não havia necessidade de censurar o ministro das Finanças por seus atos. Cometera erros, Asquith reconhecia, e fora descuidado e imprudente, mas não desonesto. Não ocorrera violação de seu "dever público." A oposição não ficou convencida, mas resolveu não pressionar. Anos mais tarde, Winston admitiu que os tories podiam ter derrotado o governo na questão da Marconi. "Porém," explicou, "alguns deles eram muito burros e outros, muito amáveis."[6]

* * *

Como Primeiro Lord do Almirantado, Winston desfrutava certos prazeres. Além do *Enchantress*, dispunha de uma residência oficial ao lado do Almirantado. Clemmie a chamava "nossa mansão," mas resolveram não mudar por enquanto. O casal não sabia se teria condições para morar lá e manter os três espaçosos andares. Embora não tivesse que pagar por essa propriedade do Almirantado, deveriam ter seus próprios empregados e eram necessários nove para cuidar adequadamente da casa. Somente na primavera de 1913 – bem no meio da questão Marconi – tiveram coragem para se mudar de Eccleston Square para Whitehall, mas Clemmie resolveu manter o primeiro andar fechado para economizar.[7]

Winston economizara dinheiro transformando o *Enchantress* em seu gabinete flutuante. Quanto mais aprendia sobre prontidão na marinha, mais tempo passava atrás de almirantes, comandantes e construtores de navios para lhes exigir grandes esforços. Nesse processo, se apaixonou pelo iate, como acontecia com quase todos que subiam a bordo.

Gostava de usá-lo para fazer inspeções em outros navios e portos, com a conveniência de voltar ao trabalho em seu camarote no iate sem perda de tempo. Vez por outra, Clemmie se juntava a ele no *Enchantress,* ou se encontravam no Almirantado ou em outro porto de sua conveniência em algum ponto do país, Winston vestido dos pés à cabeça como um Primeiro Lord moderno, com jaquetão azul e boné de iatista.

O melhor de tudo é que o iate lhe permitia desfrutar longos cruzeiros que combinavam prazer com trabalho. À viagem pelo Mediterrâneo em 1912 para se encontrar com Jacky Fisher seguiu-se outra em maio de 1913 a Malta, e mais uma, agora à Grécia. Para o público, o objetivo era acompanhar operações da esquadra e discutir estratégias com os comandantes, mas estava reservado tempo suficiente para tomar sol. Asquith estava novamente a bordo, mas cometeu o engano de levar Violet e Margot, que desde o começo se irritaram mutuamente. Jennie também estava presente no cruzeiro, e Violet ficou admirada com a diferença entre a mãe agregadora e animada de Winston e a mal-humorada e rabugenta Margot. Todos procuravam desfrutar a viagem, exceto Margot, que reclamava de tudo, desde a comida que comiam a bordo até a inclinação dos degraus de acesso às ruínas antigas que visitaram.

Um dos passatempos de Margot na viagem era sentar-se e ficar observando atentamente os companheiros de viagem a fim de criticá-los nas anotações que à noite fazia em seu diário. Estava fascinada em particular pelo relacionamento entre Clemmie e Winston, que não conseguia entender. De modo geral, considerava a esposa de Winston charmosa, mas achava que não atendia a seus padrões intelectuais. Não obstante, podia notar o quanto ela brilhava sempre que aparecia. Quando ela não estava no convés quando ele voltava de alguma atividade em terra, as primeiras palavras de Winston eram sempre: "Onde está Clemmie?"

Margot também reparou que Clemmie era impaciente, mas este aspecto volúvel de sua personalidade aparentemente fazia parte da atração que exercia sobre Winston. Em um passeio por Atenas, Margot viu Winston afastando a mão de Clemmie que tentava ajeitar seu chapéu. Este pequeno gesto irritou Clemmie, que se afastou zangada, perseguida de perto por Winston. Quando a alcançou ela se virou e os dois se abraçaram tão calorosamente que Margot subitamente se sentiu "envergonhada" por presenciar momento tão íntimo.[8]

Em suas cartas para casa, Violet conseguiu captar a essência da vida frenética de Winston – se divertir e trabalhar bastante, em escala grandiosa. Concluía sua descrição de uma parada na costa albanesa com uma frase extraordinária: "Winston ficou para trás caçando um porco selvagem às três da madrugada e só nos alcançou no dia seguinte em Corfu, num destróier."

De volta à Inglaterra, havia algumas reclamações de membros do Partido Trabalhista de que Churchill estava deturpando as regras "ao convidar senhoras amigas para acompanhá-lo em viagens de iate à custa do povo." Outros observadores políticos, porém, estavam mais interessados nas relações íntimas entre o primeiro-ministro e o Primeiro Lord. Dava a impressão de que o mais velho estava preparando o mais jovem para sucedê-lo. Uma caricatura no *Punch* os mostrava relaxando no tombadilho do *Enchantress*, com Winston entre uma e outra baforada no charuto, perguntando ao primeiro-ministro, absorvido pela leitura do jornal, "Alguma notícia de casa?" – ao que Asquith responde: "Como pode haver se você está aqui?"[9]

Não era fácil acompanhar o ritmo de Winston, mas Clemmie fez um esforço heroico em seus anos no Almirantado. Orgulhava-se dele e se sentia arrebatada pela paixão de Winston pela vida e pelo trabalho naqueles dias tumultuados. Entretanto, a vida excitante, as pressões do cargo e as aparentemente intermináveis disputas políticas também criavam dificuldades para o casamento. O casal se preocupava cada vez mais com as finanças, e Winston a alertar: "O dinheiro parece sair voando." Em determinado instante ficaram tão sem dinheiro à mão que Clemmie, sem avisar Winston, vendeu um colar de brilhantes com um rubi incrustado, de alto valor. Discutiram e lágrimas rolaram.

Todavia, seus desentendimentos e discordâncias na verdade acabavam no dia seguinte. Ambos tinham vontade forte e falavam claramente o que pensavam. Após uma discussão, Clemmie confessou que sofrera por ter falado demais.

"Quando fico aborrecida e de mau humor," escreveu a ele no início de 1913, "em vez de me conter, sempre falo mais do que devo – nunca deixo nada para depois."

No todo, porém, continuavam profundamente devotados um ao outro. "O Almirantado é uma amante muito exigente," declarou Winston. "Abri mão de todas as outras por ela, exceto Clemmie."[10]

Em matéria amorosa, Winston não tinha qualquer intenção de seguir o exemplo de Lloyd George e mesmo que fosse tentado a fazê-lo, era muito ocupado para dar conta de esposa e outra mulher. Sempre que desejava se aquecer sob a luz intensa da admiração de Violet, ela estava à disposição para ouvi-lo contar seus problemas e para alimentar suas esperanças. Estava se tornando uma convincente substituta de uma irmã que ele nunca teve, e o relacionamento de Violet com Clemmie também estava se assemelhando ao de irmãs. Durante o cruzeiro de 1913, Violet finalmente se rendeu aos encantos de Clemmie.

"Clemmie é uma pessoa muito suave, serena e de fácil convivência," concluiu Violet. "E cada vez que a vejo está mais bonita."[11]

Em Londres, quando Winston ficava trabalhando até mais tarde ou estava a bordo do iate do Almirantado, Violet se mostrou boa companhia para sua esposa. Vivia praticamente na porta ao lado, tão perto ficava o número 10 da casa do Almirantado. Nos fins de semana, frequentemente Clemmie se hospedava na residência dos Asquiths em sua nova casa de campo, "o Cais," na pequena cidade de Sutton Courtenay.

De qualquer forma, os Churchills se esforçavam para que o casamento fosse um sucesso, procurando superar as divergências e deixando espaço para acordos. Não precisavam que lhes dissessem os dissabores quando um casamento ia mal. O de Jennie dava provas mais do que suficientes.

Com a beleza se esvaindo e a pose elizabethana se desmanchando, Jennie agora enfrentava o desagradável tom da publicidade sobre seu divórcio no tribunal. F.E. Smith a representava e, embora fossem sumários, os procedimentos legais eram humilhantes. Um detetive particular foi convocado para testemunhar e apresentar a sórdida prova do adultério de Cornwallis-West, e até uma arrumadeira de hotel apareceu para testemunhar.

"Louisa Minton," publicou a imprensa, "arrumadeira do Great Western Hotel, Paddington, disse se lembrar de uma senhora e um cavalheiro que estiveram no hotel no fim do último mês de março, como Capitão e Mrs West."

F.E. Smith apontou para Jennie e perguntou à arrumadeira: "Foi esta senhora sentada à nossa frente que esteve no hotel?"

"Não," foi a resposta, e o processo foi concluído em dez minutos. A outra "Mrs West" não foi identificada, mas, aparentemente, George dispunha de várias para indicar. O divórcio foi concedido a Jennie e anunciaram que "no futuro seria tratada como Lady Randolph Churchill."

Winston não ficou triste por se ver livre de George Cornwallis-West, e não apenas por causa da mãe. No passado, quando surgiram histórias sobre dificuldades de George com as finanças e com seu casamento, invariavelmente a imprensa citava Churchill como o "filho famoso de

Asas

Jennie." Sem causar surpresa, nas manchetes anunciando o divórcio em 16 de julho surgiu a expressão "Mãe do Primeiro Lord." Era o tipo de atenção que Churchill não desejava, pois os embaraçosos infortúnios de sua mãe davam pretexto para que seus inimigos rissem dele e zombassem de suas ambições.[12]

———

Talvez o maior abalo sofrido pelo casamento de Winston tenha sido sua decisão de aprender a voar. Destemido como era e fascinado pelas possibilidades da aviação naval, achou que devia conhecer desde logo os riscos e vantagens de voar. Naquele tempo, os riscos eram consideráveis. Churchill os comparou ao funcionamento incerto das locomotivas a vapor de George Stephenson quando chegava ao fim o período victoriano. "Estamos na época de Stephenson, mas para voar," costumava dizer. "Hoje as máquinas são frágeis. Um dia serão robustas e importantes para nosso país."

O historiador G.M. Young lembrava-se de ter visto em sua juventude um homem apontar para um dos biplanos e perguntar: "Essas coisas podem transportar metralhadoras?" – e o outro responder: "Meu caro amigo, elas ainda não conseguem transportar a si mesmas."[13]

Clemmie ficava apavorada com as aventuras de Winston no ar, e achava quase impossível aceitar essa atividade perigosa em que ele assumia grandes riscos. Algumas de suas aventuras foram realmente perigosas e toda vez que ele subia em uma daquelas primitivas máquinas voadoras da marinha, temia que ele não voltasse vivo.

No princípio, porém, não foi bem assim. No fim do verão de 1913, quando ele começou a voar com maior frequência, Clemmie insistiu em dar uma volta em um dos aviões, algo audacioso para uma mulher em sua posição naqueles dias. Winston disse não, mas ela desobedeceu o Primeiro Lorde, subiu em um dos assentos de um biplano Sopwith e em poucos minutos estava no ar com um dos novos pilotos da marinha, o tenente Spencer Gray. Subiram até mil pés e circularam vagarosamente sobre Southampton.

Winston não aguentou ficar vendo as evoluções dela no ar. Com o olhar fixo no solo, caminhou ansioso durante todo o tempo em que Clemmie esteve voando.

Quando o avião pousou, ela desceu com os cabelos agitados em todas as direções e de capuz de aviador e óculos na mão. Quase perdera o capuz na decolagem, quando o vento por pouco o levava. Sorrindo, comentou o voo: "Maravilhoso!"

Winston balançou a cabeça. "Estou em frangalhos desde que você decolou," disse.

Enquanto saíam do campo de pouso, ele continuava repetindo, "Nunca mais!"

Escrevendo depois para Jennie, Clemmie deixou cair a máscara de coragem. "Foi uma sensação maravilhosa," disse, "mas aterrorizante (...) Senti que a estrutura era frágil e que podia a qualquer momento despencar para o solo."[14]

As preocupações de Clemmie a respeito das máquinas voadoras aumentaram à medida que o inverno se aproximava e Winston continuava voando em diversos modelos – alguns novos e ainda experimentais – e com qualquer tempo. Aos poucos, estava aprendendo a voar, mas também queria ter uma ideia mais precisa do que os aviões poderiam fazer em condições abaixo das ideais, como aconteceria em caso de guerra. Em certa ocasião estava em um hidroavião que teve que descer no estuário do Tâmisa sob chuva torrencial e o vento soprando a oitenta quilômetros por hora.

A maior parte dos seus voos partia do campo de aviação em Eastchurch, em Kent, perto de Sheerness, onde ele se misturava aos outros pilotos enquanto eles mexiam em suas máquinas antes de decolarem. Com seu blusão de couro de voo e o capuz de aviador, quase não se distinguia dos outros e sempre se esforçava para ser um deles, comportando-se mais como um oficial subalterno do que como Primeiro Lord. Uma vez no ar, quando podia olhar a área em volta a alguns milhares de pés de altura, aprendia algo inestimável. Em dias em que vistas aéreas eram raras, era capaz de examinar pessoalmente o campo de batalha naval que defenderia em caso de guerra, as águas que separam a Inglaterra das costas da França e da Bélgica. Nos dias claros, podia ver a linha dessas costas e estudá-las cuidadosamente. Isso lhe asseguraria uma vantagem sobre muitos outros comandantes que se limitavam a olhar mapas e fotos tiradas na superfície.

Embora não tenha dado a partida no processo de criação da aviação naval, o extenso apoio que prestou a essa atividade permitiu que mais adiante ficasse independente da aviação do exército. O Royal Navy Air Service foi sua criação e se transformou em uma força de primeira categoria, com alguns dos melhores aviadores do mundo. Também rebatizou um novo tipo de avião, que usava flutuadores para decolar e pousar na água, os "hidroaeroplanos," como todos então o chamavam. "É uma palavra horrível," disse na primeira vez que ouviu falar nesse avião. Voltando-se para um grupo de aviadores, anunciou: "Vamos adotar um novo nome. Vamos chamá-los hidroaviões [*seaplanes*]."[15]

Tendo em vista que Winston não precisava voar "solo" para atingir a maioria dos objetivos que visava do ar, seus instrutores combinaram trocá-lo de piloto para piloto e evitar que alguém tivesse de assumir a responsabilidade por autorizá-lo a voar sozinho. "Ninguém quer se arriscar a permitir que ele voe solo," disse um instrutor para outro. "Se alguma coisa acontecesse a ele (Churchill), a carreira de quem autorizara que voasse sozinho estaria arruinada."[16]

Em novembro, começou a voar com um piloto de vinte e seis anos e com apenas um ano de experiência, que já vivera uma tragédia durante seu treinamento. Em abril matara acidentalmente um soldado que o ajudava a dar a partida no motor do avião e não saiu da frente a tempo. A hélice o atingiu e o soldado morreu duas horas depois em consequência dos ferimentos recebidos. Um inquérito absolveu o piloto de qualquer crime.

O nome do piloto – capitão Wildman-Lushington – poderia não inspirar confiança em algumas pessoas, mas Churchill gostava dele e nele confiava. Várias vezes voaram juntos em Eastchurch num avião de duplo comando. No sábado, 29 de novembro, passaram três horas juntos no ar, e seu instrutor disse que Winston "era muito promissor." A 500 pés de altura, ele assumiu os controles e dirigiu o aparelho por uma hora. Naquela noite jantaram juntos no *Enchantress*, que estava ancorado no porto de Sheerness.

Na tarde da terça-feira, 2 de dezembro, Churchill estava no Ministério das Finanças em reunião com Lloyd George quando chegou um mensageiro com uma nota. Abriu-a e leu incrédulo a notícia. Seu instrutor morrera naquele dia em um acidente em Eastchurch. O avião perdera potência na aproximação para a aterrissagem e caiu sobre o solo, e o aviador quebrou o pescoço. Acabara de ficar noivo, e Churchill enviou uma mensagem de pêsames para a moça. (Cinquenta anos mais tarde, ela escreveu para o biógrafo de Winston: "Foi uma bênção para a Inglaterra Sir W. não estar no voo fatal.")[17]

Chegando em casa, encontrou Clemmie aflita, a mente atormentada só em pensar que Winston é que poderia ter morrido. Foi a partir desse momento que ela começou a lhe dizer o que ouvira dele: "Nunca mais!" Outros amigos concordaram. "Por que você insiste em voar tão frequentemente?" – perguntou F.E. Smith. "Claro que isso é injusto com sua família, sua carreira e seus amigos."[18]

Dois dias após o acidente fatal, Churchill tomou a precaução sensata de recomendar a Eddie Marsh que aumentasse o valor de seu seguro de vida, que era de 10.000 libras. O seguro cobriria acidente aéreo? Para alívio de todos, o advogado da família respondeu imediatamente: "Minha opinião é que as apólices cobrem o risco de morte causada por acidente em conexão com a aviação."[19]

Porém, isso não serviu de consolo para Clemmie, que passou os meses seguintes tentando em vão que o marido parasse de voar. Ele achava que era seu dever voar de vez em quando, mas posteriormente admitiu: "Continuei por puro prazer e arrebatamento." Pensando sempre no pior, ela tentava assustá-lo com relatos melodramáticos de seus pesadelos e o medo que sentia cada vez que chegava um telegrama, "Temo que traga a notícia de que você está morto." Assim acabou uma carta para Winston: "Até logo, meu amor e meu carrasco."

Ela reclamava do fascínio temerário de Winston por aviões com qualquer pessoa disposta a ouvi-la. Num jantar realizado pouco antes da eclosão da guerra em 1914, ela compartilhou suas preocupações com um autor de romances idoso, de cabelos grisalhos, sentado a seu lado. Ele foi tão atencioso que ela confidenciou que o Primeiro Lord finalmente cedera um pouco quando soube que ela esperava o terceiro filho. Escrevendo sobre o jantar logo depois, Thomas Hardy registrou, "Mr e Mrs Churchill estavam presentes. Ela estava a meu lado. Ele assegurou para ela que não voaria mais até certo evento (o nascimento do filho), mas não prometeu *nunca* mais voar."[20]

25

Contagem Regressiva

———◆———

NUMA MANHÃ ÚMIDA DE NOVEMBRO DE 1913, um homem corpulento, de chapéu-coco, esperava um táxi na entrada do Ritz Hotel em Londres. Tinha olhos tristes, longo bigode escuro e um ar visivelmente de estrangeiro. Podia ser um banqueiro do Continente em férias ou um diplomata negociando algum tratado de menor importância, mas naquele dia nada tinha de maior importância para fazer e estava livre para passar o dia como bem lhe conviesse. Quando o táxi chegou, o porteiro do hotel o ajudou a entrar no carro e disse ao motorista para levar seu passageiro à Harrods.

Lá, o Arquiduque Franz Ferdinand, herdeiro do trono austro-húngaro, passou a manhã caminhando à toa pela grande loja, escolhendo alguns presentes que enviaria para casa. Quase não foi notado pelos outros clientes, muitos deles nem fariam ideia de quem se tratava. Havia na imprensa alguns artigos comentando sua visita particular à Inglaterra como hóspede de Sua Majestade, o Rei, mas quase ninguém prestava atenção a esses assuntos. Havia dois potentados que realmente causavam agitação em Londres, o Kaiser e o Czar. Os demais eram apenas figuras obscuras em revistas com fotografias de cabeças coroadas e suas famílias.[1]

Entretanto, pouco mais de sete meses depois, a morte desse despercebido comprador desencadearia uma sucessão de eventos que derrubaria impérios e mataria milhões. As cabeças coroadas pareciam estar à cata de um pretexto para conquistar glória efêmera num conflito armado curto mas espetacular, e o assassinato de Franz Ferdinand por nacionalistas sérvios, em 28 de junho de 1914, serviu como a indispensável fagulha. Grandes exércitos e esquadras seriam mobilizados, ultimatos expedidos e, em seguida – como previra Jacky Fisher – o Armagedom. Todavia, naquele dia comum de novembro de 1913, vendo-o entre as prateleiras bem sortidas da Harrods, a ideia de que aquele senhor desencadearia uma guerra mundial seria digna de risos.

O que era difícil ignorar é que a Alemanha se preparava incessantemente para a guerra. Qual era seu alvo? França? Rússia? Inglaterra? Achariam os alemães que realmente podiam despachar seus encouraçados para o Mar do Norte e varrer a esquadra inglesa do mapa? Aos olhos de qualquer pessoa sensata na Inglaterra, parecia total insanidade a ideia de essas duas nações altamente desenvolvidas se chocarem em um Armagedom naval, com um punhado de encouraçados atirando uns nos outros, especialmente agora que ambos os lados dispunham do suficiente desses leviatãs bem armados.

Examinando o passado e lembrando o vigoroso impulso dado à construção de mais encouraçados em 1909, ou o pânico gerado pela chegada da pequenina *Panther* a Agadir, muita gente agora achava que os riscos tinham sido exagerados e que já era hora de dar um basta à corrida armamentista, ou, pelo menos, reduzi-la a um ritmo administrável. Os diplomatas que resolvam o problema, era o pensamento vigente, para que a Inglaterra possa se dedicar a desarmar as bombas-relógio internas. As mulheres precisavam ter o direito de votar, os trabalhadores mereciam condições decentes de vida, os pobres necessitavam de uma forma de fugir à miséria das áreas pobres e o velho problema da Home Rule para a Irlanda precisava ser resolvido pacificamente.

Um livro que marcou o ano de 1913 – *The Six Panics* – de Francis Hirst, editor do *Economist*, considerava a corrida armamentista como muito barulho para nada e perguntava por que razão os liberais "alcovitavam a paixão criminosa pela extravagância militar e naval." Chegara a hora, argumentava Hirst, de os liberais voltarem ao nobre trabalho de promover paz e prosperidade. Lord Lorebum, que se afastara recentemente do Gabinete liberal, apoiou *The Six Panics*, declarando em tom confidencial: "O tempo mostrará que os alemães não têm planos agressivos contra nós e tampouco nós os temos em relação a eles. Portanto, esse pessoal tolo pode parar de falar em uma guerra futura entre nós, que jamais acontecerá."[2]

Percebendo a oscilação do pêndulo, David Lloyd George aproveitou o momento e a oportunidade para puxar à frente uma nova "ofensiva pela paz." Concluira que seu último rasgo de beligerância, ocorrido na crise de Agadir, fora muito imprudente e se apressou em mostrar a Francis Hirst e a outros liberais formadores de opinião que aprendera a lição e que estava retomando suas raízes antiguerra.

No dia de Ano-Novo de 1914, disparou o primeiro tiro metafórico de sua nova ofensiva. Em entrevista publicada naquele dia pelo *Daily Chronicle*, o ministro das Finanças deixou claro que estava ficando cansado de buscar mais e mais dinheiro para armamentos e que tendia agora a retornar ao princípio então defendido pelos liberais de reduzir despesas.

A ameaça que parecera tão abominável em 1911 já não era motivo de preocupação, afirmou. As relações com a Alemanha estavam "infinitamente mais amistosas do que nos últimos anos." Cada lado compreendia melhor as inquietações do outro, insistiu, e "a sensatez foi de certa forma recuperada nos dois lados do Mar do Norte." Considerava mínima a possibilidade de uma guerra naval entre as duas potências porque agora os alemães admitiam que não poderiam vencer tal confronto. Como se expressou: "Mesmo que a Alemanha em algum momento alimente a ideia de desafiar nossa supremacia no mar, as exigências da situação militar devem necessariamente tirar completamente a ideia de seu pensamento."

Assim, nas atuais circunstâncias, chegara à única conclusão lógica. Era hora, anunciou, de parar "os esforços febris" para aumentar o poder já esmagador da Royal Navy. Em sua opinião, de fato era perigoso prosseguir com a expansão porque "provocaria temerariamente outras nações." Reconheceu que os alemães continuavam com sua expansão militar, mas acreditava que o faziam com motivo legítimo. "O país tem sido tantas vezes invadido, ocupado e devastado por países inimigos que não pode correr riscos em nenhuma direção."[3]

As provas não amparavam a visão rósea de Lloyd George das relações anglo-germânicas e tampouco apoiavam sua premissa de que os almirantes do Kaiser não iriam à guerra no Mar do Norte. Todavia, queria acreditar nessas coisas porque admirava muito a Alemanha e havia muitos motivos para pensar que a razão prevaleceria. Naquele momento, politicamente não seria vantajoso dizer algo diferente. Porém, vale a pena salientar que defenderia quase a mesma posição vinte anos mais tarde, quando foi à Alemanha visitar Hitler e regressou declarando para os leitores do *Daily Express* que a expansão militar do Terceiro Reich tinha destinação apenas defensiva.

"O que Hitler declarou em Nuremberg é verdade," escreveu Lloyd George, em 1936. "Os alemães resistirão até a morte a qualquer invasor de seu país, porém não mais desejam invadir qualquer outro território." Após sua conversa com Hitler – que reverenciou como "o George Washington da Alemanha" – Lloyd George protagonizou a façanha de contradizer o que afirmara no passado ao declarar: "O estabelecimento da hegemonia alemã na Europa, que foi o objetivo e o sonho do velho militarismo do pré-guerra, não existe no horizonte do nazismo."[4]

Como ocorrera em 1914, quando estava ansioso por rechaçar a ideia do "velho militarismo pré-guerra," agora, em 1936, rapidamente tratou de descartar a possibilidade de perseguição generalizada de judeus pelos nazis. "O temperamento dos alemães, como o dos ingleses, não se alegra vendo essa perseguição," explicou, "e o natural bom humor do povo alemão logo tende para a tolerância, após uma manifestação de mau humor."[5]

Por precaução, ao deixar a Alemanha em 1936, Lloyd George advertiu os líderes nazis Rudolph Hess e Joachim von Ribbentrop para terem cuidado com Churchill, que "não tem um bom critério."[6]

—

Enquanto Lloyd George fazia propaganda de sua nova e compreensiva visão do militarismo alemão no começo de 1914, Winston e a família – inclusive Jennie – passavam férias na costa sudoeste da França em um castelo pertencente ao Duque de Westminster. Lá estavam inúmeros convidados, e um deles, Francis Grenfell, manteve um diário dos dias que lá passou. A leitura é fascinante porque contém alguns comentários de Churchill naquele período crucial que antecedeu a guerra. Soldado, Grenfell tinha óbvias razões para sondar Winston sobre a possibilidade de uma guerra, mas, além disso, eram velhos amigos e tinham muito a conversar. Robert, irmão de Grenfell, lutara ao lado de Churchill em Omdurman, onde foi morto. (Francis morreria em 1915, mas só após se destacar em combate e ser agraciado com a Victoria Cross.)

No almoço de Natal, Churchill fez críticas contundentes a Lloyd George, o que não era seu hábito. Entre outros rótulos, lhe aplicou o de "um camponês com ideias de camponês." Churchill contava com Lloyd George para apoiar seus esforços no sentido de se manter adiante da Marinha alemã, mas, no fim de 1913, soube que o ministro das Finanças estava sabotando aqueles esforços, e que muitos outros membros do Gabinete faziam o mesmo.

Confirmando essa notícia, logo no dia seguinte chegou ao castelo um mensageiro com um memorando do Gabinete enviado por Lloyd George, datado de 24 de dezembro. Era uma declaração tácita de oposição aos planos de Winston para quatro novos encouraçados. O número precisava ser reduzido, ele insistia.[7]

"Comprometer a nação," escreveu o ministro das Finanças, "com

Contagem regressiva

novos gastos milionários, a menos que sejam absolutamente indispensáveis para manter a segurança de nossas costas, deixaria o governo seriamente envolvido com uma extravagância inútil."[8]

Winston viu que teria um problema explosivo nas mãos. Se os dois membros de maior destaque no Gabinete batessem cabeça com cabeça em matéria de tal importância, provavelmente um dos dois acabaria tendo que ceder ou renunciar.

"Muito pensativo e taciturno o dia todo," escreveu Grenfell sobre Churchill. "Trabalhou à noite e mal disse uma palavra no jantar, parecendo consternado."

Porém, como era seu estilo, Winston subitamente reviveu e no fim da noite passou a comentar minuciosamente o tipo de guerra que se aproximava e a melhor maneira de combatê-la. O que alguns às vezes viam nele como depressão era apenas intensa concentração de sua mente fértil. De tempos em tempos essas introspecções – e o ranger de suas engrenagens mentais quando não via uma forma definida de prosseguir – fazia pairar uma nuvem sobre ele, que nessas situações sofria acessos do que chamava seu "Cão Negro."

Quando as palavras começaram a fluir do Winston novamente energizado, Francis Grenfell as acompanhou avidamente e mais tarde tentou reproduzir algumas delas em seu diário: "Então W. falou livremente sobre a guerra franco-germânica, que ele considera provável acontecer." Não tinha certeza de como começaria, mas acreditava que certamente a Inglaterra se envolveria porque "não queremos ver a França arrasada pela Alemanha." Sabia que os franceses temiam esse confronto e também que não respeitavam a competência militar do Kaiser, o que lhes permitia uma grande esperança: "Os alemães poderão sofrer reveses inesperados se o imperador alemão resolver comandar diretamente as ações."

Quanto à Inglaterra, Winston disse: "A iniciativa da Inglaterra depende de quatro ou cinco homens." Provavelmente se considerava um deles porque estava convicto de que sabia a melhor forma de o exército entrar no conflito. "A Inglaterra deve ser empregada em um flanco," afirmou, "para que tenha um comando separado da França e preserve sua ligação com o mar."

Para vencer, porém, os chefes precisavam de homens que soubessem lutar, e isso ainda era um problema na Marinha, declarou a Grenfell. Ele foi espantosamente franco e um tanto arrogante para alguém que já combatera como soldado, mas não como marinheiro. "A Marinha não sabe combater. Sua ideia única é bater de frente. Por exemplo, se três navios enfrentam quatro (navios) alemães, a marinha não pensa duas vezes e parte para o combate frontal, em vez de reunir mais sete ou oito outros navios."[9]

O que homens como Lloyd George, que nunca estivera em uma batalha, não compreendiam era que, em caso de guerra, a Marinha teria que fazer muito mais do que meramente enfrentar a Esquadra Alemã de Alto-mar, por si só um grande desafio. Também teria que proteger o flanco vulnerável do exército no continente com navios que pudessem percorrer a costa e atirar com seus canhões sobre alvos no interior do continente. O exército regular inglês era pequeno em comparação com o alemão, que podia empregar milhões de homens. Uma força expedicionária – como argumentara Churchill em seus primeiros anos como membro do Parlamento – possivelmente não seria capaz de, sozinha, derrotar uma força continental. Porém, se reforçasse os franceses combatendo em um flanco próximo ao mar, poderia ajudar a inverter o curso de uma batalha. Caso contrário, a Royal Navy sempre poderia vir em seu socorro, mas apenas, ressalvou Churchill, se o domínio dos mares fosse imensamente superior ao de qualquer outra marinha.

Entretanto, essa forma de pensar prevendo acontecimentos ia muito além do que o Gabinete se dispunha a considerar. Se a nova posição de Lloyd George fosse correta, não haveria guerra e, portanto, era desnecessário pensar em flancos e poder naval ao longo das costas francesa e belga. Em vez de quatro novos encouraçados, dois seriam mais do que suficientes, número que muitos membros do Gabinete consideravam razoável.

A palavra *razoável* era a chave da questão. Os que se opunham a Winston nunca se cansavam de afirmar que ele não era razoável. Não ouvia a razão, diziam, não queria entrar em acordo, ainda tinha muito do rapazola mimado exigindo mais do que merecia. Em meio à discussão, Lloyd George disse a seu amigo George Riddell: "Winston age como um garoto caprichoso que pela primeira vez tem uma conta no banco." (Crítica interessante partida de um homem que recentemente pusera a carreira em risco por causa de um escândalo financeiro).[10]

Os liberais que criticavam a corrida armamentista tinham o direito de pensar que essa expansão militar contrariava o bom senso. No início, o próprio Winston se opusera a esse esforço, afirmando que realmente não lhe parecia razoável quando não havia uma clara ameaça alemã. Porém, tudo mudou quando percebeu que a ameaça era real. Após apresentar à Alemanha propostas sensatas para um "feriado naval" – iniciativa que repetiu em outubro de 1913 – e a proposta foi rejeitada, achou que o certo era se preparar para a guerra.

Uma lógica terrível e inevitável envolvia o problema. Se a Alemanha atacasse a França, se a Inglaterra não estivesse disposta a permitir que fosse esmagada, se uma força expedicionária inglesa estivesse pronta para ser enviada para a França e se o gabinete concordasse com essa ida, Winston podia facilmente imaginar os horrores que adviriam na esteira dos acontecimentos. Como Primeiro Lord do Almirantado, tinha que escolher entre apenas duas opções: renunciar e trabalhar pela paz a qualquer preço, ou permanecer no cargo e se preparar para a guerra total. Diante de tais alternativas, seguiu o lema que Jacky Fisher defendia, talvez o mais razoável: "Se lutar, lute."

Lloyd George, porém, queria lutar e não lutar. Queria defender a França, se necessário, mas não logo. Queria que a Inglaterra tivesse uma Marinha superior, mas não superior demais. Em vez de quatro encouraçados ou nenhum encouraçado, satisfazia-se com ter dois. Para o bem ou para o mal, com Winston era diferente. Se lutasse, lutava.

Consequentemente, quando encerrou sua estada na França, Winston retornou a Londres com a questão da guerra em pauta. "LG está acostumado a lidar com gente que pode se atemorizar ou com quem ele pode blefar," disse em círculo privado, "mas não vai me intimidar e tampouco blefar! Diz que alguns no Gabinete terão de renunciar. Eles que renunciem!"[11]

Ao longo dos dois meses seguintes batalhou por seus navios e por tudo que tivesse importância militar e que ele pudesse incluir na previsão orçamentária da Marinha. O custo era imenso. Os números estavam sempre sendo discutidos e mudando, mas o total final chegava a mais de 50 milhões de libras. Mas Churchill fez o que prometera. Aguentou firme contra Lloyd George e resistiu aos apelos do Gabinete por economia nos gastos navais com o mesmo empenho com que se opusera aos encouraçados de Reggie McKenna. Naquela ocasião, os dois tinham trocado de posição. Reggie estava do lado de Lloyd George. "Você sabe que sou um grande amigo da Marinha," disse Reggie a um amigo, "mas sou contra o desperdício."[12]

Quando a discussão foi longe demais para a paciência de Asquith, em março ele deu um basta, concedeu a Churchill os quatro encouraçados e muito mais, obrigando Lloyd George a aceitar o acordo ou renunciar. O primeiro-ministro tinha certeza de que seu ministro das Finanças não renunciaria e estava certo.

Tão logo venceu a batalha dos encouraçados, Winston procurou retomar o antigo relacionamento amistoso com Lloyd George, mas agora havia certa frieza no comportamento do Chanceler do Exchequer, além de um ressentimento latente pelo fato de Winston ter prevalecido na disputa no Gabinete. "Na verdade, se não fosse a simpatia e o bom gênio de Winston," confidenciou Lloyd George a Margot, "há momentos em que fica muito difícil lidar com ele! (...) Como você diz, é uma criança!"[13]

As demonstrações públicas da posição conciliatória de Lloyd George em relação à Alemanha revelaram ao povo inglês e aos militares alemães a forte oposição que os planos ambiciosos de Churchill para a Marinha sofriam dentro do Gabinete. Asquith tentou salvar as aparências procurando manter uma frente mais ou menos unida, mas o fez com muito atraso e de um modo nada convincente. Internamente, no Gabinete, Asquith estava quase isolado no apoio a Winston. Em janeiro de 1914, um servidor civil do Almirantado escreveu em caráter particular: "O fato é que o Gabinete está cansado da forma como Churchill sempre solapa e tira proveito da política do governo, e procura criar uma confrontação. Como colega, é uma grande preocupação para eles. Mas escolheram muito mal o campo de batalha, pois em consequência de sua indolência, tudo indica que ele conseguiu aprovação do Programa Naval da primeira à última linha."[14]

Depois de todo o sangue derramado sobre orçamentos e vetos, o governo estava debilitado e vulnerável. Antes que a Alemanha se aproveitasse de sua fraqueza, outra força bem armada resolveu testar até onde podia ir. Como a Home Rule estava sendo discutida em 1913-14, Edward Carson e seus unionistas do Ulster se prepararam para mostrar que sua conversa sobre guerra civil era para valer. Revelaram talento em organização constituindo uma milícia de 100 mil homens – a Força Voluntária do Ulster – e envolveram o movimento em uma veneração por liberdade política e religiosa, com

Contagem regressiva

meio milhão de pessoas assinando um "Pacto Solene" para derrotar a Home Rule e defender o Ulster.

Em 1914, a força começou a agir de forma agressiva, tentando se armar com fuzis contrabandeados. Não passou despercebida aos militares alemães a possibilidade de uma insurreição no Ulster exigir a atenção das tropas inglesas e proporcionar uma ótima oportunidade para o desencadeamento de uma rápida ofensiva prussiana contra a França. Como registrou Lord Haldane em suas memórias: "Os alemães pareciam estar dedicando um interesse incomodamente forte aos problemas do exército inglês na Irlanda." A embaixada austríaca em Londres enviou um diplomata para Belfast a fim de relatar sobre a situação. O que encontrou o assustou. Não tinha dúvida de que os unionistas estavam se preparando para uma luta heroica.

"Encontrei todo o Ulster em um estado de enorme agitação febril," recordou o diplomata George Franckenstein após a guerra. "A firme determinação mostrada pelo Ulster de oferecer uma resistência armada me foi transmitida em Belfast, onde vi um clérigo protestante com todos os paramentos abençoar o estandarte dos voluntários com o acompanhamento de orações e cânticos. Muitos milhares desses voluntários (...) marcharam ao lado de um grande destacamento de enfermeiras, enquanto Carson, o rosto parecendo feito de granito, era o próprio símbolo da inflexível determinação de, se preciso, se desligar da União."[15]

Carson era tão "inflexível" que, mergulhado nos sonhos perversos de um Ulster banhado de sangue, recusava todas as propostas de Asquith para fazer uma emenda na lei da Home Rule que a tornasse mais aceitável. Uma dessas propostas era adiar a implantação da lei no Ulster por seis meses, o que serviu apenas para gerar um bramido de indignação. Era simplesmente "uma sentença de morte com a execução adiada por seis meses," disse Carson.[16]

Os unionistas do Ulster estavam pondo o governo em uma posição insustentável, e se o primeiro-ministro fosse um pouco mais forte, uma personalidade mais disposta à confrontação, poderia escolher aquele momento para enfrentar Carson e descobrir uma forma de isolá-lo. Todavia, diante dessa crise, o Gabinete apelou para Winston. Poucas semanas antes censurado porque achavam que suas demandas não eram razoáveis, agora era subitamente transformado no cão de guarda do Gabinete para pôr o líder unionista em seu devido lugar. Lloyd George achou que, afinal, fora muito duro com Winston e agora estava disposto a se referir calorosamente ao velho amigo. "Você pode fazer um discurso que ficará para sempre nos anais da história," disse a Winston.

A adulação atingiu o alvo. Churchill fez um pronunciamento no Norte, em Bradford, concitando os unionistas a recuarem em suas ameaças. "Se toda essa conversa fiada, temerária e cansativa que temos sido forçados a escutar todos estes meses se destina a um propósito sinistro e revolucionário, então devo lhes dizer: vamos em frente, vamos pôr essa grave questão à prova." Quis induzi-los a recuar, mas continuaram firmes. Cometeu o engano de lhes permitir criar o que os alemães – tranquilos, acompanhando de longe – estavam desejando, uma crise interna que, mais do que antes, polarizasse a atenção do governo.[17]

Durante os quatro meses seguintes o governo ficou totalmente absorvido pelo esforço para subjugar a inquietação unionista. Proliferaram desentendimentos. Pensando que seriam enviados para combater os unionistas em Belfast, algumas dezenas de oficiais do exército em um quartel perto de Dublin – o Curragh – ameaçaram renunciar a seus postos, despertando o temor de motins generalizados. Acreditando que os depósitos de armas e outros equipamentos militares no Ulster podiam ser alvo de súbitos ataques, Churchill despachou destróieres para ajudar no deslocamento de reforços do exército para a região. Quando a oposição tomou conhecimento, ele foi submetido a um bombardeio retórico muito desproporcional ao que fizera. Os unionistas atiçaram o ódio contra ele acusando-o de ser o líder de uma conspiração para atacar o Ulster e promover um "pogrom." Baseando-se apenas em rumores, Edward Carson tentou retratar Churchill como um suposto czar do Ulster disposto a conduzir esse massacre e o condenou como filho renegado de Randolph que queria entrar para a posteridade como o carniceiro de Belfast."[18]

Para seus críticos, ao longo de sua carreira Churchill sempre ofereceu um tentador retrato semiacabado que podiam retocar de acordo com sua conveniência. Com pinceladas e sombras bem aplicadas, podiam transformá-lo em um demônio perverso capaz de qualquer crime. Em grande parte, era seu lado aristocrata que muitos de seus críticos não perdoavam. Para eles, convinha ignorar o fato de, embora cercado por contemporâneos que aceitavam avidamente títulos de nobreza como justa recompensa, ele continuou sendo simplesmente Winston em grande parte de sua carreira. Mas nada disso importava quando seus detratores estavam decididos a ver no íntimo de Churchill um duque louco, um príncipe empavonado ou um imperador tirânico.

No auge da crise do Ulster, a *Fortnightly Review* fez este retrato: "Mr Churchill nos faz lembrar cada vez mais outros demagogos aristocratas da história (...) sua imensa capacidade, a insolência "claudiana" dos modos, o discurso temerário e a colossal gabolice. Coragem, eloquência, autoconfiança irrestrita, ambição sem limites, mas nem uma gota de escrúpulo."[19]

Na verdade, a anunciada guerra civil no Ulster consistiu simplesmente de longa série de duelos verbais grosseiros. O conflito ainda se desenrolava em 28 de junho, quando aquele gentil turista de outono em Londres foi assassinado, vítima de outro conflito resultante de aspirações nacionalistas. Tal como a visita do Arquiduque Franz Ferdinand a Londres não atraíra muita atenção, sua morte demorou a repercutir na mente do povo inglês. A reação do membro tory do parlamento proprietário de Chequers, Arthur Lee, foi típica: "A notícia de um arquiduque austríaco (entre tantos, nenhum que nós conheçamos) foi assassinado em um lugar chamado Sarajevo (nome igualmente estranho) causou pouca impressão em nossas mentes, a não ser pelo fato de o baile que esperávamos realizar ter que ser cancelado em razão do luto da corte."[20]

O que interessava a um Império que lutava para evitar uma guerra civil o fato de um assassino obscuro ter matado um arquiduque em um atrasado país balcânico? Entretanto, como logo ficaria evidente, era a cena de abertura de uma longa tragédia que rapidamente ofuscaria a crise do Ulster e a deixaria para trás, ou, como disse Churchill, "nas brumas e ventos da Irlanda." Tão logo foi declarada a guerra, o Ulster realmente lutou, mas contra a Alemanha, ombro a ombro com o restante do Império.[21]

26

Última Instância

Não levou muito tempo para a guerra se espalhar. A Áustria ameaçou os sérvios, a Rússia se preparou para lutar contra os austríacos, e a Alemanha demonstrava hostilidade a todos, exceto austríacos. Choveram ultimatos, estadistas mais antigos se reuniam e falavam em tom sombrio, exércitos se mobilizavam, os navios da Royal Navy faziam-se ao mar e havia ansiosas vigílias enquanto os prazos se esgotavam. Ávida por conquistas e alimentando mágoas ambíguas, a Alemanha procurava pretexto para lutar e agora o encontrara, apoiando a Áustria contra a Rússia czarista e seu aliado ocidental, a França.

Como previra Winston, a Inglaterra não podia tolerar a possibilidade de uma derrota francesa, e a decisão alemã de atacar a França através do território neutro da Bélgica abriu caminho para sua entrada na guerra. Em Londres, na noite quente de 4 de agosto de 1914, Churchill esperava no Almirantado, olhos fixos no relógio. A Alemanha tinha até onze horas para responder à exigência inglesa para que a neutralidade da Bélgica fosse respeitada.

Os minutos se esgotaram, não chegou nenhuma resposta, e às onze Winston ouviu pela janela aberta o carrilhão do Big Ben batendo. "Enquanto soava o badalar da hora," lembrou ele, "uma leve agitação tomou conta da sala. O radiograma que assinalava a entrada na guerra com as palavras "Comecem hostilidades contra Alemanha" foi transmitido para os navios."[1]

Ainda com apenas trinta e nove anos, Winston agora estava no centro de uma guerra mundial, com a pesada responsabilidade pela mais poderosa marinha do mundo e a missão de defender as costas de seu país-ilha. Levara somente treze anos para ascender de parlamentar dos *backbenches* do plenário para um dos postos mais importantes de um império em guerra. Depois de todas as lutas, de todos os embates políticos e xingamentos, agora tinha a oportunidade

Última instância

para mudar o curso da história mundial e mostrar o valor de sua visão heroica de vida.

Nesse momento dramático, uma figura vinda do passado lhe dirigiu uma nota encorajadora, alguém que sabia muito bem o quanto o sucesso significava para Winston e o quanto ele esperara por esse momento. Em 10 de agosto, Pamela Lytton lhe escreveu: "Creio que hoje todos os seus sonhos se tornaram realidade, e sua competência poderá ser demonstrada no cargo que ocupa, comandando a Marinha Inglesa e as batalhas navais que a Inglaterra travará nesta maior das guerras."[2]

De início, muita gente na Inglaterra achou que a guerra terminaria em alguns meses e que os melhores comandantes voltariam para casa cobertos de glória. Como poderia ser diferente com um Império poderoso e de longa tradição de grandeza militar? A ideia de que a guerra não passava de uma espécie de evento esportivo era tão generalizada que a brutalidade que a caracterizou foi facilmente ofuscada pelo surgimento de fantasias emocionantes sobre travessias de rios, cidades devastadas, soldados aprisionados depois de ataques com derramamento de sangue relativamente pequeno e manobras furtivas. Como pugilistas agindo cavalheirescamente, alguns estrategistas ingleses aparentemente achavam que venceriam por pontos, obrigando o Kaiser a se render ao ver o exército alemão muito maior superado pela esperteza. Enquanto as tropas inglesas empurravam os invasores do campo de batalha, a Royal Navy rapidamente liquidaria a esquadra alemã e estabeleceria um bloqueio punitivo. Ou assim esperavam muitos ingleses, enquanto acompanhavam o começo da "guerra de verão."

No Almirantado, Winston usufruía grande vantagem, pois essa era sua hora, a chegada da guerra cuja aproximação ele previra e se preparara para lutar, em terra, mar e ar. Não conseguia esconder o entusiasmo, e isso intranquilizou alguma gente ao seu redor, que ele não devia ficar tão contente por estar em guerra.

Outros se alegravam por Winston ter se esforçado tanto para assegurar que uma poderosa marinha inglesa pudesse dominar os mares. Um admirador inesperado foi o biógrafo e ensaísta Lytton Strachey, que afirmou em setembro de 1914, sem qualquer toque de ironia, que "Deus nos pôs nesta ilha, Winston nos deu uma Marinha e seria absurdo desprezar essas vantagens."[3]

Desde o começo, Churchill achou o desafio divertido, embora

soubesse que envolvia morte e destruição para muita gente. "Tudo caminha para a catástrofe e o colapso," escreveu para Clemmie. "Estou motivado, a pleno vapor e feliz. Não é horrível ser assim? Os preparativos me fascinam terrivelmente."[4]

Instante marcante aconteceu durante as discussões no Gabinete sobre a entrada na guerra. Em 1º de agosto, Lewis Harcourt, que meses antes argumentara que era improvável a Inglaterra se envolver em uma luta no continente, comentou espantado e desgostoso: "Churchill quer mobilizar toda a Marinha: uma grande violência." Diante dos exércitos alemães se preparando para invadir a Bélgica, Churchill foi realmente "drástico," e Harcourt ficou tão perturbado pela realidade da crise que não conseguia entender a razão.[5]

Para os ingleses, o que ajudaria a tornar a guerra um longo e amargo tormento foi a indiferença com que Harcourt, Lloyd George, Asquith e outros liberais lançaram a nação à guerra e depois, por tanto tempo, deixaram de se dedicar a ela com o vigor necessário. De início, pareciam encarar a guerra como um negócio secundário, agradável para os militares, mas não assunto para mantê-los ocupados. Dez dias após o começo da guerra, Reggie McKenna, o rival de Churchill no Gabinete, passou o sábado jogando golfe e reclamando acidamente com um amigo que Winston estava recebendo muita atenção no Almirantado. "Ele fala bem," disse a respeito de Churchill, "mas nunca fez nada de notável." Continuou nesse tom por algum tempo, absolutamente cego para a ironia de estar jogando golfe enquanto Churchill trabalhava arduamente como Primeiro Lord.

Um dos poucos membros do Gabinete que teve o bom senso de renunciar após admitir que não estava disposto a se envolver com uma guerra foi o velho John Morley. Seu tempo na política já estava ultrapassado, ele se preparava para a aposentadoria e não tinha medo de afirmar que se opunha à decisão de entrar na guerra. Para Winston, apresentou uma explicação clara de sua posição: "Não sou mais útil ao Gabinete. Só serviria para atrapalhar você. Se temos que lutar, devemos fazê-lo com toda convicção. Não há lugar para mim e não quero ter parte nesse negócio."[6]

O primeiro-ministro era mais parecido com Morley do que gostava de admitir. Sua decisão de votar em favor da guerra serviu apenas para ilustrar o quanto seu colega foi esperto ao renunciar e o quanto ele errou insistindo em ficar. Uma vez iniciada a luta, Asquith começou a se afastar progressivamente do conflito, passando horas, dia após dia, escrevendo para a jovem Venetia Stanley em busca de alívio e distração. Embora ela fosse trinta e cinco anos mais nova, Asquith desenvolvera uma paixão pela moça que ficou cada vez mais forte ao longo dos primeiros meses da guerra. Uma carta típica das que dirigia para Venetia terminava com as palavras: "Minha querida – mais querida do que nunca – eu te amo de coração e alma."

Pouco sabia sobre guerra, e o que sabia vinha principalmente da leitura de livros. Nunca se permitiria aparecer em uma reunião do Gabinete demonstrando alegria ou ira, mas também não se devotaria à guerra com convicção e determinação, para não mencionar ousadia. Nas primeiras febris e cruciais semanas da guerra, o primeiro-ministro esteve quase sempre absorvido em sua rotina de comparecer a jantares, fazer discursos e tirar sonecas depois de beber demais. Em um dia de setembro, enquanto Lord Kitchener – novo titular do Ministério da Guerra – e Churchill estavam mergulhados em planos de operações militares, Asquith dormia profundamente, sonhando com Venetia e com os prazeres de outros mundos. "Depois de dormir um pouco," escreveu para ela, "ou melhor, sonhar com sua preciosa carta, em uma espécie de transe do ópio de Kubla Khan, mais uma vez me vi diante da triste realidade na forma de Kitchener e Winston, este último recém-chegado de um voo e visita secreta a (o almirante) Jellicoe em algum lugar no norte da Escócia."[7] Asquith estava tão abobalhado por Venetia que rotineiramente divulgava planos secretos nas cartas que lhe dirigia. "Isto é muito secreto," escrevia e em seguida apresentava detalhes de alguma missão ou movimento sigiloso de tropa, botando vidas em perigo com sua indiscrição. Realmente, muitas dessas cartas estão cheias de passagens que abordam a guerra como se fosse um inofensivo jogo de salão que chegava a seu conhecimento em segunda mão, tal como os movimentos de xadrez jogado a longa distância.

Não era sua vocação o negócio de guerras. Preocupado com a Royal Navy, que não estaria travando os combates necessários em alto-mar, expediu uma ordem de comando nada inspiradora que o fez parecer mais uma tia velha ralhando com o sobrinho do que um chefe baixando diretrizes para grandes exércitos: "Como eu disse a Winston na noite passada (...) é hora de ele ganhar alguma coisa, de quebrar alguns pratos de barro."[8]

Entretanto, se o primeiro-ministro não assumia a liderança, quem poderia fazê-lo? Claro que não demorou muito para Winston decidir interferir para preencher o vácuo. Ele tinha tudo quanto faltava a seus colegas do Gabinete em matéria de guerra: energia de moço, experiência de combate e vontade de vencer. Alguns deles reconheciam que essas eram de fato vantagens apresentadas por Winston, pelo menos naquele momento. Nos primeiros meses da guerra, quando ele parecia estar em todos os lugares ao mesmo tempo – reunindo-se com um almirante aqui, discutindo estratégia com um general acolá – Lord Haldane lhe escreveu: "Asquith me disse esta tarde que você equivale a uma grande força militar em operações e isso é verdade."[9]

Churchill acreditou piamente no elogio. Espantou os militares e a maior parte da nação quando, inesperadamente, decidiu ir para a linha de frente como comandante de fato. Como Primeiro Lord do Almirantado, não se esperava que fosse para a ponte de comando de um navio de guerra sob fogo e muito menos comandar tropas na linha de frente. Todavia, em 3 de outubro, quando esteve no porto belga de Antuérpia para observar os combates que lá se desenrolavam, acabou ficando três dias comandando as forças cercadas, como se subitamente tivesse se transformado num general. Ficou sob fogo pesado e contínuo em meio à terrível violência do combate – vivendo o drama de uma última linha de resistência diante de uma força alemã esmagadoramente superior – e despertando todo o instinto combatente que seu ser abrigava. Lutando ao lado das tropas belgas, dos fuzileiros navais ingleses e de unidades da Royal Navy Division, que criara em agosto, Churchill estava determinado a manter a posse da cidade até que chegassem reforços.

Ficou tão envolvido pela energia louca do momento que parecia ter esquecido tudo que não fosse a batalha. Um correspondente de guerra italiano lembrava-se de tê-lo visto percorrendo as tropas vestindo um capote e com um boné de iatista na cabeça, aparentemente indiferente à chuva de estilhaços que vinha de todos os lados. Sem dormir, mas com a mente funcionando incansavelmente, apresentava as mais variadas ideias para defender a cidade, algumas boas, outras más. O pior aconteceu quando telegrafou a Asquith pedindo que autorizasse sua renúncia de Primeiro Lord e lhe concedesse "amplos poderes como comandante de um destacamento em operações." No calor da batalha, perdeu todo senso de prioridades, achando que Antuérpia estava acima de tudo. Naquele momento, a única coisa que interessava era vencer.

Teve sorte em sair com vida, e finalmente chegou um oficial superior para assumir o comando, permitindo que retomasse o caminho de regresso

Última instância

para Londres. A reação de seus colegas de Gabinete a essa aventura variou de incredulidade a extrema admiração. Sir Edward Grey estava exultando de orgulho. Escreveu para Clemmie: "Sinto-me em êxtase só em pensar que estou sentado ao lado de um herói. Não tenho palavras para lhe dizer o quanto lhe admiro a coragem, a nobreza e o talento para a guerra."[10]

Embora mais tarde Antuérpia fosse tomada pelos alemães, a batalha retardou seu avanço na direção da costa francesa, evitando que se apoderassem dos portos no canal. Todavia, a queda de Antuérpia logo apagou o "brilho" da façanha heroica de Winston, deixando-o, aos olhos de alguns, como alvo de galhofa. Sua disposição para o combate o levou a equivocadamente pensar que podia salvar a cidade,e seus críticos rapidamente o condenaram por deixar seu trabalho no Almirantado para se envolver em uma luta inútil em um porto belga. H.A. Gwynne, editor do *Morning Post*, fez tudo para apontar Churchill como único responsável pelo que o jornal chamou a "asneira de Antuérpia." Gwynne e outros estavam convencidos de que o Primeiro Lord se envolvera nos combates e pusera em risco as tropas inglesas para satisfazer sua ambição pessoal de glória.

"Toda essa aventura," escreveu Gwynne, era "um negócio pessoal de Churchill e parece que não foi considerada, avaliada e autorizada pelo Gabinete." O furioso editor enviou cartas ao primeiro-ministro e outros membros do Gabinete exigindo a demissão de Winston. Para o dono do jornal, escreveu se referindo ao Primeiro Lord: "Imagine nossa esquadra comandada por um homem desse calibre. Um homem que enfia uma ideia na cabeça e, sem parar para avaliar e pensar, (...) nos envolve em uma aventura totalmente nova e, desta vez, quando todos os homens disponíveis são necessários na linha de frente."[11]

Na verdade, Churchill fora a Antuérpia depois de consultar cuidadosamente Kitchener e Grey e ambos tinham concordado que era vital impedir, pelo maior tempo possível, a entrada dos alemães na cidade. O objetivo de Churchill fora persuadir os belgas a continuarem lutando e, em apoio a essa missão, Kitchener se comprometera a suprir até 50 mil soldados. Quando Asquith soube do plano, o apoiou inteiramente. "O intrépido Winston partiu à meia-noite e chegou a Antuérpia por volta das nove da manhã," disse o primeiro-ministro para Venetia em 3 de outubro. "Se ele é capaz de sensibilizar em língua estrangeira, os belgas ouvirão um discurso como jamais ouviram antes. Não posso deixar de acreditar que ele conseguirá atingir o ponto frágil deles e motivá-los."

Por algum tempo, a presença de Churchill na cidade manteve a resistência belga. "Winston teve êxito com os belgas, que desistiram da ideia de bater em retirada em pânico," escreveu Asquith, em 5 de outubro. Quando Churchill deixou Antuérpia, no dia 6, a determinação do exausto exército belga já estava desmoronando, e a cidade caiu quatro dias depois. Asquith não viu qualquer falha de Winston no cumprimento de sua missão e pôs a culpa nas forças belgas e nos franceses, por não tê-las apoiado melhor.[12]

Anos mais tarde, Churchill defendeu o que fizera em Antuérpia, mas reconheceu que, se na época fosse dez anos mais velho, teria hesitado antes de assumir missão tão pouco promissora."[13]

A história está cheia de líderes que mandam outros para a morte e eles próprios não enfrentam o fogo, não obstante, alguns dos mais ferrenhos críticos de Winston o ridicularizaram por ter feito justamente o contrário. Quando aconteceu a batalha de Antuérpia, contudo, os membros do Gabinete que conheciam bem os fatos não puderam deixar de manifestar admiração pela coragem e desenvoltura de Churchill. "Ele é uma pessoa formidável," assim se referiu Asquith a ele em 7 de outubro, "com o curioso ímpeto típico de um estudante ingênuo (...) e, conforme o que alguém disse sobre seu temperamento, 'com o ziguezague de um relâmpago centelhando em seu cérebro.'"[14]

A Royal Navy, que Churchill, então na casa dos trinta anos, ajudara a construir, sofreu sua quota de reveses, mas aguentou firme diante da ameaça naval alemã e emergiria triunfante no fim da Primeira Guerra Mundial. De diversas formas, os primeiros meses da guerra foram os mais perigosos. Uma marinha fraca teria sido apanhada desprevenida e desde cedo superada, e os desembarques da Força Expedicionária Inglesa na França teriam sido atacados e as tropas jogadas de volta ao mar. No fim de 1914, o risco de um súbito e catastrófico colapso foi atenuado pelo impasse do arame farpado nas trincheiras do Front Ocidental.

Temerosos de correr riscos, muitos generais e políticos que conduziam a guerra se contentavam em deixar o impasse perdurar, na esperança de que um golpe de sorte ou talvez o sacrifício de milhares em um brutal ataque frontal, provocasse o rompimento da frente. Churchill detestava esse tipo de guerra de desgaste e queria que se fizesse algo inovador. Pensava numa forma radical de mexer nos dispositivos e desfechar golpes decisivos, em vez de alfinetadas. Mal impressionado com alguns dos chefes na cúpula, decidiu buscar ajuda de alguém cujas ideias não convencionais ele apreciava, Jacky Fisher.

Última instância

Superando as objeções iniciais do Rei, que o achava muito velho e excêntrico, o almirante Fisher retornou ao serviço ativo a convite de Churchill, no fim de outubro de 1914. Trazê-lo de volta ao Almirantado foi a pior decisão de Winston na guerra. Os temores do Rei eram justificados. A idade começava a perturbar Fisher, com quase setenta e quatro anos e tão difícil quanto sempre fora, se não mais. No início de 1915, alguns de seus subordinados começaram a questionar se ele tinha realmente algo a contribuir para o esforço de guerra.

"Na verdade, ele nada faz," escreveu o comandante Herbert Richmond sobre Fisher, em janeiro de 1915. "À tarde vai para casa dormir. Está velho, cansado e nervoso. É uma calamidade ter o destino de um império nas mãos de um velho combalido, ávido por publicidade, com medo de que qualquer desastre local possa ser atribuído a ele. Isso é triste."[15]

Churchill pode ter achado que precisava da assessoria de Fisher, mas não demorou mais do que o comandante Richmond para perceber que o velho almirante estava "liquidado." Enquanto isso, julgava ter tropeçado em um grande plano, capaz de mudar a sorte da Inglaterra na guerra. Como sempre acontecia, Asquith achou necessário compartilhar com Venetia os mais recentes eventos altamente secretos. "Sua mente inconstante," disse em 5 de dezembro de 1914, se referindo a Churchill, "no momento está voltada para a Turquia e a Bulgária, e quer organizar uma aventura heroica contra Gallipoli e os Dardanellos."[16]

Inicialmente, Asquith se manifestou firmemente contra a ideia. O acanhado estreito dos Dardanellos estava muito longe do Front Ocidental. Havia vantagens em subjugar a Turquia (aliada da Alemanha), permitindo que a Rússia (aliada da Inglaterra) pudesse atravessar livremente os Dardanellos e chegar ao Mediterrâneo. Era o tipo de grande manobra diversionista com o objetivo de forçar a Alemanha a distrair sua atenção do Front Ocidental. Mas de que adiantaria, se não melhorava o destino da Rússia e não ameaçava a Alemanha? Embora o Estreito tivesse apenas 38 milhas de extensão, era de esperar que os turcos o defendessem com todos os meios disponíveis. Estavam bem cientes de que se a esquadra inimiga conseguisse transpô-lo, imediatamente chegaria a Constantinopla e ficaria à vontade para atacar a cidade.

Logo o próprio Churchill chegou a reconsiderar sua ideia. No fim de dezembro, propôs outro objetivo mais perto da Inglaterra, a pequena ilha alemã de Borkum, no Mar do Norte, próxima à costa do Continente. Uma invasão de surpresa certamente agitaria a situação, afirmou para Asquith. "Vê-la em nossas mãos seria intolerável para o inimigo e quase certamente provocaria uma batalha naval." Alguma coisa nova precisava ser tentada, salientou. "Será que não existe alternativa que não seja mandar nossas forças mascarem arame farpado na Flandres?"[17]

Durante as semanas seguintes, Winston defendeu o ataque a Borkum, enquanto Jacky Fisher e Lord Kitchener preferiam a ideia dos Dardanellos. Em 12 de janeiro, Fisher escreveu para um amigo dizendo que um ataque combinado por terra e mar sobre o Estreito e a península de Gallipoli funcionaria tão bem, especialmente com emprego de grandes efetivos, que "podemos contar como certa a entrada imediata em Constantinopla." Winston, porém, preferiu ser mais cauteloso e propôs a Fisher que desistissem da ideia dos Dardanellos. Não interessava se os turcos seriam mais fáceis de combater do que os alemães, disse. "O inimigo é a Alemanha," escreveu, "e não é bom em uma guerra buscar vitórias menos importantes e antagonistas mais fáceis."[18]

Teria sido melhor para Churchill sustentar essa posição, mas alguns dias após Fisher o convenceu a aceitar o plano dos Dardanellos ao sugerir que o novo encouraçado *HMS Queen Elizabeth* participasse do ataque. Estava armado com os canhões de 15 polegadas dos quais Winston tanto se orgulhava e lhe agradava a ideia de testar esses canhões utilizados a grande alcance sobre as fortalezas turcas que defendiam o estreito. Para ele era muito importante porque duvidava que os turcos resistissem depois de testemunhar os danos que uma barragem poderosa desfechada pela mais poderosa belonave da Royal Navy podia causar em suas fortalezas. Para tanto, foi influenciado pela experiência que vivera em Antuérpia, onde o fogo constante da artilharia alemã fora tão eficaz que quebrou a vontade dos defensores belgas.

Em memorando secreto preparado para o Grão-Duque Nicolau da Rússia, Churchill afirmou que o plano implicaria "a destruição sistemática e deliberada das fortalezas pelos canhões de 15 polegadas do *Queen Elizabeth*, seguido por ataques diretos por encouraçados mais antigos. Esperava-se que a operação durasse três ou quatro semanas e que se assemelhasse à forma como os alemães tinham destruído (...) as fortalezas do perímetro externo de Antuérpia."[19]

Em 13 de janeiro, Winston explicou a seus colegas do Gabinete como a marinha destruiria as fortalezas "uma a uma" e assumiria o controle do Estreito. Lloyd George foi o primeiro a se manifestar, dizendo que "gostava do plano." Kitchener declarou que "valia a pena tentar." Em

Última instância

seguida, Asquith deu sua aprovação e imediatamente uma esquadra de mais de uma dúzia de encouraçados, em sua maioria velhas belonaves, foi preparada para o ataque.

Quase de imediato, Fisher começou a reconsiderar o plano, com medo de que pudesse fracassar. Outros integrantes do governo, por outro lado, começaram a se entusiasmar com a possibilidade de sucesso. Quase no fim de janeiro, Edward Grey achava que "os turcos ficariam paralisados de medo quando soubessem que as fortalezas estavam sendo destruídas uma a uma." No fim de fevereiro, o primeiro-ministro estava disposto a assumir "um punhado de riscos" – como afirmou a Venetia – a fim de assegurar que o plano funcionasse. "É minha firme opinião," escreveu a ela, "que essa oportunidade única de forçar a entrada nos Dardanellos, ocupar Constantinopla, cortar a Turquia em dois e atrair toda a península balcânica para nosso lado é única e devemos correr esse risco, em vez de deixá-la passar."[20]

Estava errado. Foi um fracasso do começo ao fim. Em fevereiro, os canhões do *Queen Elizabeth* atuaram como se esperava, mas quando os encouraçados mais antigos tentaram penetrar no estreito em 18 de março para atacar as fortalezas restantes, colidiram com minas e três deles foram perdidos em questão de horas. Durante os meses seguintes a situação passou de ruim para pior, e erros sobre erros foram cometidos pela marinha e especialmente pelo exército ao tentar expulsar de Gallipoli as tropas turcas, que se revelaram muito mais disciplinadas e determinadas do que os ingleses se dispunham a admitir.

Iniciando a operação dia 25 de abril, tropas australianas e neozelandesas se juntaram à força anglo-francesa para lutar contra os turcos e, embora ambos os lados revelassem bravura extraordinária, viram-se atolados no mesmo tipo de impasse que ocorrera no Front Ocidental. Dezenas de milhares morreram durante os combates que se prolongaram pelo resto do ano. O terreno acidentado, o tempo inclemente e a incompetência militar transformaram a "oportunidade única" de Asquith em uma tragédia que em nada contribuiu para alterar o curso da guerra.

———

A culpa pela trágica campanha estava dividida entre muitos, mas foi Churchill quem pagou o preço do fracasso. O jovem titã abusou da sorte, tanto quanto muitos outros, mas o revés foi tão sério que precisavam de um bode expiatório de expressão, e Churchill foi o indicado. Tão logo as coisas começaram a dar errado, não perderam tempo, e o dedo acusatório foi apontado em sua direção. Em maio, seus colegas e rivais se voltaram contra ele.

Como primeiro-ministro, fora Asquith quem decidira que valia a pena correr o risco. Era sua responsabilidade aceitar as consequências do fracasso, mas a evitou, tal como fez Kitchener, que conduzira mal a campanha de Gallipoli. Quanto a Jacky Fisher, mais tarde tentou alegar que sempre fora contra o plano dos Dardanellos. Em consequência de sua juventude e fama de correr riscos, para um povo que desconhecia as decisões que levaram ao desastre, Winston era quem melhor se enquadrava na imagem de incapaz em matéria militar. Era mais fácil supor que o fracasso era devido a ele e não a gente calejada como Asquith, Kitchener e Fisher.

Jacky foi o primeiro a se voltar contra ele. O almirante se desesperou depois que o encouraçado *HMS Goliath* foi torpedeado pelos turcos em 13 de maio, perdendo 500 homens. O velho almirante não queria sequer discutir uma mudança de estratégia ou uma retirada. Queria se desvincular de toda a questão. Em 15 de maio, enviou a Winston e Asquith sua carta de demissão. Winston implorou para que voltasse, mas ele se recusou, escrevendo em tom melodramático, "Vocês continuarão. EU IREI."

Fisher passou a agir torpemente, decidido a destruir Winston e estimulando comentários incendiários de seus inimigos. "ELE É UM VERDADEIRO PERIGO!" – disse sobre Churchill em carta ao líder tory Andrew Bonar Law. "W.C. deve sair a qualquer custo! JÁ!" Alertou que, em consequência do fracasso no Mediterrâneo oriental, "um grande desastre nacional estava a caminho," e jogou toda a culpa sobre Winston, afirmando: "Recuso-me a admitir que tenha qualquer coisa a ver com ele."[21]

Churchill deve ter pressentido esse desfecho. Tudo que fora objeto de tanto e árduo trabalho estava comprometido pela confiança que dispensara ao irascível velho almirante e por não ter percebido os perigos que rondavam uma expedição mal concebida, distante do foco principal das ações. Mas já era tarde. Cometera grave erro e, em tempo de guerra, erros desse tipo normalmente acarretam consequências fatais no campo de batalha. Nesse caso, significou tragédia, para ele uma espécie de morte, orgulhoso como era.

Sua meteórica chama apagou-se com uma espantosa rapidez. O desastre virou tudo de cabeça para baixo. Submetido à pressão dos fracassos do governo, Asquith estava disposto a qualquer coisa para

Última instância

preservar o cargo. Seus antagonistas conservadores sabiam que estava vulnerável, e que a renúncia de Fisher expusera as vulnerabilidades do governo em tempo de guerra. "Subitamente o edifício do governo desabou," escreveu Lord Curzon, em 18 de maio, "chutado pelo velho Jacky Fisher."[22]

Lloyd George não via alguma razão sentimental para ajudar Winston. Sacrificá-lo significava que ele e Asquith se manteriam no poder. "Churchill tem de sair," disse o ministro das Finanças em 15 de maio para sua amante. "Ele ficará arruinado." Quanto à sua própria responsabilidade na crise, Lloyd George insistia em afirmar que o gabinete apenas "autorizara, contra sua vontade, o bombardeio das fortalezas dos Dardanellos."

A mudança agradou ao rei George. Estava cansado da arrogância de Churchill. "O primeiro-ministro organizará um governo nacional," salientou o monarca. "Só assim podemos nos livrar de Churchill no Almirantado."

Winston tentou argumentar com Asquith para não ser substituído, mas foi em vão. "Estou liquidado," lamentou-se com George Riddell, em 20 de maio. "Liquidado em tudo que é importante para mim – a condução da guerra, a derrota dos alemães." Nesse ponto já não esperava qualquer ajuda do primeiro-ministro, que chamava de "terrivelmente fraco, indolentemente fraco. Sua fraqueza será sua morte."[23]

Desta vez, nem Violet pôde ajuda-lo. Ficou imprensada entre desejar atender aos interesses de seu amigo e a sobrevivência do pai na crise. Escolheu ficar ao lado do pai e tentar justificar suas decisões. No dia 19, aconteceu uma lacrimosa discussão entre Violet e Winston no gabinete deste. "Acho que, ao que parece, seu pai me aniquilou," disse sentado, e olhando para o chão, acabrunhado. "Fiquei com muita pena dele," confessou Violet em seu diário, mas pouco podia fazer a não ser pressionar o pai para achar outro cargo compatível para Winston. Asquith lhe prometeu fazer tudo que pudesse, mas, como Churchill bem sabia, no fim do processo estava muito enfraquecido para defender alguém, a não ser ele mesmo.[24]

Na última semana de maio, o primeiro-ministro entrou em uma coalizão com os tories para o tempo de guerra, e nessa coalizão, que o queria fora do Gabinete, não havia lugar para Winston. As reviravoltas do destino não poderiam ser mais espantosas. Balfour foi retirado do ostracismo para assumir o Almirantado, e dois dos maiores inimigos de Churchill – os unionistas Edward Carson e

Bonar Law – assumiram cargos no governo. Winston foi humilhado não apenas com a perda de sua posição como Primeiro Lord, mas também por receber um cargo de menor relevância, o de Chanceler do Ducado de Lancaster. Relutantemente, aceitou, pelo menos até que compreendesse o que acontecera e decidisse como enfrentar a questão.

Todavia, era difícil justificar a mudança. Um ano antes ele estivera à testa dos preparativos para a guerra, quando Carson e Bonar Law tentavam desencadear uma outra, no Ulster. Mais incompreensível ainda, Carson, o homem que ameaçara, se necessário, violar todas as leis para defender o Ulster, agora era o Procurador-Geral da Justiça na Inglaterra. Com toda razão, os inimigos de Winston estavam exultantes. Ele parecia intocável, e agora desfrutavam a vingança por todos seus momentos de rebeldia e atrevimento. Os comentários de Fisher para Bonar Law repercutiram na imprensa tory. "A verdade é que Winston Churchill é um perigo para o país," publicou o *Morning Post* de H.A. Gwynne.

Provavelmente quem ficou mais satisfeito com a queda de Churchill foram os alemães. Seus jornais estavam cheios de piadas e comentários sarcásticos. Em tom de pilhéria, diziam que a Alemanha perdera um de seus "aliados mais valiosos." Algumas de suas frases famosas agora eram usadas contra ele. Com irônica alegria, um jornal assinalou, "quem cunhou a expressão 'a esquadra de luxo da Alemanha' parece ter se tornado um luxo dispendioso para seu país." Churchill foi alertado para não ir para o campo de batalha e correr o risco de ser aprisionado. "Se ele cair em mãos alemãs, não nos cabe resgatar sua espada de honra, pois ele a violou."[25]

Sentiu-se traído, não apenas por Fisher, mas pelos colegas de Gabinete que tinham apoiado a missão nos Dardanellos e agora alegavam nada ter a ver com o problema. A falta de apoio por parte de Lloyd George foi particularmente desencorajadora, embora o ministro das Finanças fingisse se mostrar solidário comos apuros de Winston. A propósito do afastamento de Churchill do Almirantado, declarou: "Os unionistas de maneira nenhuma concordariam com sua permanência no cargo, mas, para satisfazê-los, não era preciso expulsá-lo da ponte de comando, de onde comandava o fogo, para o convés inferior, para polir os metais." A desculpa de Asquith para o mau tratamento dispensado a seu íntimo correligionário foi que, em face da hostilidade política a Churchill, realmente não podia mais

Última instância

retê-lo no Almirantado. Considerando que agora Asquith era uma espécie de refém dos tories, isso era verdade.[26]

—

Por muito tempo Winston ficou em estado de choque. Vagava como um morto-vivo. "A ferida sangra, mas não dói," comentou mais tarde sobre o que sentia naqueles dias. Agora com quarenta anos, aparentava mais idade. Caminhava um pouco mais curvado para a frente, os olhos mais tristes. Um correspondente de guerra em visita a Londres espantou-se quando viu Winston em um jantar e escreveu: "Fiquei muito surpreso com a mudança por que passou Winston Churchill. Parece muitos anos mais velho e deprimido, seu rosto está pálido e sente profundamente seu afastamento do Almirantado."[27]

Não era apenas a má sorte que lhe pesava, mas a repentina perda de motivação. Ele era como uma peça complexa de máquina que vinha girando a pleno por muito tempo e subitamente foi condenada a funcionar em baixa rotação. "Creio que Winston está tão triste porque não tem o que fazer," disse Jennie. "Quando você maneja o leme por quatro anos, assumir um papel secundário significa estagnação, e por quê?" Principalmente porque, como ocupava um cargo de menor relevância no governo, Winston se torturava observando de fora as asneiras que os outros faziam nas batalhas terrestres condenadas nos fronts ocidental e oriental.

"Tinha de assistir ao desperdício de excelentes oportunidades," recordaria mais tarde, "e a péssima execução de planos que eu elaborara e nos quais acreditava piamente. Ficava em uma espécie de transe cataléptico, incapaz de intervir e no entanto ligado ao que resultasse."

Quando já era idosa e lhe perguntaram qual tinha sido o maior desgosto na vida de seu marido, Clemmie respondeu sem hesitação: "Os Dardanellos. Aquilo partiu seu coração."[28]

Winston podia se dar por satisfeito por ainda estar vivo, com uma esposa devotada e, agora, três filhos pequenos para amar e cuidar. Sarah Churchill – com cabelos fartos e bem ruivos – nascera em outubro de 1914 e era linda. Clemmie era tão radicalmente leal que aproveitava todas as oportunidades para defender a reputação do marido. Chegou a escrever longa carta detalhando as razões pelas quais ele merecia uma segunda chance e a enviou ao primeiro-ministro. Compreendendo Winston como só ela, disse a Asquith que seu marido tinha três qualidades inestimáveis que o governo não podia se dar ao luxo de desperdiçar:

"energia, determinação e desejo mortal de combater os alemães." Aliviado com o bode expiatório que arranjara, o primeiro-ministro permaneceu inflexível, descartando a carta como "coisa de mania."[29]

Por mais que Winston amasse a família, intimamente ainda era o impaciente de sempre, que desejava ser útil em um campo de ação mais amplo. Em tempo de guerra, só havia uma solução para um homem inquieto que nada tinha para fazer. Queria lutar, mas não lhe agradava o tipo de combate em que se transformara a guerra de trincheiras. Queria algum tipo de comando, ir para qualquer lugar, fazer qualquer coisa desde que contribuísse de modo produtivo para o esforço de guerra. Entretanto, Asquith se recusou a lhe atribuir alguma posição expressiva. Por cerca de cinco meses ficou mais ou menos à toa, aguardando oportunidades que nunca surgiram. Como forma de ao menos se manter ocupado durante essa longa calmaria, subitamente desenvolveu interesse pela arte da pintura. Com alguma ajuda de uma amiga da família, começou a pintar a óleo retratos e paisagens simples, descobrindo que tinha talento para essa atividade.

Achou esse trabalho tão absorvente que conseguiu esquecer seus problemas, pelo menos por algum tempo. Tal como sua paixão por construir castelos de areia, a pintura permitiu que exercitasse a imaginação em uma forma que podia controlar e conformar à sua maneira. Nem Jacky Fisher, nem tampouco Lloyd George podiam interferir e alterar a visão que tinha de árvores, jardins ou de uma estrada rural. Via o que desejava ver e dixava na tela sua própria visão. Nunca desfrutara na vida pública liberdade tão completa. Pintar se transformou numa paixão que durou toda a vida. Como comentaria mais tarde a propósito: "Cada dia e todos os dias são bons para pintar, uma ocupação barata, viável, inocente, absorvente e restauradora."[30]

Não obstante, nos momentos mais sombrios de 1915, às vezes nem mesmo os prazeres da pintura eram capazes de levantar seu ânimo. Wilfrid Scawen Blunt o visitou em agosto e ficou surpreso ao encontrá-lo profundamente deprimido. Achou que a única coisa que preservava a sanidade de Winston era o amor de Clemmie. Em certo instante, enquanto Blunt o observava lutando para completar uma pintura, Winston subitamente se voltou para ele e, com expressão de tristeza, ergueu os dedos. "Existe mais sangue do que tinta nestas mãos," disse. "Milhares de homens mortos. Achamos que seria uma tarefa simples, e teria sido, se tivesse começado pela via certa." E sua voz foi sumindo aos poucos.[31]

À medida que o verão acabava e as paisagens ficavam mais sombrias

Última instância

e cinzentas, sentiu que precisava fazer uma mudança. Resolveu recomeçar a carreira aos quarenta anos. Ainda dispunha de sua comissão nos hussardos do Queen's Own Oxfordshire. Iria para a linha de frente como simples major se esse fosse o mais elevado posto que pudesse conseguir. O povo riria do outrora Primeiro Lord com seu iate, agora reduzido a um major numa trincheira lamacenta à espera da morte. Porém, de qualquer modo, já estavam rindo dele o tempo todo, e nada havia que pudesse fazer a respeito.

Em 11 de novembro de 1915, renunciou à sinecura no governo, explicando em carta a Asquith nnao se sentir bem "nos tempos que vivemos, em uma inatividade bem remunerada."

Sua renúncia foi anunciada na imprensa, ao lado da notícia de que ia combater na França. Antes de partir recebeu carta de Muriel Wilson. Foi um adeus simples, mas sincero. Terminava com as palavras, "Quero lhe dizer o quanto o admiro por sua coragem."[32]

—

Em meados de novembro houve uma pequena festa de despedida de Winston. Clemmie se esforçou ao máximo para conter as lágrimas, Eddie Marsh chorou copiosamente, e Jennie estava triste, mas também irritada porque seu "filho brilhante" estava sendo "relegado às trincheiras." Talvez para surpresa de Winston, Margot e Violet compareceram. Henry não foi. Houve comes e bebes, Winston experimentou seu uniforme e prometeu escrever.[33]

Sua estrela se apagara tanto que sua reputação não tinha como enfraquecer mais ainda. A partir daquele ponto, seu brilho só podia crescer, se sobrevivesse. Sempre disposto a apostar, queria mais uma vez jogar os dados e arriscar tudo em busca de uma nova chance de recuperar a sorte. Deixou uma carta a ser entregue a Clemmie "no caso de minha morte." Fora escrita antes, no verão e abordava alguns aspectos do seguro e outras informações financeiras, mas terminava com uma breve tentativa de salientar o que realmente importava na vida, agora que deixara para trás as luzes brilhantes e os sofrimentos de seus primeiros quarenta anos. Esperava que fosse a voz de um fantasma falando com Clemmie caso sua história chegasse ao fim sem possibilidade de acrescentar mais um capítulo.

"Não lastime muito minha perda," dizia a carta. "Sou alguém que acredita em justiça. A morte é mero incidente e não é a coisa mais importante que pode nos acontecer nesta vida. Em resumo, especialmente desde que conheci você, minha querida, tenho sido feliz e você me mostrou o quanto pode ser nobre o coração de uma mulher. Onde quer que esteja, estarei pensando em você. Enquanto isso, não perca a esperança, sinta--se livre, festeje a vida, acarinhe nossos filhos, zele por minha memória. Deus a abençoe. Adeus. W."[34]

Epílogo

EMBORA SOBREVIVESSE AO PERÍODO PASSADO NAS TRINCHEIRAS e, aos poucos, tivesse êxito na reconstrução de sua carreira, em 1915 Winston perdeu algo que nunca mais recuperou. Aos quarenta anos, a juventude começa a abandonar a maioria, mas o que Winston perdeu não foi somente questão de aparência ou energia. Foi o ânimo, outrora tão vital e inesgotável, uma centelha que o alimentara crise após crise, mas que piscou e apagou em 1915, e Churchill nunca mais foi o mesmo.

Continuou sendo de coração um romântico, um grande patriota e um lutador corajoso. Prosseguiu na política até retomar seu lugar ao sol em 1940. Então já era uma personalidade mais dura e muito menos exuberante, cujo ardor e inocência juvenil sobreviveram apenas em um eventual sorriso travesso ou numa expressão séria e pensativa. Aprendera as duras lições de uma longa vida vivida nos altos escalões, de que os melhores planos podem fracassar, os melhores amigos se revelam inconfiáveis, e mesmo as melhores intenções podem ser malvistas. Foi bom para o mundo que ele tivesse conhecido o fracasso e sofresse momentos em que duvidou de si mesmo, mas o fato é que suas virtudes mágicas e brilhantes de visão e liderança, reconhecidas por tantos contemporâneos seus da Era Edwardiana, de modo geral permaneceram silenciosas ou ausentes após a Primeira Guerra Mundial.

O que substituiu seu encanto contagiante foi a força crescente de um caráter testado e fortalecido ao longo do tempo. Balfour, Joe Chamberlain, Lloyd George e Asquith tinham dado a Churchill lições de inestimável valor. Quase sempre, um político que luta em igualdade de condições com tais gigantes já está no auge, e estará muito velho para desfrutar as lições aprendidas pela experiência em uma segunda carreira, como a que viveu Churchill como primeiro-ministro nos anos 1940. Porém, tendo competido intelectualmente com os melhores homens públicos do período edwardiano, adquiriu maturidade no exercício da liderança que o elevou a um nível de competência e compreensão com que poucos políticos podiam rivalizar. Além disso, ainda teve energia suficiente para evitar tornar-se uma figura fossilizada como Lloyd George, cujas opiniões eram de modo geral irrelevantes no período em que Churchill foi primeiro-ministro.

Por vinte e cinco anos, após o fim de sua primeira ascensão ao poder, Churchill continuou frustrado por permanecer inativo, vendo outros atingirem o topo enquanto ele se arrastava em posições de menor relevo e sem qualquer expressão ministerial. Viu-se forçado a aprender a ser paciente e a ponderar sobre as experiências anteriores escrevendo sobre elas várias obras, inclusive *My Early Life* (Minha Mocidade) e suas memórias sobre a história da Primeira Guerra Mundial. Um a um, os velhos gigantes foram desaparecendo enquanto ele esperava. Asquith perdeu o poder em 1916 e foi substituído por Lloyd George, que usou todo seu arsenal de astúcias para permanecer primeiro-ministro por quase seis anos. Asquith morreu em 1928, e Lloyd George viveu até 1945. Balfour morreu em 1930.

Winston político liberal morreu em meados da década de 20, e um Winston conservador renasceu para substituí-lo. Claro que foi atacado por novamente mudar de camisa, mas os esforços conjuntos de Lloyd George e Asquith tinham reduzido os liberais à condição de partido menor e de futuro incerto. Havia bons motivos para achar que Churchill se iludia ao crer que podia cicatrizar as feridas abertas nas batalhas entre liberais e tories, mas ele se recusou a admitir que a promessa de sua carreira inicial estivesse morta e sepultada. Continuou a guardar essa herança, mesmo quando poucos acreditavam que valia a pena guardá-la. Seu tesouro era o seu passado, e sempre a ele voltava, afagando-o na esperança de que um dia notassem seu valor.

Seu celho inimigo Edward Carson parecia entender que havia algo no caráter de Churchill que simplesmente o impedia de desistir. Num jantar, não muito depois de Winston ser demitido de Primeiro Lord do Almirantado, um jornalista perguntou a Carson: "Qual é o problema com Churchill?"

O frio Carson pensou por um segundo e replicou com uma resposta cuja percepção teria feito Winston sorrir:

"Ele é um perigoso otimista."[1]

Agradecimentos

Provavelmente, este livro não seria escrito não fosse a sorte de juntar esforços com dois dínamos literários, minha agente Molly Friedrich e minha editora Priscilla Painton. Ambas me prestaram entusiástico apoio e incentivo, cruciais para transformar uma ideia em obra completa. Molly é uma apaixonada defensora dos autores e Priscilla, o tipo de editora que todos os escritores esperam encontrar: inteligente, criteriosa e escrupulosa.

Pela assessoria especializada e generosa atenção, também desejo agradecer a Lucy Carson e Molly Schulman, da Friedrich Agency. À Simon & Schuster sou grato pelo árduo trabalho e o aconselhamento atento de Michael Szczerban, Tom Pitoniak e Mike Jones.

Na Inglaterra, meu bom amigo Adrian Clark me ajudou muito ao facilitar minhas pesquisas, garimpando generosamente informações em diversos arquivos. Sou imensamente grato a seus incansáveis esforços.

Na Biblioteca Bodleian, Universidade de Oxford, Colin Harris foi especialmente prestativo me familiarizando com os notáveis arquivos mantidos no Department of Special Collections, onde é supervisor das salas de leitura. Sou reconhecido a suas úteis sugestões e senti -me estimulado por sua disponibilidade em responder minhas indagações.

Entre outras pessoas de minha universidade que me ajudaram, é com prazer que agradeço ao Presidente da Indiana State, Dan Bradley; à reitora da biblioteca, Alberta Davis Comer; ao chefe de meu departamento, Robert Perrini; e aos colegas Cheryl L. Blevens, Keith Byerman, Tom Derrick, Mary Ann Duncan, Kathy Edwards, Kit Kincade e Holli Moseman.

Pelo apoio recebido de diversas formas, agradeço a Joe e Nancy Fisher, Lee e Maria McKinley, Wes e Mary Burch Ratliff, John Seavey e June Shelden.

Sou privilegiado pelo amor de minhas filhas Sarah e Vanessa, e nada teria feito de valioso não fosse o amor de minha mulher Sue.

Notas

Abreviaturas usadas nas Notas

CHAR Documentos de Chartwell, Churchill Archives Centre, Churchill College, Cambridge. Edição microfilmada, Gale/Cengage Learning, 2001-2005
CS Winston S. Churchill: *His complete speeches, 1897-1963*. 8 vols. Ed. Robert Rhodes James. New York: Chelsea House, 1974
CV Churchill, Randolph e Martin Gilbert. *Winston S. Churchill. Companion Volume*. 5 vols. Boston: Houghton Mifflin, 1966-1979
WSC Winston S. Churchill

Prólogo: O Primeiro-Ministro

1. WSC para Randolph Churchill, 8 de junho, 1941 (*The Churchill War Papers: The Ever Widening War, 1941*, 766). Para informações sobre os ataques de 10 e 11 de maio, ver "Air-Raid Deaths and Damage," House of Lords, 13 de maio, 1941, *Hansard*; Robert P. Post, "London Is Hard Hit," *NYT*, 12 de maio, 1941; "British Commons Will Meet on Time," *NYT*, 13 de maio, 1941; Fell, *The Houses of Parliament*, 34; "Nazis Wreck Great Monuments of English Culture," *Life*, 2 de junho, 1941; Colville, *The Fringes of Power*, 385-86; WSC, *The Second World War: The Grand Alliance*, 46-47
2. Moran, *Diaries*, 131
3. "War Situation," House of Commons, 7 de maio, 1941, *Hansard*. Eden, *Portrait of Churchill*, 64. "Nós damos forma a nossas construções e depois nossas construções ditam nossa forma," disse WSC quando fez uma solicitação formal para que "a Câmara anterior" fosse "restaurada" em sua plenitude, com funcionalidade e dignidade." ("House of Commons Rebuilding," 28 de outubro, 1943, *Hansard*). A restauração foi completada em 1950
4. WSC para Pamela [Plowden] Lytton, 20 de outubro, 1950 (Arquivo particular)

Introdução: O Jovem Titã

1. WSC, Philomathic Society, Liverpool, 21 de novembro, 1901, *CS*, 110. "Sketches in Parliament," *Black & White*, 29 de junho, 1907; e "Winston Churchill in the Commons," *The American Monthly: Review of Reviews*, maio de 1905. Hassall, *A Biography of Edward Marsh*, 565
2. Aneurin Bevan, "War Aims Begin at Home," *Tribune*, 4 de outubro, 1940. WSC, *Marlborough*, 1:15 e 493. *Churchill by Himself*, 339
3. Para um exemplo da admiração de WSC pela poesia de Byron, ver reminiscências de Sarah Churchill em *A Thread in the Tapestry*, 78; Sandys, *Chasing Churchill*, 11; Colville, *The Fringes of Power*, 282; Moran, *Diaries*,

324; WSC, *The Second World War: The Grand Alliance*, 605, e *The Story of the Malakand Field Force*, 234. Ver também "His Majesty's Government," House of Commons, 13 de maio, 1940, *Hansard*, para "sangue, trabalho, suor e lágrimas." Para WSC como membro da Byron Society, ver Trueblood, *Lord Byron*, 10. Byron's "a fever at the core" é de *Childe Harold's Pilgrimage*, como também a expressão "nações unidas." A compra de *Works* de Byron por WSC em 1906 *está registrada em* "Account from James Roche, Bookseller, London, 12 de março, 1906" (CHAR 1/63/22). Na história da Inglaterra dois primeiros-ministros escreveram romances inspirados em Byron–WSC e Disraeli, cujo *Venetia* (1837) caracteriza um personagem claramente baseado no próprio Byron

4. WSC, "Riches of English Literature," 2 de novembro, 1949, *CS*, 7883. "Mr Winston Churchill and Democracy," *Westminster Review*, Jan 1906

5. "Lord Randolph Churchill," *Saturday Review*, 26 de janeiro, 1895. Frank Harris, o editor da *Saturday Review*, em 1895, defende sua autoria do artigo e a opinião de WSC a respeito em Harris, *Contemporary Portraits*, 90. Para mais informações sobre o artigo, ver "Lord Randolph Churchill," *Review of Reviews*, março de 1895, e cap. 9 de sua biografia

6. Gardiner, *Prophets, Priests and Kings*, 104; e Bonham Carter, *Churchill*, 6

7. Em *Churchill: The Unruly Giant*, 60, Rose alega que WSC estava agindo "por impulso" ao adotar uma atitude preconceituosa em relação ao romance. Manchester faz a extraordinária afirmação de que, "fora de sua casa," WSC não gostava "genuinamente" de mulheres e "nunca se sentiu verdadeiramente confortável na companhia delas" (*The Last Lion: Visions of Glory*, 366-67). Brendon diz que WSC reverenciava as mulheres de longe e era "em geral indiferente às possibilidades de uma amizade íntima" (*Winston Churchill*, 41-42). Em *The Churchills*, Lovell afirma claramente, "Com as mulheres, WSC é inepto." (200). Para relatos sobre o "discurso de estreia" no Empire Theatre, ver Davis, *Real Soldiers of Fortune*, 82-83, e WSC, *My Early Life*, 50-59. O relato completo da campanha antivício contra o Empire Theatre pode ser encontrado em Faulk, *Music Hall & Modernity*, que assinala como um firme defensor do teatro confessou, "Qualquer homem são sabia que o vício predominava na calçada do Empire Theatre"(79)

8. As três mulheres foram Pamela Plowden, Ethel Barrymore e Muriel Wilson. Sua íntima amiga Violet Asquith disse que ele era uma "figura tão proeminente" que era "atacado e perseguido por anfitriãs importunas" (Bonham Carter, *Churchill*, 113-14). Balsan, *The Glitter and the Gold*, 55

9. Bonham Carter, *Churchill*, 107 e 173.

10. E.J. Moyle, "Witty Retorts of Politicians," *Chambers's Journal*, 17 de novembro, 1900. A história do jogo de palavras de WSC na frase de Christopher Marlowe "a face que lançou ao mar mil navios" existe em diversas versões, inclusive Hassall, *A Biography of Edward Marsh*, 131, e Bibesco, *Sir Winston Churchill*, 109-10

11. "Assails Churchill As Public Danger," *NYT*, 27de abril, 1915; "German Gibes at Churchill," *NYT*, 14 de novembro, 1915

1: Um Novo Mundo

1. WSC para Pamela Plowden, 28 de novembro, 1898, *CV* 1:2, 989. Cynthia

Notas

Asquith, *Diaries*, 154. WSC para Pamela Plowden, 23 de julho,1898 e 6 de março, 1899 (Arquivo particular)

2. WSC para Pamela Plowden, 18 de novembro,1899, *CV* 1:2, 1074. Pamela Plowden para Jennie Churchill, 22 de dezembro, 1899, *CV* 1:2. 1093. WSC para Jennie Churchill, 3 de setembro, 1899, *CV* 1:2, 1045. WSC registra o 50º aniversário da proposta de casamento em WSC to Pamela [Plowden] Lytton, 20 de outubro, 1950 (Arquivo particular); ver também declaração de Colville: "Churchill me disse que propôs casamento a Pamela em um barco quando os dois estavam hospedados no Warwick Castle. Ela disse 'não'" (*The Fringes of Power*, 591); a Condessa de Warwick lembra do casal a visitando juntos em 1900 (*Life's Ebb and Flow*, 258)

3. WSC para Jennie Churchill, 1º de janeiro, 1901, *CV* 1:2, 1224. Sobre a realização da palestra de WSC em Winnipeg, ver *Manitoba Morning Free Press*, 21 de janeiro, 1901. Davis, *Real Soldiers*, 88-89. WSC para Pamela Plowden, 21 de janeiro, 1901 (Arquivo particular)

4. J.P. Brabazon para Mrs John Leslie, [? outubro, 1900], *CV* 1:2, 1209. Marsh, *A Number of People*, 154. Balsan, *The Glitter and the Gold*, 57

5. Moran, *Diaries*, 348

6. WSC para Pamela Plowden, 6 de março, 1899 (Arquivo particular)

7. WSC para Jennie Churchill, 22 de janeiro, 1901, *CV* 1:2, 1231. Strachey, *Queen Victoria*, 423. Ponsonby, *Recollections of Three Reigns*, 128

8. WSC para Pamela Plowden, 21 de janeiro, 1901 (Arquivo particular)

9. WSC, *My Early Life*, 362. "Had Thrills in It: Winston Spencer Churchill's Lecture at the Lyceum," *Minneapolis Journal*, 19 de janeiro, 1901

10. E.J. Moyle, "Witty Retorts of Politicians," *Chambers's Journal*, 17 de novembro, 1900

11. Twain para William Dean Howells, 25 de janeiro, 1900, *Selected Letters*, 345. (Twain faz a apresentação da palestra de WSC no Waldorf-Astoria em 12 de dezembro, 1900.) WSC para Jennie Churchill, 1º de janeiro, 1901, *CV* 1:2, 1224. Ellsworth, *A Golden Age of Authors*, 252

12. "Great Dominion," *Globe and Mail* (Canada), 5 de maio, 2005. Notas de James B. Pond, 27 de dezembro, 1900, Russell Theatre, Ottawa (Arquivos específicos, biblioteca da Univ. de Delaware). "War Lecturer Goes on Strike," *Daily Mail and Empire* (Toronto), 29 de dezembro, 1900

13. WSC para J. B. Pond, 9 de janeiro, 1901 (Arquivos específicos, biblioteca da Univ. de Delaware). WSC para Jennie Churchill, 1º de janeiro, 1901, *CV* 1:2, 1224

14. "On a Very High Horse," *St. Paul Globe*, 22 de janeiro, 1901; "Explains It All Away," *St. Paul Globe*, 25 de janeiro, 1901. Para uma seleção de comentários de TR sobre o jovem WSC, ver *Theodore Roosevelt's History of the United States*, 296-97. Como publicou o *NYT* em 9 de dezembro, 1900, "Na segunda-feira Mr Churchill jantará com o Gov. Roosevelt em Albany." Para "bully pulpit," ver *Outlook*, 27 de fevereiro, 1909. Jenkins, *Churchill*, 70

15. "Great Dominion," *Globe and Mail* (Canada), 5 de maio, 2005. WSC para Jennie Churchill, 22 de janeiro. 22, 1901, *CV* 1:2, 1231

16. "Winston Churchill on the War," *Manitoba Morning Free Press*, 22 de janeiro, 1901. WSC, de Londres para Ladysmith, 189. WSC para Jennie Churchill, 22 de janeiro, 1901, *CV* 1:2, 1231

17. WSC para Jennie Churchill, 1º e 22 de janeiro, 1901, *CV* 1:2, 1231 e 1225

18. "Discipline in Army Brings Disasters: Winston Churchill Thinks Each Fighter Must Act for Himself." *NYT*, 9 de dezembro, 1900

2: *Questão de Família*

1. Wells, *The New Machiavelli*, 10. WSC, *My Early Life*, 363
2. Gardiner, *Prophets, Priests and Kings*, 27
3. *Ibid.*, 105. Lucy, *The Balfourian Parliament*, 64
4. "The Scaffolding of Rhetoric," *CV* 1:2, 816-21. James, *Churchill*, 15. Smalley, *Anglo-American Memories*, 92
5. Macdonagh, *The Book of Parliament*, 225. "Parliamentary Sketch," *Yorkshire Post*, 19 de fevereiro, 1901
6. "Address in Answer to His Majesty's Most Gracious Speech," House of Commons, 18 de fevereiro, 1901, *Hansard*
7. "Under the Clock," *Daily Telegraph*, e "Mr Churchill's Spellbinding," *Daily Express*, 19 de fevereiro, 1901. "Parliament in Perspective," *Echo*, 19 de fevereiro, 1901. Gilbert, *Churchill: A Life*, 135
8. WSC para Marlborough, 29 de setembro, 1898 (LOC). Para mais informações sobre o enxerto de pele em Richard Molyneux, ver WSC, *My Early Life*, 197-98, e Moran, *Diaries*, 556. WSC para W. Murray Guthrie, 18 de fevereiro, 1901, *CV* 2:1, 22
9. Ward, *The Coryston Family*, 3-4. Cornwallis-West, *Reminiscences*, 120-21
10. "The Ladies' Gallery: Resolution, House of Commons," 30 de março, 1885, *Hansard*
11. Michael Macdonagh, "The New House of Commons," *The Living Age*, 14 de maio, 1910. Cornwallis-West, *Reminiscences*, 123
12. "The Progress of the World," *American Monthly Review of Reviews*, maio de 1905
13. WSC, *My Early Life*, 151-52. WSC para Jennie, 16 de fevereiro, 1898, *CV* 1:2, 882
14. Rossmore, *Things I Can Tell*, 107. Marie, Queen of Romania, *The Story of My Life*, 74. Asquith, *Autobiography*, 49-50. Anne Morton Lane, "A Special Interview with Mrs George Cornwallis-West," *Good Housekeeping*, janeiro de 1902
15. Em sua obra publicada postumamente, *Memoirs of a Tattooist* (1958), o lendário George Burchett (1872-1953) lembra de Tom Riley lhe dizendo que fizera a tatuagem em Jennie "quando ele estava na América e ela visitava Nova York" (102). R. J. Stephen atribui a Riley a tatuagem de Jennie, na *Harmsworth Magazine*, dezembro de 1898. Ver também "Pen Portrait of a Lady," *NYT*, 28 de junho, 1908, e "The Most Influential Anglo-Saxon Society Woman in the World," *Current Literature*, dezembro de 1908
16. Cornwallis-West, *Reminiscences*, 60 e 381-82
17. Wilde, *Complete Letters*, 566-67. A citação é de *A Woman of No Importance*, de Wilde.
18. WSC, *My Early Life*, 4. Moran, *Diaries*, 637
19. Cornwallis-West, *Edwardian Hey-Days*, 102 e 119. "Lady Churchill Married," *Manitoba Morning Free Press*, 30 de julho, 1900. Smyth, *What Happened Next*, 285 (citado em Sebba, *American Jennie*, 230)
20. "Lady Churchill Now Mrs West," *Chicago Tribune*, 29 de julho, 1900. WSC para Jennie Churchill, 3 de setembro, 1899, *CV* 1:2, 1045

Notas

21. WSC para Jennie Churchill, 26 de março, 1901, *CV* 2:1, 49

3: *Talhado Para a Oposição*

1. WSC, *Great Contemporaries*, 23. Trollope, *Autobiography*, 138-39. WSC, *The World Crisis: 1911-1914*, 20
2. Paul Smith, "Cecil, Robert Arthur Talbot Gascoyne, Third Marquess of Salisbury," *Oxford Dictionary of National Biography*. Malcolm, *Vacant Thrones*, Lindsay, *The Crawford Papers*, 65
3. "An Unreal Conversation," *Punch*, 6 de novembro, 1901. Cecil, *The Cecils of Hatfield House*, 236. Gilmour, *Curzon*, 128. WSC, *My Early Life*, 370
4. Young, *Arthur James Balfour*, xii. Lucy, *The Balfourian Parliament*, 7
5. D'Este, *Warlord*, 155. Kenneth Rose, "Cecil, Hugh Richard Heathcote Gascoyne, Baron Quickswood," *Oxford Dictionary of National Biography*. "Notes," *Saturday Review*, 16 de maio, 1896. WSC, *Thoughts and Adventures*, 53. Gardiner, *Pillars of Society*, 71. Rose, *The Later Cecils*, 231
6. WSC, *Lord Randolph Churchill*, 312. WSC para Lord Rosebery, 10 de junho, 1902, *CV* 2:1, 146. Griffith-Boscawen, *Fourteen Years in Parliament*, 198. Balsan, *The Glitter and the Gold*, 114. Cecil, *The Cecils of Hatfield House*, 303
7. Stuart, *Dear Duchess*, 58. Wolcott, *Heritage of Years*, 276. Kate Carew, "England's Man of the Hour," *New York World*, 11 de julho, 1901. Lady Helen Stewart foi a única filha do 6º Marquês de Londonderry
8. A Duquesa de Sutherland se refere a seu apelido e ao desejo de ser um agitador em "Duchess Recalls Changes," *NYT*, 7 de julho, 1912. WSC defendeu a duquesa em "Peat-Reek and Harris Tweeds," *The Times*, 9 de setembro, 1901. A coleção de Millicent de cartas de Cecil para WSC é mencionada em Bibesco, *Sir Winston Churchill*, 111-12
9. WSC para Lord Rosebery, 24 de julho, 1901, e 25 de julho, 1902, *CV* 2:1, 76 e 163. "The Hooligans" para Lord Rosebery, 6 de agosto, 1901, *CV* 2:1, 77
10. Begbie, *Master Workers*, 161. WSC, *Great Contemporaries*, 16-17
11. WSC para Lord Rosebery, 4 de setembro, 1901; e Lord Rosebery para WSC, 5 de setembro, 1901, *CV* 2:1, 78-79. Bill Glauber, "Saving a Portrait of U.S. History," *Baltimore Sun*, 2 de março, 2001. O retrato de Napoleão pertencente a Rosebery foi adquirido em 1961 pela National Gallery of Art de Washington, DC. O retrato de Washington que pertencia a Lansdowne está em caráter definitivo na Smithsonian National Portrait Gallery
12. Ian Malcolm, "In and Out of Parliament," *The Living Age*, 15 de janeiro, 1910. A biografia escrita por Roy Jenkins indica que WSC queria que seu grupo fosse conhecido como os "Hughligans," mas não apresenta evidência sólida (*Churchill: A Biography*, 76-77)
13. WSC, *Thoughts and Adventures*, 53-56. Gilbert e Sullivan, *Iolanthe*
14. "Marriage with a Deceased Wife's Sister's Bill," House of Commons, 24 de abril, 1901, *Hansard*. Byron, *Don Juan*, Canto XV
15. Wells, *The Wife of Sir Isaac Harman*, 292-93. WSC para Alfred Milner, 17 de março, 1901 (citado em Addison, *Churchill on the Home Front*, 17). Pakenham, *The Boer War*, 109 e 572. "Service Horses and Mules," House of Commons, 13 de dezembro, 1900, *Hansard*. William Manchester e outros equivocadamente atribuíram o comentário de Healy a WSC (*The Last Lion: Visions of Glory*, 348)

16. "Army Organisation," House of Commons, 13 de maio, 1901, *Hansard*. William Harcourt para WSC, 14 de maio, 1901, *CV* 2:1, 69
17. Curzon, *Lady Curzon's India*, 93. "The Passing Hour," 18 de maio, 1901, *Black & White*. "Policy and Armaments," *Westminster Budget*, 17 de maio, 1901. WSC, *Lord Randolph Churchill*, 56
18. "Mr Punch's Sketchy Interviews," *Punch*, 10 de setembro, 1902

4: O Sorriso do Duque

1. WSC para Jennie Churchill, 13 de março, 1901, *CV* 2:1, 46
2. Curzon, *Lady Curzon's India*, 81, 93 e 106
3. Davenport-Hines, *Ettie*, 4, 82 e 67. Beerbohm, *Seven Men*, 63. Fox, *Five Sisters*, 113
4. Lee, *Jean, Lady Hamilton*, 46
5. "Miss Plowden Engaged," *NYT*, 2 de fevereriro, 1902. Davenport-Hines, *Ettie*, 123. Leslie, *Lady Randolph Churchill*, 299. George Cornwallis-West para Jennie Churchill, 24 de agosto, 1899 (CHAR 28/35/62). Cynthia Asquith, *Diaries: 1915-1918*, 154. Lady Curzon ficou chocada ao ouvir, em agosto de 1901, que Pamela, então cortejada por Lord Lytton, estava romanticamente envolvida com Asquith. Em carta para Lord Curzon, afirmou que Asquith "se apaixonara por Pamela Plowden e à noite foi para seu quarto!(...) Pode imaginar algo mais grotesco do que Henry nesse papel de amante de garotas!" Curzon respondeu dizendo que jamais sonhara que aquele político seria capaz de "fazer visitas no meio da noite à alcova de virgens" (*Lady Curzon's India*, 123 e 128)
6. Mosley, *Julian Grenfell*, 175-76
7. Wheeler, *Cherry*, 267. Holmes, *The Essential Holmes*, 86
8. Davenport-Hines, *Ettie*, 65-66 e 161. "The Four-in-hand Club Meet in Hyde Park on Monday," *Black & White*, 20 de julho, 1901. Hugh Cecil para WSC, 31 de agosto, 1903, *CV* 2:1, 222
9. Balsan, *The Glitter and the Gold*, 161. Davenport-Hines, *Ettie*, 93, 161-62 e 363
10. WSC, *Marlborough*, 2:754
11. *Ibid.*, 2:28
12. Cornwallis-West, *Reminiscences*, 86
13. "The Gathering of the Unionist Clans," *Westminster Budget*, 16 de agosto, 1901
14. Artigos relatando o comício: "Unionist Demonstration at Blenheim," *The Times*, Londres, 12 de agosto, 1901; "Great Unionist Gathering at Blenheim," *Daily Express*, 12 de agosto, 1901; "The Blenheim Fete," *Primrose League Gazette*, 2 de setembro, 1901. "Unionists at Blenheim," *Lloyd's Weekly*, 11 de agosto, 1901
15. Balsan, *The Glitter and the Gold*, 89. (Segundo seu relato, Consuelo cita a data errada do comício em Blenheim, mas outros detalhes indicam claramente 1901.) WSC, *Marlborough*, 2:1039

5: Sonhos Imperiais

1. WSC, *My Early Life*, 359-60; e *Great Contemporaries*, 64. Mackintosh, *Joseph Chamberlain*, 257
2. Malcolm, *Vacant Thrones*, 96. Arthur Balfour para Lady Elcho, 15 de março, 1892, citado em Zebel, *Balfour*, 79. Brett, *Journals and Letters*, 1: 319

Notas

3. WSC, *Great Contemporaries*, 72. Gardiner, *Pillars of Society*, 41. Elletson, *The Chamberlains*, 53
4. Austen Chamberlain, *Politics from Inside*, 367. Marsh, *Joseph Chamberlain*, 324-26 e 667
5. "Young Men in Commerce," *The Puritan*, outubro de 1899. WSC, *Great Contemporaries*, 73
6. Elletson, *The Chamberlains*, 135. John Foster Fraser, "The New House of Commons," *The Living Age*, 16 de março, 1901
7. "Riot in Birmingham at Pro-Boer Meeting," *NYT*, 19 de dezembro, 1901. "Mr Lloyd-George at Birmingham" e "The Rioting in Birmingham," *The Times*, 19 e 20 de dezembro, 1901
8. WSC para J. Moore Bayley, 19 de dezembro, 1901, *CV* 2:1, 103
9. "Birmingham and Free Speech," *Echo*, 19 de dezembro, 1901. Elletson, *The Chamberlains*, 136. "'I Withdraw Nothing,'" *Daily Mail*, 13 de janeiro, 1902
10. "Mr Lloyd-George at Birmingham," *The Times*, 19 de dezembro, 1901. Trabalhando como operador de impressora, Joseph G. Pentland fez parte da Junta Escolar de Bormingham e, mais tarde, da Câmara Municipal
11. WSC para Shane Leslie, 2 de outubro, 1920 (Gilbert, *Churchill*, 425-26). WSC para J. Moore Bayley, 23 de dezembro, 1901, *CV* 2:1, 104
12. WSC, Reunião da Associação Conservadora, Blackpool, 9 de janeiro, 1902, *CS*, 114. WSC para Lord Rosebery, 17 de janeiro, 1902, *CV* 2:1, 114
13. WSC, Jantar do Clube Conservador, Manchester, 19 de março, 1902, *CS*, 135
14. "Prisão de Mr Cartwright," House of Commons, 24 de abril, 1902, *Hansard*
15. Malcolm, *Vacant Thrones*, 95 e 97. WSC, *My Early Life*, 371. Gardiner, *The Pillars of Society*, 47-48
16. O diálogo no jantar dos Hooligan dinner foi extraído dos relatos que restaram de duas testemunhas em *Vacant Thrones*, 97-98 e WSC, *My Early Life*, 371-72. Para a versão anterior do relato de Malcolm, ver seu trabalho "In and Out of Parliament," *The Living Age*, 15 de janeiro, 1910
17. Marsh, *Joseph Chamberlain*, 307 e 25
18. Lindsay, *The Crawford Papers*, 67
19. WSC para Ernest Fletcher, 14 de novembro, 1902, e para Jennie Churchill, 19 de dezembro, 1902, *CV* 2:1, 174-75. Gilbert (*Churchill*, 153) diz que WSC partiu da Inglaterra para o Egito em 20 de novembro, mas "The Assouan Dam," *Echo*, 18 de novembro, 1902, assinala que Cassel e WSC partiram em 18 de novembro
20. WSC, *Thoughts and Adventures*, 52. Bonham Carter, *Churchill*, 77
21. WSC para Jennie Churchill, 9 de dezembro, 1902, *CV* 2:1, 176

6: O Grande Racha

1. Herbert Vivian, "Studies in Personality: Winston Churchill," *Pall Mall Magazine*, abril de 1905
2. Chamberlain, *Imperial Union and Tariff Reform*, 18. "Duty of Empire," *Daily Express*, 16 de maio, 1903
3. Herbert Vivian, "Studies in Personality: Winston Churchill," *Pall Mall Magazine*, abril de 1905
4. WSC, Livre comércio, Hoxton, 21 de maio, 1903, *CS*, 191. WSC para J. Moore Bayley, 20 de maio 20, 1903, *CV* 2:1, 183. O velho ditado sobre bens

e fronteiras algumas vezes é atribuído a Frédéric Bastia, filósofo francês do liberalismo clássico

5. Margot Asquith, *Autobiography*, 228. Elletson, *The Chamberlains*, 144
6. WSC, *Great Contemporaries*, 249. Balfour para WSC, 26 de maio, 1903, *CV* 2:1, 185
7. "Sugar Convention Bill" e "Consolidated Fund," House of Commons, 19 de julho e 14 de agosto, 1903, *Hansard*
8. WSC para Jennie Churchill, 12 de agosto, 1903, *CV* 2:1, 218
9. Joseph Chamberlain para WSC, 15 de agosto, 1903, *CV* 2:1, 219-20
10. "Sugar Convention Bill," House of Commons, 29 de julho, 1903, *Hansard*
11. MacKenzie, *The Fabians*, 126, e Hunt, *Building Jerusalem*, 366
12. Holroyd, *Bernard Shaw*, 1: 263-64
13. Webb, *The Diary of Beatrice Webb*, 2: 287-88 e 326. Beatrice Webb para WSC, 14 de julho, 1903, *CV* 2:1, 213. O apêndice que Webb recomendou para WSC com título abreviado está na edição de um volume de 1902 de sua obra *Industrial Democracy*
14. WSC para Jennie Churchill, 11 de setembro, 1903, CHAR 28/27/18. "Resignation of Mr Chamberlain," *Daily Mail*, 18 de setembro, 1903. Marsh, *Joseph Chamberlain*, 590-91
15. WSC para Hugh Cecil, 24 de outubro, 1903 (não enviada), e WSC para Lord Cranborne (Salisbury), 2 de novembro, 1903, *CV* 2:1, 243 e 248
16. "Cecil and Churchill," *Daily Express*, 10 de novembro, 1903. "Angry Birmingham," *Daily Mirror*, 11 de novembro, 1903. WSC para Hugh Cecil, 3 de novembro, 1903, *CV* 2:1, 248
17. "Free Trade Meeting," *Daily Express*, 12 de novembro, 1903. "Free Fooders Speak in Chamberlain's City," *NYT*, 12 de novembro, 1903
18. WSC, Town Hall, Birmingham, 11 de novembro, 1903, *CS*, 220-224
19. As lágrimas de Jennie foram comentadas em irônica narração do discurso de Birmingham na primeira página da *Saturday Review*, 14 de novembro, 1903
20. "Our Celebrities," *Daily Mirror*, 16 de novembro, 1903
21. Em seu excelente livro *Churchill By Himself: The Definitive Collection of Quotations* (2008), Richard M. Langworth inclui parte desta sentença, mas afirma que a fonte não foi identificada: "Muitos trabalhos a mencionam, mas sem referência." A fonte correta é Harold Begbie, "Master Workers: Mr Winston Churchill, MP," *Pall Mall Magazine*, setembro de 1903. Posteriormente Begbie reeditou a entrevista em seu trabalho *Master Workers*, 161-177
22. *Ibid.*
23. "London Theatrical and Musical News," *NYT*, 13 de julho 13, 1902. Barrymore aborda sua ligação íntima com a Duquesa de Sutherland in *Memories*, 106 e 124-27. Para o plano de Millicent de encenar a peça com Ethel, ver "Court & Society," *Daily Mail*, 27 de agosto, 1902. Para a única apresentação em Londres de *Capt. Jinks*, ver comentários de Ethel em "*Oceanic's* Passengers Praise Ship's Officers," *NYT*, 15 de agosto, 1901. Para o comentário de Ethel sobre a primeira vez que WSC a viu, ver Ogilvy, *An Autobiography*, 63-64
24. Landor, *Everywhere*, 2:81. Geoffrey C. Ward, "The Desperate Barrymores," *American Heritage*, dezembro de 1990
25. Barrymore, *Memories*, 125. Em 1903, Henry James ao que parece manteve relacionamentoo íntimo com Millicent (ver James, *Henry James: A Life in Letters*, 392-93.)

Notas

26. Ethel B. [Ethel Barrymore] para WSC, fim de outubro de 1903, revelada por correspondentes "desconhecidos" em CHAR 1/25, mas a caligrafia coincide com a de Barrymore, o endereço W. 59th St. constante da carta é o do apartamento dela em NY em 1903 (ver Peters, *The House of Barrymore*, 549) e várias referências internas apontam uma data em outubro, pouco depois da primeira apresentação de sua peça na Broadway *Cousin Kate,* em 19 de outubro

7: *Partidas*

1. "Adjournment of the House (Easter)," House of Commons, 29 de março, 1904, *Hansard*. "Parliament in Perspective," *Echo*, 30 de março, 1904
2. Em 2 de abril, 1904, em "News of the Week," o *Spectator* assinala a desculpa de Balfour's para não ter se engajado anteriormente. Ver "The Adjournment," *Lloyd's Weekly*, 3 de abril, 1904, para a crítica de Balfour se referindo a "artimanhas de estudante."
3. WSC para Hugh Cecil, 24 de outubro, 1903, *CV* 2:1, 243
4. Hugh Cecil para WSC, dezembro de 1903, *CV* 2:1, 267-68. *Scotsman*, 12 de março, 1904
5. "Free Food," House of Commons, 18 de maio, 1904, *Hansard*. "The Outlook: Parliament in Perspective," *Echo*, 19 de maio, 1904. "Chamberlain Called Coward in Commons," *NYT*, 19 de maio, 1904
6. WSC para Hugh Cecil, 11 de outubro, 1904, *CV* 2:1, 364. Outras citações extraídas de Richard A. Rempel, "Lord Hugh Cecil's Parliamentary Career, 1900-1914," *Journal of British Studies*, maio de 1972
7. WSC, Philomathic Society, Liverpool, 21 de novembro, 1901, *CS*, 110. J. L. Wanklyn to WSC, 5 de fevereiro, 1904, *CV* 2:1, 311
8. WSC para Lord Rosebery, 10 de outubro, 1902, *CV* 2:1, 168
9. WSC para J. Moore Bayley, 23 de dezembro, 1901, *CV* 2:1, 104. Morley, *Recollections*, 2:255. Margot Asquith, *Autobiography*, 251
10. J.L. Wanklyn para David Lloyd George, 1º de janeiro, 1904 (citado em Grigg, *Lloyd George: The People's Champion*, 65)
11. *The Times*, 17 de janeiro, 1899 (citado em A.J.A. Morris, "Sir Henry Campbell-Bannerman," *Oxford Dictionary of National Biography*)
12. "Trade Unions and Trades Disputes Bill," House of Commons, 22 de abril, 1904, *Hansard*. "Moving Incident in the House," e "Mr Churchill's Health," *Daily Mirror*, 23 e 25 de abril, 1904
13. A chegada de Ethel em 28 de abril 28, 1904, foi anunciada no *Daily Mirror* com a manchete "Over for the Season"
14. Agenda de bolso de WSC para 1904, CHAR 1/48/1. Citações sobre o romance de WSC com Barrymore extraídas de Moir, *I Was Winston Churchill's Private Secretary*, 78; e Randolph Churchill, *Winston S. Churchill*, 244
15. "Wyndham's Theatre," *Times*, 17 de maio, 1904. Peters, *The House of Barrymore*, 93. "Cynthia to Go," *Daily Express*, 3 de junho, 1904
16. Blanche Partington, "Ethel Barrymore," *San Francisco Call*, 17 de julho, 1904
17. Peters, *The House of Barrymore*, 101
18. "A Precarious Majority," *Manchester Guardian*, 1º de junho, 1904. Hugh Cecil para WSC, 13 de janeiro, 1904, *CV* 2:1, 299

8: *O Solteiro e a Herdeira*

1. Herbert Vivian, "Studies in Personality: Winston Churchill," *Pall Mall Magazine*, abril de 1905
2. "Politicians and Caricaturists," *Westminster Budget*, 2 de setembro, 1904. "According to Cocker," *Black & White*, 2 de julho, 1904. "Character Sketch," *Review of Reviews*, julho de 1904. "Characters in Outline," *Speaker*, 27 de agosto, 1904
3. Wilson, *CB*, 419
4. WSC, Carnarvon, 18 de outubro, 1904, *CS*, 368
5. *The Times*, 19 de outubro, 1904 (citado em Toye, *Lloyd George & Churchill*, 33). WSC, Carnarvon, 18 de outubro, 1904, *CS*, 368
6. Lloyd George para Margaret Owen, [c.1885], citado em Kenneth O. Morgan, "George, David Lloyd, first Earl Lloyd-George of Dwyfor," *Oxford Dictionary of National Biography*
7. Grigg, *Lloyd George: The People's Champion*, 66 e 155
8. WSC para Bourke Cockran, 19 de junho, 1904 (*Ver* McMenamin e Zoller, *Becoming Winston Churchill*, 194, para o texto completo e excelente apreciação sobre a influência de Cockran sobre WSC.)
9. Martin Gilbert, "Churchill's London: Spinning Top of Memories of Ungrand Places and Moments in Time," International Churchill Society, London, 17 de setembro, 1985
10. Em 24 de setembro, 1904, WSC escreveu para a mãe, que visitara Chamberlain dois dias antes (*CV* 2:1, 456). Ver também WSC para J. Moore Bayley, 17de outubro, 1904, e Joseph Chamberlain para WSC, *CV* 2:1, 366-67 e 457; e WSC, *Great Contemporaries*, 73-74
11. "Small-Talk of the Week," *Sketch*, 7 de dezembro, 1904
12. Lionel Barrymore, *We Barrymores*, 291. Attwood, *The Wilsons of Tranby Court*, 219. "Well-Known Women," *London Journal*, 8 de junho 8, 1901. *Cassell's Magazine*, junho de 1900. Para comentários sobre a carreira de Muriel Wilson como atriz e fotos suas em personagens das peças, ver Leo Trevor, "Recollections of the Chatsworth Theatricals," *Pall Mall Magazine*, novembro de 1903; George A. Wade, "Amateur Theatricals," *Lady's Realm*, novembro de 1901; Credland, *The Wilson Line*, 74
13. WSC para Muriel Wilson, sem data, 1904, e 25 de dezembro, 1904 (Arquivos particulares). Cartas de WSC para Muriel foram vendidas pela Christie's em 1994. Para as citações, ver o catálogo de vendas ou Dalya Alberge, "Churchill Letters Show Torment of Unrequited Love," *Independent* (UK), 28 de abril, 1994
14. Brook-Shepard, *Uncle of Europe*, 144-45
15. Muriel Wilson para WSC, agosto de 1907, CHAR 1/66/82. WSC para Muriel Wilson, sem data, 1904
16. "Winston at Mombasa," *Bystander*, 4 de dezembro, 1907
17. "Winston Churchill May Wed Miss Muriel Wilson," *San Francisco Call*, 8 de outubro, 1905

9: *Filho Afortunado*

1. WSC, *Lord Randolph Churchill*, 32
2. WSC, *Lord Randolph Churchill*, 242

Notas

3. Blunt, *My Diaries*, 1:142. Sobre a obsessão de Blunt por Byron, ver MacCarthy, *Byron*, 562
4. Blunt, *My Diaries*, 2:104
5. Foster, *Lord Randolph Churchill*, 177 e 127. Rosebery, *Lord Randolph Churchill*, 113
6. WSC, *Lord Randolph Churchill*, 803 e 818
7. Rosebery, *Lord Randolph Churchill*, 72, 71 e 114. Foster, *Lord Randolph Churchill*, 218
8. Leslie, *Lady Randolph Churchill*, 201
9. WSC para Jennie Churchill, 2 de novembro, 1894, *CV* 1:1, 531
10. Moran, *Diaries*, 394
11. Harold Begbie, "Master Workers: Mr Winston Churchill, MP," *Pall Mall Magazine*, setembro de 1903. Gardiner, *Prophets, Priests and Kings*, 104
12. WSC para Hugh Cecil, 30 de novembro, 1905, *CV* 2:1, 407
13. Frank Harris para WSC, 7 de outubro, 1905, *CV* 2: 1, 466
14. Citado em Holroyd, *Bernard Shaw*, 1: 407.Harris publicou em 1895 na *Saturday Review,* com destaque, ensaio sobre Lord Randolph de Harris e não há mistério quanto à sua autoria (para confirmação, ver "Lord Randolph Churchill," *Review of Reviews*, março de 1895)
15. Harris, *Contemporary Portraits*, 90 e 95-96
16. "Business of the House," House of Commons, 15 de março e 15 de julho, 1905, *Hansard*
17. Master of Elibank para WSC, 27 de julho, 1905; WSC para Lord Rosebery, 1º de novembro, 1905; e Sidney Greville para WSC, 2 de janeiro, 1906, *CV* 2:1, 399, 425, e 480
18. Marsh, *Joseph Chamberlain*, 625
19. *Manchester Guardian*, 6 de dezembro, 1905 (citado em Wilson, *CB*, 441). Resumo das propostas do gabinete é apresentado em "Loaves and Fishes," *Daily Mail*, 5 de dezembro, 1905. WSC para Jennie Churchill, 4 de dezembro, 1905, *CV* 2:1, 409. Cortissoz, *The Life of Whitelaw Reid*, 2:317

10: Vencedores e Perdedores

1. Wilson, *CB*, 425-26
2. Byron, *Childe Harold's Pilgrimage*, Canto II. *Punch*, 25 de abril 1906. Em carta para Hugh Cecil, em 16 de dezembro de 1905, *CV* 2:1, 416, WSC fala sobre o fato de ter preferido o Ministério das Colônias ao Tesouro, mas não apresenta uma razão. "On Politicians," *Penny Illustrated Paper*, 17 de dezembro, 1910
3. Hugh Cecil para WSC, 18 (?) de dezembro, 1905, *CV* 2:1, 417. Pamela [Plowden] Lytton para WSC, 14 de setembro, 1907, CHAR 1/66/27
4. Marsh, *A Number of People*, 148-49
5. *Ibid.*, 143
6. Gilbert (*Churchill: A Life*, 174) e outros parecem ter ficado confusos por causa de uma referência ambígua que Marsh faz para "Lady Lytton" em relato anterior sobre seu relacionamento com WSC (ver Marsh, *A Number of People*, 149). Consequentemente, a citação foi atribuída a Pamela. Porém, como esclarece Christopher Hassall – amigo íntimo de Eddie – no trabalho de sua autoria *A Biography of Edward Marsh* (119-20), o comentário sobre defeitos e virtudes de WSC foi feito por Edith, a viúva Condessa de Lytton

7. Hassall, *A Biography of Edward Marsh*, 120
8. Marsh, *A Number of People*, 151
9. Hastings, *The Secret Lives of Somerset Maugham*, 424-25
10. Hassall, *A Biography of Edward Marsh*, 19
11. WSC, *Thoughts and Adventures*, 220. Gilbert (*Churchill: A Life*, 175) assinala a chegada de WSC a Manchester em 4 de janeiro, mas WSC fez o primeiro discurso de sua campanha na cidade na noite anterior
12. WSC, Cheetham Hill, 10 de janeiro, 1906, *CS*, 545
13. O relato mais completo da campanha pode ser encontrado em uma série de artigos do *Daily Mail* escritos por Charles Hands, sob os títulos "Winston," "Manchester," "The Fight for Manchester," e "Manchester's Excitement," de 5, 11, 12 e 13 de janeiro, 1906
14. "Lord Randolph Churchill," *Spectator*, 6 de janeiro, 1906
15. WSC, *Thoughts and Adventures*, 219
16. Marsh, *A Number of People*, 149-50

11: O Mundo a Seus Pés

1. Dorothy O. Helly and Helen Callaway, "Dame Flora Louise Lugard, Lady Lugard," *Oxford Dictionary of National Biography*
2. A entrevista de Flora Lugard com WSC no Ministério das Colônias está relatada em Perham, *Lugard*, 237-41
3. Ver Pakenham, *The Scramble for Africa*, 651-53, para excelente resumo das ações de Lugard na África ocidental e os comentários de WSC a respeito
4. Carland, *The Colonial Office and Nigeria*, 96
5. Perham, *Lugard*, 271
6. O emprego da força por Lugard em Abeokuta é abordado em D.C. Dorward, "British West Africa and Liberia," *The Cambridge History of Africa*, 7:429
7. Perham, *Lugard*, 276-78
8. "King's Speech," House of Commons, 22 de fevereiro, 1906, *Hansard*
9. Para um relato do episódio de Sekgoma, ver Ronald Hyam, "At the Colonial Office, 1905-8," *Churchill: A Profile*, 24-26
10. A fonte original do comentário de WSC para Elgin, "These are my views," é *Politics from Inside*, de Austen Chamberlain, 459. Outros exemplos de gracejos entre WSC e Elgin são citados em Perham, *Lugard*, 269-70
11. Minutes, WSC e Elgin sobre Lugard, 3 de janeiro, 1906, Colonial Office, citado em Perham, *Lugard*, 248-49
12. Addison, *Churchill on the Home Front*, 54
13. White, "The British System of Colonial Government," *Harper's Monthly Magazine*, janeiro de 1900. Ronald Hyam, "At the Colonial Office, 1905-8," *Churchill: A Profile*, 29
14. Detalhes da compra e dos reparos em Bolton Street nº 12 são apresentados em Lumley & Lumley para WSC, 25 de janeiro, 1906, CHAR 1/59/2-3. Incorretamente, Manchester (*The Last Lion: Visions of Glory*, 392) afirma que WSC estava alugando
15. "South Africa (High Commissioner), House of Commons, 21 de março, 1906, *Hansard*
16. "Civil Services and Revenue," House of Commons, 5 de abril, 1906, *Hansard*
17. Frederick Ponsonby para WSC, 20 de agosto, 1906, *CV* 2:1, 566

Notas

18. Mencken, *Newspaper Days*, 239
19. Richard Harding Davis para WSC, 4 de maio, 1906, CHAR 1/56/15-16

12: Vidas Privadas

1. WSC para Edward Marsh, 21 de agosto, e para Jennie Churchill, 1º de setembro, 1906, *CV* 2:1, 571 e 579
2. Gardiner, *Prophets, Priests and Kings*, 78
3. Henry Campbell-Bannerman to WSC, Aug. 25, 1906, *CV* 2:1, 574
4. WSC, *Thoughts and Adventures*, 80
5. WSC para o imperador alemão, 26 de janeiro, 1908, CHAR 1/72/23
6. A foto de WSC e Wilhelm apontando com a espada foi publicada no *Daily Mirror*, em 24 de setembro, 1906. Tem aparecido frequentemente com data errada (ver Manchester, *The Last Lion: Visions of Glory*, 425). A sátira apareceu em *Punch*, 19 de setembro, 1906
7. WSC, *Thoughts and Adventures*, 79 e 76
8. Stuart, *Consuelo and Alva Vanderbilt*, 269. "Marlborough Row Jars England," *Boston Journal*, 22 de outubro, 1906. Hayden Church, "Drear Christmas in Woodstock," *Chicago Tribune*, 23 de dezembro, 1906
9. Jennie Churchill para Consuelo Marlborough, 2 de novembro, 1906, CHAR 28/78/45
10. Cornwallis-West, *Edwardian Hey-Days*, 119. Jennie Churchill para WSC, 7 de maio, 1907, CHAR 1/65/40
11. Consuelo Marlborough para WSC, dezembro de 1906, CHAR 1/57/24. Hugh Cecil para WSC, outubro de 1906, *CV* 2:1, 588. WSC para Consuelo Marlborough, 22 de dezembro, 1906, CHAR 1/57/57
12. Balsan, *The Glitter and the Gold*, 103
13. Davis, *Real Soldiers of Fortune*, 84
14. WSC para Richard Harding Davis, 20 de abril, 1907 (Arquivos especiais, Biblioteca da Univ. da Virginia). "Good Journalism," *Black & White*, 13 de abril, 1907
15. Birkenhead, *Churchill*, 112-13
16. The Mystery of England's Winston Churchill," *Current Literature*, junho de 1908. Henry Campbell-Bannerman para WSC, 22 de janeiro, 1907, *CV* 2:1, 624
17. Wilson, *CB*, 590
18. *Ibid.*, 590-92
19. Farr, *Reginald McKenna*, 92

13: A Donzela Politizada

1. Bennett, *Margot*, 209
2. Bonham Carter, *Lantern Slides*, 127-28 e 130. Davenport-Hines, *Ettie*, 162
3. Bonham Carter, *Winston Churchill*, 115 e 7
4. D.W. Brogan, "He Gave His Best in Their Finest Hour," *NYT*, 30 de maio, 1965
5. Bonham Carter, *Winston Churchill*, 4 e 356
6. Margot Asquith, *Autobiography*, 202. Para a opinião de Margot sobre Winston e Violet em 1907, ver a anotação no texto completo de seu diário no dia 23 de agosto, Bodleian MS 3206-3207
7. Clifford, *The Asquiths*, 148 e 200

Churchill, o Jovem Titã

8. Balsan, *The Glitter and the Gold*, 165-66. Moran, *Diaries*, 201. Margot Asquith, *Autobiography*, xxx
9. Clifford, *The Asquiths*, 167
10. Dorothy Parker, "Re-enter Margot Asquith," *The New Yorker*, 22 de outubro, 1927. Hyde, *Lord Reading*, 221. Existem várias versões do comentário de Margot para Harlow, inclusive o citado aqui, extraído de *Bartlett's Book of Anecdotes*, mas parece que a fonte original é Oliver Wendell Holmes, *The Holmes-Einstein Letters* (359), onde Margot afirma, "O 't' final em meu nome de batismo é mudo, como em seu nome de família." Para uma descrição da voz de Margot, ver sua *Autobiography*, xxxii
11. Margot Asquith, *Autobiography*, xxiii. Bonham Carter, *Winston Churchill*, 6
12. Clifford, *The Asquiths*, 9
13. WSC para Sir Walter Runciman, 30 de dezembro, 1907, *CV* 2:2, 735
14. *Daily Mail* e *Manchester Chronicle* para WSC, 27 de abril, 1907, CHAR 1/65/37-38. "The Misses Botha," *Daily Mail*, 25 de abril, 1907. Muriel Wilson para WSC, 2 de maio, 1907, *CV* 2:1, 656. Jan Smuts, entre outros, confirmou que Botha comandava a força que prendeu WSC. Ver Life, 3 de abril, 1944)
15. WSC para Jennie Churchill, 21 de agosto, 1907, *CV* 2:1, 669. "Transvaal Loan (Guarantee) Bill," House of Commons, 19 de agosto, 1907, *Hansard*. WSC para Lord Knollys, 22 de agosto, 1907, *CV* 2:1, 665. Para o tenso debate entre WSC e a oposição sobre a questão do diamante, ver "Commons' Hot Debate: Mr Churchill and the Cullinan Diamond," *Daily Mail*, 20 de agosto, 1907. Marsh, *A Number of People*, 152

14: Um Lugar ao Sol

1. WSC para Pamela [Plowden] Lytton, 19 de setembro, 1907, *CV* 2:2, 679
2. Lord Elgin para Lord Crewe, (?) de maio, 1908; e Jennie Churchill para WSC, 21 de outubro, 1907, *CV* 2:2, 797 e 689. *Punch*, 2 de outubro, 1907
3. Sir Francis Hopwood para Lord Elgin, 16 e 27 de dezembro, 1907, *CV* 2:2, 724 e 730
4. Hassall, *A Biography of Edward Marsh*, 134
5. WSC, *My African Journey*, 88, 86 e 94. King Daudi Chwa para WSC, 22 de janeiro, 1908, *CV* 2:2, 748
6. WSC, *My African Journey*, 38, 63, 209 e 64
7. *Ibid.*, 1, 14, e 166
8. Hassall, *A Biography of Edward Marsh*, 134 e 139
9. WSC, *My African Journey*, 208
10. WSC para H.H. Asquith, 14 de março, 1908, *CV* 2:2, 755-56
11. "The King's Speech," House of Commons, 10 de fevereiro, 1904, *Hansard*
12. Masterman, *C.F.G. Masterman*, 97-98
13. Bonham-Carter, *Lantern Slides*, 151. Bonham-Carter, *Winston Churchill*, 123
14. Wharton, *A Backward Glance*, 214-15
15. Lee, *"A Good Innings,"* 97. Para informações sobre os Lugards em Hong Kong, ver Perham, *Lugard*, 297
16. Hassall, *A Biography of Edward Marsh*, 346. Longford, *A Pilgrimage of Passion*, 387
17. Wilson, CB, 626. John Morley para WSC, 8 de abril, 1908, *CV* 2:2, 766
18. Gilbert, *David Lloyd George*, 1:332-34

19. Clifford, *The Asquiths*, 139
20. *Winston and Clementine*, 7

15: **Planos Bem Elaborados**

1. "Life and Letters," *Academy*, 2 de maio, 1908. "Automobiles Serve as Political Rostrums," *Motor World*, 14 de maio, 1908
2. WSC, Manchester, 22 de abril, 1908, *CS*, 1004
3. Pankhurst, *My Own Story*, 52
4. WSC, *Thoughts and Adventures*, 222. Toye, *Lloyd George & Churchill*, 81
5. "Woman Suffrage: The Assault on Mr Churchill" e "Woman Suffrage: A Suffragist's Whip," *The Times*, 16 de novembro, 1909 e 23 de dezembro, 1909. "Mr Churchill Assaulted," *Lloyd's Weekly News*, 14 de novembro, 1909. "Mobbed by Women" e "Assault on First Lord," *Daily Mirror*, 28 de novembro, 1910, e 17 de março, 1914. Ver também Soames, *Clementine Churchill*, 79-80, e "More Suffragette Outrages," *Lloyd's Weekly News*, 23 de fevereiro, 1913
6. "Mobbed by Women" e "Assault on First Lord," *Daily Mirror*, 28 de novembro, 1910, e 17 de março, 1914. Ver também Soames, *Clementine Churchill*, 79-80, e "More Suffragette Outrages," *Lloyd's Weekly News*, 23 de fevereiro, 1913
7. "Manchester Today," *Daily Mirror*, 24 de abril, 1908. "Mr Churchill Out," *Daily Mail*, 25 de abril, 1908. H. G. Wells para um eleitor em Manchester, 13 de abril, 1908 (?), *CV* 2:2, 780
8. Pankhurst, *My Own Story*, 106-07
9. Cortissoz, *The Life of Whitelaw Reid*, 2:402
10. "Routed by a Suffragette," *Daily Mail*, 5 de maio, 1908. "Winston Churchill's Fight for a Seat," *Penny Illustrated Paper*, 9 de maio, 1908
11. Addison, *Churchill on the Home Front*, 67
12. "The By-Elections," *Scotsman*, 11 de maio, 1908
13. Gardiner, *Prophets, Priests and Kings*, 104-05
14. WSC, Kinnaird Hall, Dundee, 4 de maio, 1908, *CS*, 1029, 1033 e 1035
15. WSC, *Great Contemporaries*, 141. R. Hyam, "Bruce, Victor Alexander, Ninth Earl of Elgin," *Oxford Dictionary of National Biography*. Bonham-Carter, *Lantern Slides*, 157
16. Margot Asquith, *Autobiography*, 250. Bonham-Carter, *Winston Churchill*, 131
17. "Will Winston Marry?" *Bystander*, 13 de maio, 1908. Farr, *Reginald McKenna*, 121 e 123
18. Bonham-Carter, *Winston Churchill*, 126
19. Birkenhead, *Churchill*, 112. Para a intenção de WSC de visitar Violet na Escócia em 17 de agosto, 1908, ver Bonham-Carter, *Lantern Slides*, 162

16: **O Castelo**

1. "Fires at Country Houses: Mr Churchill's Narrow Escape," *The Times*, 7 de agosto, 1908. *Winston and Clementine*, 11
2. Soames, *Clementine Churchill*, 59 e 62
3. Lady Airlie para WSC, 20 de agosto, 1908, *CV* 2:2, 811. Soames, *Clementine Churchill*, 60. *Winston and Clementine*, 16
4. Muriel Wilson para WSC, 15 de agosto; Joseph Chamberlain para WSC, 24 de agosto; Ian Malcolm para WSC, 8 de setembro; e Hugh Cecil para WSC, 5

de setembro, 1908, *CV* 2:2, 804, 813, 817 e 816. Evan Charteris para Jennie Churchill [1908], CHAR 28/78/70

5. Bonham-Carter, *Lantern Slides*, 162
6. Browne, *Long Sunset*, 145
7. Hill, *Footsteps of Dr Johnson*, 125. "Mr Churchill," *Daily Mirror*, 25 de agosto, 1908; "Mr Churchill's Wedding," *Daily Mail*, 25 de agosto, 1908. O regresso de WSC da Escócia por trem, chegando na estação King Cross, foi anunciado no *Scotsman* na sexta-feira, 28 de agosto, 1908, em artigo sem título na página 4
8. Soames, *Clementine Churchill*, 63. Birkenhead, *Churchill*, 178
9. "Mr Churchill's Wedding," *Daily Mail*, 28 de agosto, 1908
10. Venetia Stanley para Violet Asquith, 26 de agosto, 1908, Bodleian Library, Oxford
11. Bonham-Carter, *Winston Churchill*, 172-73. Margot menciona em seu diário a visita de WSC, "Slains Castle August and September, 1908," Bodleian Library, Oxford
12. Violet Asquith para Venetia Stanley, setembro de 1908, Bodleian Library, Oxford
13. "Mr Churchill's Wedding," *The Times*, 14 de setembro, 1908; "Mr Churchill's Wedding," *Scotsman*, 14 de setembro, 1908; o *Daily Mirror*, 12 de setembro, 1908
14. Davenport-Hines, *Ettie*, 162-63. "Mr and Mrs Winston Churchill," *Bystander*, 16 de setembro, 1908. Longford, *A Pilgrimage of Passion*, 386
15. Para o dramático relato da desventura de Violet em 19 de setembro, ver a anotação no diário de Margot, "Slains Castle August & Sept. 1908," Bodleian Library, Oxford. (Ela registrou a visita de Winston em agosto, mas não a comentou, a não ser a nota depreciando o intelecto de Clemmie.) O publicado nos jornais oferece várias versões; ver a história de primeira página no *Daily Mirror*, 22 de setembro; "Illness of Miss Asquith," *The Times*, 22 de setembro; "Miss Asquith's Adventure," *Lloyd's Weekly News*, 27 de setembro, 1908. Colin Clifford também apresenta informações úteis em seu excelente trabalho *The Asquiths*, mas, por não se aprofundar na visita de Winston a Slains e na complicada história com Violet, o relato subestima sua importância nos acontecimentos de 1908
16. Bonham-Carter, *Lantern Slides*, 166
17. Diário de Margot Asquith, "Slains Castle August & Sept. 1908," Bodleian Library, Oxford (Clifford, *The Asquiths*, 143). Para ver a ligação de Bram Stoker com Cruden Bay, ver Belford, *Bram Stoker*, 233-34 e 255
18. Bonham-Carter, *Lantern Slides*, 170
19. Clifford, *The Asquiths*, 143.
20. *Ibid.*, 171
21. WSC, *Great Contemporaries*, 139
22. Soames, *Clementine Churchill*, 85

17: Edwardiano Eminente

1. "Engagement of Mr Churchill," *Daily Mirror*, 15 de agosto, 1908. Gardiner, *Prophets, Priests and Kings*, 109. Douglas, *Adventures in London*, 216
2. Mary McDowell, "The National Women's Trade Union League," *The Survey*, 16 de outubro, 1909
3. "Creio que não devo forçar a tramitação de meu projeto de Seguro Desemprego,"

Notas

WSC escreveu para Asquith em 26 de dezembro de 1908, "até que Lloyd George encontre uma forma de lidar com a questão da saúde ou (o que é possível) tenha concluído que não há como fazê-lo" (*CV* 2:2, 860). Ver também WSC, Cabinet Memorandum, 17 de abril, 1909, *CV* 2:2, 883-84

4. Toye, *Lloyd George & Churchill*, 58. WSC para Clementine Churchill, 22 de abril, 1911, *CV* 2:2, 1069
5. Gilbert, *David Lloyd George*, 1:323. Koss, *Lord Haldane*, 56
6. Chamberlain, *Politics from Inside*, 127. Hobhouse, *Inside Asquith's Cabinet*, 73
7. Addison, *Churchill on the Home Front*, 69
8. Bonham-Carter, *Winston Churchill*, 132
9. Webb, *The Diary of Beatrice Webb*, 3:100-01
10. WSC para H. H. Asquith, 29 de dezembro, 1908, *CV* 2:2, 863. H. H. Asquith para WSC, 11 de janeiro, 1909, *CV* 2:2, 869-70
11. "Trade Boards Bill," House of Commons, 28 de abril, 1909, *Hansard*
12. WSC para H. W. Massingham, 22 de janeiro, 1909, CV 2:2, 873. WSC, Kinnaird Hall, Dundee, 9 de outubro, 1908, *CS*, 1097 e 1099; "Mr Churchill at Dundee," *Scotsman*, 10 de outubro, 1908
13. "The Launch of HMS *Dreadnought*," *Bystander*, 14 de fevereiro, 1906. "The Navy," *Edinburgh Review*, julho de 1909
14. "Battleship Armament," House of Commons, 17 de dezembro, 1909, *Hansard*
15. Farr, *Reginald McKenna*, 155
16. WSC, Albert Hall, Swansea, 14 de agosto, 1908, *CS*, 1085-86
17. Farr, *Reginald McKenna*, 165
18. Lloyd George to WSC, 21 de dezembro, 1908, *CV* 2:2, 937
19. Farr, *Reginald McKenna*, 161
20. Lloyd George para WSC, 3 de janeiro, 1909, *CV* 2:2, 938
21. "Our Threatened Sea Power," *Lloyd's Weekly*, 21 de março, 1909
22. Williams, *Defending the Empire*, 171. Blunt, *My Diaries*, 2:240. Para mais informações sobre a expansão naval, ver Michael Howard, "The Edwardian Arms Race," *Edwardian England*, 145-61
23. "Dreadnought Building," e "Final Balance Sheet," House of Commons, 29 de abril, 1909, *Hansard*
24. WSC para Clementine Churchill, 28 de abril,1909, *CV* 2:2, 887
25. WSC, "Why I Believe in Free Trade," *Tom Watson's Magazine*, julho de 1905. WSC, City Liberal Club, Walbrook, Londres, 28 de junho, 1909, *CS*, 1273
26. Spender, *Life, Journalism and Politics*, 1:231
27. "Final Balance Sheet," e "Naval Problem," House of Commons, 29 de abril, 1909, *Hansard*. Ao menos 11 milhões de libras do acréscimo de 16 milhões foram gastos na construção dos encouraçados e em pensões de idosos (Gilbert, *David Lloyd George*, 1:368). As despesas navais cresceram de 36 milhões de libras em 1909-1910 para 43 milhões em 1911-1912 (*The Naval Annual*, 1913, ed. Viscount Hythe, 457). Os historiadores nem sempre atribuíram a Asquith o crédito que ele merece por ter desenvolvido a legislação sobre pensões de idosos, mas seus contemporâneos de modo geral viram nele a força que impulsionou o projeto (ver Sidney Brooks, "Old-Age Pensions in England," *Harper's Weekly*, 20 de junho, 1908)
28. WSC, *Thoughts and Adventures*, 57
29. Gilbert, *David Lloyd George*, 1:15-16

344 Churchill, o Jovem Titã

30. WSC para o Duque de Marlborough, 22 de janeiro, 1916, Library of Congress. Hobhouse, *Inside Asquith's Cabinet*, 121. Masterman, *C.F.G. Masterman*, 173
31. Gilbert, *David Lloyd George*, 1:354

18: Tom e Fúria

1. *Winston and Clementine*, 22
2. Masterman, *C.F.G. Masterman*, 137
3. Randolph Churchill, *Winston S. Churchill*, 284
4. *Winston and Clementine*, 33
5. Blunt, *My Diaries*, 2:271 e 284. Longford, *A Pilgrimage of Passion*, 386
6. A propósito dos investimentos de WSC, ver as cartas de Cassel para ele em 3 de novembro e 4 de dezembro de 1908, CHAR 1/78/17 e 25. Manchester incorretamente afirma a respeito de WSC, "O dinheiro que investiu com Cassel se foi." (*The Last Lion: Visions of Glory*, 402)
7. Masterman, *C.F.G. Masterman*, 144
8. John Campbell, "Smith, Frederick Edwin, First Earl of Birkenhead," *Oxford Dictionary of National Biography*. Birkenhead, *F. E.*, 98 e 73. Campbell, *F. E. Smith*, 257
9. Iain Sproat, "Women Behind the Great Men of Parliamentary History," *Scotsman*, 18 de abril, 2004.10. Birkenhead, *F. E.*, 175. "Mr F. E. Smith's Attack," *Daily Mirror*, 23 de fevereiro, 1910
11. Batt, *Dr Barnardo*, 161-62
12. David Lloyd George, "The Budget & the People: A Speech Delivered for the Budget League at the Edinburgh Castle, Limehouse," Londres, em 30 de julho de 1909," Parliamentary Archives, LG/C/33/2/11
13. "Budget Battle," *Daily Mail*, 2 de agosto, 1909. "The House of Commons," *Fortnightly Review*, 1º de novembro, 1909. A recusa de impostos sobre terras é discutida em *Churchill*, de Jenkins, 159
14. "Chancellor & Landlords," *Daily Mail*, 3 de agosto, 1909
15. WSC, Free Trade Hall, Manchester, 22 de maio, 1909, *CS*, 1258
16. WSC, St. Andrew's Hall, Norwich, 26 de julho, 1909; Colston Hall, Bristol, 13 de novembro, 1909; Liberal Club, Branksome, 31 de julho, 1909, *CS*, 1293, 1346, e 1300. Randolph Churchill, *Winston S. Churchill*, 314-15
17. WSC, Palace Theatre, Leicester, 4 de setembro, 1909, *CS*, 1314-24
18. "Mr Churchill Flouts the Premier," e "Twelve Titled Relatives," 6 e 8 de setembro, 1909, *Daily Express*
19. Bonham-Carter, *Winston Churchill*, 131
20. Soames, *Clementine Churchill*, 109 e 127
21. Edwards, *David Lloyd George*, 1:311
22. Grigg, *Lloyd George: The People's Champion*, 220
23. Gilbert, *David Lloyd George*, 1:393
24. Farr, *Reginald McKenna*, 185. Para a previsão de Lloyd George sobre uma maioria de 90 assentos, ver Gilbert, *David Lloyd George*, 1:403
25. Addison, *Churchill on the Home Front*, 89. WSC, *Liberalism and the Social Problem*, xxiii. Gilbert, David Lloyd George, 1:465
26. WSC, Palace Theatre, Leicester, 4 de setembro, 1909, *CS*, 1319

19: Vida e Morte

1. "Mr Lloyd George in Danger," *Lloyd's Weekly News*, 16 de janeiro, 1910; "Mr Lloyd George and the People of Grimsby: Over a Wall," *Daily Express*, 17 de janeiro, 1909 (ver também nesse mesmo exemplar a caricatura "Still Running,")
2. WSC, Torquay, Devon, 21 de janeiro, 1910, CS, 1477
3. Margot Asquith para WSC, 12 de fevereiro, 1910, CV 2:2, 1134. Clifford, *The Asquiths*, 165
4. WSC para H. H. Asquith, 5 de fevereiro, 1910, CV 2:2, 1133
5. Lee, *Jean, Lady Hamilton*, 197
6. "The Burnley Child Murder," e "Refusal of Reprieve," *The Times*, 12 de janeiro e 21 de fevereiro, 1910. O noticiário informou que a criança assassinada era um menino e não uma menina, como está registrado no diário de Jean Hamilton.
7. Home Office, "Capital Sentence Schedule," CHAR 12/13/1-5. Um pesquisador de Randolph Churchill contou 43 casos (*Winston S. Churchill*, 396)
8. "Suspension of Death Penalty for Murder," House of Commons, 15 de julho, 1948, *Hansard*. "Reprieved Man's Suicide," *Lloyd's Weekly News*, 4 de setembro, 1910
9. Lee, *King Edward VII*, 2:676. Jennie Churchill para Queen Alexandra, 9 de maio, 1910, CHAR 28/78/73
10. Jennie Churchill para WSC. 25 de agosto, 1906, CHAR 1/56/34-38
11. "The Creation of Peers," *The Times*, 11 de setembro, 1909. O comentário de Knollys às vezes tem sido citado como parte de uma carta para o *The Times* (Gilbert, *Churchill*, 206). Entretanto, o jornal nacional estava meramenre reproduzindo uma reportagem no *Glasgow Herald*. WSC para Clementine, 12 de setembro, 1909, CV 2:2, 908-09
12. Randolph Churchill, *Winston S. Churchill*, 319 e 327. "Duration of Parliament," House of Commons, 31 de março, 1910, *Hansard*
13. Lindsay, *The Crawford Papers*, 153. Hassall, *A Biography of Edward Marsh*, 156
14. Asquith, *Fifty Years in Parliament*, 86-88
15. Lytton, *Prison and Prisoners*, 213-66. Earl of Lytton para WSC, 18 de março, 1910, CHAR 12/2/21. Hassall, *A Biography of Edward Marsh*, 162
16. Mosley, *Julian Grenfell*, 176
17. Addison, *Churchill on the Home Front*, 130
18. WSC, "Memorandum," Home Office, 19 de julho, 1910, CV 2:3, 1447-48. "Plot to Kidnap a Cabinet Minister," *Daily Mirror*, 14 de maio, 1913. *Dundee Advertiser*, 2 de dezembro, 1910, CV 2:3, 1466
19. Toye, *Lloyd George & Churchill*, 83

20: Corajoso

1. Wood, *Nineteenth Century Britain: 1815-1914*, 435. Smith, *The Making of Scotland*, 401
2. "Suspension of Death Penalty for Murder," House of Commons, 15 de julho, 1948, *Hansard*
3. *Colliery Strike Disturbances in South Wales*, 4
4. "Prime Minister (Engagements)," House of Commons, 30 de novembro, 1978, *Hansard*
5. "A State of Siege," *The Times*, 9 de novembro, 1910

6. *Colliery Strike Disturbances in South Wales*, 4-5. "Coal Owners and Mediation," *The Times*, 11 de novembro, 1910
7. James, *Churchill: A Study in Failure*, 44. House of Commons, 24 de novembro, 1910, *CS*, 1619
8. Public Record Office, Home Office 144/1553/199768, citado em Anthony Mòr O'Brien, "Churchill and the Tonypandy Riots," *Welsh History Review/Cylchgrawn Hanes Cymru*, junho de 1994
9. *Colliery Strike Disturbances in South Wales*, 48. O'Brien, "Churchill and the Tonypandy Riots," *Welsh History Review*, junho de 1994
10. Addison, *Churchill on the Home Front*, 71
11. WSC para Lloyd George, 13 de novembro, 1910, *CV* 2:2, 1211
12. Lloyd George, *Family Letters*, 153
13. Randolph Churchill, *Winston S. Churchill*, 331. WSC para Asquith, 3 de janeiro, 1911, *CV* 2:2, 1032
14. *Winston and Clementine*, 42
15. WSC, *Thoughts and Adventures*, 68
16. WSC, *My Early Life*, 193. "Mr Churchill in Command," *Daily Mirror*, 4 de janeiro, 1911
17. Andy McSmith, "Siege of Sidney Street," *Independent*, 11 de dezembro, 2010. "Inquest on the Bodies of Two Unknown Men," janeiro de 1911, CHAR 12/11/3. Os três policiais não foram assassinados em janeiro, como afirmou Gilbert em *Churchill*, 223
18. Jenkins, *Churchill*, 200. Hassall, *A Biography of Edward Marsh*, 171
19. "His Majesty's Most Gracious Speech," House of Commons, 6 de fevereiro, 1911, *Hansard*
20. Kipling, *The Letters of Rudyard Kipling: 1911-19*, 10
21. CHAR 12/3/62-64 e CHAR 12/7/9-11. John Syme, um ex-inspetor de polícia foi acusado de ameaçar a vida de WSC (*The Times*, 3 de agosto, 1911)
22. Soames, *Clementine Churchill*, 92. Lindsay, *The Crawford Papers*, 189
23. "Clause 9," House of Commons, 9 de março, 1911, *Hansard*
24. "Angry Scenes in House of Commons," *Daily Mirror*, 11 de março, 1911
25. WSC para o Rei, 10 de março, 1911, *CV* 2:2, 1057

21: Tormenta à Vista

1. Hassall, *A Biography of Edward Marsh*, 172. *Winston and Clementine*, 111
2. *Winston and Clementine*, 43
3. Soames, *Clementine Churchill*, 95
4. *Ibid.*, 91
5. "Society in Costume," *Lloyd's Weekly News*, 28 de maio, 1911. "Fancy Dress Ball at Claridge's," *The Times*, 25 de maio, 1911
6. "Parliament Bill," House of Commons, 24 de julho, 1911, *Hansard*. Ao contrário de alguns relatos irreais sobre este debate, o meu se baseia principalmente na transcrição parlamentar
7. Bonham Carter, *Lantern Slides*, 274. Clifford, *The Asquiths*, 185
8. Gardiner, *Prophets, Priests and Kings*, 90. Margot Asquith, *Autobiography*, 276
9. "Parliament Bill," House of Commons, 24 de julho, 1911, *Hansard*. Margot Asquith, *Autobiography*, 276

Notas

10. WSC para o Rei, 24 de julho, 1911, *CV* 2:2, 1101. Tuchman, *The Proud Tower*, 393
11. Lord Derby para WSC; e o rei para WSC, 15 e 16 de agosto, 1911, *CV* 2:2, 1274
12. "Fighting in Liverpool," *Lloyd's Weekly News*, 20 de agosto, 1911
13. Lewis Harcourt para Mary "Molly" Harcourt, 16 e 17 de agosto, 1911, Bodleian Library, Oxford.
14. Austen Chamberlain, *Politics from Inside*, 437
15. "Strike Calamity," *Lloyd's Weekly News*, 20 de agosto, 1911
16. Riddell, *Diaries*, 25. Bonham Carter, *Winston Churchill*, 180
17. House of Commons, 22 de agosto, 1911, *CS*, 1875
18. Robbins, *Sir Edward Grey*, 243. WSC, *The World Crisis: 1911-1914*, 40. Harold Nicolson identificou o alemão solitário em Agadir como Herr Wilberg (*King George the Fifth*, 186)
19. WSC to Edward Grey, 22 de novembro, 1911, CHAR 13/1/25 (Andrew, *Defend the Realm*, 37). WSC, *Thoughts and Adventures*, 83
20. Gilbert, *David Lloyd George*, 1:450-54
21. WSC, *The World Crisis:1911-1914*, 44-45
22. *Ibid.*, 58-62
23. Em 4 de setembro, o Kaiser acreditou que a Guerra estava ganha. "É o trigésimo quinto dia," disse ele. "Estamos sitiando Reims, estamos a trinta milhas de Paris" (Keegan, *The First World War*, 112)
24. *Daily Mirror*, 5 de setembro, 1911. Hassall, *A Biography of Edward Marsh*, 174

22: A Armada

1. *Country Life*, 18 de janeiro, 1908. Bonham Carter, *Winston Churchill*, 187
2. Haldane, *An Autobiography*, 245. Asquith enviou sua crítica para McKenna em 18 de setembro, 1911 (Farr, *Reginald McKenna*, 210)
3. Bonham Carter, *Winston Churchill*, 187
4. Haldane, *An Autobiography*, 246-47
5. Bonham Carter, *Winston Churchill*, 188; e *Lantern Slides*, 285
6. Farr, *Reginald McKenna*, 217-18
7. Bonham Carter, *Lantern Slides*, 306
8. WSC, *The World Crisis: 1911-1914*, 71
9. WSC, Glasgow, 9 de fevereiro, 1912, *CS*, 1912. Toye, *Lloyd George & Churchill*, 119
10. WSC, Burlington House, London, 4 de maio, 1912, *CS*, 1961-62
11. WSC, *The World Crisis: 1911-1914*, 111-12
12. WSC, House of Commons, 26 de março, 1913, *CS*, 2082; e *The World Crisis: 1911-1914*, 126
13. *Ibid.*, 127-28
14. Morgan, *Churchill*, 322. WSC, *The World Crisis: 1911-1914*, 87-88
15. WSC, *My Early Life*, 196
16. WSC, Glasgow, 9 de fevereiro, 1912, *CS*, 1910
17. "Mr Churchill's Speech: German Comment," *The Times*, 12 de fevereiro, 1912
18. Huldermann, *Albert Ballin*, 183
19. WSC, *The World Crisis: 1911-1914*, 103
20. "Black Outlook in Belfast," *Daily Mirror*, 5 de fevereiro, 1912. Alexander Murray [Elibank] para WSC, 31 de janeiro, 1912, *CV* 2:3, 1390. Para um exemplo

do uso do termo "provocadora" para descrever a visita de WSC, ver "Mr J.H. Campbell and Mr Churchill," *The Times*, 10 de fevereiro, 1912

21. George Bernard Shaw para Jennie Churchill, 20 de janeiro, 1912, CHAR 28/81/4-8. Hassall, *A Biography of Edward Marsh*, 184
22. Soames, *Clementine Churchill*, 105. *Winston and Clementine*, 61-62
23. WSC, Belfast, 8 de fevereiro, 1912, CS, 1909
24. "Mr Balfour in the Park," *Daily Mail*, 6 de abril, 1914

23: O Velho e o Mar

1. Para uma excelente descrição da feira organizada por Jennie, ver Marion F. O'Connor, "Theatre of the Empire: 'Shakespeare's England' at Earl's Court, 1912," *Shakespeare Reproduced*, 68-98
2. "Fiasco at Earl's Court," *New York Times*, 4 de agosto, 1912
3. Cornwallis-West, *Edwardian Hey-Days*, 163-64
4. Kate Carew, "Mrs Cornwallis-West Interrupts a Busy Day to Chat with Kate Carew," *New York Tribune*, 8 de setembro, 1912
5. Gardiner, *The War Lords*, 306. Fisher, *Memories*, 208-09 e 163.
6. *Ibid.*, 274. Begbie, *Master Workers*, 38
7. WSC, *Great Contemporaries*, 337
8. Fisher, *Memories*, 110 e 116. Mackay, *Fisher*, 289
9. *Ibid.*, 319, 320 e 403
10. Lord Fisher para WSC, 10 de dezembro, 1911 e 24 de abril, 1913, *CV* 2:3, 1927 e 1939
11. Mackay, *Fisher*, 434-35
12. Fisher, *Memories*, vi
13. Riddell, *Diaries*, 28
14. Lord Fisher para WSC, 22 de abril, 1912, *CV* 2:3, 1545-46. WSC, *The World Crisis: 1911-1914*, 126
15. Bonham Carter, *Lantern Slides*, 316
16. Bonham Carter, *Winston Churchill*, 202
17. WSC para Lord Fisher, 11 de junho, 1912, *CV* 2:3, 1929
18. Bonham Carter, *Winston Churchill*, 217
19. "Unionist Gain at Crewe," *Daily Mail*, 29 de julho, 1912
20. Adams, *Bonar Law*, 108-09 e 101
21. Gardiner, *Pillars of Society*, 121. As cartas não publicadas de Carson são mencionadas em Thomas C. Kennedy, "Troubled Tories: Dissent and Confusion Concerning the Party's Ulster Policy, 1910-1914," *Journal of British Studies*, julho de 2007, 574
22. "Conservative Fete at Blenheim," *Lloyd's Weekly News*, 28 de julho, 1912
23. Existem diversos relatos sobre o ataque sofrido por WSC na Câmara dos Comuns, mas poucos assinalam o quanto deve ter sido sério o impacto de um grande livro arremessado por um "gigante." Sobre a altura de McNeil, ver seu obituário em *The Times*, 13 de outubro, 1934. Baseei meu relato na descrição feita por Lewis Harcourt na nota publicada em seu jornal em 13 de novembro de 1912 ("Livro arremessado por McNeill (...) sobre Winston, atingiu sua face, fazendo sangrar."), Bodleian Library, Oxford; e nos noticiários do *The Times*, 14 de novembro, 1912, e do *Daily Mirror*, 15 de novembro,

Notas

1912. O nome de McNeill está erradamente apresentado como "O'Neill" em Gilbert, *Churchill*, 250
24. Austen Chamberlain, *Politics from Inside*, 491
25. "Speaker's Plan to Restore Peace," *Daily Mirror*, 15 de novembro, 1912
26. "Silenced," *Penny Illustrated Paper*, 30 de novembro, 1912

24: Asas

1. Toye, *Lloyd George & Churchill*, 95
2. Frances Lloyd George, *The Years That Are Past*, 53
3. Gilbert, *David Lloyd George*, 2:45. "Doing Himself Well," *Primrose League Gazette*, 1º de março, 1913
4. Moran, *Diaries*, 168. Diary of Francis Octavius Grenfell, 25 de dezembro, 1913, Centre for Buckinghamshire Studies, Aylesbury
5. "The Anger of Mr Winston Churchill," *Daily Mirror*, 29 de abril, 1913
6. "Marconi's Wireless Telegraph Company," House of Commons, 19 de junho, 1913, *Hansard*. Cooper, *Old Men Forget*, 46
7. Buczacki, *Churchill & Chartwell*, 51-52
8. Em 25 de agosto de 1913, Margot passou para seu diário as anotações que fizera durante o cruzeiro de maio (Bodleian Library, Oxford, and Clifford, *The Asquiths*, 208.)
9. Bonham Carter, *Lantern Slides*, 384-85. "Churchill in Collision with Labor Members," *New York Tribune*, 28 de maio, 1913
10. *Winston and Clementine*, 85 e 70. WSC para o Duque de Marlborough, 6 de novembro, 1912, Library of Congress
11. Bonham Carter, *Lantern Slides*, 383
12. "Mrs Cornwallis-West Gets Divorce," *Daily Mirror*, 16 de julho, 1913
13. Randolph Churchill, *Winston S. Churchill*, 681. *They Saw It Happen*, 27
14. Clementine Churchill para Jennie Churchill, 3 de setembro, 1913, CHAR 28/80/6-7 (incorretamente identificada como sendo de 1912). Clemmie disse que voou em um "aeroplano" e não em um "hidroavião," mas as notícias publicadas pela imprensa são confusas a este respeito. Ver "Mrs Churchill in a Waterplane," *Daily Mirror*, 5 de setembro, 1913, e "Mrs W. Churchill Flies," *New York Times*, 5 de setembro, 1913.
15. Davies, *Sailor in the Air*, 83
16. Randolph Churchill, *Winston S. Churchill*, 682
17. "The Eastchurch Aeroplane Accident," *The Times*, 24 de abril, 1913. Wildman--Lushington para Airlie Hynes, 30 de novembro, 1913, CV 2:3, 1889. WSC, *Thoughts and Adventures*, 196. "Naval Air Accident," *The Times*, 3 de dezembro, 1913. "First Lord As Air Pilot," *Daily Mail*, 2 de dezembro, 1913. Airlie Madden para Martin Gilbert, 6 de janeiro, 1963, CV 2:3, 1895
18. F.E. Smith para WSC, 6 de dezembro, 1913, CV 2:3, 1893
19. Theodore Lumley para Edward Marsh, 4 de dezembro, 1913, CHAR 1/108/42
20. WSC, *Thoughts and Adventures*, 195. *Winston and Clementine*, 91. Thomas Hardy to Florence Henniker, 17 de julho, 1914, *Selected Letters*, 285

25: Contagem Regressiva

1. "The Archduke at Windsor," *Daily Mail*, 18 de novembro, 1913

2. Hirst, *The Six Panics*, 6. Roch, *Mr Lloyd George and the War*, 74
3. *Ibid.*, 78-79; Grigg, *Lloyd George: From Peace to War*, 134-35
4. David Lloyd George, "I Talked to Hitler," *Daily Express*, 17 de setembro, 1936
5. Ibid
6. Toye, *Lloyd George & Churchill*, 318
7. Diary of Francis Octavius Grenfell, 25 de dezembro, 1913, Centre for Buckinghamshire Studies, Aylesbury
8. Gilbert, *David Lloyd George*, 2:72
9. Diary of Francis Octavius Grenfell, 26 e 28 de dezembro, 1913, Centre for Buckinghamshire Studies, Aylesbury
10. Riddell, *Diaries*, 77
11. *Ibid.*
12. Farr, *Reginald McKenna*, 255
13. Toye, *Lloyd George & Churchill*, 136
14. Sir Francis Hopwood para Lord Stamfordham, 5 de janeiro, 1914, CV 2:3, 1842
15. Haldane, *An Autobiography*, 287. *They Saw It Happen*, 170
16. Adams, *Bonar Law*, 152
17. Toye, *Lloyd George & Churchill*, 115. "Lest We Forget," *Nineteenth Century*, março de 1919
18. Randolph Churchill, *Winston S. Churchill*, 484
19. "Personalities of the Session," *Fortnightly Review*, 1º de maio, 1914
20. Lee, *"A Good Innings,"* 132
21. WSC, *The World Crisis*, 205

26: Última Instância

1. WSC, *The World Crisis*, 246
2. Pamela Lytton para WSC, 10 de agosto, 1914, CHAR 1/112/13
3. Holroyd, *Lytton Strachey*, 308.
4. *Winston and Clementine*, 96
5. Lewis Harcout Journal, 1º de agosto, 1914, Bodleian Library, Oxford
6. Riddell, *Diaries*, 89. WSC, *Great Contemporaries*, 105
7. Asquith, *Letters to Venetia Stanley*, 365 e 247
8. *Ibid.*, 309
9. Lord Haldane para WSC, 3 de setembro, 1914, CV 3:1, 79
10. WSC para H.H. Asquith, 5 de outubro, 1914, e Sir Edward Grey a Clementine Churchill, 7 de outubro, 1914, *CV* 3:1, 163 e 178
11. Gwynne, *The Rasp of War*, 39
12. Asquith, *Letters to Venetia Stanley*, 260 e 262
13. WSC, *The World Crisis*, 388
14. Asquith, *Letters to Venetia Stanley*, 266-67
15. Mackay, *Fisher of Kilverstone*, 488
16. Asquith, *Letters to Venetia Stanley*, 327
17. WSC para H. H. Asquith, 29 de dezembro, 1914, *CV* 3:1, 344
18. Lord Fisher para William Tyrrell, 12 de janeiro, 1915, e WSC para Lord Fisher, 4 de janeiro, 1915, *CV* 3:1, 407 e 371. Fisher também defendeu as "vantagens da posse de Constantinopla sob o ponto de vista naval" em carta de 4 de janeiro de 1915 para WSC (*CV* 3:1, 372)
19. WSC para o Grão-Duque Nicolau em 19 de janeiro de 1915, *CV* 3:1, 430

Notas

20. "Meeting of the War Council," 13 e 28 de janeiro, 1915, *CV* 3:1, 409-10 e 464. Asquith, *Letters to Venetia Stanley*, 445-46
21. Mackay, *Fisher of Kilverstone*, 498
22. Williams, *Defending the Empire*, 232
23. Gilbert, *David Lloyd George*, 2:192 e 197. Koss, *Asquith*, 195
24. Bonham Carter, *Champion Redoubtable*, 53
25. Citação no *Morning Post* extraída de "Assails Churchill as Public Danger," *New York Times*, 27 de abril, 1915. "German Gibes at Churchill," *New York Times*, 14 de novembro, 1915
26. Lloyd George, *War Memoirs*, 1:139
27. Soames, *Clementine Churchill*, 161. Ashmead-Bartlett, *The Uncensored Dardanelles*, 121.
28. Leslie, *Lady Randolph Churchill*, 356 e 358. Coombs, *Sir Winston Churchill*, 107
29. Soames, *Clementine Churchill*, 162
30. Coombs, *Sir Winston Churchill*, 115
31. Longford, *A Pilgrimage of Passion*, 409
32. WSC para H.H. Asquith, 11 de novembro, 1915, e Muriel Wilson para WSC, 16 de novembro, 1915, *CV* 3:2, 1249 e 1274
33. Leslie, *Lady Randolph Churchill*, 362
34. *Winston and Clementine*, 111

Epílogo

1. Marcosson, *Adventures in Interviewing*, 154

Bibliografia

LIVROS SELECIONADOS
DE WINSTON S. CHURCHILL

Great Contemporaries. Chicago: University of Chicago Press, 1973 [1937]. Edição brasileira, *Grandes Homens de Meu Tempo,* Nova Fronteira, 2004

Liberalism and the Social Problem. Londres: Hodder & Stoughton, 1909

London to Ladysmith Via Pretoria. Londres: Longman's, 1900

Lord Randolph Churchill. Edição em 1 vol. Londres: Macmillan, 1907 [1906]

Marlborough: His Life and Times. 2 vols. Chicago: University of Chicago Press, 2002 [1933-1938]

My African Journey. Toronto: William Briggs, 1909 [1908]

My Early Life: 1874-1904. New York: Touchstone/Simon & Schuster, 1996 [1930]. Edição brasileira, *Minha Mocidade*, Nova Fronteira, 2011

The River War: An Account of the Reconquest of the Sudan. New York: Carroll & Graf, 2000 [1899]

Savrola: A Tale of the Revolution in Laurania. Londres: Longmans, 1900

The Second World War: The Grand Alliance. Boston: Houghton Mifflin, 1950. Edição brasileira, *Memórias da Segunda Guerra Mundial*, Nova Fronteira, 2005

The Story of the Malakand Field Force: An Episode of Frontier War. Londres: Longmans, 1901 [1898]

Thoughts and Adventures. Ed. James W. Muller. Wilmington, Delaware: ISI Books, 2009 [1932]

The World Crisis: 1911-1914. New York: Scribner's, 1923

OUTROS LIVROS

Adams, R.J.Q. *Bonar Law*. Stanford: Stanford University Press, 1999

Addison, Paul. *Churchill: The Unexpected Hero*. Oxford: Oxford University Press, 2005

——, *Churchill on the Home Front: 1900-1955*. Londres: Pimlico, 1993

Andrew, Christopher. *Defend the Realm: The Authorized History of MI5*. New York: Alfred A. Knopf, 2009

Ashmead-Bartlett, Ellis. *The Uncensored Dardanelles*. Londres: Hutchinson, 1928

Asquith, Herbert Henry. *Fifty Years in Parliament*. Londres: Cassell, 1926

——, *H.H. Asquith: Letters to Venetia Stanley*. Ed. Michael e Eleanor Brock. Oxford: Oxford University Press, 1982

Asquith, Lady Cynthia. *Diaries, 1915-1918*. Londres: Hutchinson, 1968

Asquith, Margot. *The Autobiography of Margot Asquith*. Ed. Mark Bonham Carter. Boston: Houghton Mifflin, 1963

Attwood, Gertrude M. *The Wilsons of Tranby Croft*. Beverley, East Yorkshire: Hutton Press, 1988

Balsan, Consuelo Vanderbilt. *The Glitter and the Gold*. Maidstone, Kent: George Mann, 1973 [1953]

Barrymore, Ethel. *Memories: An Autobiography*. New York: Harper & Brothers, 1955

Barrymore, Lionel. *We Barrymores*. New York: Appleton-Century-Crofts, 1951

Batt, John Herridge. *Dr Barnardo: The Foster-Father of "Nobody's Children."* Londres: S.W. Partridge, 1904

Baxendale, Alan S. *Winston Leonard Spencer Churchill: Penal Reformer*. Oxford: Peter Lang, 2010

Beerbohm, Max. *Seven Men*. New York: Alfred A. Knopf, 1920

Begbie, Harold. *Master Workers*. Londres: Methuen, 1905

Belford, Barbara. *Bram Stoker: A Biography of the Author of Dracula*. New York: Alfred A. Knopf, 1996

Bibesco, Marthe. *Sir Winston Churchill: Master of Courage*. New York: John Day Company, 1959 [1957]

Bennett, Daphne. *Margot: A Life of the Countess of Oxford and Asquith*. Londres: Victor Gollancz, 1984

Birkenhead, Frederick. *Churchill: 1874-1922*. Ed. John Colville. Londres: Harrap, 1989

Bibliografia

Blunden, Margaret. *The Countess of Warwick: A Biography*. Londres: Cassell, 1967

Blunt, Wilfrid Scawen. *My Diaries: Being a Personal Narrative of Events, 1888-1914*. 2 vols. New York: Alfred A. Knopf, 1921

Bonham Carter, Violet. *Champion Redoubtable: The Diaries and Letters of Violet Bonham Carter, 1914-1945*. Ed. Mark Pottle. Londres: Phoenix Books, 1999

——. *Lantern Slides: The Diaries and Letters of Violet Bonham Carter, 1904-1914*. Ed. Mark Bonham Carter e Mark Pottle. Londres: Phoenix Books, 1997

——. *Winston Churchill: An Intimate Portrait [Winston Churchill As I Knew Him]*. New York: Konecky & Konecky, 1999 [1965]

Bordes, Philippe. *Jacques-Louis David: Empire to Exile*. New Haven: Yale University Press, 2005

Brendon, Piers. *Winston Churchill: An Authentic Hero*. Londres: Methuen, 1985

Brett, Reginald. *Journals and Letters of Reginald, Viscount Esher*. 4 vols. Londres: Nicholson & Watson, 1934-1938

Brook-Shepherd, *Gordon. Uncle of Europe*. Londres: Collins, 1975

Browne, Anthony Montague. *Long Sunset: Memoirs of Winston Churchill's Last Private Secretary*. Londres: Cassell, 1995

Buchan, John. *Francis and Riversdale Grenfell: A Memoir*. Londres: Thomas Nelson and Sons, 1920

Buczacki, Stefan. *Churchill & Chartwell: The Untold Story of Churchill's Houses and Gardens*. Londres: Frances Lincoln, 2007

Campbell, John. *F.E. Smith, First Earl of Birkenhead*. Londres: Jonathan Cape, 1983

Cannadine, David. *In Churchill's Shadow: Confronting the Past in Modern Britain*. New York e Oxford: Oxford University Press, 2003

——. *The Decline and Fall of the British Aristocracy*. New York: Vintage Books, 1999 [1990]

Carland, John M. *The Colonial Office and Nigeria, 1898-1914*. Stanford: Hoover Institution Press, 1985

Carter, Miranda. *George, Nicholas and Wilhelm. Three Royal Cousins and the Road to World War I*. New York: Vintage, 2011

Cecil, David. *The Cecils of Hatfield House: An English Ruling Family*. Boston: Houghton Mifflin, 1973

Chamberlain, Austen. *Politics from Inside: An Epistolary Chronicle, 1906-1914*. New Haven: Yale University Press, 1937

Chamberlain, Joseph. *Imperial Union and Tariff Reform: Speeches Delivered from May 15 to Nov. 4, 1903.* Londres: Grant Richards, 1903

Churchill by Himself: The Definitive Collection of Quotations. Ed. Richard M. Langworth. New York: Public Affairs, 2008

Churchill: A Profile. Ed. Peter Stansky. New York: Hill and Wang, 1973

Churchill, Randolph S. *Winston S. Churchill: Young Statesman, 1901-1914.* Boston: Houghton Mifflin, 1967

Churchill, Sarah. *A Thread in the Tapestry.* New York: Dodd, Mead, 1967

The Churchill War Papers: The Ever-Widening War, 1941. Ed. Martin Gilbert. New York: W.W. Norton, 2001

Clews, Graham T. *Churchill's Dilemma: The Real Story Behind the Origins of the 1915 Dardanelles Campaign.* Santa Barbara, California: Praeger, 2010

Clifford, Colin. *The Asquiths.* Londres: John Murray, 2002

Colliery Strike Disturbances in South Wales: Correspondence and Report. Londres: His Majesty's Stationery Office, 1911

Colville, John. *The Fringes of Power: 10 Downing Street Diaries, 1939-1955.* New York: W. W. Norton, 1986

Coombs, David and Minnie S. Churchill. *Sir Winston Churchill: His Life and His Paintings.* Lyme Regis, Dorset: Ware House Publishing, 2011

Cooper, Diana. *The Rainbow Comes and Goes.* Boston: Houghton Mifflin, 1958

Cornwallis-West, George. *Edwardian Hey-Days or A Little about a Lot of Things.* New York: G.P. Putnam's, 1931

Cornwallis-West, Mrs George [Jennie Churchill]. *The Reminiscences of Lady Randolph Churchill.* New York: The Century Co., 1908

Cortissoz, Royal. *The Life of Whitelaw Reid.* 2 vols. New York: Scribner's, 1921

Credland, Arthur G. *The Wilson Line.* Stroud, Gloucestershire: Tempus Publishing, 2000

Curzon, Mary. *Lady Curzon's India: Letters of a Vicereine.* Ed. John Bradley. New York: Beaufort Books, 1986

Dangerfield, George. *The Strange Death of Liberal England.* Stanford: Stanford University Press, 1997 [1935]

Davenport-Hines, Richard. Ettie: *The Life and World of Lady Desborough.* Londres: Phoenix, 2009

Davies, Richard Bell. *Sailor in the Air.* Barnsley: Seaforth Publishing, 2008 [1967]

Bibliografia

Davis, Richard Harding. *Real Soldiers of Fortune*. New York: Scribner's, 1906

D'Este, Carlo. *Warlord: A Life of Winston Churchill at War, 1874-1945*. New York: Harper Perennial, 2009

Donaldson, Frances. *The Marconi Scandal*. New York: Harcourt, Brace & World, 1962

Douglas, James. *Adventures in London*. Londres: Cassell, 1909

Edel, Leon. *Henry James: The Master, 1901-1916*. New York: Avon Books, 1978 [1973]

Eden, Guy. *Portrait of Churchill*. Londres: Hutchinson, 1945

Edwardian England. Ed. Donald Read. New Brunswick, New Jersey: Rutgers University Press, 1982

Edwards, J. Hugh. *David Lloyd George: The Man and the Statesman*. 2 vols. New York: J. H. Sears, 1929

Elletson, D.H. *The Chamberlains*. Londres: John Murray, 1966

Ellsworth, William Webster. *A Golden Age of Authors: A Publisher's Recollection*. Boston: Houghton Mifflin, 1919

Faulk, Barry J. *Music Hall & Modernity: The Late-Victorian Discovery of Popular Culture*. Athens: Ohio University Press, 2004

Farr, Martin. *Reginald McKenna: Financier among Statesmen, 1863-1916*. New York: Routledge, 2008

Fell, Bryan H. *The Houses of Parliament: An Illustrated Guide to the Palace of Westminster*. Londres: Eyre & Spottiswoode, 1961

Ferguson, Niall. *The Pity of War*. New York: Basic Books, 1999

Fisher, John Arbuthnot. *Memories*. Londres: Hodder and Stoughton, 1919

Foster, R.F. *Lord Randolph Churchill: A Political Life*. Oxford: Clarendon Press, 1981

———. *W.B. Yeats: A Life*. 2 vols. Oxford: Oxford University Press, 1997-2003

Fowler, Marian. *Blenheim: Biography of a Palace*. Londres: Penguin Books, 1991

Fox, James. *Five Sisters: The Langhornes of Virginia*. New York: Simon & Schuster, 2000

Frances, Countess of Warwick. *Discretions*. New York: Charles Scribner's Sons, 1932

———. *Life's Ebb and Flow*. New York: William Morrow, 1929

Fussell, Paul. *The Great War and Modern Memory*. New York: Oxford University Press, 1977 [1975]

Gardiner, A.G. *The Pillars of Society*. New York: E. P. Dutton, 1916 [1913].

——. *Prophets, Priests and Kings*. Londres: Alston Rivers, 1908

——. *The War Lords*. Londres: J.M. Dent, 1915

Gilbert, Bentley Brinkerhoff. *David Lloyd George: A Political Life*. 2 vols. Columbus: Ohio State University Press, 1987-1992

Gilbert, Martin. *Churchill and America*. New York: Free Press, 2005

——. *Churchill: A Life*. New York: Henry Holt, 1991

——. *Winston S. Churchill: The Challenge of War, 1914-1916*. Boston: Houghton Mifflin, 1971

Gilmour, David. *Curzon: Imperial Statesman*. New York: Farrar, Straus & Giroux, 2003

Gollin, Alfred. *The Impact of Air Power on the British People and Their Government, 1909-1914*. Stanford, California: Stanford University Press, 1989

Griffith-Boscawen, Arthur. *Fourteen Years in Parliament*. Londres: John Murray, 1907

Grigg, John. *Lloyd George: From Peace to War, 1912-1916*. Berkeley: University of California Press, 1985

——. *Lloyd George: The People's Champion, 1902-1911*. Berkeley: University of California Press, 1978

Gwynne, H.A. *The Rasp of War: The Letters of H. A. Gwynne to The Countess Bathurst, 1914-1918*. Ed. Keith Wilson. Londres: Sidgwick & Jackson, 1988

Haldane, Richard Burdon. *An Autobiography*. Garden City, New York: Doubleday, Doran & Company, 1929

Hardy, Thomas. *Selected Letters*. Ed. Michael Millgate. Oxford: Clarendon Press, 1990

Harris, Frank. *Contemporary Portraits: Third Series*. New York: publicado pelo autor, 1920

Hassall, Christopher. *A Biography of Edward Marsh*. New York: Harcourt, Brace and Company, 1959

Hastings, Selina. *The Secret Lives of Somerset Maugham: A Biography*. New York: Random House, 2010

Hill, George Birkbeck. *Footsteps of Dr Johnson (Scotland)*. Londres: Sampson Low, 1890

Hirst, F.W. *The Six Panics and Other Essays*. Londres: Methuen, 1913

Hobhouse, Charles. *Inside Asquith's Cabinet: From the Diaries of Charles Hobhouse*. Ed. Edward David. New York: St. Martin's, 1978

Holmes, Oliver Wendell. *The Essential Holmes: Selections from the Letters, Speeches, Judicial Opinions and Other Writings of Oliver Wendell*

Holmes, Jr. Ed. Richard A. Posner. Chicago: University of Chicago Press, 1996

Holmes, Oliver Wendell e Lewis Einstein. *The Holmes-Einstein Letters: Correspondence of Mr. Justice Holmes and Lewis Einstein, 1903-1935.* New York: St. Martin's Press, 1964

Holroyd, Michael. *Bernard Shaw.* 3 vols. New York: Random House, 1988-1991

Lytton Strachey: The New Biography. New York: Farrar, Straus and Giroux, 1995

Huldermann, Bernhard. *Albert Ballin.* Traduzido por W.J. Eggers. Londres: Cassell and Company, 1922

Hunt, Tristram. *Building Jerusalem: The Rise and Fall of the Victorian City.* New York: Metropolitan Books, 2005

Hyde, H. Montgomery. *Lord Reading: The Life of Rufus Isaacs, First Marquess of Reading.* New York: Farrar, Straus & Giroux, 1967

James, Henry. *Henry James: A Life in Letters.* Ed. Philip Horne. Londres: Allen Lane, 1999

James, Robert Rhodes. *Churchill: A Study in Failure, 1900-1939.* Londres: Weidenfeld and Nicolson, 1970

——. *Lord Randolph Churchill: Winston Churchill's Father.* New York: A.S. Barnes, 1960

Jenkins, Roy. *Churchill: A Biography.* New York: Plume/Penguin, 2002

Jolliffe, John. *Raymond Asquith: Life and Letters.* Londres: Collins, 1980

Keegan, John. *The First World War.* New York: Vintage, 2000

Kelly, Patrick J. *Tirpitz and the Imperial German Navy.* Bloomington: Indiana University Press, 2011

Kipling, Rudyard. *The Letters of Rudyard Kipling: 1911-19.* Ed. Thomas Pinney. Iowa City: University of Iowa Press, 1999

Koss, Stephen E. *Asquith.* New York: St. Martin's Press, 1976

Lord Haldane: Scapegoat for Liberalism. New York: Columbia University Press, 1969

Lambert, Nicholas A. *Sir John Fisher's Naval Revolution.* Columbia: University of South Carolina Press, 2002

Landor, Arnold. *Everywhere: The Memoirs of an Explorer.* 2 vols. New York: Frederick A. Stokes, 1924

Larson, Erik. *Thunderstruck.* New York: Crown, 2006

Lee, Arthur. *"A Good Innings": The Private Papers of Viscount Lee of Fareham.* Ed. Alan Clark. Londres: John Murray, 1974

Lee, Celia e John Lee. *The Churchills: A Family Portrait*. New York: Palgrave Macmillan, 2010

Lee, Celia. Jean, *Lady Hamilton:1861-1941*. Londres: Celia Lee, 2001

Lee, Sidney. *King Edward VII: A Biography*. 2 v. Londres: Macmillan, 1925

Lees-Milne, James. *The Enigmatic Edwardian: The Life of Reginald, 2nd Viscount Esher*. Londres: Sidgwick & Jackson, 1986

Leslie, Anita. *Lady Randolph Churchill: The Story of Jennie Jerome*. New York: Scribner's, 1969

Lindsay, David. *The Crawford Papers: The Journals of David Lindsay, Earl of Crawford*. Ed. John Vincent. Manchester: Manchester University Press, 1984

Lloyd George, David. *Family Letters: 1885-1936*. Ed Kenneth O. Morgan. Cardiff e Londres: University of Wales Press e Oxford University Press, 1973

——. *War Memoirs*. Londres: Odhams Press, 1938

Lloyd George, Frances. *The Years That Are Past*. Londres: Hutchinson, 1967

Longford, Elizabeth. *A Pilgrimage of Passion: A Life of Wilfrid Scawen Blunt*. Londres: Tauris Parke, 2007 [1979]

Lovell, Mary S. *The Churchills: In Love and War*. New York: W.W. Norton, 2011

Lucy, Henry W. *The Balfourian Parliament: 1900-1905*. Londres: Hodder and Stoughton, 1906

Lytton, Constance. *Prisons & Prisoners: Some Personal Experiences*. Ed. Jason Haslam. Buffalo, NY: Broadview Editions, 2008 [1914]

MacCarthy, Fiona. *Byron: Life and Legend*. New York: Farrar, Straus and Giroux, 2002

McCarthy, Justin. *British Political Portraits*. New York: Outlook, 1903

Macdonagh, Michael. *The Book of Parliament*. Londres: Isbister and Company, 1897

Mackay, Ruddock F. *Balfour: Intellectual Statesman*. Oxford: Oxford University Press, 1985

——. *Fisher of Kilverstone*. Oxford: Clarendon Press, 1973

MacKenzie, Norman and Jeanne. *The Fabians*. New York: Simon & Schuster, 1977

McKinstry, Leo. *Rosebery: Statesman in Turmoil*. Londres: John Murray, 2005

Mackintosh, Alexander. *Joseph Chamberlain: An Honest Biography*. Londres: Hodder and Stoughton, 1906

Bibliografia

McMenamin, Michael e Curt Zoller. *Becoming Winston Churchill: The Untold Story of Young Winston and His American Mentor*. New York: Enigma Books, 2009

Malcolm, Ian. *Vacant Thrones: A Volume of Political Portraits*. Londres: Macmillan, 1931

Manchester, William. *The Last Lion, Winston Spencer Churchill: Alone, 1932-1940*. Boston: Little, Brown, 1988

——. *The Last Lion, Winston Spencer Churchill: Visions of Glory, 1874-1932*. New York: Delta/Dell, 1989 [1983]

Marcosson, Isaac. *Adventures in Interviewing*. Londres: John Lane, the Bodley Head, 1920

Marsh, Edward. *A Number of People: A Book of Reminiscences*. New York: Harper & Brothers, 1939

Marsh, Peter T. *Joseph Chamberlain: Entrepreneur in Politics*. New Haven: Yale University Press, 1994

Massie, Robert K. *Castles of Steel: Britain, Germany, and the Winning of the Great War at Sea*. New York: Random House, 2003

——. *Dreadnought: Britain, Germany, and the Coming of the Great War*. New York: Ballantine, 1992

Masterman, Lucy. *C.F.G. Masterman: A Biography*. Londres: Frank Cass, 1968 [1939]

Mencken, H.L. *Newspaper Days: Mencken's Autobiography, 1898-1906*. Baltimore: Johns Hopkins University Press, 2006 [1941]

Menpes, Mortimer. *War Impressions*. Londres: Adam & Charles Black, 1901

Meredith, George. *Letters of George Meredith*. 2 v. New York: Scribners, 1912

Moir, Phyllis. *I Was Winston Churchill's Private Secretary*. New York: Wilfred Funk, 1941

Moorehead, Alan. *Gallipoli*. New York: Perennial, 2002 [1956]

Moran, Charles. *Churchill: Taken from the Diaries of Lord Moran*. Boston: Houghton Mifflin, 1966

Morgan, Ted. *Churchill: Young Man in a Hurry, 1874-1915*. New York: Simon & Schuster, 1982

Morley, John. *Memorandum on Resignation: August 1914*. Londres: Macmillan, 1928

——. *Recollections*. 2 vols. New York: Macmillan, 1917

Morrell, Ottoline. *Ottoline at Garsington: Memoirs of Lady Ottoline*

Morrell, 1915-1918. Ed. Robert Gathorne-Hardy. New York: Alfred A. Knopf, 1975.

Mosley, Nicholas. *Julian Grenfell: His Life and the Times of His Death, 1888-1915*. New York: Holt, Rinehart and Winston, 1976

Nel, Elizabeth. *Mr. Churchill's Secretary*. New York: Coward-McCann, 1958

Nicolson, Harold. *King George the Fifth: His Life and Reign*. Garden City, New York: Doubleday, 1953

Ogilvy, David. *An Autobiography*. New York: John Wiley, 1997

Pakenham, Thomas. *The Boer War*. Londres: Macdonald & Co., 1982

——. *The Scramble for Africa: 1876-1912*. New York: Random House, 1991

Pankhurst, Emmeline. *My Own Story*. Londres: Eveleigh Nash, 1914

Parker, Louis N. *Drake: A Pageant-Play*. Londres: John Lane, the Bodley Head, 1913

Perham, Margery. *Lugard: The Years of Authority: 1898-1945*. Londres: Collins, 1960

Peters, Margot. *The House of Barrymore*. New York: Touchstone/Simon & Schuster, 1991

——. *Mrs. Pat: The Life of Mrs. Patrick Campbell*. New York: Alfred A. Knopf, 1984

Ponsonby, Frederick. *Recollections of Three Reigns*. New York: E.P. Dutton, 1952

Priestley, J.B. *The Edwardians*. New York: Harper & Row, 1970

Rauchbauer, Otto. *Shane Leslie: Sublime Failure*. Dublin: The Lilliput Press, 2009

Riddell, George. *The Riddell Diaries: 1908-1923*. Ed. J.M. McEwen. Londres: The Athlone Press, 1986

Rideing, William H. *Many Celebrities and a Few Others: A Bundle of Reminiscences*. Garden City, New York: Doubleday, Page & Company, 1912

Robbins, Keith. *Sir Edward Grey: A Biography of Lord Grey of Fallodon*. Londres: Cassell, 1971

Roch, Walter. *Mr Lloyd George and the War*. Londres: Chatto & Windus, 1920

Roosevelt, Theodore. *Theodore Roosevelt's History of the United States*. Ed. Daniel Ruddy. New York: HarperCollins, 2010

Rose, Kenneth. *The Later Cecils*. New York: Harper & Row, 1975

Rose, Norman. *Churchill: The Unruly Giant*. Londres: Tauris Parke, 2009 [1995]

Bibliografia

Rosebery, Lord. *Lord Randolph Churchill*. Londres: Arthur L. Humphreys, 1906

Rossmore, Lord. *Things I Can Tell*. New York: George H. Doran, 1912

St. Aubyn, Giles. *Edward VII: Prince and King*. New York: Atheneum, 1979

Sandys, Celia. *Chasing Churchill: The Travels of Winston Churchill*. Londres: HarperCollins, 2003

Sebba, Anne. *American Jennie: The Remarkable Life of Lady Randolph Churchill*. New York: W.W. Norton, 2007

Scott, C.P. *The Political Diaries of C.P. Scott, 1911-1928*. Ed. Trevor Wilson. Ithaca: Cornell University Press, 1970

Shakespeare Reproduced: The Text in History and Ideology. Ed. Jean E. Howard and Marion F. O'Connor. New York and London: Methuen, 1987

Smalley, George W. *Anglo-American Memories*. Second Series. New York: G.P. Putnam, 1912

Soames, Mary. *Clementine Churchill: The Biography of a Marriage*. New York: Paragon House, 1988 [1979]

——. *Family Album: A Personal Selection from Four Generations of Churchills*. Boston: Houghton Mifflin, 1982

Smith, Frederick Winston Furneaux. *F.E.: The Life of F.E. Smith, First Earl of Birkenhead*. Londres: Eyre & Spottiswoode, 1959

Smith, Robin. *The Making of Scotland: A Comprehensive Guide to the Growth of Its Cities, Towns, and Villages*. Edinburgh: Canongate, 2001

Smyth, Ethel. *What Happened Next*. Londres: Longman, 1940

Spender, J.A. *Life, Journalism and Politics*. 2 vols. Londres: Cassell, 1927

Stafford, David. *Churchill and Secret Service*. New York: The Overlook Press, 1998

Strachey, Lytton. *Queen Victoria*. New York: Harcourt, Brace and Company, 1921

Stuart, Amanda Mackenzie. *Consuelo e Alva Vanderbilt: The Story of a Daughter and a Mother in the Gilded Age*. New York: HarperCollins, 2006

Stuart, Denis. *Dear Duchess: Millicent, Duchess of Sutherland, 1867-1955*. Londres: Gollancz, 1982

Sturgis, Matthew. *Walter Sickert: A Life*. Londres: Harper Perennial, 2005

Terraine, John. *The Life and Times of Lord Mountbatten*. Londres: Hutchinson, 1968

They Saw It Happen: An Anthology of Eye-witnesses' Accounts of Events in

British History, 1897-1940. Ed. Asa Briggs. Oxford: Basil Blackwell, 1960

Thompson, Paul. *The Edwardians: The Remaking of British Society*. 2ª edição. Londres e New York: Routledge, 1992

Tirpitz, Alfred von. *My Memoirs*. 2 vols. New York: Dodd, Mead, 1919

Trollope, Anthony. *Autobiography*. New York: Dodd, Mead, 1905 [1883]

Toye, Richard. *Churchill's Empire: The World That Made Him and the World He Made*. New York: Henry Holt, 2010

——. *Lloyd George & Churchill: Rivals for Greatness*. Londres: Pan Macmillan, 2008

Trueblood, Paul Graham. *Lord Byron*. Boston: Twayne Publishers, 1977

Tuchman, Barbara W. *The Guns of August*. New York: Ballantine, 1994 [1962]

——. *The Proud Tower*. New York: Ballantine, 1996 [1966]

Twain, Mark, e William Dean Howells. *Selected Mark Twain-Howells Letters, 1872-1910*. Ed. Frederick Anderson, William M. Gibson. Cambridge: The Belknap Press of Harvard University Press, 1967

Ward, Mrs. Humphry. *The Coryston Family: A Novel*. New York: Harper & Brothers, 1913

Webb, Beatrice. *The Diary of Beatrice Webb*. 4 vols. Ed. Norman e Jeanne MacKenzie. Cambridge, MA: The Belknap Press of Harvard University Press, 1982-1985

Wells, H.G. *The New Machiavelli*. New York: Duffield & Company, 1910

——. *The Wife of Sir Isaac Harman*. New York: Macmillan, 1914

Wharton, Edith. *A Backward Glance*. New York: Touchstone/Simon & Schuster, 1998 [1934]

Wheeler, Sara. *Cherry: A Life of Apsley Cherry-Garrard*. New York: Modern Library, 2003

Wilde, Oscar. *The Complete Letters of Oscar Wilde*. Ed. Merlin Holland e Rupert Hart-Davis. New York: Henry Holt, 2000

Williams, Rhodri. *Defending the Empire: The Conservative Party and British Defence Policy, 1899-1915*. New Haven: Yale University Press, 1991

Williamson, Samuel R. *The Politics of Grand Strategy: Britain and France Prepare for War, 1904-1914*. Cambridge: Harvard University Press, 1969

Wilson, John. *CB: A Life of Sir Henry Campbell-Bannerman*. Londres: Constable, 1973

Winston Churchill in the Twenty-First Century. Ed. David Cannadine e

Índice

África do Sul: tratamento dispensado aos mineiros, 136, política após a Guerra dos Bôeres, 135-37, 157-8, *ver* também Guerra dos Bôeres

África Oriental Portuguesa, 25

África: violência inglesa, 130-6, viagem de Churchill quando no Ministério das Colônias, 160-3, posição de Churchill a respeito da, 132-4, 162, doente na,163, conflito de poder europeu na, 254-5, 258, *ver* também Guerra dos Bôeres

Agadir, Marrocos, 254-5, 258-9, 296

Airlie, Conde de, 167

Alemanha: visita de Churchill em 1906, 11, 141-3; comentários de Churchill, 266-8; fama de Churchil na, 11, 267-70, 318; crise diplomática com, 256-8, significado dos problemas irlandeses para a, 303-4, posição de Lloyd George, 256, 296-8, 302, agressão militar da, 254-8, 267, 296, 299, 301, 308, poder militar, 141-3, 197-9, 200-3, 255, 263, 276, 296-7, 301, proposta de "interrupção de expansão naval," 263-4, 301, na 1ª Guerra Mundial, 306-7, 310-14

Allan, Maud, 175; Anarquistas, 239, 240-41

Almirantado: nomeação de Churchill, 259-62 liderança de Churchill, 10-11,262-68, 275, 277-80, 286-94, 298-302, 306-11, 317-18, liderança de McKenna no, 198-201, 256-7, 259, 261-2, residência oficial para, 287, 290, *ver* também Royal Navy

Anglicana, igreja; crítica de Lloyd George, 96

Antrim, HMS, 252

Antuérpia, Bélgica, 1ª Guerra Mundial, batalha de, 310-14

Argyll, Duque de, 20

Aristocracia: crítica de Churchill, 214-15, conflito com Lloyd George, 96, 211-13, 216, aumento de impostos para a, 201-3, 211, *ver* também Câmara dos Lordes

Armada espanhola, 266, 271-2

Artimanhas partidárias, 246

Asquith, família, 85, 156-7, 179-0, 184

Asquith, Herbert Henry, 148, 188, ministro das Finanças, 119, 149, no discurso inaugural de Churchill, 29, relações com Churchill, 149, 151, 155-57, 164, 168-9, 178-9, 195-6, 221, 242, 248, 259-61, 278, 288-9, 302, 310, 317-22, morte de, 324, casos extraconjugais, 154, 308-9, 311-15, campanha de Gallipoli, sua posição, 31-

15, na oposição, na Câmara dos Comuns, 28, 75, na crise da Câmara dos Lordes, 226, 228, 230, 237-8, 247-50, no conflito da Home Rule irlandesa, 303, status do Partido Liberal, 156, no escândalo da Marconi, 285-7, na discussão sobre a expansão naval, 198-200, 302, relações com Pamela Plowden, 53, plano de pensões, 203 , primeiro-ministro, 164-5, 168-72, 178-9, 193-203, 220-1, 226, 228, 237-9, 247-9, 257, 260-61, 268, 278-9, 285, 287, 302, 308-18, 324, sobre a política tarifária, 75, relações com Violet Asquith , 150, 154, 155-6, 165, 189-91, 248-9, 260-2, 317, planejamento de guerra, 257, 278-9, oposição ao sufrágio feminino, 172, 230, na 1ª Guerra Mundial, 308-18

Asquith, Margot, 34, 75, 150, 153-55, 165, 179, 180, 188-91, 209, 248-50, 259, 288-9, 302, relações com Churchill, 153-4, 169-70, 220, 322

Asquith, Violet: relações com Churchill, 149-57, 165, 169, 178-80, 183-7, 188-91, 195, 209, 215, 248, 253-4, 259, 260-63, 278-9, 288-90, 317, 322, relações com Clementine Churchill, 183-84, 191, 259, 279, 290, relações com Henry Asquith, 150-56, 165, 189, 190-91, 248-9, 260, 262, 317

Astor, Nancy, 247

Astor, Waldorf, 247

Aswan, barragem, 71-2

Austrália, na campanha de Gallipoli, 315

Áustria: missão diplomática irlandesa na 1ª Guerra Mundial, 306

Aviação naval, 291-4

Balcarres, Lord, 227, 243

Balfour, Arthur, 85, 281, relações com Chamberlain, 59-62, 89-90, 116, no discurso inaugural de Churchill, 29, relações com Churchill, 49, 60, 67, 70, 75-6, 87-8, 93, 115-16, 196, 242, morte, 324, liderança na Câmara dos Comuns, 28, 48-49, 63, na crise da Câmara dos Lordes, 238, 247, 249, no comício de 1901 em Blenheim, 58-9, na eleição de 1906, 124-7 status politico, 41, 317, primeiro-ministro, 70, 75-76, 87-93, 98-99, 104, 115-16, relações com Randolph Churchill, 42, renúncia, 116, sobre política tarifária, 75-76, 87-90, na 1ª Guerra Mundial, 317

Ballantine, Alex, 242

Churchill, o Jovem Titã

Barrymore, Ethel, romance de Churchill com, 84-86, 94-96, 101-02, 107, 138-9, 146, 167
Barrymore, Lionel, 105
Beatty, David, 265-6
Bechuanalândia, 133
Beerbohm, Max, 51, 85
Begbie, Harold, 83-84
Belfast, Irlanda do Norte: missão austríaca na, 303, discurso de Churchill sobre Home Rule, 268-69, 281-2
Bélgica: Churchill observador de guerra na, 310-14, ataque alemão, 257, 306, 308-12
Bengala, Lanceiros de, 7
Beresford, Charles, 270, 278
Birkenhead, Inglaterra, tumulto em, 252
Birmingham, Inglaterra: poder politico de Chamberlain, 61-6, 69, 74, 77, 80-1, 127, discurso de Churchill sobre o livre comércio em, 77, 80-83, ataque a Lloyd George em, 64-66
Bleak House (Dickens), 39
Blenheim Palace, 18, 43, 56-57, 85, 182, 188, comício dos conservadores em, 56, 57-60, comício unionista em, 280-82
Blenheim, batalha de, 6, 56
Blitz, 1
Blunt, Wilfrid Scawen, 109-10, 167, 188, 201, 207-8, 320
Bôeres, Guerra dos: opiniões americanas, 21, fracassos do exército inglês, 47, papel de Chamberlain, 60, experiências de Churchill, 7, 16-7, 24-6, 138, 146, 158, 224, posição de Churchill a respeito, 30, 47, 60, conversas de Churchill sobre a, 19-26, apoio dos conservadores, 30, 67, 135, 157-58, a questão da calúnia, 67, oposição à, 30, 47, 59, 61, 64, 82 acordo de paz, 135
Bonar Law, Andrew, 281-2, 316-18
Borkum, Alemanha, 313-14
Botha, Louis, 157-58
Brabazon, John, 17
Bright, John, 125
British Petroleum (BP), 264
Brooke, Rupert, 123, 269
Bryan, William Jennings, 28-29
Buller, Redvers, 47, 70
Burdett-Coutts, William, 87
Burns, Robert, 106
Byron, Lord, 6-8, 47, 109, 120, 318
Cairo, Egito, 161
Callaghan, James, 234
Câmara dos Comuns: debate sobre reforma do exército, 47-49, liderança de Balfour, 28, 48-49, 63, reputação de Chamberlain', 62-3, 69, reeleição de Churchill em 1908, 170-8, Churchill representando o Ministério das Colônias, 120, 136-37, 158, aliados conservadores de Churchill, 41, 42-43, primeira eleição de Churchill, 2, 10, 8-19,

20-1, 26, 61, discurso inaugural de Churchill, 2, 27-32, 33, opositores de Churchill, 2, 48-49, 76, 77, 86-4, 136-37, 243-44, 254, 283-84, Churchill muda de partido, 96, segunda eleição de Churchill, 124-27, debate na, 2, 28-9, 88, debate sobre Home Rule, 282-283, 302-3, crescimento do Partido, Trabalhista, 177, galeria das "ladies," 2, 32-33, 248 "Lei do Casamento com a Irmã de Esposa Falecida," 46-7, debate sobre a expansão naval, 200-01, realinhamenro em 1910, 203, 220-1, 239, debate sobre a Lei do Parlamento, 248-50, "Orçamento do Povo," 202-3, carreira de Randolph Churchill, 2, 30-2, 42, 57, 72, 321-22, medidas para a reforma social, 193, 196, debate sobre a política para a África do Sul, 136-7, debate sobre política tarifária, 69, 76-77, 86-90, retirada dos "tories" do plenário, 87-88, 93-4, destruída na 2ª Guerra Mundial, 1-3, *ver* também parlamento inglês
Câmara dos Lordes: posição de Churchill sobre a, 213-17, 226-30, 238, 248, 250, exclusividade da, 97, choque de Lloyd George com, 203, 211-18, 226-30, reforma, 226-30, 237-8, 247-50, medidas para a reforma social, 196, poder de veto da, 217, 226, 230, 238, 247, 250, *ver* também aristocracia; parlamento inglês
Campbell-Bannerman, Henry, 93, 116, 124, 141, 172, 194, relações com Churchill, 119-20, 136-7, 148, morte, 179, saúde declinante, 156, 164-5, renúncia, 168, sua política para a África do Sul, 135-6
Canadá, ciclo de palestras de Churchill, 15-26
Carlyle, Thomas, 5
Carson, Edward, 212-13, 281-4, 302-4, 317-8, 324
Cartum, Sudão, 161-3
Cartwright, Albert, 67
Cassel, Ernest, 71-2, 102, 140, 208
Cecil, Hugh "Linky," 58, conflito com Chamberlain', 89-91, 99, no discurso de Churchill em Birmingham, 80-3, briga com Churchill, 243-4, amizade com Churchill, 41-42, 46, 54-5, 80, 88-89, 90, 93, 96, 112, 121, 145, 183, 188, nos Hooligans, 43, 44-6, 54-5, 68, no debate sobre a Lei do Parlamento, 248-9, Cecil, família, 40-45, 70, 90, *ver* também Balfour, Arthur; Salisbury, Lord
Chamberlain, Austen, 63, 70, 244, 283
Chamberlain, Joseph: relações com Balfour, 59, 60, 62, 89-90, 116, sucesso nos negócios, 61, 64, relações com Churchill, 2, 60-3, 65-72, 76-77, 81, 83, 91, 93, 99, 102-4, 127, 183, em relação ao esnobismo das classses, 62, na chefia do Ministério

Índice

das Colônias, 60, 70, 80, 120, 129, 131, 134 declínio, 127, 172, conflito com Hugh Cecil, 89-91, 99, oposição de Lloyd George, 64-6, 75, 92, 96, 100, no comício de 1901 em Blenheim, 58-9 , poder político, 61, 63, 64, 65, 69, 74-75, 90-91, relaçõess românticos de, 78, 79, aspereza, 64-5, 90-91, na discussão sobre política tarifária, 68-92, 172

Chamberlain, Neville, 2, 63-4, Ministro das Finanças, *ver* Tesouro

Chequers, 166

Christopher, Príncipe da Grécia, 273

Churchill, Clementine Hozier, 193, 214, 226, 239, 243-5, 258, 278, 285-8, 307, 310, 319, voa em avião, 291-2, no ataque da turba em Belfast, 269, 281, noivado com Churchill, 182-6, Churchill enamorado de, 166-70, 180-2 passado da família, 167, não gosta de F. E. Smith, 210 primeira gravidez, 206-7 quarta gravidez, 294, casamento, 191, 206-8, 247, 288-290, 291-92, 294, 319-22, aborto, 269, 279, opiniões políticas, 216, 281, segunda gravidez, 246, relações com Violet Asquith, 183-84, 191, 259, 279, 290, bodas, 187-88

Churchill, Jennie, 23, 26, 33-38, 50-1, 71-2, 76, 80, 85, 111, 122, 140, 160-1, 183, 206, 269, 288, 292, 298, 319 beleza de, 34, 36, 105, nas visitas ao Blenheim Palace, 58- 9, apoio à carreira de Churchill, 33-6, 58, 81-2, 116, 174, 322, no discurso inaugural de Churchill, 2, 32, 33, relações com Consuelo Vanderbilt 144-5, divórcio, 290-91, relações com Edward VII, 34, 37, 225, extravagâncias de, 18, 145, 272-3, casamento com George Cornwallis-West, 36-38, 145, 273, 274, no comício de 1901 em Blenheim, 58-9, casamento com Randolph Churchill, 34, 108, 153, 182, e a feira de Tudor, 271-74 , nada convencional, 34-8 sagacidade, 35

Churchill, Randolph (filho), 246

Churchill, Randolph, 122, relações com Chamberlain, 65, biografia por Churchill, 72, 101-4, 108-14, 126 , morte, 36, 110-11, dívidas, 18, 114, amizade com Frank Harris, 113, posição a respeito da Home Rule na Irlanda, 269-70, 280, casamento com Jennie Jerome, 34, 108, 153, 182, notoriedade, 8, 30-31, 108-9, 126, 321-2, carreira parlamentar, 2, 30-2, 42, 57, 72, 321-2, amizade com Rosebery, 45, 110 hábitos de trabalho, 112

Churchill, Sarah, 6, 319

Churchill, Winston: nomeação para o Almirantado, 259-62 , ambição, 3, 5, 49, 63, 93, 98, 104, 119, 148-9, 152, 156, 161, 195, 221, 244, 258, 311 surgimento, 2, 7, 31, passado aristocrata, 7, 11, 18, 22, 56, 57, 99, 165, 215, 217, 304, dirigindo automóvel, 44, Balfour relações com, 49, 60,67, 70, 75-6, 87-8, 93, 115-16, 196, 242 , "melancolia" , 299, ministro do Comércio, 168, 179, 182, 192-7, 208, 221, residência em Bolton Street, 135, relações com Chamberlain, 2, 60-72, 76-77, 81, 83, 91, 93, 99, 102-4, 127, 183, no Ministério das Colônias, 120-4,129-37, 140, 148, 158-9, 160-4, relações com Consuelo Vanderbilt, 9, 32-3, 38, 43, 145-46, críticos, 2, 5-6, 11, 24, 57, 84, 91, 98, 137, 171, 199, 234-7, 242-44, 264, 268-70, 283-84, 289, 291, 300, 304, 311, 312, 316-17, 318 morte, 111, pena de morte aplicada por, 11, 222-25, residência na Eccleston Square, 206, educação de, 29, relações com Edward Marsh, 121-9, 161, 163, 178, 181, 241, 269, 294, 322, relações com Edward VII, 11, 115, 137, 183, 225-7 eloquência, 279, empatia, 128, envolvimentos românticos, 9, 182-6, extravagância, 10, 21-22, 101, problemas familiares, 144-46 , pais, 11, 206-8, 246, 319, situação financeira, 17-23, 26, 101-7, 112, 114, 135, 140, 208, 221, 287-9, especialista em armas de fogo, 240-1, Primeiro Lord do Almirantado, 10-11, 262-68, 275, 277-80, 286-94, 298-302, 306-8, 309-11, 317-8, lições de voo, 11, 291-94, amizades, 11, 18, 41, 45, 63, 102, 121, 183, 208-10, 216, 248, 281, campanha de Gallipoli, 11, 313-20, relações com George V, 11, 244, 251, 317, relações com Henry Asquith,149, 151, 155-57, 164, 168-9,178-9, 195-6, 221, 242, 248, 259-61, 278, 288-9, 302, 310, 317-22, ministro do Interior, 221-25, 229, 233-37, 239-43, 246, 251-5, 258, 260,-1, na casa em fogo, 181, embates na Câmara dos Lordes, 213-14, 217, 226-7, 230, 238, 248, 250, amizade com Hugh Cecil, 41-, 46, 54-55, 80, 88-90, 93, 96, 112, 121, 145, 183,188, no conflito do Home Rule na Irlanda, 268-70, 280-4, 303-4, relações com Jennie Churchill, 2, 33-34, 36-8, 58, 81-2, 116, 145, 174, 271, 274, 291, 322, estilo de liderança, 2-3, 5,-7, 91, representação literária, 112-14, relações com Lloyd George, 66, 92-93, 96, 98-101, 169, 173, 188, 193-95, 197, 199, 204-06, 214, 215, 217, 221, 236, 263, 285-6, 298, 300-03, 317-18, no escândalo da Marconi, 285-7 casamento, 11, 191, 206-8, 247, 288-90, 291-92, 294, 319, 320, 322, massagem terapêutica, 112, memória, 6, 28, serviço militar, 7, 11, 15, 31, 141, 143, 163, 210, 240, 266, 321, residência em Mount Street, 18, 27, na discussão sobre a expansão naval, 198-200, 298-02, inovações navais, 264-65, 275,278, no comício de 1901 em

Blenheim, 58, 59-60, palestras na América do Norte, 15-26 , pinturas de, 320, carreira parlamentar, 2-3,10, 18-21, 26-33, 40-49, 67-202, 213-15, 217-18, 220-1, 239, 243-4, 246, 254, 283-84, filosofia pessoal, 5, 6, 12, 307, 322, ataques físicos sofridos por, 2, 11, 173-74, 269, 283-84, resistência física de, 112, 125 decadência política, 3, 4, 10-11,315-19, 321, 323, ressurgimento politico 323-4 , habilidade política, 11, 60, 83, 120,133, 217-18, primeiro-ministro, 1-4, 84, 224 , imagem pública, 7, 8, 11, 17, 22-31, 49, 88-9, 97-8, 104, 107, 111-12, 115, 120-2, 125-6, 138-9, 142-43, 146-48, 151-52, 157-8, 171, 174-6, 192, 195, 241-4, 289, 291, 304, 311, 318, influência de Randolph Churchill, 8, 30-31, 42, 45, 57, 108-10, 111, 114, 126, 321-22, temperamento romantico de, 5, 6, 7-8, 42, 54, 82, 100, 107, 109, 134, 153, 323, modelando em areia, 245, 258, autoestima, 5, 51, 57, 151, 152, hábitos de dormir, 29, 124, empenho por reformas sociais, 8, 11, 92, 128, 164-65, 192-94, 195-97, 201-04, 213, 218, 222, 236, status social, 50, na discussão sobre política para a África do Sul, 136-137, 158, impedido de discursar, 31, discurso, 2, 27-31, 47-48, 81-82, 136-37, 173, 176, 214-15, 218, atacado pelas "sufragettes," 172-6, 230, 242, relações com Sunny Spencer, 18, 27, 216, 280, debate sobre política tarifária, 68-92, 202, temperamento, 123, viagens, 27, 70-2, 101-02, 140-44, 160-63, 278-80, 288, relações com Violet Asquith, 149, 150-7, 165, 169, 178-80, 183-87, 188-91, 195, 209, 215, 248, 253-4, 259-63, 278-9, 288-90, 317, 322, experiências de guerra, 7, 16, 17,24-25,26, 31, 34, 48, 138, 143, 146,158, 163, 224, 240, 252, 260, 263, 266, 309, 310, 311, 314, 320, fama de provocador, 199, 268, 307, casamento, 187-88 , sagacidade, 10, 21, 133, na 1ª Guerra Mundial 11, 306-21, obras de, 7, 10, 16, 17, 26, 28-9, 56, 72, 101-04, 108-114, 126, 132-33, 162-63, 208, 218, 257, 324,

Claridge's, 247,

Classe trabalhadora: relações do Partido Conservador com a, 93, legislação que a beneficiava, 193, 236, apelo de Lloyd George à, 211-12, 213, 215, intranquilidade na, 233-37, 251-54, 296

Cliveden, 56,

Cobden, Richard, 125

Cockran, W. Bourke, 101, 102

Congresso Liberal Escocês, 190

Convenção Democrática Nacional, convite a Churchill, 101

Cornwallis-West, George, 36-38, 145,188, 273-4, 290, 291

Crewe, Lord, 188

Cuba, aventuras militares de Churchill em, 7

Cullinan, diamante,158-9

Curzon, Lord, 40, 50-1, 316

Daily Chronicle, 53, 169, 297

Daily Express, 31, 95, 297

Daily Mail, 157, 185, 281

Daily Mirror, 83, 116, 142, 188, 192, 258, 268

Daily News, 112, 192

Daily Telegraph, 31

Dardanellos, 313 *ver* também Gallipoli

David, Jacques-Louis, 45

Davis, Richard Harding, 17, 138-39,146-47

de Forest, Barão, 140

Derby, Lord, 110

Desborough, Lady, *ver* Grenfell, Ettie Desborough, Duquesa de, 243

Disraeli, Benjamin, 2, 6, 12, Portuários, greves, 251-2

Downing Street, n° 10, 179, 290

Downing Street n° 11, 195

Doyle, Arthur Conan, 50

Dracula (Stoker), 190

Drake, Francis, 271-2

Drake: A Pageant-Play (Parker), 272

Dreadnought, HMS, 197

Dundee, Escócia, 190, 197representado no parlamento por, Churchill, 175-8, 220, 239

Edinburgh Review, 198

Edwardiana, Era, natureza competitiva da, 10, a corte, 32-33 , decadência da, 247-8, 272, intranquilidade interna, 233-37, 239-42, 251-54, 281, 282, 296, 302-5, emigração durante a, 233, polícia na, 234, 239-41, 251, violência política na, 66, 173-74, 219, 230, 281-2, 302, três tabus sexuais na, 110, questões sociais da, 57, 128, 164, 222-3, 233, 296, reforma social na, 8, 11, 43, 78, 99, 164-65, 192-94, 195-97, 201-04, 213, 218, 236, 262-3

Edward VII, rei da Inglaterra, 27, 70-1, 106, 276 , acessão, 26, renúncia de Balfour, 116, renúncia de Campbell-Bannerman, 168, relações com Churchill, 11, 115, 137, 183, 225-7, presenteado com o diamante, Cullinam, 158-9, morte, 225-8, relações com Jennie Churchill, 34, 37, 225, relações com o kaiser Wilhelm, 141,

Edward VIII, rei da Inglaterra, abdicação, 2

Eggishorn, o monte, 140

Egito, 70-2, 161

Eleições na Inglaterra: de 1900, 18, 61; de 1906, 101, 104, 115-16, 124-27; de 1908, 170-8; de 1910, 203, 217-21, 238-39

Elgin, Conde, 120, 131-4, 143, 148, 160-1, 178

Índice

Emperor Napoleon on his Study at the Tuileries, o quiadro, (David), 45
Empire Theatre, 9, 146-47
Enchantress, HMS, 278, 279, 287,288
Erroll, Conde, 184
Escócia, a família de Asquith se retira para a, 180, 184-90, 259
Esher, Lord, 62, 149, 195
Estados Unidos: o estereótipo inglês, 35, ciclo de palestras de Churchill nos, 15-24, viagem planejada de Churchill em 1904, 101-2, reputação de Churchill nos, 24, 107, 171, poder naval dos, 276
Europa, situação política no início do século XX, 57, 141
Exército alemão, 141-3, 255, 300, 307
Exército espanhol, aventuras de Churchill com, 7
Exército inglês: Churchill no, 7, 11, 15, 31, 141, 143, 163, 210, 240, 266, 321, opinião de Churchill sobre, 47-48, emprego interno do, 234-6, 239, 240, 251-3, 303, em Gallipoli, 315, no conflito da Home Rule irlandesa, 303-4, força do, 300, 307, campanha no Sudão, 17, 34; *ver também* Omdurman, batalha de
Fatos no Caso de M. Valdemar, (Poe), 115
Featherstone, mina de carvão, 237
Ferroviários, greves de, 251-3
First Star of África, o diamante, 159
Fisher, "Jacky," 274-9, 295, 301,312-18
Força de Fronteira da África Ocidental, 131
Fortnightly Review, 212, 304
França: planos defensivos da Inglaterra para a, 257-58, 299-301, Churchill nas fileiras durante a 1ª Guerra Mundial, 11, 321, ataque alemão à, 254-8, 299, 301, aliança russa com a, 306, na 1ª Guerra Mundial, 257-8, 306, 310-15
Franckenstein, George, 303
Franz Ferdinand, Arquiduque da Áustria--Hungria, 295-6, 305
From the Abyss (Masterman), 165
Gabinete Conservador: renúncia de Chamberlain, 80, na discussão da política tarifária, 75, 79
Gabinete Liberal, a desejada nomeação de Churchill para o, 116, 119, 147-9, 156,161, 165, primeira nomeação de Churchill, 168, 170, 178, proeminência de Churchill, 10, 175, 192-5, 200, 217-18, 221,302-3, campanha de Gallipoli aprovada, 314-19, influência de Lloyd George, 204, debate sobre a expansão naval, 198-200, 301-2, debate sobre a entrada na guerra, 308-9, oposição à guerra, 298, 300, 302, 308
Gales, Lloyd George firme em, 36-7
Gallipoli: plano de Churchill para, 313-15,

Churchill, bode expiatório, 11, 315-19, 320, fracasso em, 315
Gangues russas, 239, 241
George V, rei da Inglaterra, 237-38 acessão de, 228, visita do Arquiduque Franz Ferdinand, 295, relações com Churchill, 11, 244, 251, 317 coroação, 243, na crise da Câmara dos Lordes, 237-8, 247-50, na 1ª Guerra Mundial, 312-13, 317
Gibraltar, 279
Gladstone, Herbert, 32
Gladstone, William, 2, 63, 178, 269
Glasgow, Escócia, emigração da, 233
Goliath, HMS, 316
Granby, Lady, 19, 121
Grécia, 288
Grenfell, Ettie, 51-5, 150-1, 188, 229-30
Grenfell, Francis, 286, 298, 299, 300
Grey, Edward, 119, 249-50, 255-7, 310-11, 315
Grimsby, Inglaterra, 219-20
Guerra na Europa: pensamento de Churchill a respeito, 48, 198-199, 255-63, 298, 299-301, opinião de Fisher, 277, 295, posição de Lloyd George, 255-256, 296-97, 300, 302, 308, crescente preocupação com, 201, 255-58, 296,
Haldane, Richard, 119, 260-61, 265,267, 303, 310
Halley, cometa, 228
Hamilton, Ian, 222
Harcourt, Lewis, 252, 308
Harcourt, William Vernon, 39, 48
Hardie, Keir, 177, 235, 242
Hardy, Thomas, 250, 294
Harlow, Jean, 155
Harris, Frank, 112-14
Harrow, 7
Hatfield House, 40-1
Hess, Rudolf, 298
Hicks Beach, Michael, 71-2
Hidroaviões, 293
Highbury, 61-2, 103
História, visão de Churchill sobre, 5, 6, 45,56, 266
História da Guerra do Peloponeso(Tucídides), 280
Hitler, Adolf, 297-8
Hobhouse, Charles, 194, 204, 216
Hobson, J.A., 218
Holmes, Oliver Wendell, 54
Home Rule na Irlanda, 220, 268-70, 280-284, 296, 302-5 oposição a, *ver* unionistas
Hong Kong, governo inglês, 132
Hooligans, 42-6, 50, 54-5, 67, 68, 70, 74, 80, 85, 91, 96, 183
Idade do Bronze, (Byron), 7
Império Britânico: realizações, 71, posição Americana em relação ao, 24, visão de

Churchill, o Jovem Titã

Chamberlain a respeito, 68-70, 73, 79, 80, 120, 131, 134, opinião de Churchill, 74, 82, 132, 134-5, 162, 164, diferenças culturais dentro do, 162, visão dos liberais, 59, 120, pós-victoriano, 20, questão da política tarifária, 68-90, 98, 172, práticas violentas do, 130-6, ver também Ministério das Colônias

Imprensa americana: imagem familiar de Churchill na, 144, menções a Jennie Churchill na, 273-4

Imprensa inglesa: imagem da família de Churchill na, 7, 11, 29, 31, 49, 73, 88-9, 98, 104, 111-12, 115, 120, 122, 125-26, 142-3, 147-48, 157-8, 176-9, 192, 195, 243-44, 289, 291, 304, 311, 318, notícia sobre o casamento de Churchill na, 185, 187-8, noticiário sobre a campanha de Gallipoli,11, divórcio de Jennie Churchill, 290-1, imagem de Lloyd George na, 220, o incidente de Violet Asquith na, 189

India, aventuras militares de Churchill na, 7, 15

Inglaterra: na questão de Agadir, 255, 258-9, estereótipo do americano na, 35, corrida armamentista, 198-201, 203-4, 263, 296-301, pena capital, 222-5, esnobismo na sociedade, 62, liderança dos conservadores, 40-1, 44, 46, 66-67, relações com a Alemanha, 256, 263-4, 266-68, 297, liderança dos liberais, 116, 172, 202, 218, 234, 239, 251, 302-3, 308-9, 316-18 violência política, 65-6, prosperidade na era victoriana, 39, planejamento para a guerra, 257-58, 259-60, 299-301, 307-8, 312, 318, na 1ª Guerra Mundial, 305-18, ver também Império Britânico; era edwardiana; era victoriana

Irlandeses-americanos, 21

Itália, 140-41, 188

James, Henry, 85

Jellicoe, John, 265

Jerome, Leonard, 36

John "Sunny," 132, 182, 188, 210, relações com Churchill, 18, 27, 216, 280, desagrada Clementine Churchill, 216, 281, casamento com Consuelo Vanderbilt, 18, 144-6, no segundo casamento de Jennie Churchill, 37, atividades políticas, 58, 60, 280-2

Johnson, Samuel, 184

Joynson-Hicks, William, 124-5, 172, 174, 188

Judeus, perseguição názi, 298

Ministério do Comércio, lei, 193, 196

Keith, George E., 111

Kenya, 161-2

Keynes, John Maynard, 195

Kilmarnock Arms Hotel, 190

Kingsley, Mary, 129

Kipling, Rudyard, 242

Kitchener, Herbert, 34, 67, 309, 311, 314, 316

Knollys, Lord, 226

Lee, Árthur, 305

Lei da Marinha Mercante, 194

Lei Nacional de Seguros de 1911, 193, 204, 213, 262

Leicester, Inglaterra, 21415

Liberalismo e o Problema Social (Churchill), 218

Limehouse, 210

Lindsay, Lionel, 234-5

Liverpool, Inglaterra, distúrbios em, 251-2

Llanelli, Gales, distúrbios em, 253

Lloyd George, David, 208, 238, 277-78, ambição 100, 169-70, 203, atacado pela turba em Birmingham 64-66, 81-2, ministro do Comércio 119, 194, nomeação para o Gabinete 119, ministro das Finanças 169, 193, 195, 201-13, 210-13, 286-7, 301-2, relações com Churchill 66, 92-93, 96, 98, 99-101, 169, 173, 188, 193, 194-95, 197, 199, 204-6, 214-17, 221, 236, 263, 285-6, 298, 300-03, 317-8, em oposição ao governo conservador 67, 75, 82, 87-88, 92-93, 96, 98-100 , morte 324, posição em relação à Guerra na Europa 255-56, 296-97, 300, 302, 308, casos extraconjugais 100, 285-86, escândalo financeiro 285-7, posição em relação à campanha de Gallipoli 314, 317, conflito com a Câmara dos Lordes 203, 211-13, 216-18, 226-28, 230, opinião sobre Hugh Cecil 96, e os impostos sobre propriedade de, terras 212, discurso em Limehouse 210-15, passado modesto 100, debate sobre expansão naval 199-200, 298-302, na eleição de 1910, 219-20, "Orçamento do Povo" 201-3, 206, 210-18, 226-28, filosofia política 101, 254, posto de lado na cena política 324, habilidade política 204, primeiro-ministro 324, empenho na reforma social 193-5, 201-3, 256, 262-63, árbitro de greve 252-53, ataque das "sufragettes" 174, no debate sobre política tarifária 75, 87-8, 92, defendendo o Terceiro Reich 297-98, apoio galês, 236-7, na 2ª Guerra Mundial 2

Lloyd George, Margaret, 100, 286

London Journal, 105

London to Ladysmith via Pretoria (Churchill), 17

Londres, Inglaterra, 27 impasse na questão armamentista, 239-42, greve dos portuários 251 destruição na 2ª Guerra Mundial, 1

Longworth, Alice Roosevelt, 24

Lonsdale, John, 198

Loreburn, Lord, 296

Lugard, Flora, 129-32, 166

Lugard, Frederick, 129-32, 162, 166

Lutyens, Edwin, 272

Lytton, Edith, 122

Índice

Lytton, Lady, *ver* Plowden, Pamela
Lytton, Neville, 122
Lytton, Victor, 53, 122, 229, 230
Macarthur, Mary, 193
Macmillan, 114
Macready, Nevil, 235, 236
Madame Tussaud's, 98
Malcolm, Ian, 42, 46, 58, 68, 183
Maloney, Mary, 175-76
Malta, 279, 288
Manchester Chronicle, 157
Manchester Guardian, 96, 116, 256
Manchester, Inglaterra: campanha de Churchill na eleição complementar, 171-5, eleição de Churchill para o parlamento, 101, 124-6, movimento pelo livre-comércio, 125, bairros pobres 127-8
Mar do Norte, 262, 275, 296-7
Marconi Company, 285, 286-7
Marinha alemã: comentários de Churchill 266-68, atitude no Mar do Norte 262, 275, 296-7, poder da 197-203, 255, 263, 276, 296-7, 312
Marlborough, Duque de, *ver* Spencer- Churchill, Charles Richard John "Sunny"
Marlborough, Duquesa de (mãe de Randolph), 113
Marlborough, Duquesa de, *ver* Vanderbilt, Consuelo
Marlborough, Primeiro Duque de, 56-7
Marne, primeira batalha do 257-8
Marsh, Edward, 227, 229, 245, 258, na viagem pela África 161-3, relações com Churchill, 121-9, 161, 163, 178, 181, 241, 269, 294,322
Mary Morison (Burns), 106
Massingham, H.W., 218
Masterman, Charles, 165
Maugham, Somerset, 123-24
Mausers, 240, 241
McKenna, Pamela Jekyll, 179, 217, 277
McKenna, Reginald, 148-9, 179, 198-201, 256-57, 259, 261-62, 265, 301, 308
McNeill, Ronald, 283-4
Mediterrâneo: viagens de Churchill no Almirantado 279-80, 288, viagem de Churchill como ministro das Colônias 160-61; *ver* também Gallipoli
Mencken, H.L., 138
Merseyside, greves em, 251-2
Metternich, Conde, 254, 256
Middleton, William "Bay," 167
Midland Hotel, 124-7
Milner, Lord, 136-37
Mineiros: na África do Sul 136 greves de 233-37, 239
Ministério da Guerra, 119
Ministério das Colônias: sob a chefia de Chamberlain 60, 70, 80, 120, 129, 131,

134, nomeação de Churchill para 120, carreira de Churchill no 121-24, 129-137, 140, 148, 158-60, 163-4, críticas irônicas de Churchill 133, sob a chefia de Elgin, 120, 131-4, 148, 160-1, 178, política para a África do Sul, 135-137,158-9
Ministério do Comércio de Churchill,168, 179,182, 192-94, 195-97, 208, 221, de Lloyd George, 119, 194
Ministério do Exterior, 119, 254, 256
Ministério do Interior, na gestão de Churchill, 221-25, 229, 233-37, 239-43, 246, 251-52, 253-4, 255, 258, 260-61
Minto, Lady, 23, 243
Morley, John, 80, 92, 148, 168, 308
Morning Post, 311, 318
Morning Star, 192
Moçambique, 25
Mountbatten, Edwina, 102
Mowatt, Francis, 72
Mudança de Emprego, lei da, 193
Mulheres: relações de Asquith com as 154, 308-9, 311, 313, 315, na família de Churchill 33, 38, relações de Churchill com as, 8-9, 11, 43-44, 50-55, 147, edwardianas 10, 32-33, na Câmara dos Comuns, 2, 32-33, 248, no jornalismo 129, relações de Lloyd George, 100, 285-86, *ver* também "sufragettes"
My African Journey (Churchill), 162-63
My Early Life (Minha Mocidade) (Churchill), 10, 324
My Life and Loves (Harris), 113
Nacionalistas irlandeses, 220-21, 239, 268
Nações Unidas, 6,
Napoleão I, Imperador dos Franceses, 266 interesse de Churchill por, 7, 45, 92
Nápoles, Itália, 278-9
Nelson, Horatio, 274-5
New York Times, 34, 84, 151, 273
New York Tribune, 274
Nicholas, Granduque da Rússia, 314
Nicolson, Harold, 204
Nigeria, governo inglês na, 129-32
Nilo, 7, 70-71, 161
Nova Zelândia na campanha de Gallipoli, 315
Oldham, Inglaterra, representada no parlamento por Churchill, 18, 61, 101
Omdurman, batalha de, 7, 31, 143, 163, 240, 266, 298
Orkney, Conde, 56
Ottawa, Canadá, 23
Padrão mínimo, 164
Palace Theatre, 215
Palazzo Giustiniano, 160
Palmer, William Henry, 223
Pankhurst, Emmeline, 173, 175
Panther, canhoneira 254, 296
Parker, Dorothy, 155

Churchill, o Jovem Titã

Parlamento inglês: crise, crise constitucional, 203, 211-218, 226-28, 230, 237-8, 247-50, abertura por Edward VII 27, decoro social, 97-98, *ver* Câmara dos Comuns e Câmara dos Lordes

Parlamento, lei do, 247-50 *ver* tembém reforma da Câmara dos Lordes

Parthenon, 120

Partido Conservador: sob a liderança de Balfour, 70, 75-76, 87-90, 93, 98-9,104, 115-16, 281, apoio à Guerra dos Bôeres, 30, 67, 135,157-58, sob a liderança de Bonar Law 281, crítica de Churchill a respeito do 46, 49, 67, 68, 76, 83-84, 87-88, 93, 99,115-16, 125, 172, 226, Churchill membro, 18, 40-41, 42-43, 44, 46, 49, 56, 58, 60, 67-8, 76-77, 83-84, 91, retorno de Churchill, 324, afastamento de Churchill, 88-9, 93-94, 96, 98-9, 103, 137, 164, 216, 242, política colonial do 129, descontentamento no, 66-67, 99, na crise da Câmara dos Lordes, 203, 214-15, 226, 238, 247-50, lealdade de Hugh Cecil ao 89, 93,99 mudança de liderança, 70, liderança do 40-41, 44, 46, ataques de Lloyd George ao, 203, 210, 211-12, 219, oposição de Lloyd George ao, 67, 75, 82, 87-8, 92-93, 96, 98-100, reputação de Lloyd George, 100, 216, no escândalo da Marconi, 285-7, debate sobre a expansão naval 203, vitória na eleição de 1900, 18, comício de 1901 em Blenheim, 56, 57-60, perdas eleitorais em 1906, 126-7, na eleição complementar de 1908 em Manchester, 172, 174, ganhos eleitorais em 1910, 203, 220, 239, posição quanto ao protecionismo, 75, 79, 83, 87-8, apoio à reforma social, 196, oposição à política para a África do Sul, 136-7, apoio a Sunny Spencer-Churchill,58, aliança com o unionismo, 58-60, 63, 220, 280, 283, relações com a classe trabalhadora, 93, na 1ª Guerra Mundial, 316-18

Partido Trabalhista: Churchill criticado pelo, 289, relações dos liberais com o, 220, 239, nas greves de mineiros, 235-36, ascensão do, 177

PartidoLiberal: anti-imperialismo do, 59, 120, oposição à Guerra dos Bôeres, 30, 59, 64, zombaria dirigida a Chamberlain 90, Chamberlain rompe 63, 77, Churchill abandona, 91-93, 96-9, 103-4, 115-16, amigos de Churchill no, 44, status de Churchill no, 116, 119-20,137, 147-49, 157, 178, 217-18, 253, opinião de Churchill sobre o, 178, 202, 218, mágoa dos conservadores em, relação ao, 66-67, queda do, 324, oposição à guerra na Europa, 296, 301, F.E. Smith, suas críticas ao, 209, posição em relação ao livre-comércio, 74-5, 87,98,

na crise da Câmara dos Lordes, 203, 213, 217, 226-7, 238, 247, 248-50, aliança com os nacionalistas irlandeses, 220-1, 239, 268, proeminência de Lloyd George no 100, no escândalo da Marconi, 285-7 , no debate sobre a expansão naval, 203, 301, eleição de 1906, 104, 116, 126-27, eleição de 1910, 203, 217-18, 220-1, 239, objetivos pós-victorianos do, 99, 194, 218, 296, posição em relação à África do Sul 158-59, consequência das greves, 234, 237, 251, 253-4, ataque unionista ao 283, oposição ao voto feminino, 172, 230, liderança na 1ª Guerra Mundial, 308-9, 316-18, *ver* também Gabinete Liberal

Pena de morte, 11, 222-25

Pensões, 203

Percy, Lord, 42, 68, 70

Petróleo, 264

Plowden, Pamela:amizade com Churchill, 121-3, 160, 182, 188, 307 romance de Churchill com, 15-17, 18-19, 20, 23, 26, 38, 51-4 casos extraconjugais de, 53, 229-30 casamento de, 53-4, 122

Poë, Edmund, 280

Polícia, 234, 239-41, 251

Polo, 265

Porto de Londres, lei, 194

Posen, 198

Poverty: A Study of Town Life (Rowntree), 92

Primeira Guerra Mundial, 10-11, 257-58, Churchill no Almirantado, 306-18, Churchill nas fileiras durante a, 11, 321, histórias de Churchill sobre a, 324 previsões de Churchill sobre a, 48, 257-58, 306, liderança do Partido Liberal durante a, 308, 309, 316-18 , supremacia naval na, 265, papel da Royal Navy na, 300, 307 , impasse na, 258, 312-15, eclosão, 295, 305, guerra de trincheiras, 258, *ver* também guerra europeia

Primrose, Harry, 180

Projetos e Patentes, lei de, 194

Punch, 40, 49, 120, 143, 289

Quarto Partido, 42

Queen Elizabeth, HMS, 314, 315

Queen's Own Oxfordshire Hussars, 141, 210, 321

Real Soldiers of Fortune (Davis), 146-47

Reforma prisional, 233

Reid, Whitelaw, 116, 175

Revenge, 271-2

Ribbentrop, Joachim von, 298

Riddell, George, 253, 278, 300, 317

Riley, Tom, 34

Rivals, The (Sheridan), 89

River War, The (Churchill), 17, 41, 71

Roosevelt, Franklin, 6

Roosevelt, Theodore, 24

Índice

Rosebery, Lord, 44-46, 63, 67, 85, 91, 110, 183
Rosslyn, Lord, 85
Rossmore, Lord, 34
Rowntree, Seebohm, 92
Royal Marines, 310
Royal Naval Air Service, 293
Royal Naval Division, 310
Royal Navy: alerta da, 256-57, e a aviação naval, 291-4, opinião de Churchill sobre a, 48, encouraçados da, 197-203, 211, 262-4, 275, 296, 298-99, 300-302, 314-15, elizabethana, 272, papel na guerra europeia, 300, 307, canhões de 15 polegadas, 264, 278, 314-15, despesas do governo com a, 201-4, 286, 301, mobilização da, 306, 308, modernização da, 10, 11, 259-60, 264-65, 275, 280, 288, 300, uso de óleo pela, 264, supremacia da 197, 200, 255-6, 262, 264, 266, 297, na 1ª Guerra Mundial, 312, 314-15, *ver também* Almirantado
Rússia, na 1ª Guerra Mundial, 306, 313-14
Salário mínimo, 193
Salisbury, Lord, 40-41, 46, relações com Chamberlain, 62, relações com Churchill, 40, 41, morte, 80 renúncia de, 70
Sargent, John Singer, 160
Saturday Review, 8, 113
Savrola (Churchill), 7, 16-17, 24, 208
Scaffolding of Rhetoric, The (Churchill), 28-9
Scotsman, 89, 187-88
Scrivings, George, 163
Second Star of Africa, o diamante,159
Segunda Guerra Mundial, liderança de Churchill, 1-3, 6
Sekgoma, Chefe, 133
Serviço Secreto, 233, 255
Sérvios na 1ª Guerra Mundial, 306
Shakespeare, William, 271
Shaw, George Bernard, 35, 113, 269
Sheffield, Lord, 246
Sickert, Walter, 167
Sífilis, 110-11
Silésia, 141
Sinn Fein, 66
Six Panics, The (Hirst), 296
Slains Castle, 184, 185-87, 188-90
Smith, F.E., 208-10, 247-50, 280, 290-1, 294
Socialismo, objeções de Churchill ao,177-78
Souls, 52
Soveral, Luis de, 106-7
Spectator, 88, 126
Spencer-Churchill, Charles Richard
Spender, J.A., 203
St. Helier, Mary, 166-8
St. Paul, Minnesota, 24
Stafford House, 43
Stanley, Arthur, 42

Stanley, Venetia, 185, 187-90, 308-9, 311, 313, 315
Stead, W.T., 98
Stevenson, Frances, 285-6
Stewart, Helen, 43
Stewart, Nancy, 273-74
Stirling, Chefe de Polícia, 219
Stoker, Bram, 190
Strachey, Lytton, 307
Strangeways, prisão, 222
Stuart, George, 177
Sudão, 161, 163, campanha inglesa no, 17, 34 *ver também* Omdurman, batalha de
Sufragettes, 172-6, 211, 228-30, 242, 296, situação de Churchill perante as, 172, 229, 230
Suiça, 102, 140
Sutherland, Millicent, 43-44, 58-9, 63, 84-5, 94
Taplow, tribunal, 55-6, 150-51
Tarifas, política, 68-90, 98, 172, 202
Tennyson, Alfred, 54
Terceiro Reich, 297-8
Tesouro: na gestão de Asquith, 119, 149, Churchill rejeitado para o, 119, na gestão de Lloyd George, 169, 193, 195, 201-3, 210-13, 286, 297, 301-2, na gestão de Randolph Churchill, 72
Times, 43, 65, 75, 93, 95, 129, 181, 187, 226, 234-5
Tonypandy, Gales, greve dos mineiros em, 233-37, 239
Tory, partido, *ver* conservadores
Tranby Croft, 104
Transvaal, 135, 137, 157
Tucídides, 280
Turquia na 1ª Guerra Mundial, 313-16
Twain, Mark, 21
Uganda, 162
Ulster, Força Voluntária do, 302-3
Ulster, *ver* Home Rule na Irlanda; e unionistas
Unionistas, 302-5, comício no Blenheim Palace, 280-82, Churchill vilipendiado pelos, 268-70, 281, 284, aliança com os conservadores, 58-60, 63, 220, 280, 283, no debate na Câmara dos, Comuns, 282-83, apoio a Sunny Spencer-Churchill, 58, 280-2,
United States Steel, 208
Vanbrugh, John, 56
Vanderbilt, Consuelo, 55, 85, 154, 247 relações com Churchill, 9, 32-3, 38, 43, 145-46 no comício de 1901 em Blenheim, 58, 60 casamento com Sunny Spencer-Churchill, 18, 144, 145-6
Vanderbilt, William, 144
Veneza, Itália, 140, 160
Venus, HMS, 161
Victoria, Rainha da Inglaterra: crítica a

Chamberlain, 63 morte de, 19-20, 25-7 beligerante, 47
Victoriana, era, 39-40, sucesso de Chamberlain na, 61, tabus sexuais na, 110
Vivian, Herbert, 73-74, 97
Wanklyn, James L., 91-93
Warwick Castle, 16, 85
Warwick, Condessa de, 16, 85
Washington, George, 46
Waterloo, batalha de , 6
Webb, Beatrice, 78-9, 164, 195
Webb, Sidney, 78
Wells, H.G., 27, 47, 174
Westminster, Duque de, 298
Wharton, Edith, 166
Whistler, James McNeill, 167
Wilberg, Herr, 254

Wilde, Oscar, 35, 282
Wildman-Lushington, capitão, 293-94
Wilhelm II, Kaiser da Alemanha, relações dos ingleses com, 256, 263-64, 267-68, visita de Churchill ao, 11, 141-43, opinião francesa sobre, 299
Wilson, Arthur, 104
Wilson, Muriel: amizade com Churchill, 182-3, 321, romance de Churchill com, 104-7, 108, 121, 140-41, 158, 160, 167
Windsor Castle, 55
Winnipeg, Canadá, 17, 19-20, 23, 24-26
Winston Churchill as I Knew Him (Violet Asquith), 151
Winterton, Lord, 247
Wyndham, George, 201
Young, G.M., 291

ESTE LIVRO, COMPOSTO NA FONTE FAIRFIELD,
FOI IMPRESSO EM PÓLEN SOFT 80G NA PROL.
SÃO PAULO, BRASIL, MAIO DE 2013.